한국과 일본에서 행정소송법제의 형성과 발전

유민총서

04

한국과 일본에서 행정소송법제의 형성과 발전

| 하명호 지음 |

홍진기법률연구재단

머리말

처음에 든 의문은 간단했다. 행정법학을 전공하고 있음에도 불구하고 행정소송이 일제강점기에 어떠한 모습을 하고 있었는지, 도대체 시행은 되고 있었는지를 모른다는 생각이 문득 들었다. 이러한 답답함은 논문 몇 개만 찾아보면 쉽게 풀어지리라고 짐작했었는데, 문헌검색을 아무리 꼼꼼하게 해도 만족스러운 결과물을 찾을 수가 없었다. 그래서 몇몇 원로선생님들께 개인적으로 여쭤보았는데도 속시원한 답변을 들을 수 없었다.

이러한 궁금증은 美濃部達吉의「行政裁判法」(千倉書房)을 읽고 나서야 비로소 해소되었다. 그 책속에는 위 문제에 대한 해답뿐만 아니라 현행 행정소송법제가 어떻게 형성되었는지를 보여주는 수많은 실마리들이 담겨져 있었다. 그리하여 이왕 이렇게 된 김에 우리나라의 행정소송법제의 역사적 기원과 발전상을 거시적으로 파악하여 현재적 모습을 분석하고 바람직한 발전방향을 모색해보자는 의욕이 생겼다. 그런데 우리나라의 행정소송법제사를 연구하기 위해서는 일본의 행정소송법의 형성과 발전과정을 이해하여야 한다는 것을 금방 깨달았다. 왜냐하면 제정 행정소송법은 메이지시대의 행정재판법을 극복하기 위하여 1948. 7. 15. 시행된 일본의 행정사건소송특례법을 거의 그대로 번역하다시피 하였고, 그 이후의 개정과정도 일본의 행정소송법제를 매우 많이 참조하였기 때문이다. 이렇게 하여 이 책에서 우리나라뿐만 아니라 일본에서의 행정소송법제의 형성과 발전과정까지 다루게 된 것이다.

우리나라의 자료가 생각보다 그리 많지 않다는 점에 새삼 놀랐다. 일제강점기에 조선총독부는 행정심판을 시행하기 위하여 조선소원령을 제정하

려고 그 법안을 작성하여 일본 법제국으로 보낸 사실이 신문기사를 통해서
확인이 되었는데, 그 법안의 내용은 국가기록원에 개인적인 부탁까지 했는
데도 찾지 못하였다. 비교적 최근인 1984년의 행정소송법 개정과정을 살펴
보기 위하여 법무부에 방문까지 했지만 심의자료 등을 찾지 못하였다. 반
면에 일본의 자료는 너무도 많아서 일본어가 모국어가 아닌 나로서는 일제
강점기에 작성된 원자료를 낱낱이 읽기가 힘들어서 이차자료를 많이 참조할
수 밖에 없었다. 이것이 이 책의 발간과정에서 겪은 가장 큰 어려움이었다.

나는 이미 현행 행정소송법의 해석론을 담은「행정쟁송법」(박영사)이라
는 단행본을 출간하였다. 이 책은「행정쟁송법」의 전편에 해당하는 프리퀄
이다. 앞으로 현대형소송에 대응하기 위한 행정소송법제의 장래구상을 다
룬 후속편을 발간한다면 행정소송법 3부작이 완성되는 것이다. 그 희망을
이루도록 노력하겠다. 그리고 이 책의 제2장의 내용은 논문의 형식으로 개
작되어「제국일본의 행정재판법제와 식민지조선에서의 시행 여부, 고려법
학 제88호(2018. 3)」로 게재되어 있고, 이 책의 본문 중에 집행정지에 관한
내용의 일부를 활용하여「행정소송에서 가처분 규정의 준용, 행정판례연구
제22권 제2호(2017. 12)」로 게재되어 있다는 점을 미리 밝힌다.

이 책을 쓸 수 있도록 도와준 분들이 많이 있다. 일본의 행정소송법제사
에 대한 기초자료를 검색해주신 일본 立正大學 법학부의 이두령 교수님,
일본자료 중 많은 부분을 번역해준 송아란 석사, 교정을 도와주고 조언을
아끼지 않은 오에스더 판사, 여러 가지 궂은 일을 맡아준 김주희 조교에게
고맙다. 이 책의 편집을 도와준 경인문화사의 한명진 편집위원께도 감사드
리고, 무엇보다 이 책을 유민총서로 선정해주고 연구와 출판을 위하여 재
정적 지원을 아끼지 않은 홍진기 법률연구재단과 실무를 담당해준 마선용
간사께 깊이 감사드린다.

2018. 7.

안암동 연구실에서 저자 드림

차 례

머리말

제1장
서　　론

제1절 현행법상 행정소송의 기본체계

Ⅰ. 행정소송의 의의

행정소송은 「법원이 행정사건에 대해 정식의 소송절차에 의하여 행하는 재판」이라고 정의할 수 있다.[1] 이를 나누어 설명하면 다음과 같다.

첫째, 행정소송은 법원이 사법(司法)작용으로서 행하는 재판으로서 여러 소송유형 중 하나이다. 따라서 행정작용과는 본질적으로 그 성질을 달리한다. 행정은 법률의 내용에 따라 정해진 구체적인 목표를 달성하기 위한 적극적인 작용이나, 사법은 구체적인 법률상 분쟁이 발생한 경우 한쪽 당사자의 쟁송 제기를 기다려 공정하고 중립적인 국가기관인 법원이 소송절차에 따라 법을 해석·적용하여 그 분쟁을 해결하는 소극적인 작용이다.

둘째, 행정소송은 공법상 법률관계에 관한 분쟁(행정사건)을 대상으로 한다. 법원조직법 제2조 제1항에서는 「법률상의 쟁송」만 재판의 대상이 된다고 규정하고 있으므로, 행정소송에서도 권리 또는 법률상 이익에 관한 분쟁이 재판의 대상이 되고 반사적 이익 또는 사실상의 이익은 제외된다. 아울러 개인의 권리구제를 직접 목적으로 하지 않는 소송(민중소송, 기관소송)은 법률이 특별히 인정하는 경우에만 재판의 대상이 된다. 이렇게 행정소송에서의 법률상 쟁송을 '구체적인 권리·의무에 관한 분쟁'으로 해석하는 주류적 견해에 대하여, 그것을 권리주체의 위법성 관련성을 정한 규정이라고 해석할 수 없다고 주장하는 견해도 있다. 이러

---

1) 하명호, 「행정쟁송법」 제3판, 박영사, 2017., 2면 등 참조.

한 견해의 차이는 행정소송 중 특히 항고소송에서 대상적격, 원고적격에
관한 해석론과 행정소송법의 개정방향에 대한 입장의 차이를 나타내게
되는 근본적인 원인이 된다.

셋째, 행정소송절차는 정식의 소송절차이다. 따라서 소제기에 의하여
개시되고, 공개적인 구술변론이 행해지며, 양쪽 당사자를 대립시켜 대등
하게 주장·증명할 기회를 부여하고, 기본적으로 당사자가 제출한 자료
가 재판의 기초가 되며, 엄격한 증명에 의하고, 소에 대한 응답으로서
판결이라는 신중한 재판에 행해진다. 이러한 점에서 행정소송은 약식절
차라고 할 수 있는 행정심판 등과 구별된다.

Ⅱ. 행정소송의 기능

행정소송법 제1조에서는 "이 법은 행정소송절차를 통하여 행정청의
위법한 처분 그밖에 공권력의 행사·불행사 등으로 인한 국민의 권리 또
는 이익의 침해를 구제하고, 공법상의 권리관계 또는 법적용에 관한 다
툼을 적정하게 해결함을 목적으로 한다."라고 규정하여 행정소송의 목적
또는 기능을 밝히고 있다.

행정소송은 권리구제기능을 수행한다. 위법한 행정작용으로 인하여
권리 또는 법률상 이익을 침해받은 자는 위법한 행정작용에 대하여 행
정소송을 제기함으로써 침해된 자신의 권리를 구제 받을 수 있다.

다음으로 행정소송은 법원이 '행정청의 처분 등의 위법', '국가 또는
공공단체의 기관의 법률에 위반되는 행위' 등을 심사하는 것을 통하여
행정통제기능(적법성보장기능)을 수행한다. 오늘날 행정의 적법성을 보
장하기 위하여 행정에 대한 다양한 통제가 행해지고 있으나, 행정소송을
통한 통제가 가장 효과적인 방법이라는 점은 부인할 수 없다.

앞에서 본 것처럼 법률상 쟁송을 구체적인 권리·의무에 관한 분쟁이

라고 해석한다면, 행정소송의 주된 목적은 개인의 권리구제에 있으므로, 행정소송은 본래 「주관소송」으로서의 성격을 가진다. 이러한 점은 행정소송법이 주관소송인 항고소송에서는 개괄주의를 채택하고 있으나 객관소송인 기관소송에서는 법정주의를 채택하고 있는 점에서도 잘 나타나 있다. 따라서 행정소송의 권리구제기능과 행정통제기능 중 전자가 주된 기능이고 후자가 종된 기능이라 할 수 있다.

Ⅲ. 행정소송의 유형과 구조

현행법상 행정소송은 국민의 권리구제를 주된 기능으로 하는 주관소송으로서의 항고소송, 당사자소송과 행정작용의 적법성 확보를 목적으로 하는 객관소송으로서의 기관소송, 민중소송으로 나누어진다. 여기에서 항고소송이란 "행정청의 처분 등이나 부작위에 대하여 제기하는 소송"을 말한다(행정소송법 제3조 제1호). 아울러 당사자소송은 "행정청의 처분 등을 원인으로 하는 법률관계에 관한 소송 그 밖에 공법상의 법률관계에 관한 소송으로서 그 법률관계의 한쪽 당사자를 피고로 하는 소송"으로 정의된다(행정소송법 제3조 제2호).

한편, 행정소송법 제4조에서는 항고소송을 취소소송, 무효등 확인소송, 부작위위법확인소송으로 구분하고 있다. 이 밖에도 행정소송법 제4조에 열거되어 있지 않은 형태의 항고소송을 인정할 수 있는지(법정외 항고소송의 허용문제)에 관하여 논의되고 있다.

위와 같은 소송유형 중에서 행정소송이 주관적 권리구제를 주된 기능으로 하고 있다는 점과 실제에서 사건의 비중 등을 고려하면, 주관소송으로 항고소송과 당사자소송이 중요하고, 그 중에서도 취소소송이 중심이라고 할 수 있다.

취소소송도 대립하는 당사자가 구체적인 사건을 서로 다툰다는 점에서 민사소송과 다르지 않다. 다만 헌법이 국민에 대하여 재판청구권을 보장하고 있다 하더라도 권리 또는 법률관계에 관한 모든 분쟁을 법원이 해결할 수는 없다. 따라서 취소소송에서도 소송요건을 갖추어야 본안 판단으로 나아가게 되는데, 그 소송요건 중에서 가장 중요한 것은 대상적격과 원고적격이다. 취소소송은 원칙적으로 개인의 권리 내지 법적 지위에 직접 영향을 미치는 행정행위(처분)에 그 대상을 국한하고, 동시에 그 처분으로 인하여 법률상 이익을 침해당한 사람만 취소소송을 제기할 정당한 당사자로 인정하는 구조를 가지고 있다.

Ⅳ. 행정구제제도에서 행정소송의 위치

행정구제는 "행정작용으로 인하여 권리·이익을 침해받은 국민이 국가기관에게 원상회복, 손해전보, 당해 행정작용의 취소·변경, 기타 피해구제, 예방조치 등을 요구하여 이를 심리·판정하는 일련의 절차"라고 정의할 수 있다.[2]

우리나라에서 행정작용에 대한 권리구제는 사법부에 의한 권리구제수단인 행정소송 외에도 행정기관에 의하여 수행되는 권리구제수단이 많이 있다. 가장 전형적인 권리구제수단으로는 행정심판법상 행정심판과 개별법에서 인정되고 있는 이의신청이나 재결신청·심사청구·심판청구 등 넓은 의미의 행정심판이 있다. 행정심판은 행정소송의 사전적 권리구제절차로서의 성질을 가지고 있지만, 1980. 10. 27. 제5공화국 헌법 제108조 제3항에서 행정심판의 절차에 사법절차를 준용하도록 규정하고,[3]

---

2) 법치주의원리가 제대로 작동하기 위해서는 사전적으로 행정기관이 법령 등을 잘 준수하여야 하므로, 행정절차도 권리구제수단의 한 유형에 포함시킬 수는 있을 것이나 (류지태·박종수,「행정법신론」제15판, 박영사, 2011., 444면), 통상 행정구제는 사후적인 구제절차의 차원에서 논의되고 있다.

행정심판의 행정소송에 대한 임의적 전치주의와 행정법원의 신설을 골자로 현행 행정소송법이 1998. 3. 1. 시행된 이래, 행정심판은 행정소송과 서로 경쟁하는 위치를 점하게 된다. 다만 행정심판은 개인에게는 권리구제의 기회를 제공하고(권리구제기능), 행정청에게는 자기통제를 실현하며(자기통제기능), 법원에게는 부담을 경감시키는 기능(부담경감기능)을 수행하는데, 그 주된 기능은 논란은 있지만 권리구제보다는 자기통제에 있다.

아울러 행정심판과 달리 비전형적인 행정구제수단으로는 고충민원의 처리, 청원, 진정 등도 거론되나,[4] 그 결과에 구속력이 발생하는 쟁송적 성격을 가지고 있지 않으므로 보충적인 행정구제수단에 머문다. 한편 ADR은 오늘날 실효적인 권리구제수단으로 각광을 받고 있지만 행정행위와 같은 공법적인 분쟁이 아니라 환경이나 의료영역에서의 사법적인 분쟁을 대상으로 할 뿐만 아니라 그 결정도 알선, 조정, 재정 등 민사상의 화해나 조정에 그치므로 행정쟁송으로서 논할 성질은 아니다.

한편, 1987년 6월 민주항쟁의 산물인 현행 헌법에 의하여 헌법재판소가 출범하여, 법원의 제청에 의한 법률의 위헌여부 심판, 탄핵심판, 정당해산심판, 국가기관 상호간, 국가기관과 지방자치단체간 및 지방자치단체 상호간의 권한쟁의에 관한 심판 및 법률이 정하는 헌법소원심판을 관장하고 있다. 그런데, 헌법재판소는 항고소송의 대상으로 포섭되지 않았던 행정작용 중 행정입법과 권력적 사실행위 등을 헌법소원의 대상으

---

3) 헌법재판소는 필요적 전치주의가 적용되는 행정심판에만 사법절차가 준용된다고 해석하고 있다(헌재 2000. 6. 1. 선고 98헌바8 결정).

4) 이상의 분류는 김용섭, "행정소송 전단계의 권리구제방법 및 절차", 저스티스 통권 제105호, 한국법학원(2008. 8), 191~192면을 참조한 것이다. 김용섭 교수는 이밖에도 직권취소를 권리구제수단으로 거론하고 있으나, 이는 처분의 상대방이 제기하여 절차가 개시되는 것이 아니라 행정청이 처분에 잠재되어 있는 하자를 스스로 시정하는 것이므로, 행정청이 상대방이나 이해관계인의 민원이나 진정을 감안하여 이를 행한다면 부수적으로 권리구제의 효과가 발생할지는 몰라도 그 본래의 기능이 권리구제라고 하기는 어렵다고 생각한다.

로 삼으면서, 행정소송의 기능을 부분적으로 수행하고 있다. 아울러 권한쟁의심판으로써 국가 또는 공공단체의 기관 상호간 분쟁을 법원과 분담하고 있다.

이상에서 살펴본 것처럼 우리나라의 공법상 분쟁에 대한 주요한 구제절차는 그 본류라고 할 수 있는 행정법원에 의한 행정소송과 준사법적 절차를 갖추게 된 행정심판, 헌법재판소의 출범과 함께 행정소송의 기능을 일부 수행하고 있는 헌법소원 및 권한쟁의 등 사이의 경쟁체제가 되었다.

제2절 주요국가에서 행정소송제도의 역사적 발전과정

　세계 주요국가의 사법제도는 일원적 사법제도와 이원적 사법제도로 그 유형을 나눌 수 있다. 일원적 사법제도라 함은 미국처럼 행정사건도 일반법원에서 민사소송절차에 의하여 재판하는 것을 말하고, 이원적 사법제도라고 함은 독일과 프랑스처럼 행정사건을 일반법원과는 독립된 특별법원이 민사소송과는 다른 소송절차에 의해 재판하는 것을 말한다.

I. 프랑스

　행정소송제도는 혁명 전의 프랑스에서 기원한다고 보는 것이 일반적이다. 프랑스의 사법체계는 권력분립의 영향 아래 Cour de Cassation(파기원)을 정점으로 하는 사법재판체계와 Conseil d'Etat(국사원)를 정점으로 하는 행정재판체계로 나누어져 있다.5) 그렇게 된 이유는 역사적으로 행정을 현대화하고 사회를 개혁하려는 시도를 사법부가 종종 반대한 것에서 기인하는 사법부에 대한 불신 때문이라고 알려져 있다. 따라서 사법부에 의한 행정부의 간섭을 배제하고 국가행정의 원활한 운영을 확보

---

5) 이하 프랑스의 행정쟁송체계에 관한 설명은『박수혁, "대륙법계 국가에 있어서의 행정쟁송법", 고시계 통권 제338호, 고시계사(1985. 4), 68~75면』,『박재현, "프랑스의 행정재판제도에 관한 연구", 법학연구 제19권 제1호, 경상대학교 법학연구원(2011. 4), 35~43면』,『박정훈, "세계 속의 우리나라 행정소송·행정심판·행정절차", 저스티스 통권 제92호, 한국법학원(2006. 7), 326~328면』,『피에르 파나시(진광엽 역), 「프랑스 행정재판제도」, 한길사, 2001.』,『高世三郎·西川知一郎, 「フランスにおける行政裁判制度の硏究」, 法曹會, 1998.』등을 참조하였다.

하기 위하여, 행정부 내에서 행정사건의 재판을 행하게 할 목적으로 설계된 것이 오늘날의 콩세유데타의 기원이라 하겠다.[6]

프랑스혁명 후 1790. 8. 16.~24.자 법률에서는 사법법원이 행정사건에 관여할 수 없게 규정하였고, 그 결과 장관이 행정사건을 처리하고 재판도 하는 시스템이 되었다.[7] 그 후 나폴레옹이 1799. 11. 9. 행정청을 보조하기 위한 위원회 조직으로서 자문기구인 Conseil de péfecture(도참사회)와 Conseil d'Etat를 설치하였는데,[8] 그 당시에는 Conseil d'Etat가 행정사건에 관한 판결안을 작성하면, 그것이 권고적 효력 밖에 없었음에도 불구하고 국가원수는 그 판결안을 확인만 하는 관행이 있었다. 그런데 위 Conseil d'Etat가 1872. 5. 24.자 법률에 의하여 행정사건에 대한 재판권을 가지게 되었고 직접 프랑스 국민의 이름으로 재판을 할 수 있게 되었다(유보된 재판권에서 위임된 재판권의 획득). 그 후 1889. 12. 13.자 카도(Cadot)판결 이후 행정기관의 결정에 대하여 Conseil d'Etat에 직접 제소할 수 있게 되어 장관이 재판하는 것은 사라지게 되었다.

Conseil d'Etat는 원래 행정사건에 관한 제1심 겸 최종심이었지만, 과중한 재판 부담을 덜기 위하여 1953. 9. 30. 공포된 décrets에 의하여 도참사회가 지방행정법원(Tribunaux Administratifs)으로 변경되면서 행정소송에 대한 제1심 법원이 되었다. 나아가 1987. 12. 31.자 법률에 의하여 항소심의 역할을 하는 행정항소법원(Cours Administratives d'Appel)이 창설되면서, 현재에는 Conseil d'Etat는 원칙적으로 상고심의 역할만 수행하고 있다.[9]

---

6) 南博方·高橋滋, 「條解 行政事件訴訟法」 第3版補正版, 弘文堂, 2009., 3頁.

7) 피에르 파나시(진광엽 역), 「프랑스 행정재판제도」, 14면. 사법재판과 행정재판의 분리는 이미 프랑스혁명 이전의 앙상레짐 시대에서 비롯된 것이라고 한다(高世三郎·西川知一郎, 「フランスにおける行政裁判制度の研究」, 4頁).

8) Conseil d'Etat의 창설과 발전에 관한 자세한 사항은 피에르 파나시(진광엽 역), 「프랑스 행정재판제도」, 15~24면 참조.

9) Conseil d'Etat는 이러한 행정사건에 대한 재판권한 외에도 정부의 조언자로서 법률

프랑스의 행정소송은 월권소송(recours pour excès de pouvoir)과 완전
심리소송(contentieux de pleine juridiction)으로 구분되는데, 우리나라나
일본의 항고소송과 당사자소송에 각각 대응하는 개념이다. 그러나 프랑
스의 월권소송은 당사자에 대한 소송이 아니라 행위에 대한 소송으로서
객관소송이라고 인식된다. 따라서 월권소송에서 원고적격은 객관적 의
미에서 "개인적이고 직접적인 이익"을 의미한다.[10] 그리고 피고적격도
국가나 지방자치단체와 같은 행정주체가 아니라 취소의 대상이 된 행정
결정 내지 행위를 한 행정청에게 있다.[11]

프랑스의 행정재판의 특색으로 결정전치주의를 들 수 있다. 원칙적으
로 행정소송은 행정청의 결정이 있어야 제기할 수 있으므로, 행정소송은
항고소송의 형식으로 제기된다. 여기에서 말하는 결정은 행정불복신청
(행정심판)에 대한 행정청의 결정과는 별개이고, 행정불복을 행하는 전
제조건이다.[12] 이러한 결정전치의 원칙은 완전심리소송에서 의미를 가
지는데, 예컨대 공시설법인인 병원에 대하여 의료과오를 이유로 손해배
상을 청구하는 경우 먼저 당해 병원에 대하여 손해배상청구를 행하고
이에 대하여 병원 측이 명시적 또는 묵시적으로 청구를 받아들이지 않
는 경우에만 소송을 제기할 수 있게 된다(시장에 관한 소송이나 공토목
공사로 인한 손해에 관한 소송은 제외).[13]

안과 행정입법의 제정, 행정행위에 대한 자문을 할 권한도 있다. 프랑스 헌법 제38조
제2항과 제39조 제2항에서는 정부가 법률안을 제출할 때와 법규명령을 제정할 때 국
무회의 심의 전에 반드시 Conseil d'Etat의 자문을 받아야 한다고 규정하고 있다(박
재현, "프랑스의 행정재판제도에 관한 연구", 40~41면).

10) 박정훈, 「행정소송의 구조와 기능」, 박영사, 2006., 222면. 같은 맥락에서 EU의 경우
에도 자연인 또는 법인은 동일한 조건 하에서, ① 자기에게 내려진 결정이거나, ②
명령의 형식으로 되어 있거나, ③ 다른 사람에게 내려진 결정이긴 하지만 자기와 직
접적이고 개별적으로 관계되는 결정에 대하여 소송을 제기할 수 있도록 되어 있다.
11) 高世三郎·西川知一郎, 「フランスにおける行政裁判制度の研究」, 168頁 參照.
12) 高世三郎·西川知一郎, 「フランスにおける行政裁判制度の研究」, 132頁.
13) 박수혁, "대륙법계 국가에 있어서의 행정쟁송법", 73면, 피에르 파나시(진광엽 역),
「프랑스 행정재판제도」, 72면.

Ⅱ. 독일

독일에서도 이미 19세기 초에 행정부와 사법부와의 대립과정에서 행정법원의 맹아로서 Kammer가 나타나고 있었다. 당시에 프랑스와 같은 행정소송제도를 마련하자는 의견도 있었지만, 영국과 같은 사법형 행정소송의 주창자도 적지 않았다. 1849년의 프랑크프르트 헌법초안은 후설에 따랐고, 한자동맹의 도시들도 이에 따랐다. 그러다가 행정법원이 바덴에서 1863년에 최초로 설립되고, 프로이센에서 1872년에 설립된 이래, 헷센, 뷔르템베르크, 바이에른 등에서 잇따라 설립되었다. 이렇게 독일에서는 19세기 이후부터 근대적인 행정소송체계의 역사가 전개된다.[14]

당시의 프로이센적 시스템에서는 객관적인 법의 유지를 목표로 삼은 행정통제를 행정재판의 기능으로 보았기 때문에 소의 제기와 개인의 주관적 권리를 연관시킬 필요가 없었고, 열기주의를 채택하고 있었으며, 별도로 행정법원이 설치되었다. 한편, 남독일의 주들은 개개 시민의 주관적 공권의 보호를 전면에 두었기 때문에, 주관적 권리침해를 소제기의 요건으로 보았다. 그런데, 1919년의 바이마르 헌법 하에서는 행정재판이 사법이 아닌 행정에 속한다고 보았고, 행정법원들의 상급심으로서 제국행정법원을 설립하려고 하였지만 실현되지는 않았다.

개괄주의를 채택한 순수한 의미의 행정쟁송체계는 1945년 제2차 세계대전 이후 연합국이 만들어준 원칙에 의하여 비로소 실현되었는데,[15] 기본법 제19조 제1항에서 보는 것처럼 주관적 권리구제에 초점을 두었다. 현행 행정소송체계는 1960. 1. 21. 행정법원법(VwGO)이 제정되어 같은 해 4. 1.부터 시행되면서 이루어진 것이다.

과거 독일에서는 행정소송의 유형을 항고(취소)소송(Anfechtungsklage)과 당사자소송(Parteistreitigkeiten)으로 나누고 있었다. 그러나 행정법원법

---

14) Schenke, *Verwatungsprozessrecht*, 11.,Auflage, C.F.Müller, 2007., S.3.
15) 박수혁, "대륙법계 국가에 있어서의 행정쟁송법", 64~65면.

이 시행된 후부터는 행정소송의 유형을 민사소송에서와 같이 형성소송(처분에 대한 취소소송과 일반 형성소송), 확인소송(처분에 대한 무효등 확인소송과 그밖의 확인소송) 및 이행소송(처분에 대한 의무이행소송과 일반 이행소송), 규범통제절차로 구분하고, 권리주체가 직접 원고 또는 피고가 되어 다투도록 하고 있다.16)

Ⅲ. 미국

영국에서는 오래 전 행정부 내에 왕의 특별 행정재판소가 설치된 적이 있었지만, 명예혁명 후 법의 지배의 원칙이 확립되고, 행정사건도 커먼로 절차에 따라 재판을 하게 되었다.

영국법을 계수하여 사법권의 통일성과 그 우월성을 인정한 미국에서도 영국과 대략 같은 원칙이 취해졌다. 따라서 미국에서는 행정소송을 다루는 특별한 절차나 법원이 존재하는 것이 아니라 일반적인 민사소송절차에 의하여 행정사건의 재판이 이루어진다. 다만 개인의 사적 활동에 대한 간섭 내지 규제는 입법에 의한 것 외에는 오로지 사법작용으로서만 이루어질 수 있다는 관념 때문에 행정처분 역시 원칙적으로 준사법적 쟁송절차와 유사한 절차에 의해 이루어져야 한다는 관념을 가지고 있다.17) 행정절차법(APA; Administrative Procedure Act, 5 U.S.C. §554) (a) 소정의 정식처분절차가 요구되는 경우는 개별법에서 행정청에 의한 청문의 기회를 부여한 후 기록에 의하여 결정하도록 규정하는 때이다. 정식처분절차는 민사소송절차와 매우 유사한데, 직접적인 상호심문에 의

---

16) 이상의 개략적인 내용은 김남진·김연태, 「행정법Ⅰ」 제21판, 법문사, 2017., 921면 참조.
17) 윤세창, "행정심판제도의 이론과 실제", 법조 제19권 제10호, 법조협회(1970. 10), 4면 참조.

한 구두청문, 선서에 따른 증언, 처분의 근거가 되는 완전하고 배타적인 기록의 개발, 중립적인 청문주재관(행정법판사, ALJ; administrative law judge)의 주재 등에 의한 재결절차를 말한다.18) 그러나 위와 같은 정식처분절차가 점하는 비율은 매우 낮고 압도적인 다수는 약식처분절차라고 한다.19) 약식재결은 정식재결이 아닌 것으로 결정이유의 제시만 포함하는 최소한 절차에서부터 통지와 문서로 의견진술할 기회를 부여하는 것 또는 구두청문을 제공하는 것 등 다양하다.20)

미국의 행정소송에서 사법심사의 범위에 관하여 보건대, 법률문제에 대해서는 완전한 사법심사가 허용되나, 청문기록에 의한 행정결정의 경우에는 사실인정, 사실인정을 위한 법적용과 행정청의 판단, 재량행사에 대한 심사는 합리적이기만 하면 인용되어야 하는 제한적 심사가 행해진다.21)

어쨌든 영국이나 미국에서도 19세기 후반경부터 각종 행정영역에 있어서 행정위원회(Administrative Commissions or Boards)가 설치되고, 사법재판소의 제1차 관할권을 빼앗거나(제1차 관할권의 법리) 또는 행정위원회의 인정사실이 사법재판소를 구속하는 '실질적 증거법칙'이 도입되는 경향이 있다.22)

---

18) 박수헌, "미국행정법의 개관", 강원법학 제17권, 강원대학교 비교법학연구소(2003. 12), 137~138면.
19) 宇賀克也, 「アメリカ行政法」第2版, 弘文堂, 1999., 98頁 참조.
20) 박수헌, "미국행정법의 개관", 139면.
21) 박수헌, "미국행정법의 개관", 152면, 박정훈, "세계 속의 우리나라 행정소송·행정심판·행정절차", 333면, 宇賀克也, 「アメリカ行政法」, 4頁 참조.
22) 南博方·高橋滋, 「條解 行政事件訴訟法」, 4頁.

Ⅳ. 일본

1889년에 제정된 일본의 메이지(明治)헌법 제61조에서는 행정재판과 사법재판을 제도적으로 구분하고 사법재판소에서 행정사건을 심리할 수 없도록 규정하고 있었다. 그리하여 행정재판은 행정부 소속의 행정재판소가 관할하였다. 행정재판소는 행정재판법에 의하여 1890. 10. 1. 동경에 설치되었는데 단심이었고, 재판소와 유사한 행정조직이었으나 사법재판소와 같이 직무상 독립된 행정재판관에 의하여 재판이 이루어졌다. 행정재판의 대상은 법률이 특별히 정한 것에 한정하는 열기주의를 채택하는 등 당시 일본에서의 행정재판은 권리구제에 있어서 매우 불완전한 것이었다.

한편, 일본의 근대적인 행정불복신청제도는 1882년에 시행된 소원규칙에 의한 청원제도에서 비롯되었고, 1890. 10. 10. 법률 제105호로 행정불복제도에 관한 일반법으로서 소원법이 제정되었다. 당시 일본에서는 행정재판과 소원은 실질적인 차이가 있는 것이 아니라 심리절차나 심리기관 등에서 나타나는 형식적인 차이가 있다는 정도로 인식하였던 것으로 보인다.

2차 대전 이후 미군 점령 하에서 만들어진 헌법이 1947. 5. 3. 시행됨으로써 행정재판법의 폐지와 함께 행정재판소도 없어지고, 행정사건은 사법부의 관할이 되었다. 행정사건은 헌법의 시행과 아울러 「일본국헌법의 시행에 따른 민사소송법의 응급적 조치에 관한 법률」(日本國憲法の施行に伴う民事訴訟法の応急的措置に關する法律)에 의하여 규율되었다. 그렇지만, 히라노(平野)사건 이후 행정사건의 특수성을 강하게 의식하게 되었고, 행정권의 우월성을 확보하기 위한 방편으로 행정사건소송특례법이 제정되었다.

오늘날의 행정사건소송법은 여러 가지 개선에도 불구하고 항고소송의 소송요건으로 가장 중요한 대상적격과 원고적격 등 행정소송의 기본적 골격에 대하여 행정사건소송특례법이 취했던 전후의 행정소송관을 답습하고 있을 뿐이다. 이는 행정사건이 공익과 관련되어 있어서 행정소송의 특수성을 인정하여야 한다는 관념 아래, 공익을 추구하는 행정권의 자율성과 그 반면으로서 '사법권의 한계'를 강조하는 사고가 행정사건소송법의 입법자나 실무적 해석에 암묵적으로 자리잡고 있기 때문이라고 평가할 수 있다.

   그러나 행정계획에서 보는 것처럼 행정작용이 다양화되고, 현대형 소송이 등장함에 따라, 취소소송의 원고적격 확대, 의무이행소송과 예방적 금지소송의 신설과 확인소송의 명시 등을 내용으로 하는 2004년 행정사건소송법의 개정이 단행되어 오늘에 이르고 있다.

제3절 우리나라에서 행정소송제도의 형성과 발전

우리나라는 행정소송을 일반법원이 관장하고는 있지만, 공법과 사법을 엄격히 구분하고, 행정소송을 민사소송법이 아니라 그것과 여러 가지 점에서 차이가 있는 행정소송법에 의하여 규율하고 있다. 게다가 행정사건의 제1심을 일반법원이기는 하지만 전문법원인 행정법원이 관할하고, 처분의 위법성을 다투는 항고소송을 중심으로 법률상 이익을 침해받은 자만 원고적격을 갖는 주관소송체계를 가지고 있다.

이렇게 우리나라 행정소송법은 취소소송을 비롯한 주관소송 중심의 소송체계를 가지고 있다는 점,23) 공사법을 엄격히 구분하면서도 일원적 사법제도를 취하고 있다는 점, 그러면서도 제1심은 전문법원인 행정법원이 행정사건을 관할하고 있다는 점, 행정구제에 대하여 행정소송이 헌법재판소나 행정심판위원회와 경쟁하고 있다는 점, 행정소송절차의 운영이라는 측면에서 행정소송의 한계를 강조하고 행정통제에 소극적이라고 평가된다는 점 등의 특징을 가지고 있다.

이러한 우리나라 행정소송법제의 특징을 제대로 파악하기 위해서는 현행 행정소송법을 정밀하게 해석하는 작업도 필요하지만, 역사적인 연원을 살펴서 우리나라 행정소송법을 통사적으로 파악하는 것도 유용하다. 이렇게 우리나라의 행정소송법제의 역사적 기원과 발전상을 거시적

---

23) 주관적 권리구제 중심의 독일 행정소송체계는 유럽에서 대세를 이루고 있지는 않는 것 같다. 오히려 프랑스나 영국, 유럽연합(EU)의 행정소송체계는 객관적 소송체계에 가깝다. 유럽연합과 유럽국가들의 행정체계에 관한 설명은, K. Neumann, Kolja Neumann, "Das subjektive Recht und seine prozessuale Geltendmachung in Deutschland und Europa", 사법 제22호, 사법발전재단(2012. 12), 345~349면 참조.

으로 파악하여 현재적 모습을 분석하고 바람직한 발전방향을 모색하는 것이 이 책을 발간하게 된 직접적인 배경이 되었다.

우리나라 행정소송법은 한국전쟁 중에 1951. 8. 24. 법률 제213호로 14개조로 단출하게 제정되어 1951. 9. 14.부터 시행되었다. 제정 행정소송법은 30여년간 제정법의 골격과 내용을 유지하면서 시행되다가 1984. 12. 15. 전문 46개조로 전면개정되어 1985. 10. 1.부터 시행되었다. 제정 행정소송법이 민사소송법의 특례법으로서의 성격을 벗어나지 못하였지만, 개정 행정소송법은 행정소송의 일반법으로서 독자적 성격을 강조하였고, 현행 행정소송체계의 기틀이 되었다. 그 후 행정소송법은 대법원이 추진한 사법개혁의 일환으로 행정심판의 필요적 전치주의의 폐지와 행정법원의 신설을 골자로 1994. 7. 27. 법률 제4770호로 개정되어 1998. 3. 1.부터 시행되고 있다.

우리나라 행정소송법의 시대구분을 어떻게 할 것인지는 다소간의 견해 차이가 있을 수 있겠으나, 행정소송법의 제개정에 맞춰 행정소송법의 제정(제1기), 1984년 행정소송법의 전면개정(제2기), 1994년의 행정소송법의 개정(제3기)로 나누는 것이 자연스러울 것이다.24) 이렇게 시대를 구분하면, 제1기는 제정 행정소송법의 시행기간인 1951. 9. 14.부터 1985. 9. 30.까지이고, 제2기는 1984년 개정 행정소송법의 시행기간인 1985. 10. 1.부터 1998. 2. 28.까지이며, 제3기는 1994년 개정 행정소송법의 시행기간인 1998. 3. 1.부터 현재까지라고 할 수 있다.25)

이렇게 우리나라에서 행정소송법은 개정을 거듭하면서 발전되어 온 것은 사실이나 아직까지도 권리구제의 사각지대가 있고 헌법재판소와의

---

24) 같은 방식의 시대구분으로 박정훈, 「행정소송의 구조와 기능」, 2면 참조.
25) 일본의 경우에는 우리나라의 제1기에 대응하는 행정소송특례법의 시행기간은 1948. 7. 15.부터 1962. 9. 30.까지이고, 우리나라의 제2기와 제3기에 대응하는 제정 행정사건소송법의 시행기간은 1962. 10. 1.부터 2005. 9. 30.까지이다. 그 이후 일본은 2004년에 행정사건소송법을 개정하였는데, 개정법은 2005. 4. 1. 부터 시행되고 있다.

관할조정이라는 어려운 문제에 직면하고 있다. 아울러 환경소송과 같은 현대형 소송에 적절히 대처할 수 있는 구조가 아니라는 문제도 있다. 그리하여 2000년대에 들어서서 행정소송법의 개정작업에 들어갔으나 입법적 과실은 성취하지 못하였다. 따라서 우리나라에서 행정소송법의 제4기는 도래하지 않았고 준비단계에 머물러 있다고 하겠다.

흔히들 우리나라의 행정소송법은 독일의 행정법원법과 닮아있을 것이라고 생각하는 경향이 있다. 그러나 독일의 현행 행정법원법을 일견해보면 우리나라의 현행체계와는 완전히 다른 모습을 하고 있다는 점을 쉽게 알 수 있게 된다. 우리나라의 행정소송법의 제·개정은 일본의 영향 하에서 이루어졌다는 점을 인정하지 않을 수 없다.

솔직히 제1기의 제정 행정소송법은 1948. 7. 15. 시행된 일본의 행정사건소송특례법을 거의 그대로 번역한 것이라고 말할 수 있을 정도이다. 그 실무의 운영도 거의 일본의 판례와 해석론에 의존하고 있었다. 따라서 우리나라 행정소송법의 원형을 제대로 이해하기 위해서는 행정국가제를 취하고 있었던 전전의 일본의 행정재판법제가 전후 사법국가제로 전환된 배경과 경위 등을 파악하고 오늘날 일본의 행정소송법제의 원형이 된 행정사건소송특례법의 제정과정에서 논의된 사항을 파악하여야 한다. 뿐만 아니라 제2기의 1984년 행정소송법의 개정도 사실은 1962년 일본의 행정사건소송법을 매우 적극적으로 참조한 것으로 볼 수 밖에 없다.

그러나 1988년 헌법재판소의 출범과 제3기의 1994년 행정소송법 개정으로 말미암은 행정법원의 신설은 우리에게 매우 특별한 경험이다. 행정소송절차의 재판기관이라는 독자적인 인프라를 갖추게 되었다는 점에서 드디어 일본의 행정소송체계를 뛰어 넘게 되었고 그것에 의하여 우리나라 행정법이 이론적으로나 실무적으로 비약적인 발전을 했기 때문이다. 그러나 소송절차라는 측면에서 보면, 1984년의 행정소송법 개정으로 인하여 임의적 전치주의로 전환되고 3심제가 채택됨으로써 1962년의 일본

행정사건소송법과 거의 유사한 법제가 되었다.

이상에서 본 것처럼 우리는 전전의 일본이 그들의 근대화를 위하여 프로이센의 군국주의적인 행정소송체계를 변용하여 받아들이고 전후 점령국인 미국의 영향 아래에서 다시 변용된 그것을 전범으로 삼은 것이다. 우리는 일본이라는 프리즘을 통해 굴절된 서구의 행정소송체계를 처음으로 접했던 것이고, 그 이후 최근까지도 지속적으로 일본의 영향 아래에 있었다.

다시 처음에 제기한 문제점으로 돌아와서 우리나라의 행정소송법제에서 권리구제의 사각지대가 생기고 현대형 분쟁에서 행정통제가 미비하게 되었으며 앞으로 어떻게 발전해야 하는지를 제시하기 위해서는 일본의 행정소송체계의 변천과정과 그 배경을 연구하여야 하고, 그래야만 현재 우리나라의 행정소송체계를 온전히 파악할 수 있게 되며, 거기에서 나타나는 문제점을 교정하는 방향을 시사받을 수 있게 된다. 따라서 이하에서는 상당한 비중을 두어 일본의 행정소송법제의 형성과 발전과정을 살펴볼 것이다.

> 과거는 현재에 비추어질 때에만 이해될 수 있다; 또한 현재도
> 과거에 비추어질 때에만 완전히 이해될 수 있다.26)

---

26) E. H. Carr(김택현 옮김), 「역사란 무엇인가」, 까치, 2015., 79면.

제2장

한국 행정소송법
제정 이전의 상황

제1절 제국 일본의 행정재판법제

I. 메이지(明治)헌법 제정 이전의 상황

1853년의 페리호사건으로 인한 개국을 계기로 250여년간 지속된 막번 체제의 모순이 폭발한 소용돌이 속에서, 1868. 1. 3. 왕정복고의 쿠데타로 천황을 정점으로 하는 유신정부가 수립되었다. 이로써 일본은 막부를 폐지하고 중앙집권적 국가로 전환되었다.

일본에서 메이지유신(明治維新) 이후 출범한 메이지정부 초기에는 관리의 위법한 처분에 대하여 사법재판소에 출소하여 불복할 수 있도록 되어 있었다.[1] 즉, 일본에서 최초로 채택되었던 근대적인 행정소송의 형태는 사법부에서 행정소송을 담당하는 사법형 행정소송이었던 것이다. 메이지정부는 1870(明治3)년에 민부성에 의한 재판의 절차규정인 교섭 소송준판규정(交涉訴訟準判規定)을 제정하여, '유신군'의 부정행위, 신구 권력 사이의 조정·중재, 토지이용관계의 분쟁 등에 대처하였다.

그 후 1872(明治5)년에 재판조직과 소송절차가 정해졌는데, 이때부터 일본의 근대적 의미의 행정소송이 시작되었다고 볼 수 있다.[2] 사법직무 정제(司法職務定制)는 사법재판소를 사법성임시재판소·사법성재판소· 출장재판소·부현재판소·구재판소로 구성하도록 규정하고 있었다.[3] 그

---

1) 이하의 자세한 설명은 緒方眞澄, 「行政訴訟制度の歷史的硏究」, ミネルヴァ書房, 1953., 31~107頁, 宮澤俊義, 「行政爭訟法」, 新法學全集 第3券, 日本評論社, 1936., 105~107頁, 岡田正則, "行政訴訟制度の形成·確立過程と司法官僚制: 司法制度改 革に關する歷史的視点からの一考察", 早稻田法學 第85卷 第3号, 早稻田大學法 學會(2010. 3), 158頁 이하 참조.

2) 緒方眞澄, 「行政訴訟制度の歷史的硏究」, 32頁 참조.

러나 그 당시에는 사법과 행정이 명확하게 분리되지 않았고, 사법권의
독립도 보장되지는 않았다.4)

소송절차 및 소송사항은 1872(明治5)년 1월 28일 사법성 제46호 달
(達) 지방관등위법처분출소규정(地方官等違法處分出訴規定)에 의하여
정해졌다. ① 지방관(地方官)·호장(戶長) 등이 태정관포고(太政官布告)·
성포달(省布達)5)에 어긋나는 규칙을 세워서 조치를 발할 때, ② 지방관·
호장 등이 인민의 원(願)·사(伺)·계(屆) 등을 옹폐하는 때, ③ 지방관이
인민의 이주왕래를 억제하는 등 인민의 권리를 방해한 때, ④ 지방관이
태정관포고·성포달을 그 이웃 현에서 제시한 날로부터 10일이 지나도
포달하지 않은 때, ⑤ 지방관이 오해 등에 의하여 태정관포고·성포달의
취지에 어긋나는 설득서 등을 배포하는 때 등 5개의 소송사항에 대하여
국민은 지방재판소(부현재판소 및 구재판소) 또는 사법성재판소에 소를
제기할 수 있었다. 그리고 지방재판소 및 지방관의 재판에 불복하여 사
법성재판소에 항소할 수 있었다. 그리하여, 관리의 직권남용에 관한 사

---

3) 구재판소는 각 부현에 수개씩 설치된 최하급 재판소이고, 부현재판소는 구 재판소의
   상급재판소로서 각 부현에 1개씩 설치되었다. 그러나 부현재판소와 구재판소가 모든
   지방에 설치된 것은 아니었다. 사법성재판소는 부현재판소에 대한 불복사건을 취급
   하고, 출장재판소는 편의상 각 지방에 설치된 사법성재판소의 출장재판소이다. 사법
   성임시재판소는 국사사건, 그 밖의 일정한 중대사건을 취급하였지만, 후에 사법성재
   판소에 대한 상고심 성격을 가지게 되었다.
4) 재판소를 사법성의 업무 중의 하나로 하였고, 1873년 5월의 태정관직제에 따르면,
   "재판상 중대한 송옥(訟獄)이 있으면, 내각의관은 그 사건을 심의하거나 임시재판소
   에 출석하여 그것을 감시"할 수 있었다. 사법경은 사법성재판소의 소장을 겸장하고 있
   었고, 부현재판소·구재판소가 설치되지 않은 지방에서는 지방관이 재판관을 겸했다.
5) 1887(明治19)년의 공문식(公文式)이 제정되기 전 일본의 법령은 太政官布告·太政
   官布達, 各省布告·各省布達의 형식으로 공포되었다. 위 공문식이 제정된 후에는 法
   律·勅令·閣令·省令의 형식으로 되었다가, 메이지헌법 이후에는 法律·勅令·閣令·
   省令·廳令(警視廳令, 北海道廳令)·府縣令·北海道廳支廳令의 형식으로 되었다. 메
   이지헌법 시행 전의 법령은 메이지헌법 제76조에 의하여 헌법에 모순되지 않는다면
   그 내용이 헌법상 법률에 의하여 정해질 것은 헌법 시행후 법률로서 효력을 갖는다
   (이에 대한 설명은, 美濃部達吉, 「日本行政法 上卷」, 有斐閣, 1936., 61~62頁 참조).

건, 토목·학교비용 등을 둘러싼 부현과 정촌의 분쟁 등에 대하여 지방재
판소·사법성재판소의 출소가 허용되었다. 이것은 불완전하나마 일본에
서 실질적 의미의 행정소송을 인정한 최초의 법령으로 평가된다.[6]

그 후 1873(明治6)년에 사법성 제23호 달이 개정됨으로써 출소의 경
유절차가 개선되어 국민이 직접 사법성재판소에 소를 제기하기 쉽게 되
었고, 사법성 제198호 달 및 제203호 달에 의하여 항소제도가 정비되었
다.[7]

그 결과 지방관의 위법한 처분에 대한 소송이 격증하고, 게다가 1872
(明治5)년의 오사카부사건에서 오사카부지사의 위법한 처분을 배척하고
1873(明治6)년의 교토부사건에서 교토부 참사의 행정권 남용을 억제한
사건이 발생하자, 사법관이 행정을 견제한다는 불만이 표출되었다.[8] 그
리하여, 정부 내의 주류인 행정관들은 방류로 취급되었던 사법관이 민사
사건처럼 행정사건을 재판절차로서 심리하는 것에 대하여 못마땅하게
여겼고, 사법관에 의한 행정의 견제를 배척하려고 하였다.[9]

1874(明治7)년 사법성 제24호 달 「인민에 의한 원성사부현에 대한 소
송가규칙」(人民크リ院省使府縣ニ對スル訴訟仮規則)에 의하여, 원성사
부현에 대한 소송은 두 종류로 나누어졌다. 제1종은 일반 공동과 관계없
는 "인민일개(人民一箇)의 소송"으로서, ① 관청 소유의 토지, ② 관청
의 회계·임차, ③ 건조물의 이용에 관한 사건 등이고, 제2종은 "일반 공
동을 위하여 제기하는 소송"으로서, ① 관의 회계 중 일반 인민에 관한

---

6) 宮澤俊義, 「行政爭訟法」, 105頁.
7) 사법성임시재판소를 설치하고 각 재판소 및 각 지방관의 재판에 불복하는 자는 사법
   성재판소에, 사법성재판소의 재판에 불복하는 자는 사법성임시재판소에 항소를 제기
   할 수 있도록 하였다.
8) 헌법의해(憲法義解)의 헌법 제61조에 대한 주에서는 위 달이 나오자마자 "지방관리
   를 제소하는 문서가 법정에 쇄도하여 갑자기 사법관이 행정을 견제하는 폐단을 보기
   에 이르렀다."라고 기술하고 있다(宮澤俊義, 「行政爭訟法」, 105~106頁에서 재인용).
9) 岡田正則, "行政訴訟制度の形成・確立過程と司法官僚制", 158~159頁.

것, ② 도로를 만드는 일에 관한 일반 인민에 관한 것, ③ 공부(工部)의 제조건축에 관한 일반의 인민에 관한 것, ④ 관청과 관청 사이에 일어난 권한의 것, ⑤ 행정관과 사법관 사이에 일어난 권한의 것 등이다. 제1종은 사법관이 재판을 하는 사법(司法)재판으로 취급하고, 제2종은 성질상 행정재판에 속하나 행정재판소가 없기 때문에 사법재판소가 처리하지만, 소송을 제기하는 자가 미리 중앙최고행정관청인 정원(正院)[10]에 차상신품(且狀申稟)하여야 하고 사법재판소는 그 지도 아래에서 재판하는 것으로 하였다. 여기에서 행정재판이라는 용어가 위 규칙을 통해서 처음으로 법령에 나타났다는 점은 의미가 있다. 그렇지만 행정재판은 행정사항에 관한 소송으로서 사법부가 관할할 수 없는 것이고, 일반적인 사법소송과 구별되어야 한다는 사고가 위 규칙의 근저에 깔려 있다는 점에 주목하여야 한다. 일본이 향후 행정소송에 관하여 사법형이 아닌 행정형을 채택할 것이라는 점은 이미 이때부터 예견되었던 것이다.[11]

그후 1875(明治8)년 「입헌정체의 초서」(立憲政體の詔書)에 의하여 3권분립을 철저히 하여야 할 구체적 방침이 확립되고,[12] 「대심원 제재판

---

10) 중국의 율령제를 도입한 고대 일본에서는 제례를 행하는 신기관(神祇官)과 정치를 관장하는 태정관(太政官)으로 나누고, 태정관 휘하에 8성을 두어 행정을 담당하는 체제를 구축하였다(2관 8성제). 그 이후 태정관의 지위는 점차 약화되어 단순히 격식을 나타내는 관명에 불과하였다. 그런데, 막부를 폐지한 메이지정부는 1871년 8월경 태정대신·좌우대신 및 참의로 구성되는 최고기관인 정원과 입법자문기관인 좌원, 각 성(省)의 차관으로 구성되는 연락기관인 우원의 3원제를 수립하였다. 즉, 정원은 태정관의 정청 중에서 중앙최고관청으로서, 천황을 보필하며, 서정(庶政)을 통관하고, 제사, 외교, 선전, 강화, 조약체결, 육해군 등에 관한 사항을 통치하는 기관을 말한다. 이러한 태정관제 아래에서의 내각의 결정은 3대신을 통하여 천황에게 상주되어 재가를 얻는 구조였는데, 정책결정의 효율이 매우 떨어지는데다가 책임의 소재도 불분명하였다. 그리하여 3대신제도를 폐지하고 내각총리대신과 각성의 대신으로 내각을 구성하는 내각제도의 개혁이 이루어졌고, 1885. 12. 22. 내각제가 수립되었다.

11) 宮澤俊義, 「行政爭訟法」, 106頁.

12) 입법기관으로서 원로원, 재판기관으로서 대심원 및 지방의회의 설치를 정하였다.

소직제장정」(大審院諸裁判所職制章程)(태정관포고 제91호)이 제정되어 사법에 관한 최고기관으로서의 대심원이 설치되고, 종래 사법경이 가지고 있었던 재판권을 이에 귀속시켰으며, 그 아래에 상등재판소 및 부현재판소가 설치되었다.[13] 사법성 갑 제5호 달은 행정사건(원성사부현 등에 대한 소송)에 대하여 부현재판소의 관할을 폐지하고 상등재판소를 제1심으로 하였다. 그런데 상등재판소는 도쿄(東京), 오사카(大阪), 후쿠시마{福島, 후에 센다이(仙台)로 이전}, 나가사키(長崎) 등 전국에 4개소밖에 설치되어 있지 않았으므로, 종래 부현재판소에서 재판하고 있었던 것과 비교하면 재판을 받을 권리가 제한되는 효과가 나타났다.[14] 1881(明治14)년에 이르러야 지방관(군장, 구장 및 호장)의 일정한 행정처분에 한하여 다시 지방재판소에서 재판할 수 있게 되었다.[15] 한편 1876(明治9)년에는 행정소송을 제기하기 위해서는 사법성의 품의를 거쳐야 한다는 출소허가제도가 채택되었다.

1888(明治21)년 법률 제1호 시정촌제에 대하여 소원을 전심으로 행정소송을 제기할 수 있다는 것과 행정재판소의 명칭이 실정법상 처음으로 규정되었다.[16] 다만 위 행정사건들은 행정재판소가 창설될 때까지는 내각이 잠정적으로 재판을 하도록 하였다.[17]

이상에서 살펴본 것처럼 이 시기에는 사법재판소에서 행정사건을 재판하는 일원적 사법제도를 취하였으나, 사법권의 독립이 보장되지 않았

---

13) 그후 1877(明治10)년 제재판소직제장정(諸裁判所職制章程)이 개정되어 지방관의 판사겸임제도가 폐지됨으로써, 행정과 사법이 완전히 분리되었다(緒方眞澄, 「行政訴訟制度の歷史的研究」, 39頁).

14) 緒方眞澄, 「行政訴訟制度の歷史的研究」, 39頁.

15) 緒方眞澄, 「行政訴訟制度の歷史的研究」, 40頁.

16) 가령 시제(市制) 제5조에서는 "시의 경계에 관한 쟁의는 부현참사회에 그것을 재결하고 그 부현참사회의 재결에 불복하는 자는 행정재판소에 출소한다."라고 규정하였다.

17) 1889(明治22)년 법률 제16호에서는 행정재판절차에 따라 항소원이 수리·심문하고 내각의 재정을 거쳐 판결을 선고하는 방식을 채택하였다(緒方眞澄, 「行政訴訟制度の歷史的研究」, 40頁).

고 소송사항도 지방관의 일정한 법규설정행위와 행정처분만으로 한정되었다. 그러나 그마저도 사법관이 행정을 견제한다는 불만이 나타났고, 이 시기에 처음으로 나타난 '행정재판'이라는 관념도 행정사건을 사법재판소의 재판에 맡길 수 없다는 점에서 의미를 가질 뿐이었다. 결국 이 시기는 사법권에 의하여 행정권이 제한되는 것을 배제하고 행정재판과 사법재판을 분리한 메이지헌법 아래에서의 이원적 구성을 취하게 된 행정소송제도의 맹아기라고 할 수 있다.[18]

II. 메이지헌법 제정과 행정재판제도의 형성

1. 대일본제국헌법(메이지헌법)의 제정

일본이 메이지유신을 단행하였던 시점은 세계사적으로 제국주의가 지배하였던 시대였다. 그 당시의 국제법에 의하면, 제국주의적 질서 하에서 유럽의 문명국만이 국제법상의 주체가 될 수 있었고 그 밖의 국가나 지역은 '야만'으로서 발견의 대상에 불과하였다.[19] 이러한 상황 아래에서 메이지유신의 주역들은 불평등조약을 개정하고 치외법권을 격파하여 국제질서의 고리를 끊고 '문명국'으로 발돋움하기 위해서는 일본이 서구의 국가처럼 되어야 한다고 생각하였다.[20] 일본의 근대화의 지향점은 서양화를 통한 부강한 국가건설 즉, '부국강병'이었던 것이다.[21]

부국강병을 위해서는 천황을 중심으로 관민일체가 될 필요가 있었고 그러기 위해서는 국회개설을 포함한 입헌정체의 수립이 필수적이라고

---

18) 緒方眞澄, 「行政訴訟制度の歷史的硏究」, 31頁.
19) 당시의 국제법에 관한 좀 더 자세한 논의는 이재승, "식민주의와 법학", 민주법학 제45호, 민주주의법학연구회(2011. 3), 17~20면 참조.
20) 치외법권 철폐를 위한 일본인의 투쟁은 1899. 8. 4. 그것이 실현될 때까지 계속되었다.
21) 방광석, 「근대일본의 국가체제 확립과정」, 혜안, 2008., 30면 참조.

생각하였다.22) 일본제국의 헌법은 이토 히로부미(伊藤博文)를 정점으로 하는 메이지정부가 중심이 되어 19세기 프로이센의 헌법과 그 사상을 기반으로 자유민권파와 궁중보수파의 헌법사상을 물리치고 상당한 준비과정과 숙고를 거쳐서 제정되었다.23) 이토 히로부미는 1882년부터 1883년까지 스스로 유럽 특히 독일과 오스트리아에서 입헌제도조사에 나서면서, 프랑스식 민주주의헌법사상과 영국식 의회주의헌법사상 등만이 서구적인 근대화가 아니라고 인식하고, 독일식 군권주의적인 헌법사상을 발견해내었다. 그리고 귀국하여 1884년에 설치된 제도취조국의 장관으로 취임하여 제국헌법과 주요법률들을 기초하였다.

이토 히로부미를 비롯한 메이지헌법제정자들의 헌법사상은 군권주의와 입헌주의로 요약될 수 있다.24) 이토 히로부미는 서양의 기독교에 비견되는 국가의 기축으로서 천황을 중심으로 하는 기본방침 하에 헌법을 기초하였다.25) 한편 입헌정치는 군권의 제한과 민권의 보호에 가장 중요한 의의가 있다고도 하였다. 이렇게 이토 히로부미에게는 근대적인 입헌주의에 대하여 그 나름대로의 이해가 있었다고 볼 수 있으나, 그 입헌제는 군권주의를 건드리지 않는 한도 내에서 헌법을 성립시키기 위한 최소한도로 첨가된 것이었다. 이러한 기조 하에서 대일본제국헌법(메이지헌법)은 1889. 2. 11. 공포되었다.

---

22) 김창록, "근대일본헌법사상의 형성", 법사학연구 제12호, 한국법사학회(1991), 229면. 의회의 설립마저도 정부와 국민이 일체화되어야 국가가 강성해진다는 인식 하에서 그 필요성이 있다고 생각하였다(방광석, 「근대일본의 국가체제 확립과정」, 47면 참조).
23) 김창록, "근대일본헌법사상의 형성", 220면.
24) 이하의 설명은 김창록, "근대일본헌법사상의 형성", 228~232면 참조.
25) 천황제는 부강한 국가건설을 위하여 국민통합의 유효한 수단이라고 생각하였다(김창록, "근대일본헌법사상의 형성", 72면).

2. 독일식 행정재판제도의 도입

앞에서 살펴본 맹아적 행정소송제도의 발전과 관계없이, 행정소송제
도의 입안은 법제국이 제국헌법의 제정을 준비하는 과정에서 외국법제
의 연구를 중심으로 1877(明治10)년 전후부터 시작되었다.26) 이때 사법
재판소가 매우 좁은 소송사항에 대하여 행정재판을 행하고 그 외의 사
항은 탄원에 의하여 처리하던 당시의 제도를 유지하자고 주장하면서, 유
럽대륙형 행정소송제도를 채택하는 것은 시기상조라는 견해가 있었다.
반면에 행정권의 강화와 자율성을 확보하기 위하여 행정재판소의 설치
를 주장하는 견해도 있었다.27)

그러던 중 이토 히로부미가 1883년에 유럽의 입헌제도조사를 마치고
돌아왔다. 이토 히로부미는 입헌제도조사과정에서 슈타인(Lorenz von
Stein)으로부터 유럽각국의 정치에서도 행정의 자립성이 보장되지 않았
다는 점과 그것을 확보하는 것이 중요하다는 점을 배웠다.28) 슈타인은
행정부가 프랑스에서는 국회, 영국에서는 정당, 독일에서는 군주에게 장
악되어 '자운자동(自運自動)'하지 못하고 있다고 진단하고, 행정권이 자
운자동의 활기를 가질 수 있는 독립된 체제가 이루어져야 한다고 하였
다. 이렇게 하여 이토 히로부미는 부국강병을 추동하기 위해서는 '행정
의 자립성'이 중요하다고 생각하게 되었다. 이러한 인식 하에서는 행정
의 우위에 입각하여 행정권을 사법권의 통제 밖에 두고 행정의 자유로
운 활동을 보장하려는 의도에 따라 행정소송법체계가 구축될 수밖에 없

---

26) 緒方眞澄, 「行政訴訟制度の歷史的研究」, 44頁.
27) 緒方眞澄, 「行政訴訟制度の歷史的研究」, 44~45頁. 후자의 견해는 국민의 권리구제
　의 보장을 위하여 행정재판소를 설치하자고 주장한 것이 아니라는 점에 유의하여야
　한다.
28) 방광석, 「근대일본의 국가체제 확립과정」, 150~151면 참조. 이토 히로부미 일행은
　입헌제도조사과정에서 베를린에서 그나이스트(Rudolf von Gneist)를 면담하고 그의 제
　자 못세(Albert Mosse)의 강의를 듣기도 하였지만, 빈에서 슈타인의 강의를 두 달 정도
　듣고 큰 감명을 받았다고 한다(방광석, 「근대일본의 국가체제 확립과정」, 147면 참조).

다. 그러는 과정에서 행정소송제도를 유럽의 대륙형제도에 따르기로 하되, 프랑스제도와 독일제도를 기반한 몇 개의 초안이 준비되었던 것이다.[29]

결국 행정권을 강화하고 자율성을 확보하자는 주장이 국민의 권리를 보장하려고 하는 입장을 압도하고, 행정권의 강화주의가 강한 독일제도에 기반한 행정소송제도가 채택되었던 것이다.

3. 행정재판제도의 개관

1870년대부터 1880년대까지 유럽은 행정소송제도를 빠르게 정비하고 있었다. 이에 영향을 받은 일본의 메이지정부도 그 즈음 근대국가의 형성에 착수하면서 행정소송제도를 체계화하기 시작하였다. 1889년 대일본제국헌법을 제정하고, 그 다음 해에 행정재판법·재판소구성법 등 재판법제를 정비하였다. 이를 통해서 당시 일본에서는 행정사건의 처리에 대하여 행정관의 절대적 우위성이 확립되었다.[30] 그 과정을 개관하면 다음과 같다.

일본의 메이지헌법 제61조는 "행정청의 위법한 처분에 의한 권리침해

---

29) 1884년의 제1차안은 프랑스식으로 참사원 내의 위원회에서 재판을 행하는 것이었고, 1886년 내지 1887년경에 마련된 제2차안은 독일식 행정재판소를 설치하는 것이었으며, 1888년의 제3차안은 다시 프랑스제도에 따라 추밀원 내에 추밀고문관 및 법제국 참사관 등으로 구성된 행정재판소를 설치하는 것이었다. 1889년의 제4차안에서는 독일제도에 따라 독립기관인 행정재판소를 설치하고, 소원전치주의, 열기주의, 서면심리, 직권진행주의, 심리공개를 원칙으로 하며, 재판관의 신분을 보장하고, 재심을 인정하며, 집행정지의 규정을 두고, 행정관리의 배상이 필요한 민사소송의 선결문제소송에는 판결을 요하며, 강제집행을 인정하는 것이었는데, 위 안에 행정재판소를 동경에 설치하여 단심제로 하고, 재심규정을 삭제한 수정안에 기초하여 행정재판법이 제정되었다(緒方眞澄, 「行政訴訟制度の歷史的研究」, 45~47頁 참조).

30) 岡田正則, "行政訴訟制度の形成·確立過程と司法官僚制", 160頁.

에 관한 소송으로서, 별도로 법률로 정하여 행정재판소의 재판에 속하게
한 것은 사법재판소에서 수리할 수 없다."라는 취지로 규정하고 있었다.
즉, 권리침해를 요건으로 설정하였으면서도 행정재판과 사법재판을 제
도적으로 구분하고 사법재판소에서 행정사건을 심리할 수 없도록 한 것
이다. 그리하여 행정재판은 행정부 소속의 행정재판소가 관할하게 되었
다. 행정재판소는 1890(明治23)년에 제정된 행정재판법에 의하여 1890.
10. 1. 동경에만 설치되었고 단심이었다. 행정재판소는 사법재판소와 유
사한 행정조직이었으며 사법재판소와 같이 직무상 독립된 행정재판관에
의하여 재판이 이루어졌다.

앞에서 살펴본 것처럼 당시 일본의 행정재판은 권리침해를 요건으로
설정하여 주관소송적 요소가 내재되어 있었을 뿐만 아니라 행정소송의
대상을 법률이 특별히 정한 것에 한정하였기 때문에, 행정재판의 대상은
매우 협소하였다. 당시 일본이 열기주의를 채택하게 된 논거는 민사재판
은 사법영역에서 국가의 유일한 보호수단이므로 개괄주의가 채택되어야
하지만, 공법영역에서는 감사와 같은 행정조직 내부의 감독수단 등이 존
재하고 있으므로 반드시 행정재판이 국가의 유일한 보호수단이 될 필요
가 없다는 것이었다. 아울러 공법영역에서는 사법영역과 달리 학위수여,
선박검사, 군대내부의 징벌 등 법원의 심리에 적합하지 않은 사항도 있
다는 점도 열기주의를 채택하게 된 논거가 되었다.[31] 행정재판의 대상
은 「행정청의 위법처분에 관한 행정재판의 건」{行政廳ノ違法處分ニ關
スル行政裁判ノ件, 1890(明治23). 6. 30. 제정 법률 제106호 같은 해 10.
1. 시행}에서 정한 해관세(海關稅)를 제외한 조세 및 수수료의 부과에
관한 사건, 조세체납처분에 관한 사건, 영업 면허의 거부 또는 취소에
관한 사건, 수리 및 토목에 관한 사건, 관유지와 민유지 구분에 관한 사
건 등 5가지였다.[32] 그밖에 몇몇 특별법에서도 행정재판사항을 개별적

---

31) 美濃部達吉, 「行政裁判法」, 千倉書房, 1929., 21~22頁.
32) 당시 일본은 오스트리아의 입법례를 참조하여 행정재판체계를 세웠다고 하나, 행정재

으로 정하고 있었다.

위와 같은 행정재판절차 이외의 행정쟁송제도로서 행정심판절차도 있었다. 일본의 근대적인 행정불복신청제도는 1882년에 시행된 소원규칙에 의한 청원제도에서 비롯되었고, 1890(明治23). 10. 10. 법률 제105호로 행정불복제도에 관한 일반법으로서 소원법이 제정되었다.[33] 그 당시 행정심판은 소원과 이의신청의 2단계 구조였다.

당시 일본에서는 행정재판과 소원, 심지어는 행정부 내부의 감독작용도 실질적인 차이가 있는 것이 아니라 심리절차나 심리기관 등에서 나타나는 형식적인 차이가 있다는 정도로 인식하고 있었다.[34] 행정재판은 독립된 행정재판소에 의하여 법률에 따라 구체적인 경우에 무엇이 법인가를 판단하고 선고하는 것에 적합하지만, 스스로 행정을 행하는 자는 아니기 때문에 정책적인 판단을 행하는 것에는 적합하지 않다는 것이다. 그리하여 사건에 따라서는 행정재판만 허용되는 경우도 있고 소원만 허용되는 경우도 있었다.[35] 그리고 소원과 행정재판이 모두 허용되고 당사자가 선택할 수 있는 경우도 있었는데, 이 경우에는 하나를 선택하면 다른 하나는 선택할 수 없도록 하였다.[36] 행정재판과 소원과의 관계는 필요적 전치주의를 채택하고 있었지만, 각성대신의 처분 또는 내각 직속 관청 또는 지방상급청의 처분은 원칙적으로 바로 행정재판을 제기하여야 하되 특별한 경우 이의신청과 같은 재심사를 거칠 수도 있었다.

판의 대상에 관한 한 오스트리아는 개괄주의를 채택하고 있었다. 따라서 그 부분은 그 전시대인 프로이센의 입법례를 참조한 것으로 보이지만 그마저도 프로이센의 경우보다 범위가 좁았다(美濃部達吉, 「行政裁判法」, 99~100頁).

33) 김창조, "일본에 있어서 취소소송과 행정심판과의 관계", 공법연구 제23집 제3호, 한국공법학회(1995. 6), 2면, 각주 3) 참조.
34) 美濃部達吉, 「行政裁判法」, 46頁.
35) 부현지사의 시정촌에 대한 감독처분의 경우, 내무대신에게 소원을 제기하는 것은 허용되었지만, 행정재판을 제기할 수는 없었다.
36) 그 당시 행정재판과 소원과의 관계에 관한 더 자세한 사항은, 美濃部達吉, 「行政裁判法」, 54~59頁 참조.

4. 행정소송을 바라보는 관점

당시의 사고방식에 의하더라도 인민의 자유와 재산의 보장은 근대 시민적 법치주의시대의 근본원리로서, 소송을 비롯한 쟁송의 형식에 의하여 수행되는 것이 바람직하다고 보았다. 그러나 행정법의 영역에서는 절대적으로 쟁송이 허용되지 않은 영역이 적지 않았고, 쟁송이 인정되더라도 반드시 민법이나 형법의 영역에서와 같이 소송이 인정되어야 하는 것은 아니라는 것이었다.[37] 또한 행정쟁송의 개념은 오로지 국가작용의 형식에 주목하여 구성되는 것이므로, 통치행위와 같이 정치적 합목적성의 차원에서 쟁송의 내용으로 되기에 적합하지 않은 경우가 있고, 자유재량행위와 같이 기술적 합목적성의 관점에서 쟁송의 내용이 되기에 적합하지 않은 경우도 있다고 보았다.

이러한 행정쟁송의 특색으로 인하여, ① 위에서 언급한 것처럼 행정법의 영역에서는 소송의 제기가 제한될 수 있다는 점(쟁송사항의 한계), ② 행정사항은 민사사항 등과 비교하면 본질적으로 공익적 색채가 강하여 직권주의에 부합한다는 점(공익적 색채), ③ 사법쟁송이 통상 소송의 형태를 취하고 있는 것에 반하여, 행정소송은 정치적 합목적성과 기술적 합목적성으로 말미암아 약식쟁송의 형태를 가지고 있는 경우가 많다는 점(약식쟁송의 우월), ④ 행정법 영역에서 공권력에 의한 구체화는 신속하게 발해지는 것이 요청되기 때문에 행정처분에 대한 복심쟁송의 형식을 갖는 것이 적합하다는 점(복심쟁송의 우월), ⑤ 행정사항은 정치적 합목적성이나 기술적 합목적성으로 인하여 엄격한 심급제가 적합하지 않다는 점(심급제의 불완전) 등이 강조되었다.

한편, 당시에도 오늘날과 같이 주관적 권리구제와 적법성 보장 중에서 어떤 것이 행정소송의 주된 목적인지에 관하여 다양한 견해가 제시

---

37) 宮澤俊義, 「行政爭訟法」, 13頁.

되었는데, 대표적인 것은 다음과 같다.[38] 첫째, 개인적인 공권을 부인하면서 행정재판의 목적은 적법성 보장에 있다는 견해로서 그 대표자는 호즈미 야쯔카(穗積八束)이다(제1설: 개인적 공권 부정, 행정재판=행정감독론). 둘째, 개인적 공권은 긍정하되 그래도 행정재판의 목적은 적법성 보장에 있다는 견해로서 그 대표자는 미노베 타쯔키치(美濃部達吉)이다(제2설: 개인적 공권 긍정, 행정재판=행정감독론). 셋째, 행정소송의 목적이 주관적 권리구제에 있다는 견해로서 그 대표자는 오다 요로즈(織田万)이다(제3설: 행정재판=권리구제론).

당시는 공법상 법률관계에서 행정주체와 행정객체 사이에 우열이 있고, 행정주체는 스스로 자신의 권리를 구체화할 수 있는 반면, 행정객체는 재판을 통해야만 권리를 실현할 수 있다고 인식하고 있었다. 그러한 현상을 두고, 제1설은 개인적 공권에 대한 권리성 자체를 의심하였고, 제2설은 이를 긍정하되 반드시 재판으로 그것을 보호하여야 하는 필요성이나 합리성을 부정하지만, 제3설은 그러한 현상 때문에 개인적 공권의 재판적 보호제도로서 행정재판을 행하여야 한다고 주장하였다.

위 각 견해 중 당시의 행정재판의 운용을 주도한 것은 개인적 공권의 존립을 인정하지만 행정재판의 본래적 목적이 적법성 보장에 있고 개인의 권리를 보호하는 것은 2차적 목적에 지나지 않는다고 보는 미노베(美濃部)의 견해라고 할 수 있다.

---

38) 이하의 자세한 내용은 高柳信一, "行政國家制より司法國家制へ", 公法の理論: 田中二郎先生古稀記念 下 2, 有斐閣, 1977., 2233頁 이하 참조.

Ⅲ. 행정재판제도의 내용

1. 행정재판소의 설치와 행정형 행정소송제도의 채택

가. 행정재판제도의 유형에 대한 인식

당시 일본에서는 유럽 각국의 행정쟁송제도를 다음과 같이 유형화하여 소개하고 있었다.39) 먼저 사법형은 공법과 사법을 구별하지 않고 행정소송을 포함한 모든 소송을 사법재판소에서 처리하는 유형을 말한다. 이 유형의 대표적인 나라는 "법의 지배"를 원칙으로 하는 영국이라고 생각하였다. 그러면서 영국은 행정사항을 내용으로 하는 소송(실질적 의미의 행정소송)도 사법재판소가 관할하고, 형식적 의미의 행정소송이라는 것을 인정하지 않는다고 소개하였다.

다음으로 행정형은 행정사항을 내용으로 하는 소송을 심리하기 위하여 사법재판소로부터 독립한 행정재판소와 같은 특수한 재판소를 설치하고, 여기에서 실질적 의미의 행정소송을 관할하게 하는 유형으로서, 프랑스가 대표적인 나라라고 소개하고 있었다. 그러면서 형식적 의미의 사법소송의 내용은 사법사항이고 형식적 의미의 행정소송의 내용은 행정사항이라고 하면서 양자를 엄격하게 구별하는 것을 대원칙으로 한다고 보았다.

당시 일본에서는 영국은 근대적 절대정이 충분히 확립되지 않아 사법으로부터 구별되는 공법의 관념이 생기지 않았고, 그 결과 행정사항에 관한 소송도 사법재판소의 관할에 속하게 되었다고 보고 있었다. 이와는 달리 프랑스는 전형적인 절대정 국가로서, 공법과 사법을 구별되는 관념이 있었고, 대혁명 후에도 이러한 전통에 기하여 사법재판소가 행정사항을 심리하는 것을 엄금하였다고 소개하고 있었다. 그러면서 실질적 의미

---

39) 이하에 관한 자세한 내용은 宮澤俊義, 「行政爭訟法」, 98~99頁 참조.

의 행정쟁송이 발달하려면 반드시 형식적 의미의 행정쟁송제도를 취하
여야 된다고 인식하고 있었다. 이와 같은 행정형 국가로서 독일, 오스트
리아, 이탈리아 및 스위스를 거론하고 있었다.

나. 행정형의 채택

제국일본은 위와 같은 행정재판의 유형 중에서 행정형을 채택하였다.
앞에서 본 것처럼 1889(明治22)년의 메이지헌법 제61조는 "행정청의 위
법한 처분에 의한 권리침해에 관한 소송으로서, 별도로 법률로 정하여
행정재판소의 재판에 속하게 한 것은 사법재판소에서 수리할 수 없다."
라고 규정하고 있었다. 위 조항은 실질적 의미의 행정소송은 원칙적으로
형식적 의미의 행정소송이어야 한다는 취지가 포함되어 있다고 해석되
었고, 헌법에서 특별한 행정재판제도를 위한 방침이 결정된 것으로 받아
들여졌다.[40] 그에 따라 1890(明治23)년에 행정재판법, 「행정청의 위법처
분에 관한 행정재판의 건」(行政廳ノ違法處分ニ關スル行政裁判ノ件)
및 소원법이 각각 제정되어 메이지시대 행정재판제도의 기초가 확립되
었다.

행정형 행정재판제도의 채택을 원칙으로 한 이유로서, 다음과 같은
논거가 거론되었다. 첫째, 행정부의 독립 내지 자율성이다. 만일 사법재
판소가 행정의 당부를 판정할 수 있다면, 행정관은 사법관에 예속될 것
이고 그에 따라 사회의 편익과 인민의 행복을 합목적적인 재량에 따라
추진할 수 없을 것이다. 둘째, 행정처분은 공익의 추구를 목적으로 하는
데, 이러한 것은 사법관에게 익숙한 것이 아니기 때문에 사법관이 그러
한 권한을 행사하게 하는 것은 위험하다는 것이다.[41]

---

40) 宮澤俊義, 「行政爭訟法」, 104頁, 南博方·高橋滋, 「條解 行政事件訴訟法」, 4頁.
41) 헌법의해(憲法義解)에서의 설명이라고 한다(宮澤俊義, 「行政爭訟法」, 104頁 주1)에
　　서 재인용).

그 당시에도 사법형 행정재판제도가 행정형보다 인민의 권리와 이익을 보호하는데 더 적합한 것이 아니냐는 비판이 없었던 것은 아니다. 그러나 이러한 비판에 대해서는 프랑스가 영국보다 결코 인민의 권리보호에 소홀하지 않다는 예를 들면서, 사법형과 행정형은 보호의 강약과는 차원이 다른 문제라고 반박하는 것이 그 당시의 인식이었다.42) 아래에서 행정형과 사법형을 비교하여 설명하는 당시 인식의 한 단면을 살펴본다.

① 사법재판소는 역사가 오래되고 독립성이 보장되며 법관이 법률적 자질도 갖추고 있기 때문에 보다 더 전문적인 법률적인 판단을 할 수 있으리라고 기대되는 것은 사실이다. 그렇지만, 행정재판소도 독립성을 부여하고 법률적 능력을 구비한 재판관으로 구성한다면, 이 점에 관한 한 양자 사이에 큰 차이가 없게 된다.

② 사법재판소의 재판관은 민사·형사사항만 취급하기 때문에 행정사항에 관한 지식이 부족하므로, 행정소송은 행정재판소의 권한으로 하는 것이 합목적적이라고 할 수 있다. 그렇지만, 사법재판소도 행정사건을 처리하는 재판부에 그것에 능통한 재판관을 배치한다면, 이 점에 관해서도 양자 사이에 중대한 차이가 없게 된다.

③ 행정형에서는 사법재판소에 독립한 별도의 행정재판소를 설치하여야 하기 때문에 양 재판소 사이의 권한쟁의를 해결할 필요가 있지만, 사법형에서는 그럴 필요가 없다. 이 점은 행정형과 사법형 사이의 커다란 차이 중의 하나이다.43)

④ 행정형에서는 원고가 사건의 유형에 따라 소송을 제기하여야 할

---

42) 宮澤俊義, 「行政爭訟法」, 103頁.
43) 행정재판법 제20조 제2항에서는 권한재판소를 설치하여 그 재판소에서 권한쟁의를 재판하도록 규정하되, 제45조에서는 그 권한쟁의는 권한재판소를 설치하기까지 추밀원에서 재정한다고 규정하고 있었다. 그러나 권한재판소는 끝내 설치되지 않아 추밀원이 이를 대신 수행하였는데, 그 절차를 정하는 칙령도 제정되지 않아 권한쟁의를 제기할 자가 누구인지도 명확하지 않았다(美濃部達吉, 「行政裁判法」, 89頁).

재판소를 선택할 책무를 부담하고 그에 따른 위험을 감수하여야 하지만, 사법형에서는 그렇지 않다. 이 점도 양자 사이의 중대한 차이 중의 하나이다.

⑤ 사법형에서는 재판소가 단일한 계통으로 이루어지므로, 판례의 통일이 확보되기 쉽다. 이 점도 양자 사이의 중대한 차이다.

위와 같은 점만 단순히 살펴보면 사법형이 행정형보다 더 합목적적이라고 생각할 수도 있겠지만, 사법형에서도 행정사항의 심리를 위하여 통상의 민사소송이나 형사소송절차와는 다른 행정재판절차를 마련하여야 하고, 그 심리를 행하는 재판관은 일반 법률적 지식 및 경험에 더하여 행정상의 지식 및 경험을 구비하여야 한다. 따라서 사법형을 취하더라도 실질적으로는 재판소 내에 민사부 및 형사부와 병렬적으로 행정부 또는 공법부를 설치하는 것이 더 합목적적이라고 설명하고 있었다.[44]

다. 행정재판소의 설치

행정재판소는 1890(明治23)년 법률 제48호로 공포된 행정재판법에 의하여 1890. 10. 1. 설치되었다. 행정재판소의 조직에 관한 사항은 행정재판법 및 그 법률에 위임받은 행정재판소령에 규정되어 있었다. 행정재판소는 창립 당시 오스트리아의 입법례를 가장 많이 참조한 것으로 알려져 있다.[45]

행정재판소는 전국에 오직 하나가 동경에 설치되어 있었다(행정재판법 제1조). 모든 행정소송은 행정재판소의 관할에 속한다. 따라서 행정재판소는 행정사건에 관한 최고재판소이자 사실심이다. 행정재판소는 헌법상 사법부에 소속된 법원이 아니라 행정부 내에 설치된 행정기관으

---

44) 당시 스위스연방의 행정소송제도가 그러하였다고 한다(宮澤俊義,「行政爭訟法」, 103頁).
45) 美濃部達吉,「行政裁判法」, 40頁.

로서 재판소와 유사한 행정조직일 뿐이다. 다만 사법재판소와 같이 직무
상의 독립성은 인정되어 있었다.

행정재판관은 행정재판소의 장관과 평정관을 말한다.[46] 장관 및 평정
관은 30세 이상이면서 5년 이상 고등행정관의 직업에 종사하는 자 또는
재판관의 직업에 종사하는 자 중 내각총리대신이 상주(제청)하여 임명한
다. 평정관은 사법재판관에 유사한 신분보장을 누리는 대신 그 직무의
성질에 비추어 특별한 제한에 따라야 한다.[47] 장관 및 평정관에 대한 징
계는 「행정재판소 장관 평정관 징계령」(行政裁判所長官評定官懲戒令)
에 규정된 일종의 특별행정소송에 의하여 행해진다.

장관 및 평정관은 그 직무를 행할 때 독립한 지위를 가지고 훈령에
구속되지 않으므로, 다음과 같은 점을 제외하고는 사법재판관과 다르지
않았다. 먼저 사법재판관은 헌법에 의한 지위보장을 받는 반면, 행정재
판관은 법률에 의한 신분보장을 받는다. 다음으로 신체 또는 정신쇠약으
로 인하여 직무의 집행이 어려운 경우 사법재판관은 재판소 총회에 의
한 결의에 의하여 사법대신의 퇴직명령에 의하나, 행정재판관은 내각총
리대신의 상주에 의한 칙재로 퇴직한다. 또한 사법재판관은 정년제도가
있지만, 행정재판관은 정년제도가 없기 때문에 사직하거나 노쇠로 인한
퇴직결의가 필요하다. 그리고 행정재판관은 사법재판관과 달리 겸관이

---

46) 행정재판관은 법률용어는 아니고 관행상 붙여진 명칭이다(美濃部達吉, 「行政裁判法」,
   42頁).
47) 행정재판법 제4조에서는 장관 및 평정관이 ① 공연정사에 관계하는 것, ② 정당의
   당원 또는 정사의 사원이 되거나 중의원의원, 부현군시정촌(府縣郡市町村)회의 의원
   혹은 참사회원이 되는 것, ③ 겸관의 경우를 제외하고는 봉급이 있거나 금전적 이익
   을 목적으로 하는 공무에 종사하는 것, ④ 상업을 영위하는 그 밖의 행정상의 명령에
   서 금지하는 업무를 영위하는 것 등을 제한하였다. 그 대신 제5조에서는 형벌의 선고
   또는 징계처분에 의한 것이 아니면 퇴관·전관 또는 비직을 명받지 않는다고 신분을
   보장하고 있었다. 다만 제6조에서는 신체 혹은 정신쇠약으로 곤란하여 직무를 집행
   할 능력이 없을 때에는 내각총리대신은 행정재판소의 총회결의에 의하여 퇴직을 상
   주할 수 있다고 규정하고 있었다.

허용된다.[48] 사법재판관의 징계는 법률에 의하도록 헌법으로부터 보장받으나, 행정재판관의 징계에 관해서는 칙령에 위임되어 있을 뿐이다. 다만 앞에서 본 것처럼 징계절차는 사법관과 같이 징계재판소를 구성하여 특별한 행정재판절차에 의하여 처리된다.

행정재판소에는 3개의 부가 설치되어 있었다(행정재판법 제8조, 행정재판소령 제1조). 위 법령에 각 부는 5인 이상으로 구성하라고 규정되어 있었으나, 실제로는 재판장 1인과 재판관 4인으로 구성되어 있었다. 재판장은 부장 또는 장관이 되었으나, 평정관 중 관등이 높은 사람이 대리하는 것도 가능했다. 현재 우리나라의 주심재판관과 같은 전리(專理)평정관제도도 있었고, 5인이 합의하고 과반수의 찬성으로 판결하였다. 혹시 열석자가 짝수이면 관등이 낮은 평정관은 제외하도록 규정하고 있었으나, 재판부는 항상 5명으로 구성되었고 유고시 대리평정관이 열석하였기 때문에 실제로 문제가 된 경우는 없었다. 그밖에도 총회가 있었는데, 총회는 법규의 해석을 통일하거나 판례를 변경할 필요가 있다고 인정되는 경우 등에 장관이 소집하고, 3분의 2의 출석에 과반수의 찬성으로 의결하도록 하였다.

2. 열기주의의 채택과 행정소송사항

가. 열기주의의 채택

메이지시대 일본은 행정소송사항을 정하는 방법으로 개괄주의와 열기주의 중 프로이센의 입법례를 따라 열기주의를 채택하였다.[49] 그러면서

---

48) 본관의 휴직이나 면관, 전관의 경우 겸관의 직을 당연히 잃는다. 이렇게 겸관이 허용된다는 점 때문에 그 독립성을 우려하는 견해가 있었다(美濃部達吉, 「行政裁判法」, 42~43頁).

49) 사법성·법제국은 프랑스나 오스트리아의 제도에 따라 개괄주의를 채택하려고 하였지

개괄주의와 열기주의는 소극적으로 소송사항이 아닌 것을 열기할 것인지 아니면 적극적으로 소송사항을 열기할 것인지의 입법기술적인 차이에 불과할 뿐이라고 자평하고 있었다. 따라서 개괄주의와 열기주의는 행정소송을 제기할 수 있는 사항의 많고 적음과 관계가 있다고 단정할 수 없고, 양자 사이에 수많은 단계가 있을 수 있다고 생각하였다.[50] 프로이센은 열기주의를 취하고 있지만 개괄주의를 취하고 있는 프랑스보다 행정소송사항의 양이 현저하게 적다고 할 수 없다고 예를 들어 설명하기도 하였다.[51]

비교법적으로 볼 때, 당시에도 시민적 법치주의를 취하는 나라에서는 소송의 전면적 우위를 승인하고 개괄주의를 채택하고 있었다. 이에 대하여 일본 행정법학계는 19세기적 법치주의가 조락하고 권위주의가 지배하게 되면서 개괄주의는 그 공리성을 잃어버렸다고 인식하고 있었기 때문에, 열기주의를 채택하고 있는 일본의 행정재판법이 부당하다고 할 수 없다고 평가하였다. 다만 당시에 행정재판법령에 열기된 행정소송사항의 양이 매우 적었다는 점에 대해서는 공감하였기 때문에, 뒤에서 보는 1928(昭和3)년의 행정소송법안에서는 열기주의를 여전히 채택하면서도 행정소송사항의 범위를 크게 확장하는 시도를 하기도 하였다. 그러나 행정소송사항을 확대하더라도 개개의 행정소송사항이 사익을 만족시킴과 동시에 공익도 만족시키는 것인지, 행정의 원활한 운행을 방해하지는 않는지 등을 충분히 고려하여 결정하여야 하고, 행정소송제도를 완벽하게 한다는 명목으로 행하는 자유주의적 미신은 배척되어야 한다고 강변하고 있었다.[52]

만, 내무성의 의견에 따라 프로이센식 열기주의가 채택되었다(岡田正則, "行政訴訟制度の形成·確立過程と司法官僚制", 161頁).

50) 宮澤俊義, 「行政爭訟法」, 111頁.

51) 당시 개괄주의는 프랑스나 오스트리아에서 인정되었고, 독일에서도 바이마르, 작센, 튜빙겐, 뤼벡, 브레멘, 함부르크 등이 채택하고 있었지만, 그 밖의 독일지역에서는 원칙적으로 열기주의를 취하고 있었다고 한다.

행정재판법 제15조에서는 "행정재판소는 법률칙령에 의하여 행정재판소에 출소를 허용하는 사건을 심판한다."라고 규정하고 있었기 때문에, 행정소송사항이 되기 위해서는 미리 법률 또는 칙령으로 정해져 있어야 하였다. 행정소송사항을 일반적으로 열기한 법률로서는 앞에서 언급한 1890(明治23)년의 법률 제106호 「행정청의 위법처분에 관한 행정재판의 건」(行政廳ノ違法處分ニ關スル行政裁判ノ件)이 제정되어 있었고, 그밖에 개별법령에서 행정소송사항을 정한 경우도 많았다. 전자를 일반법에 의한 행정소송사항이라고 하고, 후자를 특별법에 의한 행정소송사항이라고 불렀다.

나. 일반법에 의한 행정소송사항

① 해(海)관세를 제외한 조세 및 수수료의 부과에 관한 사건: 조세나 공법상 금전급부의무의 부과는 인민의 재산권에 관한 것이므로 매우 엄격하게 취급되어야 한다는 이유에서 행정소송사항으로 되었다.[53] 조세의 부과에 관한 사건은 행정소송사항임과 동시에 소원사항이었지만, 관세의 부과에 관한 사건은 주로 부과대상 품목의 품질과 관련하여 문제가 되기 때문에 기술적인 사항이 많으므로 행정소송사항에서 제외되었다. 한편 지방세에 대해서는 지방제(地方制)에 규정되어 있어서 그에 따르므로, 여기에서 말하는 조세의 부과에 관한 사건은 주로 국세에 관한 것이었고, 그것도 상당수가 특별법에 규정되어 있었기 때문에 위 조항이 적용되는 경우는 별로 없었다. 또한 수수료의 부과에 관한 사항도 상당수가 특별법에 규정되어 있었다. 공공조합의 조합원에 대한 경비의 부과행위는 그 실효성의 확보수단으로 조세와 같이 강제징수가 인

---

52) 宮澤俊義, 「行政爭訟法」, 112頁.
53) 宮澤俊義, 「行政爭訟法」, 113頁.

정되기도 하였기 때문에 위 조항을 적용하여야 한다는 견해가 없었던 것은 아니었지만, 판례와 학설은 대체로 행정소송사항이 아니라고 본 듯하다.[54]

② 조세체납처분에 관한 사건: 조세체납처분은 조세 및 수수료의 부과와 같은 이유에서 행정소송사항이 되었다. 특별법에 의하여 체납처분이 행정소송사항으로 된 경우는 그 규정에 따르므로, 위 조항이 적용되는 경우는 주로 국가 관청의 체납처분을 말한다. 그런데, 당시의 판례는 조세체납처분이 행정상의 강제징수절차를 의미한다고 넓게 해석하지 않았기 때문에, 그 절차가 다르지 않음에도 불구하고 국세징수법이 아닌 특별법에 의한 체납처분은 여기에 포함되지 않는다고 해석하였다.[55] 한편, 판례는 독촉, 차압, 공매의 공고, 공매와 같은 일련의 체납처분 중에서 독촉은 처분이 아니라고 판시하였다.[56]

③ 영업 면허의 거부 또는 취소에 관한 사건: 이러한 종류의 사건은 국민의 생활을 확실히 보장하려는 목적에서 행정소송사항이 되었다. 일본은 열기주의를 채택한 나라로서 모범으로 삼은 프로이센과 달리 경찰처분 전반에 대하여 행정소송을 제기할 수 있다고 규정하지 않았다. 그러나 위 조항에 따라 영업경찰은 예외가 되었다. 따라서 영업에 관한 면허가 거부되었거나 취소된 경우에는 위 조항에 의하여 행정소송을 제기할 수 있었다. 다만 특허의 거부는

---

54) 美濃部達吉,「行政裁判法」, 106頁.
55) 학설은 반대인 것으로 보인다(宮澤俊義,「行政爭訟法」, 118頁, 美濃部達吉,「行政裁判法」, 107頁). 예컨대, 경지정리조합비에 대해서는 시정촌세의 예에 의하여 체납처분이 행해지지만(경지정리법 제79조), 그 체납처분에 대해서 행정소송을 제기할 수 있는지는 특별히 정한 것이 없었다. 행정재판소는 예전부터 일관하여 행정소송을 제기할 수 없다고 해석하고 있었다. 그런데 위와 같은 체납처분에 대해서는 민사소송도 허용되지 않았으므로, 결국 이 점에 대해서는 전혀 구제가 인정되지 않는 것이 된다.
56) 이 역시 학설은 반대이었던 것으로 보인다(宮澤俊義,「行政爭訟法」, 118頁, 美濃部達吉,「行政裁判法」, 107頁).

자유재량이라는 이유로 구제될 수 없었다. 또한 영업면허의 효과
에 영향을 미치는 행위지만 직접 그 면허를 거부 또는 취소하는
행위가 아니고 그 사업에 대하여 기술상의 감독을 위하여 행하는
행위는 소송에서 배제되었다. 그 이유에 대하여 판례는 학술적 시
험이나 기술적 검사는 성질상 재판소의 심사대상으로 적합하지 않
기 때문이라고 설명하였다.

④ 수리 및 토목에 관한 사건: 물과 토지에 대한 행정작용에 관한 사
건을 말한다. 국가와 공공단체가 스스로 물과 토지에 대한 공사를
시행하는 경우뿐만 아니라 물과 토지에 관한 인민의 권리에 영향
을 미치는 모든 행정작용을 포함한다고 해석되었고,[57] 경지정리시
행허가, 토지수용결정행위, 수량조사허가 등이 여기에 해당한다는
것이 판례였다. 학설은 직접 물 또는 토지 그 자체에 관한 사건뿐
만 아니라 수면이나 지상에 있는 물건에 관한 사건도 여기에 포함
된다고 넓게 해석하는 경향에 있었으나, 판례는 일정한 지역에서
초목이나 사석을 채취할 권리에 관한 행정처분, 예를 들면 벌목정
지처분에 대해서는 결론이 엇갈렸고 갈대채취허가에 대해서는 부
정적이었다.[58]

⑤ 토지의 관민유(官民有) 구분의 사정에 관한 사건: 토지의 관민유
구분의 사정에 관한 사건이란 넓게 관유지(국유지)의 경계를 확인
하는 처분에 관한 것을 말한다. 판례에 의하면, 사유지와의 경계를
확인하는 처분뿐만 아니라 탈락지 또는 미정지를 관유지에 편입
하는 처분을 포함하였다. 다만 국유지의 경계를 확인하는 처분은
국유재산법에 규정되어 있었고 거기에서 그에 대한 소원 및 행정
소송이 인정되어 있었기 때문에 위와 같은 조항이 적용될 여지는
별로 없었다.

---

57) 美濃部達吉, 「行政裁判法」, 114頁.
58) 宮澤俊義, 「行政爭訟法」, 121頁.

다. 특별법에 의한 행정소송사항

특별법에 의한 행정소송사항은 그 종류가 매우 많아서 일일이 열거하기 어렵다. 조세 그 밖의 공과에 대해서는 소득세법, 자본이자세법, 영업수익세법, 상속세법, 택지지가수정법, 토지임대가격조사위원회법, 북해도지방비법, 부현제, 시제, 정촌제, 수리조합법, 농회법, 수산회법, 상공회의소법, 건강보험법, 국민건강보험법, 도로법, 하천법, 도시계획법 등에서, 수리 및 토목에 대해서는 도로법, 하천법, 사방법, 공유수면매립법, 삼림법, 어업법 등에서, 선거 그 밖의 지방행정 일반에 대해서는 지방제에서 각각 행정소송사항이 정해져 있었다.

라. 소원사항과 행정소송사항의 관계

소원사항과 행정소송사항은 대부분 중복되지만 완전히 일치하는 것은 아니었다. 관세의 부과에 관한 사항과 같이 성질상 행정소송사항이 되기에 적합하지 않다고 하는 것도 소원사항이 되는 경우가 있었다.

소원사항과 행정소송사항이 중복되는 경우에는 다음과 같이 규율되었다. ① 일반적으로 각 성 또는 내각에 소원을 제기하였던 경우에는 그 사항에 대하여 다시 행정소송을 제기할 수 없었고(행정재판법 제7조 제3항), 반대의 경우도 마찬가지라고 해석되었다. 따라서 주무대신에 대한 소원과 행정소송이 함께 허용되는 사항에 대해서는 그 중 하나를 선택했어야 하였다.[59] ② 경우에 따라서는 행정재판과 소원의 선택이 금지되고, 행정소송을 제기할 경우에는 주무대신에 대한 소원은 허용되지 않는다고 규정된 것도 있었다. 그러나 ③ 소원이 행정소송의 전심인 경우가 많았다. 행정재판법은 행정소송은 원칙적으로 지방상급행정청에 소원하여 그 재결을 경료한 후에 제기할 수 있는 것으로 규정하고(제17조

---

59) 宮澤俊義, 「行政爭訟法」, 122頁, 美濃部達吉, 「日本行政法 上卷」, 888頁.

제1항), 특별법에서도 소원을 행정소송의 전심으로 규정한 예가 매우 많았다.

3. 소송요건

가. 행정처분에 대한 것일 것

행정소송은 복심쟁송이기 때문에 그 대상이 되는 행정처분이 존재하여야 한다. 따라서 판례는 행정처분이 존재하지 않은 경우, 행정청의 부작위에 대하여 행정처분의 발급을 구하는 경우, 장래에 발급될 처분에 관한 경우 등은 모두 부적법하다고 하였다.

처분이 존재하는 것이면 족하고 무효가 아닐 것을 요하는 것은 아니다. 무효인 경우에는 처분으로서의 외형이 남아 있고 행정청으로부터 유효한 처분으로 취급될 염려가 있으므로 무효의 확인을 구할 이익이 있기 때문이다.

선결문제의 쟁송인 행정소송 및 공공공사의 변경 또는 원상회복을 구하는 행정소송을 제기하기 위해서는 위와 같은 요건이 필요하지 않았다. 이는 주로 수리 및 토목에 관한 사건에서 발생하였는데, 행정재판소는 행정소송으로 취급하였고 대심원도 같은 견해였다. 이 경우 본래의 의미의 처분이 존재하지 않으므로, 차지, 복구, 제해시설의 설치를 구하게 된다. 다만 손해배상은 행정재판법에 따라 민사소송에 의한다.[60]

당시로서는 행정소송은 행정처분의 효력을 재심사하는 것을 목적으로 한다고 인식되고 있었다. 따라서 처분의 효력과 관계가 없는 사항을 내용으로 하는 소송은 허용되지 않았으므로, 재결이유만의 재심사를 청구

---

60) 행정재판법 제16조에서는 "행정재판소는 손해요상의 소송을 수리하지 않는다."라고 규정하고 있었다.

하는 소송, 당선자의 득표수만 다투는 소송 등은 제기할 수 없었다.

나. 출소권(원고가 될 수 있는 자격)을 가질 것

행정소송을 제기하려는 자는 출소권을 가져야 한다. 출소권은 법령에 의하여 행정청에게도 부여되기도 하였고,[61] 민중쟁송의 성질을 가진 행정소송, 예를 들면, 당선에 관한 행정소송에서는 넓게 선거인 및 의원후보자에게 부여되었다. 항고소송의 출소권은 "행정청의 위법한 처분에 의하여 권리를 손상당한 자"에게 부여되었다. 앞에서 본 것처럼 당시는 행정소송이 행정감독작용의 일환으로서 적법성의 유지가 행정소송의 1차적 목적이라고 인식하였기 때문에 소송요건으로서 권리의 침해는 반드시 필요한 것은 아니었다.[62] 그럼에도 불구하고 메이지헌법 제61조는 권리훼손이 행정소송의 소송요건이라고 규정하고 있었다. 이는 국민의 출소 기회를 제한하려는 의도에서 의식적으로 채택된 것이었다고 평가된다.[63]

요건단계에서 처분의 위법여부는 원고의 주장에 따르고, 실제로 위법한지 여부는 본안에서 판단될 문제라고 생각하였다. 다만 원고의 주장 자체로 법률상 불능인 경우에는 각하되었다.

권리가 훼손되어야 한다. 원고는 권리능력자일 것을 요구하지만, 권리능력자이기만 하면 연령, 성별, 국적과 관계없이 인정되었다. 한편 자연

---

61) 행정청이 출소권을 가지는 경우는 법령에서 명시적으로 그 뜻을 정하고 있는 때에 한정된다. 그러한 규정이 없는 경우에는 물론이고 단순히 처분에 불복하는 자는 출소권을 가진다고 정해진 경우에도 행정청은 그 불복이 있는 자에 포함되지 않는다. 따라서 의원의 사직결정에 대한 현참사회의 재결에 대하여 정회(町會)가 출소하는 것, 도로점용료에 대한 소원의 재결에 대하여 시장이 출소하는 것, 정촌세의 부과에 관한 현참사회의 재결에 대하여 정촌회가 출소하는 것은 모두 부적법하다.
62) 공권의 존재를 인정하는 미노베(美濃部)의 견해에 입각하더라도 그것은 행정소송이라는 행정감독작용을 발동시키는 계기를 부여하는 것에 불과하다.
63) 高柳信一, "行政國家制より司法國家制へ", 2261頁.

인에게만 한정되는 것도 아니었고, 법인도 출소할 수 있었다(행정재판법 제24조 제2항). 사법상의 법인뿐만 아니라 공공단체도 출소권을 가질 수 있었다.

다. 행정소송으로 다툴 수 있는 사항일 것

행정재판법 제22조는 출소기간을 "행정청에 의한 처분서 또는 재결서를 교부 또는 고지 받은 날로부터 60일"이라고 정하고 있었지만, 다른 법령에서 별도로 정한 것이 있으면 그에 따랐다.[64] 처분서를 교부 받았던 자에 대해서는 교부한 날의 다음날, 그것을 받지 않은 자에 대해서는 고지한 날의 다음날, 고지가 없었던 경우에는 그 처분을 알 수 있는 상태에 놓여진 날의 다음날부터 기산하였다.[65] 출소기간의 유서라는 제도는 소원에서와는 달리 행정소송에서는 인정되지 않았다.[66]

행정소송은 행정소송사항에 대해서만 제기할 수 있었기 때문에, 행정소송으로 다투어질 행정처분은 행정소송사항에 관한 것이어야만 한다.

각 성 또는 내각에 제기되었던 소원의 대상인 처분에 대해서는 행정소송이 허용되지 않았으므로(행정재판법 제17조 제3항), 행정처분이 행

---

64) 행정재판법 제22조에서는 "행정소송은 행정청으로부터 처분서 혹은 재결서를 교부하거나 고지된 날에 의하여 60일 이내에 제기하여야 하며 60일이 경과된 경우에는 행정소송을 행할 수 없다. 다만, 법률칙령에 특별한 규정이 있으면 이에 한정하지 않는다."라고 규정하고 있었다.

65) 소원의 경우에는 소원서가 우편으로 제출된 경우 발신주의를 취하여 출소기간을 기산하지만, 행정소송의 경우에는 이와 달리 모든 소장이 행정재판소에 도달한 때를 기준으로 하였다.

66) 소원도 기간이 경과된 후에 제기되면 각하되는 것이 원칙이지만, 특이하게도 심리청에서 "유서하여야 할 사유가 있다고 인정하는 때"에는 그 기간이 경과되어도 수리할 수 있었다(소원법 제8조). 수리된 경우 소원은 출소기간 내에 제기된 것과 같이 취급한다. 행정재판소의 판례는 대체로 유서는 자유재량행위이고, 유서하여야 할 사유가 있는지 여부는 오로지 행정청의 권한에 속하며, 그 인정은 행정소송에서 재심사되지 않는 것이라고 해석하였다.

정소송의 대상이 되기 위해서는 위와 같은 소원의 대상이 된 적이 없었어야 한다. 행정소송을 제기할 때에 이미 위와 같은 소원의 대상이 되었던 경우에는 그 소는 부적법하여 각하되고, 판례는 소원과 행정소송이 동시에 제기된 경우에도 그 소원의 재결이 발해진 때에는 행정소송은 각하되어야 한다고 판시하였다.[67]

한편, 행정소송을 제기하기 위해서는 서류송달의 비용에 충당하기 위하여 2원을 예납하는 것이 필요하였다{1870(明治3)년 행정재판소 공시 제1호 행정소송예납금절차}.

4. 소송절차

가. 당사자

① 원고: 항고소송의 원고는 "행정청의 위법처분에 의하여 권리를 손상당한 자"라고 주장하는 자이다. 2인 이상이 공동으로 가지는 권리가 침해된 경우는 전원이 공동으로 소송을 제기하여야만 하는 것은 아니고 각자 출소할 수 있다고 보는 것이 판례였다. 그 처분에 의하여 훼손될 수 있는 권리를 가진 자일 것을 요구하였지만, 반드시 그 처분의 상대방일 필요는 없고 그 전심의 출소자로 한정되는 것도 아니었다. 다만 직접적인 권리의 훼손을 요하고 생활의

---

67) 어느 처분에 대하여 출소권자가 2인 이상인 경우 그 1인이 주무대신에 소원을 제기한 후에 다른 사람이 행정소송을 제기할 수 있는지는 다툼이 있었다. 소원청과 행정재판소와의 사이의 권한의 충돌을 피하기 위하여 제기할 수 없다고 해석하는 견해(宮澤俊義, 「行政爭訟法」, 125頁)도 있었고, 1인이 소원을 제기하였다 하더라도 다른 1인이 행정소송을 제기할 수 있는 권리가 박탈되는 것은 아니라는 견해도 있었으나, 후자의 경우에도 국가의 최종적인 의사가 상호 모순될 수는 없으므로 행정소송이나 소원의 어느 한쪽이 확정되면 그 사건은 기결사항이 되었다는 이유로 기각하여야 한다고 한다(美濃部達吉, 「日本行政法 上卷」, 953頁).

불편과 같이 처분의 취소에 이해관계를 갖는다는 정도만으로는 부족하다고 해석되었다. 앞에서 본 것처럼 다른 법령에 특별한 규정이 있으면 그에 따르게 되므로, 경우에 따라서는 행정청에게 출소권이 부여되기도 하였다.

② 피고: 행정재판법 제25조에서는 소장에 "피고 행정청 또는 그 밖의 피고"를 기재하여야 한다고 규정하고 있었다. 판례는 계쟁처분을 행한 행정청을 피고로 삼아야 하고 사인을 피고로 하는 것은 허용되지 않는다고 판시하였다. 이와 같이 민사소송과 달리 행정소송에서 행정주체가 아니라 행정청이 당사자가 되는 것은 그 심리대상이 권리에 관한 다툼이 아니라 주로 행정행위의 위법여부를 가리는 것이기 때문이라고 설명하고 있었다.[68] 또한 (넓은 의미의) 소원의 재결에 대하여 행정소송을 제기하는 경우 원고가 피고를 처분청이나 재결청 중에서 선택할 수 있지만, 계쟁처분을 취소한 재결에 대해서는 반드시 재결청을 피고로 하여야 한다고 해석하였다.[69] 공공조합이 발령한 처분에 대하여 직접적으로 출소하는 경우에는 그 법인 자체를 피고로 삼도록 하였다.

③ 참가인: 행정소송의 공익적 성격으로 인하여 행정재판소는 심문 중에 그 사건에 이해관계가 있는 제3자를 소송에 참가하게 할 수 있었다(행정재판법 제31조). 물론 제3자의 신청에 의하여 소송에 참가하는 것도 허용되었다. 참가인은 민사소송의 참가인과 달리 원고 또는 피고와 같이 소송에서 참여하였고 판결의 효력도 같았다.

④ 공익변호위원: 행정재판법 제35조 제1항에서는 주무대신은 필요하다고 인정하는 경우 공익을 변호하기 위하여 공익변호위원으로 하여금 소송에 참여하게 할 수 있다고 규정하고 있었다. 공익변호위원은 사법소송에서 검사와 같이 공익의 대표자로서의 지위를 가지

---

68) 美濃部達吉, 「行政裁判法」, 24頁.
69) 宮澤俊義, 「行政爭訟法」, 132頁, 美濃部達吉, 「日本行政法 上卷」, 978頁.

지만, 실제에서는 그다지 활용되지 않았다. 아마도 행정소송의 피
고가 주무대신의 감독 아래에 있었으므로, 공익의 변호라는 목적
은 통상적인 감독권의 행사에 의하여 실현될 수 있었기 때문이었
을 것이다.70)

⑤ 소송대리: 소송대리인은 법인의 대표자, 합의체의 의장, 무능력자
의 법정대리인 등과 같이 법령에 의하여 당연히 대리인으로 될 수
있는 자 외에는 행정재판소가 인가한 변호사에 한정되었다(행정재
판법 제14조). 행정관청은 그 관리 또는 그 신청에 의하여 주무대
신이 명하는 위원을 소송대리로 내세울 수 있었다. 행정청이 그 이
원(吏員)으로 하여금 대리하게 하는 것도 이에 준하여 허용되었다.

나. 소제기와 집행정지

행정재판법 제23조 본문에서는 "법률칙령에 특별한 규정이 있는 것을
제외하고는 행정청의 처분 또는 재결의 집행은 정지되지 않는다."라고
규정함으로써, 행정재판의 제기에 의하여 처분의 효력에는 아무런 영향
이 없다는 집행부정지의 원칙을 채택하였다. 행정행위는 재판의 결과 그
것이 위법하다고 결정될 때까지는 적법한 것으로 추정되므로, 소가 제기
되었더라도 그 집행을 정지하는 것은 부당하게 행정의 진행을 막을 염
려가 있고, 남소로 이끌 우려가 있다는 당시의 인식을 반영한 것이다.71)
다만 행정소송이 제기된 것과 관계없이 그 처분을 집행한다면, 원고
가 승소하여도 권리를 회복하는 것이 사실상 불가능하게 되고 행정소송
이 어떠한 실효도 없게 될 수 있으므로, 행정소송이 종결될 때까지 집행
을 정지하는 것이 적당한 경우가 있다. 그 이유에서 행정재판법 제23조
단서에서는 "행정청 및 행정재판소는 그 직권에 의하거나 원고가 원하

---

70) 宮澤俊義, 「行政爭訟法」, 133頁, 美濃部達吉, 「行政裁判法」, 215頁.
71) 美濃部達吉, 「行政裁判法」, 232頁 참조.

는 바에 따라 필요하다고 인정하는 경우에는 그 처분 또는 재결집행을
정지할 수 있다.”라는 예외를 인정하였다.[72] 여기에서 주목하여야 할 점
은 행정재판이 사법작용이 아니라 행정의 자기통제작용에 불과하다고
인식하였으므로,[73] 집행정지도 당연히 행정작용이라고 인식하였을 것이
라는 점이다. 그리고 집행정지의 요건도 구체적으로 제시하지 않고 있었
다. 그리하여 당시의 학설에서는 당시의 민사소송법 제755조를 원용하
면서 가처분과 같이 “만일 계쟁처분을 집행할 때에는 당사자의 권리의
실행이 가능하지 않거나 이를 행사하는 것이 현저하게 곤란하게 할 위
험이 있는 경우”에 집행정지가 가능하다고 설명하고 있을 뿐이었다.[74]

다. 심리

행정재판법에는 예납절차나 소장에 기재할 사항 외에는 행정소송의
심리에 관하여 별다른 규정이 없었다. 행정재판법 제43조에서는 “행정소
송절차에 관하여 이 법률에 규정이 없는 것은 행정재판소가 정하는 부
분에 의하여 민사소송에 관계되는 규정을 적용할 수 있다.”라고 규정하
고 있었다. 행정소송은 행정사항을 내용으로 하고 공익적 색채가 강하다
는 명목하에 원칙적으로 직권주의가 지배하였다.[75]

① **직권심리주의**: 변론주의는 민사소송과 달리 행정소송에서는 인정

---

72) 美濃部達吉, 「行政裁判法」, 232~233頁 참조.
73) 당시 일본에서는 행정재판과 소원은 실질적인 차이가 있는 것이 아니라 심리절차나
    심리기관 등에서 나타나는 형식적인 차이가 있다는 정도로 인식하고 있었다는 점은
    앞에서 본 것과 같다.
74) 美濃部達吉, 「行政裁判法」, 233頁.
75) 宮澤俊義, 「行政爭訟法」, 134頁, 美濃部達吉, 「行政裁判法」, 238頁. 오늘날 프랑스
    의 행정소송절차는 대심구조이기는 하나 직권심리주의가 채택되어 있어 재판부가 심
    리를 주도하고 서면심리가 원칙이며, 기록은 소송당사자만 열람할 수 있어서 비공개
    이고 집행부정지의 원칙이 채택되어 있다는 점이 특색이다{피에르 파나시(진광엽
    역), 프랑스 행정재판제도, 67~70면 참조}. 일본의 이러한 직권주의적 성격은 같은
    행정국가적 특색을 가지고 있는 프랑스와 유사하다는 점이 주목된다.

되지 않았다. 재판소는 참여자의 주장에 구속되지 않고 필요하면 직권으로 증거를 수집하고 그에 기하여 사실을 인정할 수 있었다.

② **직권진행주의**: 행정소송에서는 전적으로 재판소가 소송의 진행을 지배하였다. 조속한 심리의 진행을 도모하려는 것이 그 주된 취지였다.[76] 원고 및 피고가 답변서나 변박서(辯駁書)를 제출하여야 할 기간, 구두변론의 기일 등은 모두 재판부가 지정하였고, 구두변론의 기일에 참여자의 일부가 출정하지 않아도 그 심문을 중지하지 않았으며, 참여자가 모두 출정하지 않은 경우에도 심문을 행하지 않고 즉시 판결을 선고할 수 있었다(행정재판법 제41조 제2항).

③ **구두변론주의의 완화**: 민사소송에서는 구두변론주의가 원칙이지만, 행정소송에서는 서면심리주의와 구두변론주의가 병존하였다. 참여자가 제출한 서면도 구두변론과 같이 효력이 인정되었을 뿐만 아니라 참여자가 모두 원하면 서면심리만으로 판결을 선고할 수 있었고, 참여자가 모두 변론기일에 출정하지 않은 때에도 그렇게 할 수 있었다.

행정재판소의 심리는 불고불리의 원칙에 의한 한계가 있었다. 소원과 달리 처분의 위법 여부에 대한 심사에 한정되었고, 그 합목적성 여부에 대한 심사는 행할 수 없었다.

당시의 관념상 자유재량행위의 경우 재량권이 속하는 한도 내에서는 위법 여부의 문제가 생기지 않아, 행정재판소는 이러한 처분에 대하여 재량의 한계를 넘는 것인지에 대해서만 심리할 수 있을 뿐이고, 그 이상으로 나아가 그 처분의 합목적성을 심사할 수 없기 때문에, 이 경우의 소송상 취급에 관하여 논란이 있었다. 자유재량행위가 행정소송의 심리범위 밖에 있게 된 것은 행정소송의 심리가 합법성 심사에 한정된다는 것에서 생기는 반사적인 결과이므로, 자유재량행위의 변경 또는 취소를

---

76) 美濃部達吉, 「行政裁判法」, 245頁.

구하는 소송은 그 요건을 갖추지 못한 것은 아니어서 부적법하여 각하
될 것이 아니라 이유가 없어 기각되어야 한다는 것이 판례였다.[77]

처분이 위법한 이유가 선행행위의 위법에 기인하는 경우를 위법성의
승계 문제라 하였다. 위법한 명령에 따라 행해진 처분은 위법성이 승계
되고, 선행처분과 후행처분 사이에서 하나의 법률적 효과를 완성하는 때
에는 위법성이 승계되나, 선행처분과 후행처분 사이의 효과가 서로 관련
되어 있더라도 독립된 효과를 완성하는 때에는 위법성이 승계되지 않는
다고 설명하고 있었다.[78] 예를 들면, 조세의 부과처분과 조세의 체납처
분 사이에는 위법성이 승계되지 않는다. 조세부과가 취소되면 이에 터잡
은 체납처분도 취소되나 반대로 조세부과처분의 취소소송 없이 체납처
분에 대한 취소소송에서 조세부과의 위법성을 다툴 수는 없었다.

나아가 행정재판소는 최종심이기는 하지만 제1심이기도 하기 때문에
법률문제뿐만 아니라 사실문제도 판단할 수 있었고, 본안뿐만 아니라 그
선결문제에도 그 심리권이 미쳤다.

5. 판결

종국판결에는 오늘날과 같이 소송판결과 본안판결이 있었다. 전자는
각하판결이고,[79] 후자는 청구기각판결과 청구인용판결이다. 여기에서
불이익변경이 허용되지 않는다는 것은 소원의 재결에서도 같았다.

판결에는 구속력이 있어서 판결내용에 따라 모든 관계자를 기속하였
고, 이는 국가의 통치권에서 기인하는 효력이라고 인식되었다.[80] 민사소

---

77) 美濃部達吉, 「行政裁判法」, 157頁에서는 각하를 주장하였다.
78) 美濃部達吉, 「行政裁判法」, 160頁.
79) 소장심사에 기하여 즉시 발해지는 각하는 재결이라 하였고, 피고의 항변에 기하여
    발해지는 각하는 판결이라고 하였다.
80) 美濃部達吉, 「行政裁判法」, 280頁.

송은 당사자 사이에만 효력이 미치는 것이 원칙이나 행정소송은 당사자 사이의 법률관계만 해결하기 위한 것이 아니기 때문에 대세효가 일반적으로 인정되었다(행정재판법 제18조). 한편 위와 같은 구속력은 다른 국가기관 특히 사법재판소에도 미친다고 인식되었다(선결문제).

행정재판은 단심이자 최종심이므로 선고와 동시에 확정되어, 그 즉시 불가변력과 기판력 등이 발생하였다. 한편, 행정재판법 제19조에서는 행정재판소의 재판에 대해서는 재심을 구할 수 없도록 규정하고 있었고, 판례는 절대적 재심금지로 해석하였다.[81]

행정재판소는 스스로 강제집행을 할 권한을 가지지 않았으므로, 행정재판법 제21조에서는 강제집행이 필요한 때에는 통상재판소에 촉탁하여 집행하도록 규정하고 있었다. 그런데, 피고는 행정청이고 상급청의 감독을 받는 처지였으므로, 실제로 강제집행이 필요한 경우는 거의 없었다고 한다. 강제집행이 필요한 경우는 통상 원고가 패소하여 소송비용을 부담하여야 할 때에 발생하였다.

소송비용에 대해서는 별도의 규정이 없었다. 패소자가 이를 부담하고 원고청구의 일부가 인용되는 때에는 원고와 피고가 분담하는 것이 원칙이지만, 예외가 많았고 판례의 방침도 일관되지 않았다고 한다.

---

81) 이에 대하여 행정재판소의 판결은 최종심이므로 상소로써 다툴 수 없다는 의미에 불과하고 민사소송법에서와 같은 재심사유가 있는 경우에는 재심이 가능하다고 해석하는 견해가 있었다(美濃部達吉, 「行政裁判法」, 284頁). 한편, 문서를 위조하여 행정재판소의 판결을 통해 국유재산을 편취한 사안에서 행정재판소는 재심을 허용하지 않았지만, 사법재판소는 행정재판소의 판결을 오판이라고 인정한 다음 손해배상청구를 인용한 사례가 있었다.

Ⅳ. 행정재판법의 개정시도와 그 이후의 상황

1. 행정재판법령에 대한 개정시도

가. 시대적 배경

1904년부터 그 다음해까지 치러진 러일전쟁이 끝난 후 일본 경제는 국가주도의 식산흥법의 시대에서 생산자본에 따른 자율적인 경제활동의 시대로 이행하였다. 이에 따라 공법학계도 국권학파{호즈미 야쯔카(穗積八束)·우에스기 신키찌(上杉愼吉)}를 대신하여 민권학파{미노베 타쯔키치(美濃部達吉)·사사키 소이치(佐々木惣一)}가 주도하게 되었다.[82]

이러한 시대적 배경 하에서 당시의 행정재판제도와 행정재판소가 권리구제에 미흡하다는 점이 지적되었다. 주로 ① 열기주의로 인하여 구제대상이 협소하다는 점, ② 행정재판소가 동경 한곳 밖에 없어서 불편하다는 점, ③ 행정소송이 단심으로 확정되거나 재심이 배제되어 불합리하다는 점, ④ 행정소송의 심리절차에 관한 규정이 미흡하다는 점(제3자적 공정성의 결여), ⑤ 행정재판관의 정년제가 없기 때문에 인사가 정체되어 유능한 인재를 모을 수 없는 점 등이 거론되었다.[83]

나. 개정시도와 그 좌절

이와 같이 지적된 결함들로 인하여, 1890(明治23)년의 행정재판법과 「행정청의 위법처분에 관한 행정재판의 건」(行政廳ノ違法處分ニ關スル行

---

82) 岡田正則, "行政訴訟制度の形成·確立過程と司法官僚制", 163頁. 당시 일본에서는 자본주의의 급속한 발전에 따른 노동자 계급의 증대, 러시아 혁명 및 다른 여러나라의 노동운동 격화의 영향 및 불황 등이 겹쳐 심각한 사회문제가 초래되었고, 그에 따라 국민 권리의 재판적 보호의 문제에 대해서도 새로운 관점이 요구되었다.
83) 高柳信一, "行政國家制より司法國家制へ", 2199頁.

政裁判ノ件)에 대한 불만은 위 법률들이 시행된 후 얼마 되지도 않은 시점부터 표출되었다. 그렇지만 그 개정은 끝내 이루어지지 않은 채 일본국 헌법의 제정을 맞이하게 되었다.

1893(明治26). 1.경에 이미 행정소송사항을 열기주의에서 개괄주의로 전환하는 내용의 행정재판법 개정안이 제출된 것을 비롯하여, 행정재판을 복심제로 운영하거나 재심을 인정하자는 내용의 법률안이 여러 차례 제출되었으나, 모두 제국의회에서 받아들여지지 않았다.[84] 그 이후 다이쇼(大正)민주주의 시대인 1923(大正12)년 제46회 제국의회에 제출된 행정재판법 개정안에서는 행정소송사항을 개괄주의로 전환하자는 주장에 머물지 않고 행정재판소 폐지론까지 주장되기에 이르렀다.[85] 특히 이 시기에는 미노베(美濃部)가 정력적·체계적으로 행정판례를 평석을 하면서 그에 대한 신랄한 비판을 가하였고,[86] 그로 인하여 그간 관심이 적었던 행정재판소의 판례를 많은 사람들이 의식하게 되었다.

일본 정부도 행정재판법령을 개정하자는 주장에 관하여 어느 정도 공감하고, 1923년 임시법제심의회에 소원법 및 행정재판법의 개정에 관한

---

84) 행정재판법령의 개정시도의 자세한 내용은 緒方眞澄, 「行政訴訟制度の歷史的硏究」, 59~63頁 참조.

85) 第46回 會帝國議會衆議院陪審委員會議錄 (速記) 第12回 (大正12年 3月 8日) 3,4 頁(高柳信一, "行政國家制より司法國家制へ", 2204頁 주11)에서 재인용). 위 위원회의 요코야마 카츠타로(橫山勝太郎) 위원은 "우리들은 오늘날 수준까지 법률제도가 진행되어 왔고, 문화의 수준이 진행되어 가고 있는 이상 행정재판소라고 하는 것을 존치하는 이유는 없다고 생각합니다. ……본래 행정재판소의 관할에 속해야만 하는 것 중에서 사법재판소에서 심판하고 있는 것이 많습니다. ……본질로부터 말하자면 행정재판소에 속해야만 하는 것과 관계없이 이를 사법재판소로 이동시키고 있는 경향입니다."라는 취지로 행정재판소가 존치할 이유가 없고 행정사건을 사법재판소가 심판하더라도 아무런 문제가 없을 것 같다고 발언하였다.

86) 미노베(美濃部)는 1925년에 발간된 類集評釋行政法判例의 서문에서, "① 조문법학의 폐해에 빠져서 사회적 정의와 사회적 이익을 대하는 충분한 고찰을 결하는 경우가 많고, ② 행정법학의 기본원칙을 충분히 이해하지 못하고 있으며, ③ 관권편중의 사상이 재판관을 지배하고 있다는 점이 보여져서 유감"이라고 행정재판소의 판례에 대하여 비판하고 있다(高柳信一, "行政國家制より司法國家制へ", 2204頁 주12) 참조).

자문을 구하였다. 이에 따라 위 심의회는 미노베(美濃部)의 주도 하에 광범위하고 심도 있는 심의 끝에 1928(昭和3). 2.경에「행정재판법 개정강령」및「소원법 개정강령」을 답신하였다. 일본 정부는 행정재판법 및 소원법개정위원회를 설치하고 행정재판절차 및 권한쟁의에 관한 사항을 조사·심의하게 하였다. 위 위원회는 1932(昭和7). 10.경 위 개정강령에 입각하여 행정재판소법안, 행정소송법안, 소원법안, 권한재판법안 및 행정재판관징계법안을 마련하였지만, 앞에서 언급한 것처럼 실제로 개정에 이르지는 않았다. 참고로 미노베(美濃部)가 주도하여 마련한 행정재판법 개정강령을 소개하면 다음과 같다.[87]

다. 행정재판법 개정강령

(1) 행정소송의 유형과 개괄적 열기주의의 채택

개정강령에서는 행정소송의 유형을 ① 항고소송, ② 당사자소송, ③ 선결문제소송 등으로 나누었다. 한편, 열기주의는 ① 개괄적 열기주의, ② 개괄적 개별법주의, ③ 개별적 열기주의 등으로 나눌 수 있는데,[88] 그 중 개괄적 열기주의를 채택하여 기존의 행정재판법보다 행정소송사항의 대상과 범위를 확장하였다. 미노베(美濃部)의 설명에 의하면, 행정재판법에서는 개괄적 열기주의를 채택하여 다섯 종류의 처분에 한정하여 적용하고 있었고 특별법에서는 개괄적 개별법주의 또는 개별적 열기

---

87) 미노베(美濃部)가 스스로 행한 행정재판법 및 소원법의 개정강령에 대한 해설은 『美濃部達吉,「行政裁判法」, 千倉書房, 1929.』의 부록으로 수록되어 있다.

88) 그는 이른바 열기의 경우를 3가지로 나누어, 개괄적 열기주의를 "사건의 종류를 열기하고 그 종류의 사건에 관한 행정청의 행위에 대해서는 개개의 법령에 규정을 기다리지 않고 넓게 쟁송을 제기할 수 있는 경우"라고 하고, 개괄적 개별법주의는 "특정한 법률에서 해당 법률 및 그 부속명령에 기하여 일체의 행정행위에 대하여 쟁송을 제기할 수 있는 경우"라고 하며, 개별적 열기주의는 "개개의 특정한 행정행위를 지정하여 그에 대하여 쟁송을 제기할 수 있는 경우"라고 하였다.

주의를 채택하는 경우가 많았기 때문에, 같은 성질의 처분이라도 행정소송의 대상이 되기도 하고 아니기도 하는 등 일관성이 없다고 비판하였다.

다만 개정강령은 개괄주의를 도입하지는 않았다. 그 이유에 대하여, ① 행정사건에서의 권리구제는 민사소송과 달리 재판절차 외에도 재판소와 같은 공적 기관인 행정청, 감독청 등 행정조직 내부의 질서유지수단에 의할 수 있고, ② 전문적·학술적 또는 기술적 지식경험을 요하는 사항, 외교·군사기밀에 관하거나 그밖에 공안 때문에 재판상의 논의가 적합하지 않은 사항, 권력복종관계 하에서 복종자가 소송으로 다투는 것이 규율을 문란하게 할 염려가 있는 사항 등 행정재판소와 같은 독립된 판단기관이 처리하기 적당하지 않은 사항도 많으며, ③ 남소의 우려가 있기 때문이라고 밝히고 있다.

(2) 행정소송사항

개정강령에 따른 행정소송사항을 개관하면 다음과 같다.

항고소송은 ① 행정청의 위법한 처분에 의하여 권리가 손상당했다고 주장하는 소, ② 행정청의 위법한 처분에 의하여 이익이 손상당했다고 주장하는 소,[89] ③ 공공공사에 대한 금지 또는 원상회복의 소, ④ 선거에 관한 소 등으로 나누어 분류하고 있었다.

그 중 ① 행정청의 위법한 처분에 의하여 권리가 손상당했다고 주장하는 소에는 (1) 국가 또는 공공단체가 과하는 금전, 물품 또는 노역의 부담 및 그 표준 또는 담보에 관한 건, (2) 국가 또는 공공단체가 징수하는 금전의 체납처분에 관한 건, (3) 조세징수의무자(시정촌 또는 사인)의 책임에 관한 건, (4) 공무원의 국가 또는 공공단체에 대한 배상책임에 관한 건, (5) 국가 또는 공공단체에 대한 금전 또는 물품의 급부를 목적으

---

89) 인민의 공공의 이용에 중대한 영향을 미치는 위법한 처분에 대하여 반드시 특정인의 권리훼손이 아니어도 인정할 필요가 있다는 취지에서 규정되었다고 한다.

로 하는 공법상 권리에 관한 건, (6) 공법상 손실보상에 관한 건(사법재판소의 권한에 속하는 것 제외), (7) 전시사변 또는 비상시에 필요한 것을 제외한 재산권의 수용, 사용, 박탈에 관한 건, (8) 국가 또는 공공단체가 명한 공작물의 신설, 증축, 개축 또는 제각(除却), 그 밖의 공사 또는 제해시설, 삼림의 시설, 그 밖의 시설에 관한 건, (9) 공용 또는 공공용 토지 및 수면의 구역 사정에 관한 건, (10) 광업권, 사광권, 어업권, 지방철도 또는 궤도 경영의 권리, 그 밖의 행정청의 처분에 의하여 설정되는 권리의 설정, 거부, 취소, 변경 또는 제한에 관한 건, (11) 하해, 호소, 도로, 공원 그 밖의 공공용 재산 및 영조물의 사용, 수익 또는 공사에 관한 건, (12) 경찰상 허가에 관한 건, (13) 공직, 영업 또는 그 밖의 업무에 종사하는 자격의 거부, 박탈 또는 정지에 관한 건, (14) 영업, 그 밖의 업무의 제한, 정지 또는 금지에 관한 건, (15) 저작물의 발행금지, 차압, 발매, 배포의 금지 또는 흥행의 금지에 관한 건, (16) 신체의 자유의 구속 또는 거주의 제한에 관한 건, (17) 종교의 선포(宣布), 의식, 예배, 그 밖의 종교적 행사의 금지, 종교용으로 제공된 당우(堂宇), 회당, 설교장소, 그 밖의 종교적 건설물의 설립, 폐지 또는 사용금지에 관한 건, (18) 법인의 설립, 해산 또는 존속기간 연장에 관한 건, (19) 결사의 금지 또는 해산에 관한 건, (20) 공공단체, 그 밖의 국가의 특별한 감독에 복종하는 법인, 종교단체 또는 그 직원에 대한 감독에 관한 법령·칙령에 의하여 행정소송을 제기할 수 있도록 정한 건, (21) 관리 및 제국의회의 의원을 제외한 국가 또는 공공단체의 위원 그 밖의 공무원의 자격 유무의 결정에 관한 건, (22) 법령에 의한 등록, 시험, 검정 또는 증명의 거부 또는 취소에 관한 건, (23) 국가 또는 공공단체에서 과하는 과료, 공공단체에서 과하는 과태료, 위약금, 제명, 공민권의 정지 그 밖의 제재에 관한 건 등이 열기되었다.

다만 위와 같은 사항에 속하더라도 개정강령의 비고에 속하는 사항인 (1) 행정청의 자유재량에 속하는 건, (2) 사법부 소속기관의 권한에 속하는 행위, (3) 특수한 사건을 심리하기 위하여 특별기관이 설치되어 있는 경우, (4) 성질상 행정재판소의 심리에 적합하지 않은 것 등은 행정소송 사항에서 배제되었다. 여기에서 성질상 행정재판소의 심리에 적합하지 않은 것은 직접 강령에 규정하고 있는 것과 향후 법안을 실제로 기초할 때 고려하기로 한 것 두 가지가 있었다. 전자는 ① 병역에 관한 건, ② 계엄에 관한 건, ③ 관리의 신분 또는 직무에 관한 건, ④ 육해군의 규율에 관한 건, ⑤ 자격에 관한 시험, 검정, 전형에 관한 건, ⑥ 재외행정청의 처분 또는 재외의 제국신민 또는 법인에 대한 외무대신의 처분 등 6종이 있었고, 후자는 '외교, 군사 또는 공안상 행정재판소의 심리에 적합하지 않은 사건 또는 기술에 관한 사건'에 관한 것이었다.

다음으로 ② 행정청의 위법한 처분에 의하여 이익이 손상당했다고 주장하는 소로서, (1) 수리, 토목, 건축 기타 공공의 이익을 해할 수 있는 공사 또는 설비에 관한 건, (2) 영업 그밖의 부근 공공의 이익을 해할 수 있는 사업의 허가에 관한 건 등이 열기되었다.

당사자소송은 ① 공공단체 사이의 소송과 ② 당사자의 일방 또는 쌍방이 사인인 경우의 소송으로 나누어 분류하였다.

먼저 ① 공공단체 사이의 소송으로서, (1) 경계에 관한 건, (2) 조세부과의 할당에 관한 건, (3) 국가의 사업에 부가되어 부담하여야 할 사무 또는 경비의 구분에 관한 건, (4) 영조물의 관리 및 그 비용에 관한 건, (5) 공공공사의 시행 또는 유지를 위한 의무의 구분에 관한 건, (6) 공법상 계약에 관한 건, (7) 하나의 공공단체가 부담하여야 할 경비를 다른 공공단체가 법령에 의하여 지출한 경우 그 변상에 관한 건, (8) 하나의 공공단체에서 시행하는 공공공사에 의하여 다른 공공단체가 위법하게 권리를 손상당하고 있다는 건, (9) 하나의 공공단체에서 공공사무를 시행하지 않은 경우 다른 공공단체가 권리를 손상당하고 있다는 건, (10) 둘 이상의 공공단체에 의하여 조직된 연합체에 속하는 공공단체가 경비의 분배, 그밖에 연합체의 행위에 의하여 위법하게 권리를 손상당했다고 하는 건 등을 열기하였다.

다음으로 ② 당사자의 일방 또는 쌍방이 사인인 경우의 소송으로서는, (1) 권리범위의 확인소송, (2) 권리창설의 소송, (3) 공공조합의 가입에 관한 소송 등을 열기하였다.

개정강령은 기존의 행정재판법과 같이 선결문제소송을 별도로 인정하지 않기로 하되, 민사소송 계속 중에 당사자의 신청 또는 재판소의 직권으로 소송절차를 중지하고 행정소송에 의하여 선결문제의 재판을 구할 수 있도록 규정하였다.

(3) 행정재판소의 개편과 행정소송절차

개정강령에서는 행정재판은 보통재판소와 고등재판소의 2심제로 운영하기로 하였다. 고등재판소는 재결전치의 경우에는 3심으로서 상고심(법률심)의 역할을 하고, 재결전치가 아닌 경우에는 2심으로서 항소심(사실심)으로 운영하기로 하였다. 다만 선결문제소송에서는 바로 고등재판소로 직행하기로 하였다.

행정소송절차에 대해서는 다음과 같은 지침만 마련하고 법안을 실제로 마련할 때 정하는 것으로 미루어 놓았다. ① 행정소송절차에 관해서는 행정재판법에 상당한 정도로 상세하게 규정할 것, ② 행정소송의 확정판결에 대하여 민사소송법의 규정에 준하는 재심제도를 마련할 것, ③ 형사소송법의 파기자판에 관한 규정을 행정소송의 상고에 준용할 것 등이다.

2. 전시기

1937년 중일전쟁이 발발하면서 전시체제가 되고 1941년 태평양전쟁이

개전되기에 이르자, 경찰법령이나 경제통제법령이 증대하여 시민생활에
행정법이 미치는 역할이 커지게 되었다.[90] 이 시기에는 전쟁의 수행을
원활히 하기 위하여 행정권 강화와 자율성 확보의 기조 아래, 행정권의
자유재량의 범위가 확대되고, 행정재판소와 사법재판소에 의한 행정활
동의 견제나 권리구제의 기능은 축소되었으며, 질서유지기관으로서의
성격이 강화되었다.[91]

정부도 행정소송법제 개혁의 필요성을 인정하였음에도 불구하고 그
개혁이 실패한 이유로는, 행정소송사항의 확대를 반대하는 내무성과 같
은 일부 행정기관의 태도와 그 반발을 조정하여야 할 정부의 지도력 부
재가 거론된다. 어쨌든 일찍부터 곧 개정될 것만 같았던 행정재판법은
한번도 실질적인 개정을 해보지도 못하고 1890년에 제정된 그대로의 고
색창연한 모습을 유지하다가 전후에 폐지되고 말았다.

V. 행정재판의 현황

아래의 <전전 일본의 행정재판 통계>에서 보는 것처럼 전전 일본에서
행정재판법이 적용되던 1890년부터 1947년까지의 총 신규건수는 15,321
건(연평균 약 264건)으로서, 행정소송의 제기건수가 매우 적다는 것을
알 수 있다.[92] 공식적인 통계에서는 인용건수나 인용률을 찾아볼 수 없

---

90) 이러한 통제법령에서는 행정소송을 인정하는 예는 거의 없었고 고작 소원을 인정하
   는 정도의 것이 많았다(예를 들면, 석유자원개발법 제3조 제3항, 제4조, 목재통제법
   제2조, 같은 법 시행령 제1조, 제3조 등). 통제법령에 기한 행정처분이 행정소송사항
   에 해당하더라도 명문으로 이를 부인하는 취지를 규정한 예도 있었다(예를 들면 농업
   수리임시조정령 제17조). 설령 명문의 규정이 없는 경우에도 행정쟁송을 제기할 수
   없는 취지로 해석하는 경향이 있었다(緒方眞澄, 「行政訴訟制度の歷史的硏究」,
   63~64頁 참조).
91) 岡田正則, "行政訴訟制度の形成・確立過程と司法官僚制", 165頁.
92) 아래의 표는 『行政裁判所五十年史』, 行政裁判所, 1941. 509~512頁(行政訴訟事件

기 때문에 여기에서 정확한 수치를 소개하기는 어렵다.

다만 1936년부터 1945년까지 10년간의 행정재판의 현황을 연구하기 위하여 행정재판소의 판결록을 조사한 연구결과에 의하면,[93] 1890년부터 1945년까지 제기된 행정재판 중 판결건수는 10,908건, 승소건수는 2,757건, 패소건수는 6,095건, 각하건수는 2,056건, 승소율(승소건수/판결건수 × 100)은 25.3%, 실질승소율{승소건수/(판결건수-각하건수) × 100}은 31.1%로 나타났다.

그런데, 위 연구에서 조사된 1936년부터 1945년까지의 전시기의 신규건수는 1,388건(연평균 약 139건), 판결건수는 1,034건, 승소건수는 240건, 패소건수는 486건, 각하건수는 308건, 승소율은 23.2%, 실질승소율은 33.1%로 나타났다. 일본이 중일전쟁과 태평양전쟁을 도발하여 전시체제로 들어간 이후에는 신규건수가 현격히 줄어들었다는 사실은 명백하나, 승소율에서는 별다른 차이가 없다는 사실을 알 수 있다.

<전전 일본의 행정재판 통계>

연도	접수건수	기재건수					미제건수
		총수	판결	재결	취하	소멸	
1890년	36	15	4	11	0	0	21
1891년	89	72	41	21	6	4	38
1892년	147	129	70	33	24	2	56
1893년	128	155	98	36	16	5	29
1894년	86	83	55	16	8	4	32
1895년	114	99	66	20	12	1	47
1896년	126	132	84	34	13	1	41

數 一覽表)』와 『「明治以降 裁判統計要覽」, 最高裁判所 事務總局, 1969. 184頁』에서 도출한 것이다. 여기에서 재결건수는 각하판결과 각하결정 등 각하된 경우를 모두 포함한 것이다.

93) 小野博司, "戰時期の行政裁判所", 四天王寺大學紀要 第52号, 四天王寺大學(2009. 9), 239頁.

연도	접수건수	기재건수					미제건수
		총수	판결	재결	취하	소멸	
1897년	125	104	59	29	16	0	62
1898년	150	141	101	31	7	2	71
1899년	236	153	94	37	20	2	154
1900년	273	288	215	39	31	3	139
1901년	295	240	198	25	15	2	194
1902년	378	247	171	37	34	5	325
1903년	618	354	275	36	41	2	589
1904년	1,290	338	234	47	55	2	1,541
1905년	391	302	239	15	47	1	1,630
1906년	179	295	222	32	41	0	1,514
1907년	173	519	343	37	117	22	1,168
1908년	219	488	387	27	72	2	899
1909년	726	500	409	27	64	0	1,125
1910년	295	423	288	91	44	0	997
1911년	217	343	266	31	46	0	871
1912년	257	370	293	31	46	0	758
1913년	257	300	219	24	57	0	715
1914년	222	348	291	25	32	0	589
1915년	173	228	180	20	28	0	534
1916년	238	294	214	28	52	0	478
1917년	186	213	158	20	35	0	451
1918년	247	222	166	24	32	0	476
1919년	657	286	160	36	90	0	847
1920년	226	259	165	21	73	0	814
1921년	249	236	144	30	61	1	827
1922년	267	324	235	32	55	2	770
1923년	196	268	194	12	61	1	698
1924년	198	224	134	33	57	0	672
1925년	222	219	127	27	65	0	675
1926년	545	283	167	49	67	0	937

연도	접수건수	기재건수					미제건수
		총수	판결	재결	취하	소멸	
1927년	325	421	258	34	128	1	841
1928년	357	406	249	36	121	0	792
1929년	551	406	234	60	111	1	937
1930년	352	433	270	36	127	0	856
1931년	389	318	173	49	96	0	927
1932년	321	340	205	39	96	0	908
1933년	506	447	217	85	144	1	967
1934년	365	367	208	35	123	1	965
1935년	318	393	175	51	167	0	890
1936년	289	265	120	48	97	0	914
1937년	350	362	125	42	194	1	902
1938년	208	290	134	44	108	4	820
1939년	167	285	183	35	67	0	702
1940년	109	212	124	28	60	0	
1941년	90	136	44	23	69	0	
1942년	84	133	44	15	74	0	
1943년	57	124	47	17	60	0	
1944년	23	81	30	12	39	0	
1945년	11	22	5	5	12	0	
1946년	16	30	9	8	13	0	
1947년	2	41	21	3	16	1	

제2절 식민지 조선에서의 상황

I. 제국일본의 식민지 경영과 통치정책

제국일본은 대만(1895년)을 시작으로 사할린(樺太, 1905년), 관동주(1905년), 조선(1910년), 남양제도(1922년), 만주(1932년)를 영유하였다. 만주국이 식민지였는지에 대해서는 일본 내에서 다소간의 논란이 있는 것 같다. 만주국은 제국일본에 종속되어 실질적으로는 식민지였으나, 형식적·법제적으로는 중화민국 법제를 계승한 독립국가였다(일본의 괴뢰국가).[94]

제국일본의 식민지 통치정책은 대략 세 시기로 나누어 파악할 수 있다. 조선을 예로 들면, 1910년대의 무단통치 방식을 취한 정복과 식민통치기구 창설기(제1기: 1910년~1919년), 3·1운동을 계기로 전환된 이른바 문화통치 장식을 취한 회유와 조작정책의 시기(제2기: 1919년~1931년), 그리고 민족말살정책을 취한 전쟁동원과 황민화의 시기(제3기: 1931년~1945년)이다.

제1기는 조선에 군병력을 주둔시키고 헌병경찰제를 취하면서 식민지 일반 주민의 정치참여나 정치적 의사발표는 전적으로 금지하는 등 무단통치를 자행하였고 탄압과 착취를 효율적으로 하기 위한 중앙집권적 관료 통치기구를 창설한 시기였다.

제2기에 들어서서는 3·1운동을 계기로 유화책을 쓰는 위장된 문화정치를 시행하였다. 이 시기 일제는 육군대장이었던 조선총독 하세가와 요

---

94) 취약한 건국의 정당성을 확보하고 법제가 완비되지 못한 상황에서 중화민국의 법제를 원용함으로써 법적 안정성을 확보하기 위한 것이었다{小野博司, "滿洲國の行政救濟法制の性格に 關する一試論-1937(康德4)年 所願節次法を中心に", 新戶法學雜誌 第64卷 第1号, 新戶大學(2014. 6), 22頁 참조}.

시미치(長谷川好道)를 해임하고 해군대장 사이토 마코토(齋藤實)를 후임으로 임명하고, 헌병경찰제의 폐지와 보통경찰제로의 전환, 일반관리와 교원의 제복착용·대검착검의 폐지 등을 공포하였다. 그러나 그 본질은 무단정치와 차이가 없었을 뿐만 아니라 더욱 교묘하고 기만적인 조작술책이었다.

제3기는 1931년의 만주침략에서부터 시작하여 제2차 세계대전에서 패망할 때까지의 준전시기 또는 전시기에 해당하는 시기이다. 그에 따라 식민지 조선에서 그들의 정책도 전쟁목적 달성을 위한 방향으로 기울게 되었다. 산미증식계획을 비롯한 일련의 경제시책은 전시경제의 요구를 충당하기 위한 것이었고 그와 병행하여 이른바 '황민화'를 시도하여 한국의 민족성과 고유의 문화를 완전히 없애려고 하였다.

대만의 경우에도 시기가 정확하게 일치하지는 않지만 조선에서와 같이 세 시기로 나누어 살펴볼 수 있다.[95] 제1기(1895년~1898년)는 무단통치 방식으로 대만에서 식민지의 통치를 위한 법체계를 정비하는 시기였고, 제2기(1898년~1921년)는 현지의 의향을 존중하고 총독에게 권한을 이양하는 등 이른바 문명적 식민지정책을 취하여 무단통치에서 온정적 동화정책으로 전환이 이루어진 시기였다. 제3기(1921년~1945년)는 내지와의 일체화를 추구한 시기로서, 이 시기에 칙령을 매개로 내지의 법률을 대만에 적용하기도 하였다.

II. 식민지에서의 행정구제제도를 바라보는 관점

내지(內地)보다 권력이 과도하게 집중되고 주민에 대한 지배자의식이

---

95) 笹川紀勝, "植民地支配の正當化の問題: 立憲主義の二つ側面, そして今日に續く 課題", 憲法の歷史と比較, 比較憲法史研究會(1998. 5), 56~58頁.

노골적인 외지(外地)에서는, 사할린청을 제외한 조선총독부, 대만총독부, 관동청, 남양청 및 그 감독 하에 있는 행정청의 처분은 설령 위법하다고 하더라도 행정재판소에 출소하여 다툴 수 있는 여지가 전혀 없었다.96) 당시 일본의 행정쟁송제도 자체가 행정권의 강화와 자율성의 확보를 목적으로 한 것이었기 때문에 국민의 권리를 보장하려고 하는 것과는 동떨어져 있었지만, 식민지에서는 '식민통지의 이익'이라는 동기까지 더해져서 그 마저도 적용하지 않는 것이 원칙이었던 것이다.97)

일제가 식민지에 행정쟁송제도를 시행하지 않은 이유는, '원활한 통치를 위해서는 총독의 강한 권한이 설정될 필요가 있고 개인의 권리를 강화하는 행정구제의 도입은 통치의 저해요인'이라는 취지로 1916년 제37회 제국의회에서 이키치 키토쿠로(一木喜德郞) 내무대신이 한 발언에서 적나라하게 드러난다.98)

그런데, 조선과 대만과 같은 식민지도 일본의 구성부분이었기 때문에 헌법이 적용되어야 한다. 여기에서 내지의 행정재판과 소원 등 행정구제 제도가 외지에서도 적용되어야 하는 것은 아닌지에 관한 의문이 생기게 된다. 이때 일제는 내지와 식민지 사이에 행정쟁송제도를 달리하는 명분을 이른바 '법역론'에서 찾고 있었다. 국제질서란 서양의 문명국이 조약과 국제관습법에 의하여 내정불간섭과 영역적 주권독립을 서로 인정하고, 국제사회 전체 중에 대등한 단위로서 수평적·상호적인 관계를 맺는 것에 의하여 형성된 질서를 말하고, 반면에 제국질서란 우월한 정치실체가 중심에 서서 주변을 향하여 사회적·정치적 차원의 수직적·종속적인 관계가 구축되고 있는 질서를 말한다. 국제질서와 제국질서의 그 공간적

---

96) 당시의 일본의 식민지에서의 행정구제법제에 관한 더 자세한 사항은 小野博司, "帝國日本の行政救濟法制", 法制史學會六〇周年記念若手論文集『法の流通』, 慈學社出版(2009), 614頁 이하 참조.
97) 小野博司, "東アジア近代法史のための小論", 神戶法學年報 第29号, 神戶大學 (2015), 22頁 참조.
98) 小野博司, "帝國日本の行政救濟法制", 613頁.

단위가 법역이다.99) 그런데 '외지'란 일본의 영역이기는 하지만 법제상 다른 지역, 즉 헌법이 정하는 통상의 입법절차로 정립된 법이 원칙적으로 시행되지 않은 지역을 말한다(異法地域).100)

미노베(美濃部)도 기본적으로 법역론의 관점에서 서있었다. 그에 의하면, 식민지배는 통치권의 자유가 지배하는 작용이므로, 헌법에 명문 규정이 없더라도 국가원수의 통치권과 내지와의 다른 사정 등을 이유로 특례를 마련할 수 있다. 그러한 전제 하에서, 법은 사회에 따라 시행 여부가 결정되므로, 모든 헌법조항의 효력이 영토의 전역에 미쳐야 하는 것은 아니라는 것이다.101) 나아가 법이 사회를 반영하지 않으면 식민지인에게 부조리한 사태가 생기게 되고 식민지 행정법의 효력이 사실상 약화된다고 주장하였다.102)

---

99) 淺野豊美, 「帝國日本の植民地法制-法域統合と帝國秩序」, 名古屋大學出版會, 2008., 7頁 참조.

100) 外務省編, 「外地法制誌」 第2卷, 文生書院, 1990., 1頁 {小野博司, "滿洲國の行政救濟法制の性格に 關する一試論-1937(康德4)年 所願節次法を中心に", 19頁 주 7)에서 재인용}. 이러한 정의에 따르면, 전전 일본의 영역 중 本州, 四國, 九州, 北海道 및 행정구획상 이에 부속한 도서를 합쳐서 내지라고 하고, 조선, 대만, 관동주조차지 및 남양위임통치지역 및 1943년 4월 1일 내지에 편입되기 전의 사할린 및 이들 지역에 부속한 도서는 외지가 된다. 한편, 만주국이 외지인지 아닌지에 대하여 논란이 있었다는 점은 앞에서 보았다.

101) 笹川紀勝, "植民地支配の正當化の問題: 立憲主義の二つ側面, そして今日に續 〈課題", 58~59頁. 이러한 견해는 다이쇼(大正)데모크라시시대인 1923년에 출간한 '헌법찰요(憲法撮要)'에서는 '헌법이 일본의 통치에 관한 규율을 정한 이상 일본의 통치구역에 적용되나 불가분의 일체를 이루는 것은 아니므로, 식민지에 대한 적용은 각 조항별로 판단할 수 있다'라는 식으로 다소 수정되었다(위 논문, 60頁).

102) 笹川紀勝, "植民地支配の正當化の問題: 立憲主義の二つ側面, そして今日に續 〈課題", 63頁. 미노베(美濃部)는 학문용어라고 하면서 '식민지법', '식민지행정법'이라는 용어를 사용하였다. 그러나 일본정부는 제국주의적 착취를 연상시킨다고 하면서 '외지', '외지법'이라는 용어를 사용하였다{笹川紀勝, "北東アジアと日本: 植民地支配の過去と現在, 特に三一獨立運動と朝鮮行政法 のかかわりに卽して", 法律時報 第75卷 第7號(932號), 法律時報社(2003. 6), 27頁}.

Ⅲ. 식민지별 적용 양상

1. 개설

식민지에 대한 행정쟁송제도의 통상적인 시행과정을 개략적으로 살펴보면, 행정구제제도는 권력이 과도하게 집중되고 주민에 대한 지배자의 식이 노골적이었던 초기에는 '시정에 대한 저해요인'으로 인식되어 시행 자체가 허용되지 않는다. 그러다가 주민의 시정에 대한 불만이 커지게 되면 인심위무의 수단으로서 행정구제제도의 정책적 가치를 발견하게 된다. 그런데, 행정쟁송제도 중 행정소송은 위정자의 권위를 손상시키고 주민과의 대립을 조장할 우려가 있다는 이유로 허용되지 않게 되고, 위정자에게 처분의 취소를 구하는 소원만 인정하게 된다.103)

일본은 식민지에서 행정쟁송제도를 적용하지 않는 것이 원칙이었지만, 모든 식민지에서 일률적으로 행정구제법제의 도입을 부정한 것은 아니고 각각의 사정에 따라 지역별로 다른 법제를 채택하였다. 그 명분은 "각 지역의 문화정도에 따르지 않는다면, 헛된 남소가 조장되고 행정의 원만한 운용이 방해될 우려가 있으므로, 행정구제제도는 문화의 정도에 따라 점진적으로 마련하는 것이 적절하다."라는 것이었다.104)

제국일본의 식민지를 행정구제법제의 적용 양상에 따라 구분하면, ① 행정재판과 소원이 모두 시행된 지역, ② 소원만 시행된 지역, ③ 일체의 행정구제가 시행되지 않았던 지역으로 분류할 수 있다. ①의 지역으

---

103) 이상의 도식적 사고는 일본에서 식민지 행정구제법제를 깊이 있게 연구하고 있는 小野博司 교수의 견해이다{小野博司, "滿洲國の行政救濟法制の性格に 關する 一試論-1937(康德4)年 所願節次法を中心に", 24頁 참조}. 그는 이를 '외지행정구제법제의 룰'이라고 명명하였다.

104) 「朝鮮ニ訴願法竝行政裁判法ノ實施ニ對スル請願書ニ關スル意見」〔外務省 外交 資料館 所藏『朝鮮人關係雜件 建言及陳情關係』「(五) 朝鮮ニ訴願法及行政裁判 法實施ノ請願ニ關スル件」〕(小野博司, "帝國日本の行政救濟法制", 635頁 주 13)에서 재인용).

로는 사할린(樺太), ②의 지역으로는 소원법 시행 후 대만과 만주국, ③
의 지역으로는 조선과 소원법 시행 전의 대만, 관동주 및 남양군도가 각
각 해당한다.[105] 그러나 같은 지역군 내에 있더라도, 대만에서는 1922년
에 소원법이 전부 시행된 반면, 만주국에서는 소원절차법에 출원대상에
관한 조문이 없었기 때문에 구제의 기회가 상대적으로 제한되었다. 마찬
가지로 사할린의 경우에도 출소사항을 정한 「행정청의 위법처분에 관한
행정재판의 건」이 적용되지 않았기 때문에 내지보다 구제범위가 제한되
어 있었다.[106]

<근대일본의 행정구제법제>

		행정소송법제		소원법제	
		출소사항	소송절차	출원사항	소원절차
내지		1890년	1890년	1890년	1890년
외지	대만(1895년)	×	×	1922년	1922년
	사할린(1905년)	×	1908년	×	1908년
	관동주(1905년)	×	×	×	×
	조선(1910년)	×	×	×	×
	남양제도(1922년)	×	×	×	×
만주국(1933년)		×	×	×	1937년

[출소사항] 행정청의 위법처분에 관한 행정재판의 건
[출소절차] 행정재판법
[출원사항] 소원법 제1조
[출원절차] 소원법, 소원절차법

---

105) 小野博司, "帝國日本の行政救濟法制", 612頁.
106) 아래의 표는 「拓務大臣 官房文書課, '昭和六年十一月十日現在調 朝鮮, 台湾, 樺
　　太, 關東州及南洋群島ニ行ハルル法律調', 23頁」을 참조하여 작성한 小野博司,
　　"滿洲國の行政救濟法制の性格に 關する一試論-1937(康德4)年 所願節次法を中
　　心に", 70頁에서 따온 것이다.

아래에서는 사할린과 대만, 만주국에 대하여 간략히 살펴보고 우리나라의 상황에 대해서는 항을 나누어 살펴보기로 한다.

2. 사할린

사할린은 1907(明治40). 3.의 법률 제25호 「사할린에 시행하여야 할 법령에 관한 건」(樺太ニ施行スヘキ法令ニ關スル件)에 따라 그 다음해 10. 8.의 칙령 제254호 「행정재판법을 사할린에 시행하는 건」(行政裁判法ヲ樺太ニ施行スルノ件)에 의하여 행정재판법이 연장 시행되었고, 칙령 제253호에 의하여 소원법도 연장 시행되었다.

사할린에 행정재판법이 연장 시행된 것은 1907년에 사할린 어업령이 제정되고 내지의 어업법이 일부 연장 시행되었는데, 면허불허가처분이나 면허취소처분에 대하여 행정재판이나 소원절차가 필요하였기 때문이라는 것이 공식적인 입법취지이다. 그러나 조선이나 대만에서도 같은 상황에 이르렀을 때 행정구제제도가 적용되지는 않았다는 점에 비추어 보면 사할린에서 내지와 같은 행정쟁송제도가 인정된 이유는 달리 있었다. 그 진정한 이유는 사할린은 다른 식민지에 비하여 외지성이 희박하였기 때문이었다.[107] 사할린은 잠시 러시아의 영토가 된 적은 있었지만, 역사적으로 일본정부와 밀접한 관련을 맺고 있었고 인구의 대부분이 일본인이었다.

사할린에서는 사할린청 장관의 처분에 대하여 내지의 처분에 대한 것과 같이 행정재판소에 출소하는 것이 인정되었다. 그렇지만 행정재판사항을 일반적으로 정한 1890(明治23)년의 법률 제106호는 사할린에 시행되지 않아서 행정재판소의 관할이 사할린에 미친다는 것에 그쳤고, 소원

---

107) 小野博司, "帝國日本の行政救濟法制", 615頁.

도 마찬가지의 상황이었다. 이렇게 재판사항과 소원사항을 제한함으로
써, 단지 내지와 동일한 법률이 사할린에도 시행되고 있는 한정된 사건
에만 행정쟁송이 인정되는 것에 그쳤다. 그럼으로써 내지와 같은 행정쟁
송제도를 인정하는 척하면서 실제로는 내지에 비하여 권리구제기능이나
행정통제기능을 제한하고 있었던 것이다.108)

3. 대만

대만의 경우 1895년 식민지가 될 당시에는 행정재판은 물론 소원도
인정되지 않은 지역이었다. 대만에 거주하고 있는 변호사들은 1900년대
부터 이러한 상황의 개혁을 위한 활동을 개시하였다.109) 1907(明治40).
1. 5.에 개최된 일본변호사협회 대만지부의 임시총회에서 법제개혁을 위
한 운동을 하기로 결정하였고, 같은 해 6. 임시총회에서 의결된 「대만에
서 행정재판법의 시행을 구하는 것」에 대한 건의서를 대만총독에게 제
출하였다. 또한 1909(明治42). 1. 5. 개최된 일본변호사협회 대만지부 총
회에서는 본국에서의 활동을 결의하였고, 대만지부 실행위원들이 1913.
7. 22. 일본변호사협회를 방문하여 재판소구성법, 변호사법, 행정재판법
의 즉각적인 시행을 요구하였다. 그 후 일본변호사협회는 대만법제의 개
선에 관한 임시평의원회를 개최하여 행정재판법의 시행을 위한 활동을
결의하였다. 그리하여 대만에서 행정구제법제가 존재하지 않았다는 문
제가 본국 변호사들에게도 널리 알려졌다.

그러한 활동은 제국의회에서도 성과를 거두어서, 1916(大正5)년의

---

108) 小野博司, "帝國日本の行政救濟法制", 616頁.
109) 대만과 일본 변호사협회의 입법촉구활동과 소원법의 입법과정 등에 관한 자세한 내
용은, 小野博司, "植民地台湾における行政救濟制度の成立—訴願法施行の経緯
を中心に—", 神戸法學雜誌 第63巻 第1号, 神戸大學(2013. 6), 77~121頁 참조.

제37회 제국의회에서 「행정재판 및 소원에 관한 법률을 대만에 시행하는 법률안」이 제출되었고, 1921(大正10)년의 중의원에서는 나가이 류타로(永井柳太郞)의원이 행정구제법제도 다른 법제와 마찬가지로 연장시행되어야 한다고 주장하였다.

이러한 대만과 일본의 변호사단체의 활동과 제국의회에서의 요구가 어느 정도의 영향을 미쳤는지 알 수는 없지만, 1922(大正2). 3. 28.의 칙령 제51호 「소원법을 대만에 시행하는 건」(所願法ヲ臺灣ニ施行スルノ件)이 시행되었다. 소원법이 시행된 입법취지는 "대만에서의 인문의 발달과 지방제도 개정의 취지에 비추어 행정상의 처분에 관하여 위법 또는 부당하다는 불복이 있는 자에 대하여 소원제기의 길을 열어주자."라는 것이었다.[110] 그리고 소원법이 연장 시행된 같은 해 12. 29. 칙령 제521호 「전당포단속법 외 16건 시행에 관한 건」하에서 행정법규[111]가 연장 시행되어, 그 법령의 적용에 대한 불복심사로써 소원이 이용되게 되었다.

소원의 재결은 총독이 하되, 총독의 자문에 따라 소원에 관한 사항을 심의하는 심사기관으로 1922. 7. 11. 훈령 제139호 대만총독부소원심사회규정(臺灣總督府所願審査會規程)에 따라 총독부소원심사회가 설치되었다.[112] 소원심사회는 회장(총무장관)과 12인 이상의 회원(고등관 중에 총독이 임명)으로 조직되었다(규정 제2조, 제3조). 소원심사회의 회원에

---

110) 小野博司, "帝國日本の行政救濟法制", 617頁. 대만에서 1920년 실시된 '지방제도의 개정'에 의하여, 지방공공단체로서의 주(州), 시(市), 가(街), 장(庄)이 설치되어 각각 관선자문기관(협의회)이 설치되었고, 내지의 부현(府縣)제·시(市)제·정촌(町村)제를 시행하는 것이다.

111) 淺野豊美, 「帝國日本の植民地法制-法域統合と帝國秩序」, 716頁 주51)에 의하면, 1920년대에 활발하게 진행된 대만의 산업개발을 직접 추진하게 위한 법률과 그에 동반하여 야기하는 사회 변동에 대처하기 위한 민생안정에 관한 법률이었다.

112) 이하의 심사기관과 절차에 관한 내용은 小野博司, "植民地台湾における行政救濟制度の成立―訴願法施行の経緯を中心に―",122頁과 小野博司, "帝國日本の行政救濟法制", 617頁 참조.

는 고등법원장, 고등법원 검사국 검사관장 등의 사법관도 포함되었지만,
거의 소원사항에 관한 각 국과장이 임명되었다.

소원서는 처분이 행해진 날부터 60일 이내 처분청에 제출하도록 하였
고, 소원의 결과에 대하여 30일 이내에 3차례 불복할 수 있었다. 예를 들
면, 가·장장(街·庄長)의 처분에 대하여 군수에게 소원하고, 군수의 재결
에 대하여 주지사·청장(1935년 지방개혁 이후 주·시의 경우 의결기관으
로서 주·시참사회 또는 가·장의 경우 자문기구로서 가·장협의회)에 불
복하며, 그에 대한 최종적인 판단은 총독이 하는 형태이다.

그러나, 소원심사는 비공개로 행해졌기 때문에 행정구제로서의 공정
성을 의심받았고, 소원서는 일본어로 작성하도록 되어 있었기 때문에 실
제로 소원을 이용하는 데에는 한계가 많다.[113] 1922년부터 1943년까
지의 사건통계를 살펴보면,[114] 심사회는 21회 개최되어 134건이 처리되
었다(연평균 약 6건). 그 134건 중 인용(취소 또는 일부취소)이 10건, 기
각이 69건, 각하가 55건이고, 인용률은 7.5%(각하를 제외한 실질인용률
12.7%)에 불과하여, 본국 행정재판소의 인용률 25.3%(실질인용률 31.1%)
보다 매우 낮았고,[115] 각하율은 41%에 달하였다.[116]

---

113) 小野博司, "帝國日本の行政救濟法制", 620~621頁. 참고로 1930년의 일본어 보급
    률은 약 12%이었다고 한다.
114) 小野博司, "植民地台湾における行政救濟制度の成立―訴願法施行の経緯を中心
    に―", 123~125頁 참조.
115) 한편, 한족 출원인은 모두 91명이었는데, 그중 인용재결은 4명에 불과하였다.
116) 이는 본국 행정재판소의 각하율 18.9%보다 현저히 높은 것인데, 변호사가 선임되지
    않은 사건이 많았기 때문인 것으로 평가된다. 참고로 변호사가 선임된 경우 인용률
    10.7%, 실질인용률 13.0%, 각하율 17.9%이고, 변호사 선임되지 않은 경우 인용률
    6.6%, 실질인용률 12.5%, 각하율 47.2%이었다.

4. 만주국

만주국은 소멸될 때까지 헌법이라는 이름의 법전이 없었고, 1932(大
同元). 3. 건국 직후 제정된 정부조직법과 인권보장법이 실질적인 헌법
의 역할을 수행하였다. 인권보장법 제8조에서는 "만주국 인민은 행정관
서의 위법처분에 의하여 권리를 손상당한 경우 법률이 정하는 바에 따
라 그 구제를 청구할 수 있다."라고 규정하고, 정부조직법 제32조 단서
에서는 "행정소송 그밖의 특별소송에 관해서는 별도의 법률에 의하여
정한다."라고 규정하고 있었다. 이렇게 헌법상 행정구제권은 일본에는
없는 규정으로서 1914(民國3). 5.에 제정된 중화민국약법(中華民國約法,
신약법)을 참조한 것이었다.117) 만주국에서는 원칙적으로 중화민국의 법
령을 원용하고 있었는데, 그렇게 원용된 행정구제법은 1914. 7.에 제정된
소원법만이고, 행정소송법은 원용되지 않았다. 외지에서 소원은 허용하
나 행정소송은 허용하지 않는다는 원칙은 만주국에서도 적용되었던 것
이다.

한편, 소원절차법이 제정되게 된 것은 1936년부터 1937년에 걸쳐서
실현된 치외법권의 철폐가 계기가 되었다. 1936. 6.에 공포된 「만주에서
일본국신민의 거주 및 만주국의 과세 등에 관한 일본국과 만주국 사이
의 조약」(이른바 치외법권 철폐에 관한 제1차 조약)의 부속협정 제6조에
서는 "조약 제2조의 규정에 의하여 일본국 신민이 따라야 할 만주국법
령에 관한 만주국 당해관헌의 행정처분에 대하여 일본국신민이 불복이
있는 때에는 만주국정부는 그 구정(求正)에 대하여 적당한 조치를 강구
하여야 한다."라고 규정하고 있었다. 즉, 만주국 정부는 당해 관헌의 행
정처분을 바로잡기 위한 적당한 조치인 행정구제제도의 도입을 강구하
여야 한다는 것이다.118) 여기에서도 역시 행정소송의 도입은 고려되지

---

117) 小野博司, "滿洲國の行政救濟法制の性格に 關する一試論-1937(康德4)年 所願
　　節次法を中心に", 27頁.

않았고, 소원절차법만 1936. 3.에 제정되기 이른다.

소원절차법의 제정은 치외법권 철폐 후 적용되는 만주국의 "과세, 산업 등에 관한 행정법령"에 대한 구제수단을 일본국신민(일계주민)에게 부여하는 것이 목적이었다.[119] 당시 일계주민이 많이 거주하는 만철부속지는 무과세지역이었는데 치외법권 철폐로 인하여 과세지역이 되어버렸기 때문에, 일계주민의 불만을 완화시킬 필요가 있었다.

소원절차법은 1928년의 「소원법 개정강령」에 기하여 행정재판법 및 소원법 개정위원회가 기초한 1932년의 일본 소원법안을 참작해서 작성된 것이었기 때문에, 당시 일본에서 시행되고 있었던 1890년 제정의 소원법보다 출원자가 될 수 있는 범위도 넓고, 행정청의 위법한 처분에 대한 권리구제라는 면모도 갖추고 있었다. 그리하여, 위 법률은 당시 소원절차를 정한 법 중에서는 일본법·중화민국법을 능가하는 동아시아에서 가장 선진적인 법제였다고 평가된다.[120]

그러나 소원절차법이 이렇게 선진적인 내용을 가졌음에도 불구하고, 만주국주민에게 "행정소송 등을 인정하면 기어오를 염려가 있다."라는 이유로 행정소송제도의 도입을 거부한 것도 아울러 평가하여야 하고,[121] 소원절차법에는 출원사항을 규정하지 않고 출원절차만 규정하고 있어서 실질적으로는 대만보다 구제의 기회가 적었다는 점[122]도 고려하여야 한다.

---

118) 小野博司, "滿洲國の行政救濟法制の性格に 關する一試論-1937(康德4)年 所願節次法を中心に", 31頁.

119) 小野博司, "滿洲國の行政救濟法制の性格に 關する一試論-1937(康德4)年 所願節次法を中心に", 34頁.

120) 小野博司, "滿洲國の行政救濟法制の性格に 關する一試論-1937(康德4)年 所願節次法を中心に", 55頁. 소원절차법의 전문은 위 논문 48~51頁에 수록되어 있고, 일본법과 중화민국법과의 비교표는 위 논문 69頁에 제시되어 있다.

121) 小野博司, "滿洲國の行政救濟法制の性格に 關する一試論-1937(康德4)年 所願節次法を中心に", 33頁 참조.

122) 小野博司, "滿洲國の行政救濟法制の性格に 關する一試論-1937(康德4)年 所願節次法を中心に", 57頁. 따라서 각 처분의 근거법률에서 개별적으로 소원이 가능하다는 점이 명시되어야 소원을 제기할 수 있다. 예를 들면, 소원법 제1조 제6호에

Ⅳ. 식민지 조선에서의 행정구제법제

1. 제1기의 상황

우리나라에서 근대적 사법제도의 시작은 1894년의 갑오경장에 의한 개혁에서 찾는다. 사법제도의 측면에서 볼 때, 형조를 폐지하고 법무아문을 설치하여, 행정기관의 범인체포를 금하고 사법관이 형벌을 부과하도록 하였다. 근대적 재판제도는 1895. 3. 25. '재판소구성법'이 제정되면서 시행되었다.[123] 그러나 재판과정에서 고문을 비롯한 전근대적 관행은 여전하였고 평리원과 한성재판소를 제외하고는 관찰사 또는 부윤·군수가 재판관을 겸임하였으며, 법무대신이 평리원의 재판장을 겸직하고 있었고, 한성재판소와 경기재판소만이 독자적인 건물을 사용하다가 그마저도 얼마되지 않아 폐지되었다. 그러다가 1897년의 광무개혁에 의하여 갑오개혁의 산물인 재판소구성법을 전면 개정하여 모든 재판소를 행정기관과 합설하고 재판절차나 형의 집행을 종래의 봉건적인 방식으로 퇴행시켰다.[124]

따라서, 외형상 근대법의 모습을 한 법률들이 한반도에서 전면적으로 시행된 것은 일제강점기 때의 일임을 부인할 수 없다. 그러나, 일제가

서 인정된 '지방경찰에 관한 사건'에 대하여 대만에서는 출원이 허용되지만, 만주국의 경찰법령 중에서는 출원을 허용한 규정을 찾아보기 어렵다.

123) 재판소는 각 도에 설치되어 민·형사재판을 담당한 지방재판소, 한성과 인천·부산·원산에 설치되어 민·형사재판과 외국인 관련재판을 담당한 한성재판소 및 개항장재판소, 법무대신이 지방재판소와 개항장재판소의 상소사건을 담당하는 임시법정인 순회재판소, 한성재판소와 인천항재판소의 상소사건을 담당하였던 고등재판소(나중에는 지방재판소의 상소심도 수리하였다고 한다), 왕족의 범죄사건을 담당한 특별법원의 5종으로 구성되었다. 그러다가 1899년 재판소구성법이 개정되어 임시적인 고등재판소를 평리원으로 개칭하고 상소심을 담당하도록 하였다.

124) 이상의 과정에 관해서는 이경렬, "한국의 근대 사법제도 형성과 발전에 관한 탐구", 성균관법학 제28권 제4호, 성균관대학교 법학연구소(2016. 12), 356~358면 참조.

1910. 6. 3. 각의에서 정한 「한국에 대한 시정방침」에 의하면, 조선에서 헌법을 시행하지 않고 대권에 의하여 통치하며, 총독은 천황에게 직예하고, 조선에서 일체 정무를 통할할 권한을 가지며, 대권을 위임받아 법률사항에 관한 명령을 발할 권한을 부여받았다.[125]

식민통치 제1기에 데라우치 마사다케(寺內正毅) 총독[126]과 군사세력은 만주진출을 향한 전략적 거점으로서 조선의 정치적 독립영역화를 주장하면서, 조선에 군병력을 주둔시키고 헌병경찰제를 취하는 등 무단통치를 자행하였다. 그에 따라 조선인의 정치참여나 정치적 의사표현은 전적으로 금지하는 한편 총독부에 대한 주민의 맹종을 강요하였다. 이 시기에 조선에서도 다른 식민지와 마찬가지로 법치주의가 완전히 시행되지 않고 있다는 명분 아래에서 사법제도는 형식적으로 확립되어 있으나, 행정구제제도는 시행되지 않았다.

2. 3·1운동 후 행정구제제도의 도입 시도

문관 중심으로 조직된 선후위원회(善後委員會)는 1919년 3·1운동을 계기로 무관 주도의 과도한 억압정책이 주민의 불만을 높였다고 판단하

---

125) 이승일, 「조선총독부 법제정책」, 역사비평사, 2008., 89~90면 참조. 일제가 대만에 대해서는 헌법 규정의 범위 내에서 법률로써 그 지역의 법률사항에 관하여 규정했지만, 조선에서는 대권 직접의 통치로 한다는 점에서 대만과도 다른 통치계획이었다.
126) 참고로 역대 조선총독과 그 재임기간은 다음과 같다. 제1대: 데라우치 마사다케(寺內正毅) 1910. 10. 1.~1916. 10. 14. 재임, 제2대: 하세가와 요시미치(長谷川好道) 1916. 10. 14.~1919. 8. 12. 재임, 제3대: 사이토 마코토(齋藤實) 1919. 8. 12.~1927. 12. 10. 재임, 제4대: 야마나시 한조(山梨半造) 1927. 12. 10.~1929. 8. 16. 재임, 제5대: 사이토 마코토(齋藤實) 1929. 8. 16.~1931. 6. 16. 재임, 제6대: 우가키 가즈시게(宇垣一成) 1931. 6. 16.~1936. 8. 4. 재임, 제7대: 미나미 지로(南次郞) 1936. 8. 4.~1942. 5. 28. 재임, 제8대: 고이소 구니아키(小磯國昭) 1942. 5. 28.~1944. 7. 21. 재임, 제9대: 아베 노부유키(阿部信行) 1944. 7. 21.~1945. 9. 28. 재임.

고, 각 부국이 제출한 선후책을 기초로 개혁안을 작성한 후 소요선후책
사견(騷擾善後策私見)으로 정리하고, 하세가와 요시미치(長谷川好道)
총독의 이름으로 일본정부에 제출하였다.[127) 여기에서 처음으로 선후책
의 하나로 행정구제제도의 도입이 검토되었다. 이렇게 행정구제제도는
3·1운동 후에 비합법적 저항의 예방을 목적으로 '사상악화의 안전판'으
로서 도입이 제안된 것이었다.

위 「사견」에서 열거된 정책은 하세가와 요시미치(長谷川好道) 총독이
해임된 이후 임명된 해군대장 사이토 마코토(齋藤實) 총독[128)의 아래에
서 상당 부분 실현되었다. 1919. 8.의 조선총독부 관제 개정(칙령 제386
호)에 의하여 총독무관전임제가 폐지됨과 아울러 헌병경찰제도로부터
보통경찰제도로의 전환이 도모되었다. 감찰관제도도 1921년 2월의 칙령
제22호 「조선총독부 관제 개정」에 의한 총독 및 정무총관의 명령을 받
아 총독부 부내의 행정사무의 감독을 담당하는 감찰관(전임 2명, 봉임
관)의 설치(제16조)라는 형태로 실현되었다. 그러나 감찰관제도와 함께
'민심완화의 방법'으로 거론된 행정구제제도의 도입은 묵살되었다.

행정구제제도의 도입이 묵살된 것은 본국 이상으로 행정우위의 통치
체제를 취한 조선에서 행정구제제도가 '통치의 저해요인'이었기 때문이
라는 점은 쉽게 예상할 수 있다. 그러나 감찰관제도는 통치체제와 모순
되는 것이 아니었다.[129) 오히려 총독 및 정무총감의 '명을 받아' 파견되
는 감찰관이 행정관의 부정을 감찰하는 것은 총독의 권위를 높이는 것
이고, 행정구제제도와는 달리 회답의무가 존재하는 것도 아니었다. 또한
감찰관제도를 통해 중앙의 시정방침을 지방에 효과적으로 전달하는 수
단이 될 수 있으므로, 총독독재제를 강화시킬 수도 있었기 때문이다.

---

127) 小野博司, "植民地朝鮮と行政救濟制度", 阪大法學 63卷 3·4号, 大阪大學(2013.
11), 568頁.
128) 조선총독을 두차례 역임한 사이토 마코토(齋藤實)는 다른 총독들이 모두 육군대장
출신이었던 반면, 유일하게 해군대장 출신이었다.
129) 아래의 논거에 대해서는, 小野博司, "植民地朝鮮と行政救濟制度", 570頁 참조.

3. 조선소원령의 기초와 좌절

조선에서도 3·1운동 이후 대만에서와 같이 행정구제제도의 시행을 요구하는 움직임이 있었고, 그 움직임은 조선계·일계 주민 사이의 제휴 하에 일어나기도 하였다. 1924년부터 1930년까지 매년 개최된 전선공직자대회(全鮮公職者大會)에서는 민간의 선출직 공직자들이 행정재판법과 소원법을 도입할 것을 요구하였다.[130]

1927(昭和2). 6. 경성에서 개최된 전선(全鮮)변호사대회에서도 다른 법제개혁의 요구와 함께 소원법 및 행정재판법의 시행을 결의한 것을 비롯하여, 제2회(1928. 10), 제4회(1930. 4), 제5회(1931. 11)에도 행정구제제도의 도입을 결의하였다.[131] 1932년 6월 개최된 사법관변호사회장 합동협의회에서는 조선 내의 각 지역 변호사회(경성 내지인, 경성 조선인, 평양, 신의주, 대구, 부산)에서 파견된 대표자가 직접 사법성 관계자에게 개혁을 요구하였고, 미나가와 하루히토(皆川治廣) 사법차관으로부터 협력을 약속하는 회답을 이끌어내기도 하였다.[132]

일본정부도 당시 미노베(美濃部) 주도 아래에서 행정재판법령의 개정을 자문하는 역할을 맡은 임시법제심의회에서 식민지에서의 행정구제제도의 도입을 논의하고 있었다. 물론 미노베(美濃部)는 법역론에 따라 식민지에는 행정재판법령의 적용이 없다고 주장하고 있었는데, 식민지에서도 소원이나 행정재판이 행해져야 한다는 하나이 타쿠조(花井卓藏)의 강한 반론에 부딪쳤다. 그리하여 1927. 4. 1.에 소위원회 의안으로 미노베(美濃部)가 「식민지의 소원 및 행정소송에 관한 결의안」을 제출하기에 이른다. 거기에서 미노베(美濃部)는 내지와 식민지는 법률의 계통이 다르다는 점, 식민지로부터 내지에 있는 행정재판소로 출소하는 것은 지

---

130) 小野博司, "植民地朝鮮と行政救濟制度", 572頁.
131) 小野博司, "植民地朝鮮と行政救濟制度", 572頁.
132) 小野博司, "植民地朝鮮と行政救濟制度", 573頁.

리적으로 불편하다는 점을 이유로 식민지로부터 행정재판소로 출소하는 것은 불가능하고, 그 대신 식민지가 독자적인 행정구제제도를 마련하는 것이 바람직하다는 의견을 제시하였다.133) 1927. 7. 1. 임시법제심의회에서는 위 미노베(美濃部)의 소위원회안을 심의하는 자리에서 하나이(花井)가 식민지에서 소원법과 행정재판법의 연장시행을 주장하자, 미노베(美濃部)는 본국보다 강력한 경찰력의 행사가 필요한 식민지에서 행정쟁송제도를 보장해주면 통치에 지장이 생긴다는 논리로 대응하였다.134) 위 심의회에서는 식민지통치라는 이유로 식민지 행정구제법제 개혁에 개입하지 않기로 하되, 빠른 시일 안에 현지정부가 행정구제제도의 도입을 추진하기를 바란다는 것으로 입장을 정리하였다.

아울러 1929. 7.에 마츠다 겐지(松田原治)가 하마구치 오사치(濱口雄幸) 내각의 척무대신에 취임한 것도 조선소원령을 기초하는데 유리한 조건이 되었다. 그는 변호사 출신으로서 1914. 3.에 「행정재판법 및 소원법에 관한 법률을 대만에 시행하는 법률안」을 제출하는 등 식민지에서의 행정구제제도의 도입에 관심을 가지고 있었는데, '급진적 개혁을 피하고 점진적 개혁을 기도'한다는 관점에서 행정소송제도의 도입은 부정하였지만, 행정상 구제수단인 소원제도의 도입에 대해서는 강한 의욕을 보였기 때문이다.135)

이러한 조건 아래에서 소원제도의 도입이 추진되었다. 다른 식민지들과 마찬가지로 행정소송제도는 행정처분을 재판으로 취소하는 것으로서 정부의 위신을 해하는 것이고, 식민지에서 원활한 정책실현의 저해요인이 되기 때문에 도입이 고려되지 않았다. 그렇지만, 소원제도는 행정소송과 달리 총독이 재결기관이 되어 심사결과를 제어할 수 있다는 점, 총

---

133) 小野博司, "帝國日本の行政救濟法制", 628頁. 그런데 식민지에서의 제도형성은 식민지에 맡겨져 있으므로, 결국 임시법제심의회에서는 이 문제를 다루지 않겠다는 것이다.

134) 小野博司, "帝國日本の行政救濟法制", 631頁.

135) 小野博司, "植民地朝鮮と行政救濟制度", 574頁.

독이 주민의 불만을 해소하는 것으로 보여서 총독의 권위를 높일 수 있
다는 점 등 총독독재제와 공존이 가능하기 때문에 도입이 쉬웠다.

조선소원령의 기초작업은 출원사항에 관계하는 각 부국의 회합을 거
친 후 1930년 하반기에 총독부 관방심의실에서 행해졌다.136) 조선소원
령은 일본의 행정재판법과 소원법을 합쳐서 그 내용으로 규정하기로 하
였다.137) 그 구체적인 내용은, "대체로 내지의 소원법과 거의 유사하게
조세 및 수수료의 부과, 조세체납처분, 영업면허의 거부 또는 취소, 수리
및 토목, 토지의 관유민유구분, 경찰행정 그 밖의 법률칙령에 의하여 특
히 허가한 건 등에 대하여 불복이 있는 경우에 서면을 가지고 소원"할
수 있고, "총독의 재결에 의하여 최종의 것이 되며, 특히 총독의 자문기
관으로서 위원회를 설치하는 것"이었다.138)

조선소원령은 1930년 11월에 원안이 완성되고, 다음해 전반에 척무대
신의 결재를 얻어 법제국에 회송되었다.139) 그러나 법제국의 심사도 통
과하였지만 시행에는 이르지 못하였다. 척무성은 그 이유에 대하여 본국
에서 소원법 및 행정재판법의 개정의 움직임과 보조를 맞추어야 하므로
잠시 진행상황을 살펴보고 있다는 취지로 제국의회에 설명하였다.140)

그 후 일본 내에서의 행정재판법과 소원법의 개정은 실패에 이르렀다
는 점은 이미 앞에서 자세히 언급한 것과 같고, 그것과 보조를 맞춘다는

---

136) 조선소원령, 경성일보 1930. 9. 11.자, 조선소원령, 경성일보 1930. 11. 12.자(小野博
司, "植民地朝鮮と行政救濟制度", 577頁에서 재인용). 한편, 동아일보 1930. 10.
11.자 기사에 의하면 소원령실시준비법안을 총독부에서 동경의 법제국으로 보냈다
고 보도했으므로, 적어도 그 보도일자 이전에 법안을 기초한 것은 분명하다.
137) 동아일보 1932. 4. 24.자 기사 참조.
138) 조선소원령, 경성일보 1931. 5. 5.자(小野博司, "植民地朝鮮と行政救濟制度",
577~578頁에서 재인용). 동아일보 1930. 10. 11.자 기사와 동아일보 1932. 4. 24.자
기사에서도 유사한 내용을 확인할 수 있다.
139) 조선에서도 소원령을 시행, 경성일보 1931. 3. 29.자, 조선소원령, 경성일보 1931.
5. 5.자(小野博司, "植民地朝鮮と行政救濟制度", 578頁에서 재인용).
140) 朝鮮ニ訴願法及行政裁判法實施ノ請願ニ關スル件(小野博司, "植民地朝鮮と行
政救濟制度", 579頁에서 재인용). 같은 취지 동아일보 1932. 4. 24.자 기사.

조선에의 소원제도 도입도 묵살되었다. 그 이후에도 동아일보는 행정소
송법제를 조선에서도 시행할 것을 요구하는 사설을 1932. 1. 16.과 1935.
2. 12.에 실었고, 매일신보도 소원법을 조선에서도 실시할 것을 요구하는
사설을 1932. 7. 5.과 1932. 9. 15.에 신는 등 조선에서 소원법의 시행요구
는 끊이지 않았지만, 끝내 조선은 소원도 실시되지 않은 지역으로 남게
되었다.

4. 행정구제법제가 시행되지 않은 지역으로 남게 된 원인

앞에서 살펴본 것처럼 일제는 식민지에서 행정쟁송제도를 원칙적으로
시행하지 않고 지역별로 다른 법제를 채택하였다. 여기에서 식민지마다
다른 법제를 채택하게 된 이유는 무엇인지에 대한 의문이 생긴다.

조선과 대만은 여기에서 논의하고 있는 행정구제법제 뿐만 아니라 다
른 분야에서도 제도적인 차이를 나타내고 있다. 가령 조선총독의 제령과
대만총독의 율령은 모두 조선과 대만의 식민지 인민의 저항을 누르면서
식민지를 통치하기 위하여 동원된 강력한 지배권을 담보해주는 역할을
하였지만, 양자 사이에는 다음과 같은 차이가 있다. 1910. 8. 29. 「한국병
합에 관한 조약」의 강제체결과 함께 공포된 일본 천황의 긴급칙령 제
324호 「조선에 시행할 법령에 관한 건」(朝鮮ニ施行スヘキ法令ニ關ス
ル件)[141]과 그 내용이 동일한 1911. 3. 25. 공포된 법률 제30호 「조선에
시행할 법령에 관한 법률」(朝鮮ニ施行スヘキ法令ニ關スル法律)에 의
하면, 제령은 "조선에서 법률을 요하는 사항"을 규정한 조선총독의 명령
으로서, 내각총리대신을 거쳐 천황의 칙재를 얻어 제정하고, 일본 내지

---

141) 그 전문은 김창록, "제령에 관한 연구", 법사학연구 제26호, 한국법사학회(2002. 10), 112면에 수록되어 있다.

의 법률 전부 또는 일부를 조선에 시행할 필요가 있을 때에는 칙령으로
정하도록 규정되어 있었다. 대만총독의 관할구역 내에서 법률의 효력을
가지는 명령으로서의 율령도 1896. 3. 31. 공포된 법률 제63호 「대만에
시행할 법령에 관한 법률」(臺灣二施行スヘキ法令二關スル法律)142)에
의하여 대만총독부평의회의 의결을 얻고 척식무대신을 거쳐 칙재를 얻
어 제정하되, 일본 내지의 법률 전부 또는 일부를 대만에 시행할 필요가
있을 때에는 칙령으로 정하도록 규정되어 있었다. 즉, 원칙적으로 제령
과 율령에 의하여 조선과 대만이 통치되고, 일본 내지의 법률은 부차적
으로 적용되는 구조였다.

그런데, 1921. 3. 15. 법률 제3호 「대만에 시행할 법령에 관한 법률」
(臺灣二施行スヘキ法令二關スル法律)에 따라,143) 율령은 대만에서 법
률을 요하는 사항이지만 시행할 법률이 없거나 어려운 것에 관하여 대
만의 특수한 사정에 의하여 필요한 경우에 한하여 제정할 수 있도록 규
정하여, 율령이 예외적·부차적인 것으로 성격이 바뀌었다. 아울러 3·1운
동의 영향으로 문관이 조선이나 대만의 총독으로 지명될 수 있도록 되
었는데, 대만의 경우에는 1944년까지 실제로 문관이 총독으로 지명되었
으나, 조선의 경우에는 해군총독이 지명된 적은 있어도 문관이 총독으로
지명된 적은 없었다.

이러한 차이에 대한 설명으로 다음과 같은 견해가 있고, 그 견해가 취
한 논거는 조선과 대만에서 소원법 시행 여부에 관한 차이를 설명하는
것에도 설득력이 있다고 생각된다.144) 즉, 조선과 대만이 모두 일제의
식민지였지만, 위와 같은 차이들은 역사적·사회적·문화적·전략적 차이

---

142) 「조선에 시행할 법령에 관한 법률」(朝鮮二施行スヘキ法令二關スル法律)의 모델
이 된 1906. 4. 11. 법률 제31호 「대만에 시행할 법령에 관한 법률」(臺灣二施行ス
ヘキ法令二關スル法律)의 전문은 김창록, "제령에 관한 연구", 117면에 수록되어
있다.
143) 그 전문은 김창록, "제령에 관한 연구", 118면에 수록되어 있다.
144) 김창록, "제령에 관한 연구", 133~134면 참조.

를 반영하고 있다는 것이다. 조선은 대만보다 면적이나 인구가 매우 크고, 오랜 역사, 문화적 통일성과 자부심을 가지고 있었으며, 일제가 중국 대륙에 대한 침략을 도모하고 있었으므로 지정학적인 중요성도 매우 컸다. 무엇보다 조선과 대만의 위와 같은 차이는 '저항의 차이'를 직접적으로 반영한다고 볼 수 있다. 조선은 일제에 대하여 지속적·전면적으로 저항하였지만, 대만의 경우에는 일제가 억압자·착취자라기 보다는 "개발과 근대화를 가져온 자"로 인식되고 있었다는 점이다.

5. 조선에서의 행정구제의 현황

이상에서 살펴본 경위와 같이 조선에서는 법치주의가 완전히 시행되지 않고 있다는 명분 아래, 사법(司法)제도는 형식적으로 확립되어 있으나 행정에서는 쟁송제도가 일반적으로 채용되어 있지 않았다.[145] 단지 처분청 및 상급청에 대한 이의신청제도와 한두 개 항목에 관한 소원이 허용되고 있었을 뿐이었다.

이의신청의 경우에는, 읍면제 시행규칙 제6조, 제59조, 조선학교비령 제24조, 조선수리조합령 제24조, 조선농회령 제10조, 조선상공회의소령 제33조 등 몇몇 개의 처분에 대하여 가능하였다.

소원은 일반적으로 시행되지 않았다. 다만 관세의 부과에 대한 세관장의 판정불복 및 화물취급인에 대한 세관장의 영업정지 또는 취소에 대한 불복으로서 조선총독에 대한 소원, 전기공작물과 다른 공작물 사이에 관한 재정 중 부담금액 또는 보상금액에 대한 불복으로서 조선총독에 대한 소원이 허용되었다. 또한, 은급법은 식민지 여부를 불문하고 시행되는 결과 조선에 시행되었는데, 처분 후 1년 내 내각 은급국장에게

---

145) 이하의 내용은 車田篤, 「朝鮮行政法論 上卷」, 朝鮮法制研究會, 1934., 382~384頁 참조.

재정을 신청하고 6월 내 내각 총리대신에 대한 소원 또는 행정재판소에 소를 제기할 수 있었다.

　　당시 일본의 행정쟁송제도는 열기주의를 채택한 결과 처분에 대한 불복제도로서 완전하지도 않았지만, 식민지 조선에는 행정재판뿐만 아니라 행정심판에 해당하는 소원마저도 시행되지 않았고, 처분에 대한 적법성 보장은 단지 행정조직 내에서의 감독에 의존할 수밖에 없었던 것이다.

제3절 메이지시대 행정재판제도에 대한 평가

Ⅰ. 행정재판제도에 대한 비판적 고찰

1. 법치주의에 관한 왜곡된 인식

당시에 행정재판과 법치주의에 관한 인식의 한 단면을 살펴보면 다음과 같다. 이치키 키토쿠로(一木喜德郎) 정부위원은 제국의회에서 행정소송사항의 열기주의에 관하여, "원래 소송이 되는 사항은 법률이 표준이 되어 재판이 되는 사항이어야 하고, 어떠한 법률의 규정이 불비하여 재판의 표준이 없는 사항에 관해서는 소송을 허가하는 것은 적당하지 않다."는 취지로 발언하기도 하였고,146) "행정관이 법률을 갖추고 있는 사항에 대하여 법률의 규정에 적합하지 않은 조치를 취하였다면 행정소송을 허용하여도 되지만, 법률제도를 갖추고 있지 않은 행정청의 인정에 관하여 처분을 한 사항에 대해서도 행정소송을 허용한다면 행정재판도 하나의 행정작용처럼 된다."라는 취지로 발언하기도 하였다.147)

위와 같은 논리는 법률의 근거가 없는 경우에는 행정권의 발동이 원칙적으로 허용되지 않는다는 오늘날의 법치주의에 대한 관념과는 반대로, 법률의 근거가 없으면 행정권의 발동이 자유롭게 허용되고 거기에서

---

146) 第16回 帝國議會貴族院議事速記錄, 第13号(明治35年 2月 17日), 180, 181頁(高柳信一, "行政國家制より 司法國家制へ", 2231頁에서 재인용).
147) 第16回 帝國議會貴族院 行政裁判及行政裁判權限法案外2件 特別委員會議事速記錄, 第1号(明治35年 2月 21日), 2, 3頁(高柳信一, "行政國家制より 司法國家制へ", 2231頁에서 재인용).

나타나는 권리의 침해에 대해서는 국민이 재판상의 구제를 요구할 수 없다는 논리이다.[148] 위와 같은 논리는 행정에게는 활동의 자유를 보장하고 국민에 대해서는 재판상의 보호를 거부하는 것으로 귀결된다.

2. 행정의 우월성과 행정국가적 소송구조

이렇게 당시의 일본은 법치주의를 행정권에 대한 법적 통제라고 이해하지 않고, 거꾸로 행정권의 명령에 복종하는 것이 법치주의라고 이해하였다. 이러한 행정우위의 발상 하에서 행정재판제도가 설계된 것이다.

첫째, 메이지시대의 행정재판제도는 행정의 우위에 입각하여 행정권을 사법권의 통제 밖에 두고 행정의 자유로운 활동을 보장하려는 의도에서 구축되었다는 점을 지적하지 않을 수 없다. "사법권의 독립이 요구되는 것과 마찬가지로 행정권도 사법권에 대하여 동등하게 독립이 요구된다."라는 사고방식 아래에서 메이지시대의 행정재판제도가 정당화되었다.[149] 이러한 왜곡된 권력분립론에 입각하여, 행정에 대한 통제는 자율적인 행정감독이면 충분하고, 행정구제로서의 소원 및 행정소송은 출소사항이 한정된 은혜적인 것에 불과한 것으로 취급되었다. 아울러 행정재판소도 행정계통의 감독기관 중 하나로서, 행정재판소에 의한 구제는 행정내부의 자제작용에 불과하였다.

둘째, 메이지시대의 행정재판제도는 행정권 행사의 법률적합성에 관한 사법심사의 배제만 의도한 것이 아니라 국민의 출소기회를 가능한 좁게 설정하려는 목적도 있었다.[150] 앞에서 살펴본 것처럼 메이지정

---

148) 유신정부가 발한 태정관, 각 부의 포고 및 그와 대등한 많은 법령이 메이지헌법 제27조에 의하여 헌법에 위반하지 않는다면 효력이 존속되었던 점이 이러한 인식의 배경이라고 설명되기도 한다.
149) 宮澤俊義, 「校註 憲法義解」, 岩波文庫, 1940., 98頁(高柳信一, "行政國家制より 司法國家制へ", 2226頁에서 재인용).

부 출범 초기에 관리의 위법한 처분에 대하여 사법재판소에 출소하여 불복하는 것이 허용되자, 메이지유신으로 인한 신정부의 행정, 특히 지방관의 행정조치에 대한 불복소송이 통상재판소에 쇄도하게 되었다. 그러자 이에 대한 제도적 대응으로서 행정재판에 대한 관념을 형성하고 그에 해당하는 사건은 재판소가 일단 수리는 하지만 그에 앞서 태정관의 지도를 받게 한다는 조치를 취하였다. 그것은 행정에 대한 국민의 불복·불만에 대해서는 행정기관이 먼저 재판의 대상이 되는지를 선별하겠다는 것을 의미한다. 이러한 기조 아래에서 메이지시대의 행정국가체제는 국민의 행정소송제기권에 대한 각종 제한과 밀접하게 묶어서 구상되고 실현된 것이었다. 이는 ① 행정소송사항의 제한, ② 출소요건으로서의 권리훼손, ③ 상소 및 재심의 배제로 나타났다.

셋째, 메이지시대의 행정국가체제는 행정주체를 행정객체에 비하여 특별하게 보호하고, 그 우월성을 인정하려고 하였다.[151] 행정주체의 우월성은 실체법의 세계에서는 더 심했지만, 메이지헌법체제 하에서 사법형 행정재판제도를 도입하지 않은 이유에서 알 수 있다시피 권리의 재판적 보호 차원에서도 보장하려고 하였다. 공법상 법률관계에서 분쟁이 발생한 경우 행정주체가 추구하는 공익을 옹호하기 위하여 행정주체를 특별하게 보호하여야 하고, 이를 위해서는 일반적인 소송절차가 아니라 특별한 재판절차가 필요하였던 것이다. 결국 메이지시대에 행정형 행정재판제도를 도입한 것은 행정주체의 소송당사자로서의 우월적 지위를 인정하기 위한 것이었다.

---

150) 高柳信一, "行政國家制より司法國家制へ", 2227頁.
151) 高柳信一, "行政國家制より司法國家制へ", 2228頁.

II. 법조인 양성제도

메이지시대의 행정국가적 성격이 더 짙게 된 이유로서 당시의 법조인 양성제도와 사법관료제를 드는 흥미로운 견해가 있다.[152] 메이지시대 초기에 법조인의 양성은 사법성이 주도하여 프랑스식 교육을 하였다. 사법성은 1871년(明治4)년에 조직 내에 법조인 양성제도를 마련하였고 그것을 발전시켜 1875(明治8)년에는 프랑스어에 의한 프랑스법을 교육하는 사법성법학교를 설치하였다. 그런데 1880년대에 들어 법조인 양성은 관리양성시스템으로 재편되었는데, 사법성법학교는 1884(明治17)년에 동경법학교로 문부성에 이관된 후 1885(明治18)년에는 당시 유일한 대학인 동경대학에 법학부 프랑스법과로 편입되었다(1887년에는 완전히 폐교되었다). 그리고 이 시기 법학부 자체도 법학에 관한 지식의 계수·보급·제도화를 담당하는 인재의 양성기관에서 행정관료를 양성하는 기관으로 그 성격이 변하였다.

이러한 제도의 변경을 행정소송제도와 사법재판관의 관계라는 관점에서 보면, ① 대학을 주로 행정권의 담당자를 양성하기 위한 목적기관으로 하고(1887년의 문관시험 시보 및 견습규칙에 의하여 시험제도가 도입되었지만 제국대학 졸업자는 시험이 면제되었다), ② 법학교육을 행정관을 양성하기 위한 구조로 재편함과 아울러 법조인 양성을 위한 법학교육을 주변화하였으며, ③ 법조인 양성을 프랑스법계로부터 독일법계로 전환하였다는 특징을 가지고 있다. 이렇게 독일법계로의 전환은 후에 독일법 준거의 '학사판사'가 사법부를 석권하는 것과 맞물려서, 프랑스법계의 인재와 사고의 배척 및 사법관료제의 형성과 결부되었다. 이상과 같은 메이지시대 초기의 행정재판법제도와 법조인 양성제도 아래에서 행정사건은 사법관의 손을 떠나가게 되었다는 것이다.

---

152) 이하의 자세한 내용은 岡田正則, "行政訴訟制度の形成·確立過程と司法官僚制", 159~160頁 참조.

그 이후 사법성의 재판관 인사권 장악, 재판내용의 감시 및 지시제도, 재판관의 상하계층구조, 재판관과 검찰관의 대등·호환성, 예심판사를 포함한 재판관과 검찰관 사이의 밀접한 의사소통관계 등에 의하여 사법부 내부의 통제시스템이 실질적으로 확립·안정된다. 이러한 과정들을 통하여 행정권에 대한 사법권의 간섭을 가급적 배제하고 사법권에 대한 행정권의 독립성을 확보하고자 하는 사고방식이 행정부뿐만 아니라 사법부 내부에서도 받아들여지게 되었다는 것이다.153)

III. 실무에 대한 평가

당시 일본의 행정소송제도는 그 권리구제의 불완전성으로 인하여, 특히 열기주의의 문제점에 대하여 일찍부터 개정논의가 있었고, 정부도 그 취지에 어느 정도 공감하였지만, 그 개정은 이루어지지 않았다는 점은 이미 앞에서 살펴보았다. 이러한 제도적 평가 외에 행정재판의 실제는 어떠했을까?

행정재판을 실제로 담당하였던 평정관들의 관점에서 살펴보면, 그들은 그 나름대로 민권옹호를 위하여 활동하였다고 스스로 긍정적인 평가를 내리고 있었다.154) 평정관들은 행정재판소가 행정기관이었기 때문에 국민의 권리의 구제에 사명을 다하지 못하였다는 비판에 대하여 동의하지 않고, 오히려 「국민의 권리를 지나치게 옹호하였다.」라고 자부하고 있었다.155) 그리고 행정소송에서 양당사자를 대등하게 다루어서 변론주

---

153) 岡田正則, "行政訴訟制度の形成·確立過程と司法官僚制", 156頁.
154) 통계적으로 실질승소율의 추이를 살펴보면, 1941년의 40.5%, 1942년의 43.6%, 1943년의 35.0%, 1944년의 41.7%, 1945년의 100% 등 5년 평균 42.5%이었다. 이는 1890년부터 1945년까지 31.1%와 견주어보면 신규건수가 현격히 준 것을 감안하더라도 행정재판소의 권리구제기능이 그 전에 비하여 매우 좋아졌다고 평가할 수도 있다(小野博司, "戰時期の行政裁判所", 240頁).

의를 관철했었더라면, 오히려 대부분의 행정재판에서 행정청이 승소하였을 것이므로, 행정재판소는 적극적으로 직권주의에 입각하여 재판을 진행을 할 수밖에 없었다고 주장하였다.[156]

그러나 이러한 전전의 직권주의적이고 민권옹호적인 태도는 우민관에 기반한 것으로서, 국민의 권리의식의 신장에 도움이 되지도 않았고 법의 지배가 실질화가 되지도 않았으며 은혜로서의 구제에 머물렀을 뿐이라는 것이 전후 학자들의 냉정한 평가이다.[157] 이러한 사고에는 행정기관은 공공의 이익을 추구하고 실현하는 통치작용의 중심으로서, 사법권의 억제를 받지 않는 우월한 지위에 있다는 행정우위의 사상이 저변에 깔려있는 것이다. 그리고 당사자가 불만을 토로하고 재판부가 후견적 관점에서 직권으로 조사하여 구제하는 것은 법률문화의 발전에 도움도 되지 않고, 입법의 불비를 가릴 뿐이라는 것이다.

---

155) 엔도 겐로쿠(遠藤源六) 행정재판소 전 장관의 발언{鵜飼信成外編, "座談會「行政裁判所の回想-遠藤源六元長官にきく」", 日本近代法發達史 第4券, 1958., 330, 331頁(高柳信一, "行政國家制より司法國家制へ", 2205頁에서 재인용)}.

156) 사와다 타케지로(澤田竹二郎) 행정재판소 전 장관의 발언{"シンポジウム「行政訴訟制度の改革」", 公法研究 第19号, 1958., 121, 122頁(高柳信一, "行政國家制より司法國家制へ", 2205頁에서 재인용)}.

157) 高柳信一, "行政國家制より司法國家制へ", 2210頁, 岡田正則, "行政訴訟制度の形成·確立過程と司法官僚制", 164~165頁.

제3장

한국과 일본에서
행정소송법제의 형성

제1절 개관

일제강점기 하에서 식민지 조선에서는 행정쟁송이 허용되지 않았고 그 당시 일본에서도 행정소송이 미비한 상태로 운영되었다는 점은 앞에서 살펴본 것과 같다. 이를 극복하기 위하여 제헌헌법은 사법국가제를 채택하였다.

한편, 행정소송법은 14개조의 단순한 형태로 1951. 8. 24. 법률 제213호로 제정되어 1951. 9. 14.부터 시행되었다. 당시는 한국전쟁이 한창이었기 때문에 충분한 논의와 연구가 제대로 이루어지지 않은 상태에서, 일본의 행정사건소송특례법을 참조하여 제정된 것으로 보인다.

행정소송법이 제정된 해인 1951. 8. 3. 법률 제211호로 소원법도 제정되었다. 그러나 소원은 그 시행을 위한 하위법령이 제정되지 않아 10년 이상 실제로 운영되지 못하다가, 1964년 소원심의회규정이 마련되어 비로소 기능을 발휘하기 시작하였다.[1] 소원법은 개괄주의를 채택한 것을 제외하면 1962. 9. 15. 행정불복심사법이 제정됨으로써 비로소 폐지된 메이지시대 일본의 소원법과 동일한 기반과 내용을 가진 것으로 근본적으로 다르지 않았다.[2] 소원법은 소원전치주의를 채택하고 있었고, 심판위원회는 자문기관에 불과하였으며, 그마저도 공무원으로 구성되어 있었다. 심판기관이 처분청인 경우에는 이의신청이라 하고, 상급감독청인 경우에는 소원이라고 하였으며, 처분청에 이의신청을 하고 상급청에 소원을 하는 경우도 있었는데, 이의신청과 소원은 모두 행정청에 대하여 제

---

1) 「행정심판 10년사」, 법제처, 1995., 13~14면.
2) 이상규, "현행 행정심판제도의 문제점과 개선방향", 공법연구 제10집, 한국공법학회 (1982. 8), 58면 참조.

기하는 약식의 항고쟁송이라는 점에서 실질적인 차이가 없었다.3)

한편, 많은 개별법에서 소원법에 대한 특례규정을 두어 행정심판체계가 다원화되어 있었다. 특기할 만한 것은 준사법절차에 의한 행정쟁송(행정심판)도 운영되고 있었다는 점이다.4) 이는 미국의 행정위원회에서 유래한 것으로, 국가공무원법상 심사청구, 토지수용법상 이의신청, 광업법상 이의신청, 노동조합법의 구제신청 등에 적용되었다.

이하에서는 제헌헌법이 사법국가제를 채택하기에 이른 과정을 살펴보고, 그에 대한 구체화작업으로서 행정소송법이 제정된 경위와 그 내용에 대하여 서술한다. 다만 우리나라의 제정 행정소송법을 이해하기 위해서는 전후 일본에서 사법국가제를 채택하게 된 경위와 행정소송제도의 형성과정을 참조하는 것이 필요하므로, 이에 대하여 먼저 살펴보기로 한다.

---

3) 조재승, "행정쟁송(6)", 지방행정 통권 79호, 대한지방행정협회(1960. 3), 69~70면, 김이열, "행정쟁송", 고시계 제25권 제10호, 고시계사(1981. 10), 97~98면.

4) 전후 행정의 각분야에서 미국의 행정위원회제도를 도입하고 준사법적 절차를 채택하여 독일의 전통적 행정쟁송제도와 함께 행정심판제도를 이식했으나 그 당시로서는 토착화하였다고 할 수는 없다(김이열, "행정쟁송", 92면).

제2절 전후 일본에서 행정소송법제의 개혁

Ⅰ. 전후 사법개혁의 개관

1. 종전 직후 점령정책의 기본방향

종전 직후 일본의 개혁은 메이지유신에 필적할 만한 전면적인 것이었다. 다만 메이지유신은 일본 스스로 봉건사회를 해체하고 근대화를 추진한 것이었다면, 종전 직후의 개혁은 점령국이 1945. 7. 26.의 포츠담선언에 기하여 일본의 '비군국주의화'와 '민주주의화'를 실현하기 위한 것이었다.5)

포츠담선언 제10항에는 "일본정부는 일본국민들의 민주화 경향을 부활시키고 강화시키는 것을 가로막는 모든 장애물을 제거하여야 할 것이다. 언론의 자유, 종교의 자유 및 사상의 자유는 기본적인 인권존중과 더불어 확립되어야 할 것이다."라고 규정되어 있었다. 이러한 원칙은 1945. 9. 22. 공표된 연합국군 최고사령관인 맥아더 원수의 「항복 후 미국의 초기의 대일방침」(United States Initial Post-Surrender Policy for Japan, 降伏後ニ於ケル米國ノ初期ノ對日方針)의 '제3부 정치' 중 '제3절 개인의 자유 및 민주주의적 과정에의 기획과 조장'에서도 명확하게 확인된다.6)

---

5) 高地茂世・納谷廣美・中村義幸・芳賀雅顯, 「戰後の司法制度改革」, 成文堂, 2007., 2頁.
6) 「항복후 미국의 초기의 대일방침」은 종전이 가까워지자 미국의 패전국에 대한 전후처리정책에 대한 정부부처 사이의 연락조정기관으로서 1944. 12.에 설치된 '국무・육군・해군조정위원회'(SWNCC)의 극동분과회가 입안한 것이다. 이 문서는 1945. 9. 6.

위 문서는 '제1부 종국의 목표', '제2부 연합국의 권능', '제3부 정치' 및 '제4부 경제'로 구성되어 있다. 그중 제3부 '정치'에서는 무장해제나 비군국주의화, 전범의 처벌, '개인의 자유 및 민주주의적 과정으로 가는 요구의 장려'에 대하여 순차적으로 언급하고, 이를 실현하기 위하여 "사법제도, 법률제도, 경찰제도는 될 수 있는 한 빠르게 개혁하여야 하고, 이후 개인의 자유 및 민권을 보호하는 진보적인 지도를 하여야 할 것"이라고 기재되어 있다. 나아가 위 문서의 모두에 기재되어 있는 '본 문서의 목적'에는 본 문서에 포함되지 않은 사항이나 충분하게 언급할 수 없는 사항에 대해서는 '이미 별개로 또는 장래 새롭게 별개로 취급할 것'이라고 기재되어 있는데, 이미 별개로 취급되었던 사항 중에 '사법제도의 개혁'이 포함되어 있다. 한편, 행정국가제를 채택하였던 구 헌법상 관련규정의 개정에 대한 구체적인 지시 내지 시사는 뒤에서 보는 것처럼 1945. 10. 4. 맥아더 사령관으로부터 코노에(近衛) 수상 또는 같은 달 11. 시데하라(幣原) 수상에게 전달되었을 것이다. 따라서 일본 정부가 '사법제도의 개혁'이 불가피하다고 인식한 시점은 '항복 후 미국의 초기의 대일방침'이 보도된 1945. 9. 24.이고, 그 개혁이 행정국가제에 대한 것이라고 인식한 시점은 같은 해 1945. 10. 4. 또는 10. 11.로 추정된다.[7]

2. 사법개혁의 주체와 방식

전후 독일과 일본의 점령관리는 완전히 다른 방식으로 이루어졌다. 독일에서는 연합국(미국, 영국, 소련)이 포츠담회담에서 책정한 ① 중앙

미국 트루먼대통령의 승인을 받았지만, 연합국군 최고사령관 맥아더 원수에게는 이미 같은 해 8. 29. 무전으로 전달되었는데, 그 전문이 같은 해 9. 22. 공표되고 2일 후인 9. 24.에는 일본의 신문에도 보도되었다(그 경위에 대한 자세한 사항은 高地茂世 外 3人, 「戰後の司法制度改革」, 129頁 참조).

7) 高地茂世 外 3人, 「戰後の司法制度改革」, 131頁 참조.

정부의 부인, ② 나치조직의 파괴, ③ 경제조직의 지방분권화, ④ 전범의 처벌 등에 관한 '독일관리정책'을 연합국의 군정에 의한 직접통치방식으로 행하였다. 반면에 일본에서는 연합국군 최고사령관 맥아더 원수가 일본정부에게 지시(Directive), 각서(Memorandum), 시사 등의 형식으로 필요한 사항을 제시하고, 이를 일본정부가 법률이나 명령 등을 제정하여 실시하는 간접통치방식을 취하였다.[8] 즉, 연합국군 총사령부가 ① 직접 군정을 실시하지 않는 것을 원칙으로 하고, ② 천황·제국의회·내각 등의 행정기관·재판소라는 기존의 통치기관을 통하여 간접적 통치를 하는 방식으로, ③ 일본국민의 자발적 의사에 의하여 개혁을 하고, ④ 최고사령관은 필요한 경우 직접 행동하여 일정한 방책을 취할 권한을 가지고 있었다.

이러한 점령관리방식으로 인하여 행정재판제도의 개혁을 비롯한 일본의 전후 개혁에 대한 주도세력이 누구인지에 관하여 의문이 제기될 수 있다. 이에 대하여 일본국민에 의한 '자주개혁론', '합작론', 연합국군 총사령부(General Headquarters, GHQ)에 의한 '점령권력주도론'에 이르기까지 다양한 스펙트럼에 해당하는 견해가 있을 수 있다.

그중 점령권력주도론은 이른바 '맥아더헌법초안'에 기한 헌법제정에서 보는 것처럼 연합국군 최고사령관(SCAP)의 지령 내지 시사에 기하여 사법개혁이 진행된 것이라는 견해이고, 이 견해는 가장 일반적으로 받아들여지고 있는 것이다. 그 반면에 행정소송을 사법재판소의 관할로 하는 「행정국가부터 사법국가에로의 전환」 등의 사법개혁의 방향 설정에 관하여, 헌법제정 등에 관한 연합국군 최고사령관(SCAP)의 지령 내지 시사 이전에 이미 당시의 사법성 내에서 개혁을 위한 준비가 진행되고 있었다는 점에 주목하고,[9] 연합국군 총사령부는 이에 박차를 가한 것일

---

8) 高地茂世 外 3人, 「戰後の司法制度改革」, 3頁 참조.
9) 가령 高柳信一, "行政國家制より司法國家制へ", 2201頁, 高柳信一, "戰後初期の行政訴訟法制改革論", 社會科學硏究 第31卷 第1号, 東京大學 社會科學硏究所

뿐이라는 자주개혁론 내지 자율개혁론도 제기된다.

　물론 전후 초기의 사법제도개혁은 '민주주의적 경향의 부활·강화'를 위한 다른 광범위한 개혁들과 함께 국내외의 여러 힘들이 복잡하게 결합한 구도 속에서 진행되었을 것이다. 미국정부, 연합국군 총사령부, 극동위원회라는 일본 밖의 세력들과 일본정부, 대심원, 항소원 등의 사법재판소의 재판관이나 사법성의 사법관료, 행정재판소의 평정관이나 행정관료, 의회, 유력한 학자그룹이라는 일본 내의 세력들이 복잡하게 어우러진 결과일 것이다. 종전 직후 사법성은 곧바로 사법제도의 개혁에 대하여 「사법제도 개정의 요점」(司法制度改正ノ要點)을 내놓았는데, 그 중에 대심원 개혁의 일환으로 행정재판소의 행정재판권을 접수하는 안을 검토하고 있었다. 이를 주된 근거로 하여 자주개혁론이 주장되고 있는 것이다. 그러나 위 자료에는 그 일자의 기재가 빠져있는데다가, 1945. 10.부터 사법성 민사국 제3과장으로 취임하여 일련의 사법개혁 관련 법률의 입안사무를 담당하였던 나이토 요리히로(內藤賴博)는 그 작성시점이 "단정은 할 수 없지만, 나의 대체적인 기억으로는 이미 맥아더의 헌법개정의 시사가 나온 후에 있었다고 생각된다."라고 증언하였다.10) 그렇다면, 맥아더의 헌법개정의 시사가 있었던 1945. 10. 4. 또는 같은 달 11. 이후 행정국가에서 사법국가로의 전환을 예상하고 대심원 개혁의 일환으로 행정재판소의 권한 접수를 더하였다고 보는 것이 자연스러울 것이다. 결국 점령권력의 지령 내지 시사에 의한 점령권력주도론 또는 연합국군 총사령부 주도론이 사실에 입각한 객관적인 견해라고 보여진다.11)

　(1979), 3頁 참조.
10) 高柳信一, "行政國家制より司法國家制へ", 2202頁.
11) 高地茂世 外 3人, 「戰後の司法制度改革」, 132頁.

3. 사법개혁의 방향: 행정국가에서 사법국가로

전후 일본은 메이지헌법 하에서의 행정재판제도를 폐지하고, 미국식의 일원적인 사법재판소제도를 채택하였다.[12] 일본국헌법은 사법권이 최고재판소 및 그 계통에 속한 하급재판소에 전속한다는 취지를 밝히고(제76조 제1항), "특별재판소는 설치할 수 없다. 행정기관은 종심으로서 재판을 행할 수 없다."라고 하면서(제76조 제2항), "누구도 재판소에서 재판을 받을 권리를 빼앗을 수 없다."라고 규정하였다(제32조).

이 규정들은 행정사건의 재판을 최종적으로 행할 수 있는 특별한 행정재판소를 설치할 수 없고 적어도 행정사건에 관한 소송의 최종심은 사법재판소에 유보되고, 나아가 법의 통일을 기하려고 하였던 것에 그 취지가 있다.[13] 그 결과 일본국헌법 하에서는 민사사건인지 행정사건인지를 묻지 않고 법률상의 쟁송에 해당하는 한 사법재판소에서 심리되고, 메이지헌법 아래에서 사법권으로부터 완전한 독립성을 가지고 있었던 행정권은 법률상의 쟁송에 관한 한 사법적인 통제에 따르게 되었다.

이와 같은 개혁을 한마디로 요약하면, 「행정국가에서 사법국가로의 전환」이라고 부를 수 있다. 그런데, 행정국가와 사법국가의 개념에 대해서는 다소간의 이론이 있을 수 있다. 일본에서 논의되는 바로는, 행정국가란 행정권의 지위를 사법권에 의한 제약으로부터 보장하고 그 자율을 인정하는 제도를 말한다. 행정권에 대한 사법권의 간섭을 배제하기 위한

---

12) 그런데, 당시 일본과 같은 처지에 있었던 독일의 경우에는 행정법원이 유지되고, 재정법원 및 사회법원 등의 특별한 관할을 가진 법원이 설치되었으며, 나아가 헌법재판소가 설치된다. 이렇게 독일과 일본의 전후 사법개혁이 다른 이유에 대하여, 일본의 점령세력은 사법국가제를 채택하고 있었던 미국뿐이었지만, 독일은 사법국가제를 취한 미국과 영국 외에도 행정국가제를 취한 프랑스 등 3개국이었다는 점이 가장 컸을 것이라고 추측된다. 그 뿐만 아니라 전전의 행정형 행정소송제도에 대한 실망이 전후에 쉽게 사법국가제로 전환하는 요인이 되었을 것이다(高柳信一, "戰後初期の行政訴訟法制改革論", 2頁 참조).

13) 南博方·高橋滋, 「條解 行政事件訴訟法」, 5頁.

제도로서, 행정재판소의 설치를 비롯한 행정권의 자기집행권, 행정작용에 특수한 효력, 공무원의 지위에 대한 보호 등에 그 특색이 있다.[14] 이 제도는 이미 절대왕정의 확립과 행정권 우위의 전통을 배경으로 행정·사법 두 권력 사이에 항쟁이 있었던 프랑스에서 성립·발전하고, 독일, 오스트리아 등 대륙법계 국가들에게 확대된 것이다.

이러한 관점에서 보면, 일본의 전후 개혁을 「행정국가에서 사법국가로의 전환」으로 평가할 수 있는지는 논란이 될 수 있다. 그러나, 행정국가제는 행정재판소의 설치를 중핵으로 하고 있기 때문에, 전후 일본국헌법 제76조에 의하여 행정재판소가 폐지되고 행정사건도 사법재판소가 관할하는 것을 두고, '행정국가에서 사법국가로 전환되었다'고 표현하는 것이다.

4. 사법개혁의 개략적 내용

전후 법제개혁은 '민주화'라는 점령기본정책 아래에서 실시되었고, 사법제도의 개혁에도 당연히 반영되었다. 천황의 재판소(제국헌법 제57조)로부터 국민주권의 원리에 따른 국민을 위한 재판소(일본국헌법 제6장)로의 변혁, 행정권(사법성)의 지배로부터 사법권의 독립, 그리고 최고재판소를 정점으로 하는 재판소 권한의 현저한 강화 등이 그 내용이었다.[15]

첫째, 헌법은 최고재판소의 법령심사권을 보장하였다(제81조). 흠정헌법이었던 메이지헌법(대일본제국헌법) 하에서는 주권은 천황에게 있었고, 재판소는 '천황의 명에 의하여' 사법권을 행사하였다(메이지헌법 제57조 제1항). 당시 사법은 행정이나 입법에 비하여 열위에 있는 제3순위

---

14) 高地茂世 外 3人, 「戰後の司法制度改革」, 120~121頁 참조.
15) 岡田正則, "行政訴訟制度の形成·確立過程と司法官僚制", 167頁.

의 국가권력이었다고 하지 않을 수 없는데, 이는 연합국군 총사령부에 의한 점령정책인 '민주화'의 이념에 어긋나는 것이었다. 그리하여 미국형 사법제도의 도입, 특히 재판소가 '헌법의 파수꾼'이라는 사명을 담당하는 권력구조를 구축하였다.[16]

둘째, 특별재판소를 폐지하였다(헌법 제76조 제2항). 메이지헌법 하에서는 특별재판소나 행정재판소의 설치가 인정되었고, 결과적으로 사법재판소는 협의의 사법재판인 민사·형사재판을 담당하는 것으로 인식되었다. 그러나 헌법은 스스로를 정점으로 하는 법질서와 기본적 인권의 확립 및 이를 제도적으로 보장하는 사법제도의 구축을 위하여, 전체 사법권이 최고재판소 및 '법률이 정하는 바에 의하여 설치하는 하급재판소'에 귀속한다는 뜻을 정하고(제76조 제1항), 그 연장선상에서 특별재판소의 설치금지나 행정기관에 의한 재판의 종심부정(終審否定)(제76조 제2항)을 밝히고 있다.

셋째, 가정재판소가 창설되었다. 전후 가제도의 폐지에 따라 가족 내 또는 친족 간 분쟁에 관한 재판제도가 필요하였는데, 마침 소년범죄가 빈번하게 발생하자 그 대책을 겸하여, 건전평화한 가정환경과 소년의 불량화 방지를 목적으로 가정재판소가 고안된 것이다.

넷째, 행정소송절차가 마련되었다. 앞에서 본 것처럼 일본국헌법에 의하여 행정재판소 제도는 폐지되었으나, 처분을 둘러싼 재판은 그 절차법적인 특수성으로 말미암아 특칙을 정할 필요가 있었다. 그에 따라 민사소송법의 일부개정이 아니라 행정사건소송특례법을 제정한 것이다.

이렇게 전후 사법개혁은 민주화의 요구에 따라 '사법의 우위'를 강화하는 방향으로 진행되었다. 그런데, 메이지헌법 하에서 재판관은 그 직

---

16) 이를 위해서는 상고의 제한과 같은 제도적 환경의 정비가 요구되지만, 1996년의 민사소송법 개정까지 실현되지 않았다. 이는 재판관의 과도한 업무부담의 원인이 되고, 그 때문에 위헌판결이 적은 상황으로 이어져서 최고재판소가 소극주의를 취하고 있다는 비판을 받게 되었다.

무상 독립성이 인정되기는 하였지만 행정부인 사법성이 재판관의 채용·이동·승진 등의 인사권이나 사법행정상의 감독권한 등을 가지고 있었다. 따라서 사법의 행정에 대한 우위가 실질적으로 보장되기 위해서는 '사법의 자주·독립성'을 확보할 필요가 있었고, 그 보장수단으로 최고재판소의 규칙제정권과 사법행정권을 인정하게 되었다. 헌법 제77조 제1항과 제3항에서 최고재판소가 소송절차 등에 대한 독자적인 규칙을 정할 권한을 규정하였다. 한편, 재판소법을 제정하여, 메이지헌법 하에서 사법성에 속했던 인사·예산 등의 사법행정권한도 최고재판소를 정점으로 하는 사법기관에 이관하였으며, 이와는 별도로 재판소 예산의 독립성도 보장하였다.

Ⅱ. 사법국가제의 채택

이상에서 살펴본 것처럼 일본은 전후 행정형 행정재판제도를 폐지하고, 미국식의 일원적 사법재판제도로 전환하였다. 그 결과 일본국헌법 하에서는 민사사건인지 행정사건인지를 묻지 않고 법률상의 쟁송에 해당하는 한 사법재판소에서 심리되고, 메이지헌법 아래에서 사법권으로부터 완전한 독립성을 가지고 있었던 행정권은 법률상의 쟁송에 관한 한도에서 사법적인 통제에 따르게 되었다. 아래에서는 그에 이르게 된 과정을 일본의 내부논의와 점령당사자인 연합국군 총사령부의 지시나 시사의 과정과 내용에 대하여 살펴본다.

1. 초기 일본정부의 개혁안

가. 사법성의 「사법제도 개정의 요점」(司法制度改正ノ要點)

일본은 독일과 달리 사실상 미국 한 나라에 의하여 점령되었기 때문에 행정소송법제의 개혁도 미국식 사법국가제를 지향하게 된 것은 자연스러운 일이었다. 그렇지만 일본 내부에서도 전후 직후 이른바 맥아더 헌법초안에 의하여 사법국가제가 시사되기 이전에 이미 사법국가제로의 전환을 준비한 흔적이 있다는 견해가 있다. 사법성이 전후 사법제도의 민주화를 위하여 개혁하여야 할 점들을 검토하고, 「사법제도 개정의 요점」(司法制度改正ノ要點)을 작성하고, '대심원의 개혁'의 하나로서 '행정재판소의 권한 접수'를 들었다는 것이다.[17]

이를 근거로 자주개혁론이 주장되고 있으나, 그 작성시점은 맥아더의 헌법개정의 시사가 있은 후라고 보이므로, 위 주장의 근거가 다소 박약하다는 점은 앞에서 이미 설명하였다. 경위는 어쨌거나 일본 국내 법조도 전전의 행정재판제도에 대하여 실망이 컸기 때문에, 사법국가제로의 전환에 대하여 큰 거부감 없이 쉽게 받아들일 수 있었을 것이다.

나. 코노에(近衛)·사사키(佐々木) 헌법개정안

코노에 후미마로(近衛文麿) 수상이 1945. 10. 4. 맥아더 원수를 방문하고 같은 달 8. 애치슨 총사령부 정치고문과 회담하는 과정에서 정치조직의 개혁이 시사되었다. 코노에(近衛)는 같은 달 11. 내대신부(內大臣府)

---

17) 그 주요 내용은 1. 재판소·검사국의 분리, 2. 판검사의 임용자격, 3. 판사의 지위보장, 4. 검사의 지위보장, 5. 대심원장인 자격, 6. 대심원의 개혁[(1) 명예판사를 마련한다. (2) 행정재판소의 권한 접수 (3) 법령심사권의 부여], 7. 지방재판소의 단독부제, 8. 개정(開廷), 9. 사법행정의 직무 및 감독권, 10. 강제수사권, 11. 사법경찰관의 소속 등이다.

어용괘(御用掛)에 임명되어 헌법개정작업에 착수한다고 발표하였고, 같은 달 13. 헌법학자인 사사키 소이치(佐々木惣一) 박사도 이를 담당하는 어용괘(御用掛)에 임명되어, 헌법개정작업에 관한 조사·검토가 개시되었다. 그 결과물인 코노에(近衛)·사사키(佐々木) 헌법개정안은 1945. 11. 24. 내대신부가 폐지되기 직전에 완성되었으나, 1946. 1. 7.에야 비로소 「제국헌법 개정의 필요」라는 서면으로 천황으로부터 마츠모토(松本) 국무대신에게 전달되었다.[18]

위 코노에(近衛)·사사키(佐々木) 헌법개정안에서는 헌법재판소의 설치를 제안하고(제78조), 국가 또는 관리의 직무상 불법행위에 의한 손해에 대하여 국민의 배상청구권을 보장하는 등(제38조) 국민의 공법상 권리의 보호를 확대하려고 하였으나, 사법국가제로 전환하자는 발상은 전혀 없었다. 위 개정안 제77조에서는 전전과 같이 행정재판소의 존재를 전제로 행정 관련 소송을 행정재판소의 관할로 하고 있었다.[19] 물론 위 개정안은 ① 제30조에서 "일본신민은 법률로 정한 재판소 및 행정재판소의 재판 및 행정재판을 받을 권리가 있다."라고 규정하여 행정재판을 받을 권리를 보장하고, ② 제77조 제3항에서 재판관에 대한 신분보장 규정을 준용하여 '행정재판관'의 신분도 헌법적 차원에서 보장하고자 하였다.[20]

위 코노에(近衛)·사사키(佐々木) 헌법개정안은 전전의 행정재판소를 유지하면서 그 재판기관으로의 독립성·제3자성을 비약적으로 높이려고 한 것이라고 볼 수 있다. 이 안대로라면 국민의 재판을 받을 권리는 독

---

18) 高地茂世 外 3人, 「戰後の司法制度改革」, 145頁 참조.
19) 제77조 ① 행정청의 처분에 대하여 이해관계를 가진 자가 그 처분을 위법하다고 그 효력에 관하여 제기하는 소송의 재판은 법률에 의하여 정한 행정재판소 법률에 의하여 이를 행한다.
　② 전항의 관계 이외의 행정상의 관계에 속한 소송의 재판은 법률에 의하여 특히 사법재판소의 권한에 속한 것을 제외하고 모두 행정재판소의 권한에 속한다.
20) 高柳信一, "戰後初期の行政訴訟法制改革論", 4~5頁.

립성을 보장받는 2계열의 재판기관에서 실현되는 것이었다.

2. 헌법문제조사위원회에서의 논의

가. 헌법문제조사위원회의 설치

1945. 10. 9. 시데하라(幣原) 내각이 발족한 후 시데하라(幣原) 수상은 같은 달 11. 맥아더 원수를 방문했는데, 그때 맥아더 원수가 구제도를 개혁하기 위해서는 헌법개정이 필요하다고 밝힌 견해를 연합국군 총사령부가 공표하였다. 그리하여 일본정부도 사법제도의 민주화를 포함한 헌법개정이 불가피하다는 인식을 하게 되고, 같은 달 13. 마츠모토(松本) 국무대신을 위원장으로 하는 '헌법문제조사위원회'를 설치한 다음 헌법문제의 조사에 착수하였다.[21]

위 위원회는 위원장, 위원, 고문 전원이 출석하는 '총회'와 위원장과 관계위원이 출석하여 여는 '조사회'가 있었는데, 1945. 10. 27. 제1회 총회부터 1946. 2. 2. 제7회 총회까지 대략 3개월반 정도 사이에 7회의 총회와 15회의 조사회를 개최하여 헌법문제를 조사하였다. 행정소송법제가 다루어진 심의내용을 개략적으로 정리하면 다음과 같다.

나. 행정소송법제에 관한 심의내용

(1) 제1회 조사회(1945. 10. 30)

제1회 총회에서는 각 위원으로부터 개정의 요부에 관한 개개의 의견이 나왔고, 그것을 정리하여 「문제가 되어야 할 사항」(問題トナルベキ

---

21) 위 경위에 관해서는 高地茂世 外 3人, 「戰後の司法制度改革」, 145~146頁 참조.

事項)이라는 문서로 정리되었다.[22] 그중 메이지헌법 제61조 문제에 대해서는 "행정재판소를 폐지하고 사법재판소만으로 하는 논의가 있을 수 있다."라고 행정재판소에 관한 규정이 거론되었다.[23]

(2) 제4회 조사회(1945. 11. 19)

메이지헌법 제61조에 대하여, "행정재판소의 문제에 대한 미영계와 대륙계의 사고방식에 차이가 있다. 미영계는 사법재판소에서 통치되고, 영역별로 설치되는 독불계의 법률사상이 있다. 이 양자의 입법례를 잘 조사할 것이 요구된다."라고 비교법적인 조사의 필요성이 인정되었다.

(3) 제4회 총회(1945. 11. 24)

제4회 총회에서는 메이지헌법 제61조에 대하여 다음과 같은 의제를 가지고 본격적인 논의가 이루어졌다.[24]

행정재판소를 폐지한다. 행정관청의 위법처분에 의하여 권리가 침해되었다는 소송은 사법재판소의 관할에 속하는 것으로 한다.

(시안1) 행정관청의 위법처분에 의하여 권리가 침해되었다는 소송은 법률이 정하는 바에 의하여 사법재판소의 관할에 속한다.

(시안2) 행정관청의 위법처분에 의하여 권리가 침해되었다는 소송은 법률이 정하는 바에 의하여 사법재판소에 출소할 수 있다.

---

22) 위 문서는 1945. 11. 2. 제2회 조사회에 배포되었다(高柳信一, "戰後初期の行政訴訟法制改革論", 9頁).
23) 高地茂世 外 3人, 「戰後の司法制度改革」, 147頁.
24) 아래의 의안은 高柳信一, "戰後初期の行政訴訟法制改革論", 9頁. 아울러 高地茂世 外 3人, 「戰後の司法制度改革」, 147~148頁 참조.

행정재판소의 폐지론자는 ① 재판소의 이원적 분립에 의하여 소극적인 권한쟁의가 빈발하고, 국민의 재판을 받을 권리가 손상될 우려가 있다는 점, ② 행정재판소는 인사가 정체되어 우수한 인재를 얻기 어렵다는 점, ③ 행정재판소가 사무정체로 인하여 소송이 지연되었다는 점, ④ 사법은 민사재판과 형사재판에 한정되는 것이 아니라는 점 등을 논거로 들었다. 한편, 존치론자는 ① 만일 행정재판소가 실적을 제대로 올리지 못했다면 그 조직이나 사람을 바꾸면 될 것이라는 점, ② 공법과 사법이 구별되는 이상 공법에 정통한 사람이 공법에 관한 재판을 맡아야 한다는 점, ③ 삼권분립의 원칙상 사법권을 행정권의 우위에 두는 것은 불가하다는 점 등을 논거로 들었다.

폐지론자와 존치론자 사이에 행정재판제도를 단심제에서 2심제로 고쳐야 한다는 점에 대해서는 견해가 일치하였고, 양 견해의 절충으로 사법재판소에 행정부를 설치하는 방안도 제안되었다.

(4) 제7회 조사회(1945. 12. 24)

제7회 조사회에서는 각 위원들이 제출한 조문형식의 시안을 기초로 '총회의 의사진보를 도모하기 위하여' 및 '미리 중요한 문제의 소재를 명확하게 해두기 위하여' 소위원회가 개최되었다. 여기에서는 위원들이 모두 행정재판소 폐지설을 취하였고, 헌법을 개정할 경우 그 문구를 어떻게 할 것인지에 대해서만 의견이 나뉘었을 뿐이었다. 소위원회는 스스로 내린 결론을 다음과 같이 명확하게 남겨놓았다.[25]

> 행정재판소 폐지론이 조사회의 다수의 의향이지만, 요컨대 사법재판소에 합병하더라도 결과가 매우 다르다고 할 수 없고, 이론적으로도 어느 쪽으로 해야 된다고 할 수 없다. 다만 일본의 행정재판의 실정에서 보아 합병하는 편이 다소 좋다고 말하는 정도라고 하고 싶다.

---

25) 高柳信一, "戰後初期の行政訴訟法制改革論", 12頁.

(5) 제6회 총회(1945. 12. 26)

위 소위원회의 정리에 의하여 행정재판소의 폐지인가 존치인가의 문제는 그 실질에서는 최종적으로 결착되었다고 볼 수 있다. 그리하여 제6회 총회에서는 "제61조 행정재판소 폐지는 대체로 이의가 없다."라고 간단히 결론이 나왔다. 이제 특별재판소의 폐지를 포함시킬 것인지, 행정사건의 호칭을 민사·형사와 같이 '행정사(行政事)'라고 하여야 할지 등과 같은 헌법문안의 형식과 표현 등의 문제만 남게 되었다.

(6) 헌법개정요강{마츠모토(松本)초안 갑안}(1946. 2. 8)

헌법문제조사위원회는 헌법개정 요부의 조사결과 행정사건소송의 재판기관에 관하여 종래의 행정형을 사법형으로 전환한다는 원칙을 정하고, 위 위원회가 1946. 2. 8.에 연합국총사령부에 다음과 같은 헌법개정요강을 제출하였다.[26]

> **[헌법개정요강{마츠모토(松本)초안} (갑안)]**
> 제5 사법 27 행정사건에 관한 소송은 별도로 법률이 정하는 바에 의하여 사법재판소의 관할에 속하는 것으로 할 것(제61조 관련)

3. 행정재판소 존치론과 그에 관한 논란

이상에서 살펴본 것처럼 종전 직후 일본 법조의 주류적 견해는 메이지헌법 제61조에 의한 행정재판소제도를 폐지하고 사법국가로의 전환을

---

26) 高地茂世 外 3人, 「戰後の司法制度改革」, 149頁.

추진하는 것이었으며, 그 결과 헌법문제조사위원회도 행정사건에 관한 소송을 사법재판소의 관할로 하는 헌법개정요강을 마련하였다.

그러나 '노무라(野村)의견서'와 '엔도(遠藤)의견서'의 내용과 같이 행정재판소를 존치하고 그 제도를 개선하자는 소수의견도 있었다. 헌법문제조사위원회의 노무라(野村)고문은 위 위원회의 의견이 행정재판소 폐지론으로 기울자 1946. 2. 2. 그에 반대하는 「헌법개정에 관한 의견서」를 제출하였다. 아울러 엔도 겐로쿠(遠藤源六) 행정재판소 장관도 1946. 2. 15. 헌법문제조사위원회에 「헌법개정에 따른 행정재판을 사법재판소의 관할에 속하게 하는 것의 당부에 대하여」라는 의견서를 제출하였다. 물론 위 의견들이 헌법문제조사위원회의 주류적 견해를 바꾸는데 거의 영향을 미치지는 못하였지만, 그 논의과정에서 당시의 인식을 명확하게 엿볼 수 있으므로, 이를 검토할 만한 가치가 있다.

노무라(野村)의견서에서 제시하는 행정재판소 존치론의 논거는 사실인식에 관한 것과 이론적인 것으로 나누어 볼 수 있다.[27]

먼저 사실인식에 관한 것을 살펴본다. 당시의 행정재판소 폐지론자들은 행정재판소의 결함으로, ① 소송의 지연, ② 일심·종심제, ③ 평정관으로 적합한 사람을 구하기 어려운 점 등을 들고 있었다. 이에 대한 노무라(野村)의견서의 반론은 위와 같은 결함은 행정재판소를 개선하면 될 일이지 폐지하여야 할 논거는 아니라는 것이다.

다음으로 노무라(野村)의견서의 이론적인 논거는 다음과 같다.

① 삼권분립주의론: 일본과 같은 대륙법계 헌법은 삼권분립주의를 채택하고 있는데, 사법형은 위 원칙에 위배되므로 허용될 수 없다.

② 공권력 주체의 특별한 보호: 공법·사법을 구별하고 있는 일본의 법제에서는 국가와 사인이 대등한 지위에서 거래를 하는 경우는 별론으로 하더라도 국가가 공권력을 행사하는 지위에 선 경우에

---

27) 노무라(野村)의견서의 논거의 자세한 사항은 高柳信一, "戰後初期の行政訴訟法制改革論", 16頁 이하 참조.

는 국가에게 '특별한 보호'를 주어야 한다. 국가는 공익을 옹호하기 때문에 국가에 대한 특별한 보호의 필요성을 인정하지 않을 수 없고, 그 일환으로 행정관청의 일종인 행정재판소로 하여금 행정사건을 재판하게 하는 것이 합리적이다.

③ 행정권의 권위와 신용: 사법형을 취하고 소원전치주의를 채택한다면, 처분에 불복하여 지방상급행정청인 부현지사에 소원하였는데 사법재판소가 부현지사의 재결을 취소·변경하게 될 경우가 생길 수 있다. 그것은 사법권이 부현지사에 대한 감독행위를 한 것이 되고, 그렇게 된다면 중앙행정관청 및 지방행정관청의 권위에 손상이 가서 국민의 신뢰를 잃게 될 것이다.

④ 행정재판소 판결에서 법판단적 작용과 하명적 작용: 행정재판은 단순히 행정처분이 법규에 위반하거나 적합한지 여부를 확인하는 것에 그치는 것이 아니라, 그 확인에 기하여 처분을 취소하거나 그 처분을 변경할 수도 있는데, 이는 순수한 사법작용이 아니라 행정상의 문제이고, 그 처분이 행정청의 자유재량에 맡겨져 있는 경우에는 더욱 그렇다. 따라서 이러한 작용은 행정관청의 일종인 행정재판소로 하여금 이를 행하게 하는 것이 당연하다.

⑤ 재판관의 자격: 일본의 재판관은 영미와 달리 '일반사회에서 격리된' 순수한 사법관료로서 이들에게 행정사건을 맡길 수는 없다.

'엔도(遠藤)의견서'도 '노무라(野村)의견서'와 같이 행정재판소와 관련된 구체적인 제도상 및 운용상의 문제점과 행정형과 사법형에 관한 이론상의 문제점으로 나누어 고찰할 수 있다.[28]

우선 구체적인 제도상 및 운용상의 문제점으로서 일반적으로 지적되는 ⓐ 일심·종심제, ⓑ 소송사항의 제한, ⓒ 소송의 지연, ⓓ 낮은 원고 승소율 등에 대하여, ⓐ 및 ⓑ는 사법형을 채택하더라도 나타날 수 있는

---

28) 엔도(遠藤)의견서의 논거의 자세한 사항은 高柳信一, "戰後初期の行政訴訟法制改革論", 20頁 이하 참조.

문제로서 행정형을 유지할 것인지 여부와 관계가 없고, ⓒ와 ⓓ도 사법재판소가 행정재판을 하더라도 나타날 수 있는 것이라고 반박하였다.

다음으로, 이론적인 근거로서는 다음과 같은 점들이 거론되었다.

① **공익실현을 위한 활발하고 자유로운 행정의 보장**: 공익실현을 위한 국권발동의 중추를 담당하는 행정청에게 사법권의 제어 없이 활발하고 자유로운 운영을 하게 할 필요가 있으므로, 행정형 재판제도를 채택할 수밖에 없다는 것이다.

② **행정작용의 법률적합성에 대한 개연성**: 행정청은 본래 합법·적정한 처분을 하기 위하여 노력하기 때문에 위법한 처분이 거의 존재하기 어려우므로, 행정소송을 제기할 여지가 거의 없다는 것이다.

③ **삼권분립주의론**: 메이지헌법의 기초를 설명하는 '헌법의해(憲法義解)' 이래의 유사한 논리이다.

④ **재판소 인사구성상의 문제**: 사법형을 채택하여 행정사건을 민사소송과 구별하지 않고 재판소에 재판을 하게 하면 사법적 이해에 따라 행정법규를 해석하고 적용하는 경향이 생겨서 행정의 공익적 목적을 실현하는 데에 소홀할 것이다. 이를 타개하기 위하여 재판소 내에 행정부를 설치하고 행정관 출신 재판관을 배치하려고 하는 구상을 할 것이나, 재판관이 되려는 유능한 행정관을 확보하기 어려울 것이다. 따라서 행정관 출신자와 사법관 출신자로 구성하는 행정재판소가 공법의 목적과 사법적 이론을 조화하여 법령을 해석하고 행정상 지식과 재판상의 기교를 함께 활용하여 판단할 수 있고, 일본의 실정에 비추어 우수한 재판관을 얻을 수도 있다.

⑤ **재판관의 자질**: 구미선진국의 재판관은 행정소송을 취급하더라도 별다른 어려움이 없을 정도로 인민의 수준이 높고 관민의 학술기능도 진보하였으며 전문가들도 한 분야에만 치우치지 않고 폭넓은 지식을 가지고 있지만, 일본은 그렇지 않기 때문에 사법형은 실정에 맞지 않는다.

⑥ 행정감독기관성 및 직권주의: 행정재판소는 한편으로는 행정청에 대한 법률적인 감독을 행하고, 다른 한편으로는 소송절차에 얽매이지 않고 원고를 위하여 편의를 도모하기도 하는 행정재판의 특성에 적합하다.

위와 같은 행정재판소 존치론의 이론적 근거 중에 하나인 삼권분립론은 헌법의해 이래 주장되어 온 것을 반복하는 것이다. 그러나 이미 메이지헌법 하에서도, 프랑스가 행정재판소제도를 채택한 실질적인 이유는 권력분립주의가 아니고 행정권과 사법권의 반목에서 기인한 것인 반면, 일본은 그러한 역사가 없고 사법권의 세력이 크지 않아 행정권을 위협할 수 없기 때문에, 행정재판소를 설치하여야 하는 논거가 될 수 없다는 비판을 받았었다.

다음으로, 공권력 주체는 특별한 보호를 받아야 한다거나 활발하고 자유로운 행정이 보장되어야 하고 행정재판소가 이를 담보하는 제도라는 논거에 대해서는, 종전 직후 민주화 요구에 의한 사법개혁을 추구하는 당시로서는 오히려 그렇기 때문에 개혁의 대상이 되어야 하는 것으로 인식되었다.

마지막으로 사회로부터 격리되고 좁은 전문분야의 틀에 갇혀 있는 일본의 관료제 재판관제도 아래 사법형은 무리라는 취지의 '행정재판에 적합한 인적 자원'에 관한 논거에 대해서는, 이는 실시해보기 전에는 알 수 없는 것으로서 행정재판소의 존폐문제의 관건이 되는 것은 아니라고 반박되었다.

결국 전전의 행정재판소가 실제로 적극적인 역할을 다해왔는지, 만일 소극적으로 평가된다면 그것을 극복하기 위해서는 어느 정도의 노력이 필요한지에 대한 평가가 중요한 것이었다.[29] 그런데, 헌법문제조사위원

---

29) 미야자와 토시요시(宮澤俊義) 교수는 메이지시대에 이미 '행정형'과 '사법형'은 어느 쪽이 우월하다고 할 수 없고, 한 나라가 '행정형'과 '사법형'을 채택하는 것은 그 국가의 역사적 사정들이 중요하다고 강조하였다(宮澤俊義, 「行政爭訟法」, 103頁).

회가 위와 같은 행정재판소 존치론에 별다른 영향을 받지 않고 사법형
으로 전환하는데 주저하지 않은 이유는, 위원의 다수가 권리의 재판적
보호에 관한 행정재판소의 실적에 실망하였고 그 결함들을 행정형이라
는 틀 내에서 극복하기 어려울 것이라고 판단하였기 때문일 것이다.[30]

4. 맥아더헌법초안과 일본국헌법 제76조의 성립

헌법문제조사위원회가 위와 같이 헌법개정에 관한 논의를 진행하던
중인 1946. 1. 17. 연합국의 정책결정기관인 극동위원회 방일사절단이 천
황의 처형을 포함한 강경한 입장을 전달하고, 같은 해 2. 1. 매일신문에
일본정부의 제국헌법개정안이 특종되었다. 이러한 상황에서 연합국군
총사령부는 일본정부의 헌법개정안이 미흡하다고 보고 직접 헌법초안을
작성하기로 하였다. 맥아더 원수는 같은 해 2. 3. 연합국군 총사령부 민
정국[31]에게 이른바 「헌법기초에 관한 맥아더 노트」를 제시하고, 이에
따라 위 민정국은 같은 해 2. 4.부터 10. 사이에 「연합국군 총사령부 헌
법초안」을 작성하고, 같은 해 2. 13. 일본정부가 다시 제출한 「헌법개정
요강안(마츠모토(松本)초안 을안)」[32]을 거부하고 위 헌법초안을 넘겨주
기에 이른다.[33]

---

30) 高柳信一, "戰後初期の行政訴訟法制改革論", 25頁 참조.
31) 연합국군 총사령부 민정국은 점령초기에 공직추방, 재벌해체, 농지해방 등 일본민주
    화 3대개혁을 실제로 담당하였을 뿐만 아니라 헌법개정을 비롯한 법제·사법제도의
    개혁을 담당하였는데, 국회개혁, 선거제도개혁, 경찰개혁, 지방분권개혁 등 전면적인
    개혁을 실시한 중추기관이었다.
32) 사법개혁에 대해서는 메이지헌법 제61조를 삭제하고, 그 대신 제5장 사법 제57조 제2
    항에서 "행정사건에 관한 소송은 별도로 법률에 정하는 바에 의하여 재판소의 관할에
    속한다."라고만 규정하여 갑안과 별 차이가 없었다.
33) 위와 같은 경위는 高地茂世 外 3人, 「戰後の司法制度改革」, 149~150頁 참조.

> **맥아더헌법초안(1946. 2. 12) 제68조**[34] ① 강력하게 독립한 사법권은 권리의 보루
> 이므로, 모든 사법권은 최고재판소 및 국회가 시의에 따라 설치하는 하급재판소에
> 속한다.
> ② 특별재판소를 설치하는 것은 안 되고, 행정기관에 종국적 사법권을 부여하여
> 서는 안 된다.
> ③ 모든 재판관은 그 양심에 따라 독립하여 그 직권을 행사하고, 이 헌법 및 이
> 헌법에 따라 제정된 법률에만 구속된다.

위 「맥아더 헌법초안」을 넘겨받은 일본정부는 같은 해 3. 6. 위 헌법
초안에 기하여 다음과 같은 헌법개정초안요강을 만들었고, 연합국군 총
사령부와의 절충을 거친 후 같은 해 4. 17. 헌법개정초안을 작성하였
다.[35]

> **헌법개정초안 제6장 사법 제72조** ① 사법권은 모두 최고재판소 및 법률에 정한 바
> 에 의하여 설치한 하급재판소가 이를 행한다.
> ② 특별재판소는 이를 설치할 수 없다. 행정기관은 종심으로서 재판을 행할 수 없다.
> ③ 모든 재판관은 그 양심에 따라 독립하여 그 직권을 행사하고, 이 헌법 및 법률
> 에만 구속된다.

그 후 헌법개정초안 제72조는 일본국헌법 제76조가 되고, 제1항이 "모
든 사법권은 최고재판소 및 법률이 정한 바에 의하여 설치하는 하급재
판소에 속한다."라고 자구만 수정되었다.

사실 사법국가제도를 채택하는 것만이 전전의 행정소송제도를 개혁하
는 유일한 길이었던 것은 아니었다. 행정재판소의 존재로 대표되는 행정

---

34) 高地茂世 外 3人, 「戰後の司法制度改革」, 153頁.
35) 高地茂世 外 3人, 「戰後の司法制度改革」, 154頁.

국가제가 반드시 비민주적인 전제정치와 연결되는 것은 아니기 때문이다. 독일의 경우에도 연합국의 점령 하에서 행정소송의 개혁이 이루어졌지만 기존의 행정소송제도의 틀을 유지하였다는 점만 보더라도 그렇다. 그런데, 일본에서는 전후의 행정소송의 개혁이 점령국인 미국의 지시를 따랐다는 것이 가장 큰 원인이기는 하였지만, 일본의 법조 스스로도 행정국가제도를 폐기하는 것이 바람직하다고 인식하고 있었다. 이렇게 쉽게 행정국가제의 폐지에 동의하게 된 이유는 ① 경찰국가체제인 메이지 헌법체제를 부정하는 근본적인 민주화가 필요하였고 민주국가에서는 당연히 사법부에서 재판을 행한다는 인식이 있었으며, ② 재판적 보호기관으로서 행정재판소의 활동에 대하여 불신이 팽배해 있었기 때문이라고 분석된다.36)

Ⅲ. 행정사건소송특례법의 제정

1. 민사소송법의 응급적 조치에 관한 법률

가. 헌법개정초안요강 이후의 논의상황

위와 같이 '맥아더 헌법초안'을 넘겨받은 일본정부는 1946. 3. 6.에 작성한 헌법개정초안요강에 따라 사법국가제라는 방향을 제시하였고, 그에 따라 행정소송법제의 개혁문제는 새로운 국면에 진입하게 되었다. 사법성은 1946. 6.경 「헌법개정에 따라 사법제도에 대하여 고려하여야 할 사항」을 협의하기 위하여 임시사법제도개정준비협의회를 설치하였다.37)

---

36) 이에 관한 자세한 내용은, 高柳信一, "行政國家制より司法國家制へ", 2197~2199頁 참조.
37) 高柳信一, "戰後初期の行政訴訟法制改革論", 30頁.

그 후 1946. 7. 3. 내각총리대신의 자문에 따라 헌법개정에 의한 제반 법제의 정비에 관한 중요사항을 조사·심의하기 위하여 임시법제조사회가 설치되고, 같은 달 9. 사법대신의 자문에 따라 헌법개정에 의한 사법관계 법제들의 개정에 관한 중요사항을 심의를 하기 위하여 사법법제심의회가 설치되었는데, 사법법제심의회는 임시법제조사회의 제3부회로서 활동하게 되었다. 사법법제심의회는 3개의 소위원회를 설치하여 작업을 개시하였다. 그런데, 행정소송법에 관한 사항은 재판소구성법, 검찰청법, 판사탄핵법 등에 관한 사항과 함께 제1소위원회에 심의가 맡겨졌다.[38]

위 기관들에서의 행정소송법제의 개혁론의 중에서, 이미 헌법이 개정됨에 따라 행정재판소의 폐지가 예정되어 있었기 때문에 행정소송도 재판소의 관할에 속한다는 점에 관해서는 의견이 일치할 수밖에 없었다. 다만 행정소송을 하기 위한 재판소의 구체적인 구성이나 심급제도, 나아가 절차나 판결의 효과 등에 관하여 대략 두 가지 흐름이 있었다. 사법성을 비롯한 재판소, 변호사회 등은 재판소가 행정소송도 민사소송법에 따라 재판을 하고 특별한 취급을 최소한으로 하려는 입장을 취하였다. 반면에 행정법학자나 행정재판소 등은 행정소송의 특수성을 인정하고 민사소송과 다른 취급을 구하는 입장이었다.

나. 임시사법제도개정준비협의회에서의 논의

앞서 본 것처럼 임시사법제도개정준비협의회는 사법제도의 본격적인 심의를 준비하기 위하여 사법성이 마련한 모임이었고 제1회 회의는 1946. 6. 13.이었다. 위 준비협의회는 사법성의 각 국, 재경 각 재판소·검사국, 행정재판소, 재경 각 변호사회 소속자 중에서 임명된 위원에 의하여 구성되었고, 이들 기관, 부서, 단체가 신헌법 하에서 사법제도가 있어

---

38) 高柳信一, "行政訴訟法制の改革", 戰後改革4·司法改革, 東大社硏編, 1975., 292~293頁.

야 할 모습에 대한 구상을 각각 제출하고 논의하였다. 아래에서는 사법 성 민사국·재판소 등의 안과 행정재판소의 안을 중심으로 ① 재판관할· 심급제도, ② 행정소송부 설치 요부, ③ 심리절차, ④ 소원과의 관계, ④ 행정소송에 관한 재판관 자격 등을 간략히 살펴보기로 한다.

우선 사법성 민사국의 「신헌법 하에서 재판소구성법의 요강시안」과 「별안」, 동경민사재판소의 「신헌법 하에서 사법제도요강안」, 변호사회 의 「의견」 등은 다음과 같다.[39]

① 재판관할·심급제도: 행정사건은 통상의 민사사건과 같은 심급으로 하는 것이 일반적인 사고였다. 다만 민사국안과 대심원안은 행정 사건의 심급을 2심제로 하되 항소원을 제1심, 대심원을 제2심으로 하는 제안을 하고 있다.

② 행정소송부 설치 요부: 대심원안은 제1심인 항소원과 제2심인 대 심원에 모두 행정부를 설치하자고 제안하였고, 민사국안은 대심원 을 민사·형사·행정소송부로 나누기로 하였으며, 민사국 별안은 거 꾸로 대도시의 지방재판소에 민사부·형사부·행정사건부를 설치하 자고 제안하였다. 그 밖의 다른 안들에서는 행정소송부를 별도로 설치하자는 의견은 없었다.

③ 심리절차: 각 제안들은 열기주의를 당연히 폐지하고 민사소송절차 에 의한 심리를 전제로 하고 있었기 때문인지 이에 대한 아무런 언 급이 없었다. 다만 민사국 본안과 별안은 이를 특별히 언급하였다.

④ 소원과의 관계: 민사국 별안과 동경항소원안은 소원전치주의를 폐 지하자고 제안하였다(다만 후자는 소원을 인정한다면 그 최종심은 통상재판소여야 한다고 하였다).

⑤ 행정소송의 재판관 자격: 변호사회안은 재판관의 자격요건에 행정 관의 경험이 있다는 것을 추가할 필요가 없다는 뜻을 명확히 하였

---

39) 아래의 제안들의 내용에 관한 자세한 사항은 高柳信一, "戰後初期の行政訴訟法制 改革論", 30頁 이하 참조.

다. 다른 안들에서는 이에 관한 특별한 언급이 없었다.

이에 맞서서 행정재판소는 행정재판제도에 관하여 「신헌법 아래에서
행정재판제도의 요강」(新憲法ノ下ニ於ケル行政裁判制度ノ要綱)을 제
출하였는데,40) 여기에서의 구상은 사법성이나 재판소의 견해와는 매우
달랐다. 먼저 행정사건을 심리하는 재판소는 고등행정재판소 및 보통행
정재판소라는 독자적인 2심급의 재판소 계열을 만들고, 전자를 동경에
1개소, 후자는 각 지방재판소 소재지에 1개씩 설치하자는 것이었다. 중
앙행정관청의 행정처분에 대해서는 고등행정재판소에 소를 제기하고,
그밖의 행정처분에 대해서는 보통행정재판소에 소를 제기한 다음 불복
이 있는 경우 고등행정재판소에 항소를 제기하는 것으로 되었다. 최고재
판소는 법률, 명령, 규칙 또는 처분의 헌법적합성의 심사 및 '정치, 외교
그밖의 중대한 사건'의 재판만 관할하므로, 행정사건도 그 범위에서 최
고재판소에 상고하게 하자는 것이다.41)

한편, 행정재판소의 재판관은 통상재판소와 완전히 다른 자격요건을
정하고 행정관의 경력이 있는 사람을 일부 포함시키도록 하였다.42) 또
한 재판부의 구성에 대해서도 행정관 출신 재판관이 과반수를 점하도록
설계하여, 5인의 재판관으로 구성되는 고등행정재판소의 재판부는 3인
을 행정관 출신으로 하고, 3인의 재판관으로 구성되는 보통행정재판소
의 재판부는 2인을 행정관 출신으로 하도록 하였다.

이러한 행정재판소의 견해에 대하여 사법성 민사국은 1946. 6. 24. 그

---

40) 이에 관한 자세한 사항은 高柳信一, "戰後初期の行政訴訟法制改革論", 32頁 이하
참조.
41) 이러한 전문법원제도는 아이러니컬하게도 오늘날 우리나라에서 실현되고 있다.
42) 고등행정재판소 재판관의 자격요건은 '3년 이상 행정재판소 평정관의 직에 있었던
자, 7년 이상 고등행정관, 판사, 대학교수의 직에 있었던 자 또는 7년 이상 변호사로
서 실무에 종사하는 자'로 하고, 보통행정재판소 재판관의 자격요건은 '3년 이상 고
등행정관, 판사, 대학교수의 직에 있었던 자 또는 3년 이상 변호사로서 실무에 종사
하는 자'로 하였다.

반론으로 「행정재판소의 시안에 대한 의견」을 제출하였다. 위 의견서에서, ① 독립·공평의 관점에서 사법재판소가 행정재판소보다 우월하다는 점, ② 재판소의 분립은 국민에게 재판소를 선택할 책무를 부담하게 하므로, 일원적 사법제도가 국민의 권리에 더 적합하다는 점, ③ 행정재판은 종래의 행정방식을 고치고 민주적인 행정을 수립하게 하는 것도 중요한 기능인데, 사법재판소가 이를 다루는 것이 더 적합하고 그에 맞는 우수한 재판관을 확보하는데 유리하다는 점 등을 논거로, 개정헌법 하에서 행정재판소를 설치하는 것은 타당하지 않고 사법재판소에서 행정소송을 다루어야 할 것이라고 반박하였다.[43]

그 다음날인 1946. 6. 25.에 열린 제4회 준비협의회 회의에서는 행정재판소 평정관인 시로가네(白銀)위원이 ① 고등행정재판소 및 보통행정재판소는 특별재판소가 아니고 사법재판소의 하나인데 특별한 명칭을 붙인 것에 불과하고, 고등행정재판소를 동경 1개만 설치하는 것은 재판의 통일성을 위한 것이라는 점, ② 행정재판은 개인의 권리도 중요하지만 공익도 적절히 고려되어야 한다는 점, ③ 행정재판의 공익성의 관점에서 특별히 행정경험이 있는 사람이 재판관이 되어야 한다는 점 등을 들어 사법성 민사국의 비판에 대하여 다시 반박하였다.[44]

이상에서 살펴본 것처럼, 사법성 민사국·재판소·변호사회 등은 헌법개정초안의 사법에 관한 규정을 사법형으로의 전환을 요구하는 것으로 받아들이고, 이를 실현하는 제도를 구상한 것이라고 평가할 수 있다. 이에 반하여 행정재판소는 행정재판의 공익성이라는 특수성을 강조하고, '특별히 행정경험이 있는 사람'으로 구성되는 특별한 재판기관을 마련하는 것이 필요하다는 취지였다.

---

43) 이에 관한 자세한 사항은 高柳信一, "戰後初期の行政訴訟法制改革論", 33頁 참조.
44) 이에 관한 자세한 사항은 高柳信一, "戰後初期の行政訴訟法制改革論", 34頁 참조.

다. 임시법제조사위원회·사법법제심의회에서의 논의

(1) 심의의 개략적인 경위

위 임시사법제도개정준비협의회는 신헌법 하에서 사법제도의 개혁방향을 모색하는 자리였기 때문에 실질적인 논의는 이루어지지 않았고, 그것은 임시법제조사위원회·사법법제심의회에 넘겨지게 되었는데, 행정소송법제는 사법법제심의회에서 주로 논의되었다. 그 제1소위원회는 1946. 7. 12. 제1회 모임을 가진 이래 재판소구성법과 검찰청법을 먼저 심의하였다.

그리하여 행정소송법제에 대한 실질적인 심의는 1946. 7. 26. 제7회 제1소위원회부터 시작되었는데, 주로 ① 행정재판소가 제출한 「행정소송에 대하여 고려하여야 할 요강」(行政訴訟二付考慮スベキ要綱)에 대한 논의와 ② 위 소위원회에서 지명된 기초위원이 제작한 <제1차> 행정소송법요강(1946. 8. 2) 등에 대한 심의가 이루어졌다.

(2) 행정재판소가 제출한 '행정소송에 대하여 고려하여야 할 요강'에 대한 논의

[행정소송에 대하여 고려하여야 할 요강](행정재판소 제출)[45]

제1 행정소송사항의 범위

 1. 항고소송: 법령 또는 행정청의 처분에 의하여 위법하게 권리를 훼손당하였다고 하는 자는 행정소송을 제기할 수 있다는 것을 취하는 것
   예외: 특별한 법률의 규정에 의하여 다른 행정청의 심사에 맡겨진 경우를 예외적으로 고려하는 것, 이 경우 종국적으로는 사법재판소의 판단경로를 배척하는 것
 2. 당사자소송: 공법상 권리 또는 의무에 관하여 국가, 공공단체 또는 사인 상호간

---

45) 高柳信一, "行政訴訟法制の改革", 294~296頁.

에 다툼이 있는 때에는 그 일방은 다른 쪽을 상대방으로 하여 행정소송을 제기
할 수 있는 것. 다만 사인 간에는 일방이 행정상의 권리를 부여받은 경우를 말
한다.

【비고】 민사소송의 재판이 행정법규 또는 행정행위의 효력 유무를 선결문제로 하
는 경우에 대해서는 민사재판소는 신청에 의하거나 직권으로 소송절차를 중지시키
고 행정재판소에 이송할 수 있다는 것을 취하는 것

제2 재판소의 구성

1. 하급재판소로서 행정사건을 심리하는 사법재판소를 아래와 같이 두 가지로 하는 것
   (1) 행정고등재판소
   (2) 행정지방재판소

2. 행정고등재판소는 동경에 한 개소를 설치하고 행정의 종류에 대응하여 수개의
   부를 설치하여 각 부는 3인의 재판관을 배치하는 것

   행정지방재판소는 각 도도부현에 1개소 정도 설치하고 1개 또는 수개의 부를
   두어 각부 3인의 재판관으로 조직하는 것

   행정고등재판소에 대해서는 순회재판제도를 고려하는 것

3. 재판관의 자격: 행정사건을 심판하는 재판관 중에는 상당 연수 이상 고등행정관
   의 직에 있었던 자를 더하는 것

4. 관할
   (1) 행정지방재판소에 항고소송 및 당사자소송에 대하여 제1심으로서 재판권을
       가지는 것을 취하는 것
   (2) 행정고등재판소는 전항의 사건에 대하여 행정지방재판소의 재판에 대한 항
       소에 대하여 재판권을 가지는 것을 취하는 것

5. 소원: 하급행정청의 처분에 대해서는 먼저 직접 감독청에 소원에 기한 재결에
   불복하는 경우에 한하여 행정소송을 제기하는 것으로 할 것인지 아닌지는 각 법
   률에 정하는 바에 의하도록 하는 것

   법률에 별도의 규정이 없는 때에는 당해처분에 대하여 직접 행정소송을 제기할
   수 있도록 하는 것

제3 행정소송절차 행정소송에 관하여 특별한 절차를 제정하는 것

【비고】 특히 다음의 사항에 관하여 특별한 절차를 제정하는 것 1. 출소기간, 2. 소
송참가, 3. 서면심리, 4. 공익변호위원, 5. 판결의 효력, 6. 집행정지, 7. 소
송비용, 8. 소송대리, 9. 처분의 취소와 손해배상

위에서 본 행정재판소가 제출한 「행정소송에 대하여 고려하여야 할 요강」에 대한 심의는 제7회 소위원회(1946. 7. 26) 및 제8회 소위원회(1946. 7. 31)에서 행해졌고, 그 심의의 경위와 결과는 다음과 같다.[46]

(가) 행정재판소의 별도설치 여부

먼저, 사법재판소라고 하면서 행정재판소라는 명칭을 사용한다면 특별재판소라고 오해될 우려가 있고, 특별한 재판소를 설치하고 특별한 재판관 자격을 정하는 것은 헌법위반이라고 위 요강을 비판하였다. 이에 대하여 행정재판소의 위원은 일반사건과 행정사건이 구별되는 이상 재판기관이 별도로 설치되는 것은 당연하고 영미에서도 보통의 사건과 행정사건의 취급을 달리하는 추세라고 반박하였다. 한편, 사건의 특수성이 재판기관의 구별로 직결되는 것은 아니지만 미국에서 행정위원회라는 전심절차를 창안한 점을 고려하여 사법재판소 내에 행정부를 설치하자는 보충의견도 있었다.

다음으로, 국민이 소를 제기할 때 부담이 되고 재판소 내에서도 관할위반에 대한 다툼이 생길 여지가 있고, 민사사건인지 행정사건인지 구별이 곤란하여 심리절차·조직 양면에서 특별한 재판소를 설치하는 것은 불편하다고 비판하였다. 이에 대해서는 행정재판소도 사법재판소이므로 권한쟁의는 있을 수 없고 관할이 다른 경우에는 재판소 사이의 이송으로 해결하면 된다고 반론을 제기하였다.

이상과 같은 논의 끝에 고등·보통 행정재판소를 설치하는 취지의 행정재판소가 제출한 원안은 부결되어 별도의 재판기관을 설치하지 않는 것으로 결정되었다.

---

46) 이에 관한 상세한 내용은 高柳信一, "行政訴訟法制の改革", 296頁 이하 참조.

(나) 행정부의 설치 여부

위와 같은 행정재판소 별도설치안이 부결된 후 행정부 설치의 가부문제가 독립적인 쟁점이 되었다. 재판소 내에 행정부가 별도로 설치된다면, 행정부와 민사부 사이에는 ① 사무분담의 문제인지, ② 행정부 재판관의 요건을 달리 정할 것인지가 문제가 되었는데, 논의 끝에 행정부를 설치하는 것이 필요하다고 결정하였다.

(다) 행정부 재판관의 자격

<제3차> 「재판소법안요강(안)」(1946. 8. 7) 중에는 10년 이상 1급 또는 2급 행정관의 직에 있었던 자는 재판관으로 임용될 수 있고 행정소송에서 그것이 필요하며 그 인원수는 법률로 정한다고 제안되어 있었다. 위 제안에 대하여 1946. 8. 8. 제12회 제1소위원회에서 심의한 결과 행정부 재판관의 자격에 행정관의 직에 있었던 자를 포함시킬 수 있다고 하였다.

(라) 행정소송사항

원안은 소송사항의 제한을 인정하지 않는 취지로 해석되지만, 표현은 반드시 명확하지는 않았다.

(마) 소원과 소송의 관계

임의적 전치주의로 해석되기는 하였지만 반드시 명확한 것은 아니었는데, 심의결과 일체를 기안자에게 일임하고 성안을 기다려서 심의하기로 하였다.

(바) 소송절차

행정소송절차를 민사소송법과의 관계에서 어떻게 설정할 것인지의 문제는 단순히 규정방식에 관한 것만은 아니었고 일본국헌법 하에서 행정소송을 어떻게 이해할 것인가와도 관련된 문제였다. 심의결과 민사소송법의 준용을 원칙으로 하되, 행정사건에 대한 특칙을 마련할 필요가 있다는 점에 대해서는 이견이 없었다.

(3) 행정소송의 특칙요강에 대한 심의

행정재판소가 제출한 요강에 대한 심의가 종료된 이후 기초위원으로 지명된 동경대학 교수인 타나카 지로(田中二郞) 위원과 행정재판소 평정관인 타나카 마사츠구(田中眞次) 간사가 작성한 행정소송법제에 관하여 심의가 이루어졌다. 이들은 1931년의 행정재판법 및 소원법 개정위원회의 답신(행정재판소법안) 등도 참조하여, 「행정소송에 대하여 고려하여야 할 점들」로 정리하고, <제1차> 「행정소송법안요강」, <제2차 내지 제5차> 「행정소송에 관한 특칙요강」, <제1차 내지 제6차> 「행정소송(행정사건)에 적용하는 민사소송법의 특칙에 관한 법률안」 등을 작성하였는데, 위 안들은 대동소이하였다.[47]

〈심의의 경위〉

- 1946. 8. 2. [제1차] 행정소송법안요강
- 1946. 8. 7. [제2차] 행정소송에 관한 특칙요강
- 1946. 8. 21. [제3차] 행정소송에 관한 특칙안요강
- 1946. 8. 27. [제1차] 행정소송에 적용하는 민사소송법의 특례에 관한 법률안
- 1946. 9. 1. [제2차] 위와 같은 안
- 1946. 9. 4. [제4차] 행정소송에 적용하는 민사소송법의 특례에 관한 법률안요강
- 1946. 9. 27. [제5차] 행정소송에 관한 특칙안요강(내각총리대신에게 회신)
- 1946. 10. 22. [제3차] 행정소송에 적용하는 민사소송법의 특례에 관한 법률안
- 1946. 12. 28. [제4차] 위와 같은 안
- 1947. 1. 13. [제5차] 위와 같은 안

---

47) 아래의 심의의 경위는 高地茂世 外 3人, 「戰後の司法制度改革」, 158頁.

- 1947. 2. 1. [별안] 위와 같은 안
- 1947. 2. 19. [제6차] 행정사건소송특례법안
- 1947. 5. 3. 「일본국헌법의 시행에 따른 민사소송법의 응급적 조치에 관한 법률」
  (昭和 22년 법률 제75호)

초기의 대표적인 안인 제1차 행정소송법안요강(1946. 8. 2)에 대하여 제9회 제1소위원회에서 심의가 되었고, 제2차 특칙요강(안)(1946. 8. 7)에 대해서는 사법법제심의회 제7회 총회(1946. 8. 15)에서 심의되었다.

〈제1차〉 행정소송법안요강(1946. 8. 2)[48]

1. 아래의 소송을 행정소송이라고 하고, 본 요강에 정하지 않은 한 민사소송법에 의한 것으로 할 것.
 (1) 행정청을 피고로 하여, 그 위법한 명령 또는 처분의 취소 또는 변경을 구하는 소송
 (2) 당사자 사이의 공법상 법률관계에 관한 소송
2. 소송절차에 관하여 아래의 점들에 대하여 특별한 규정을 마련할 것
 (1) 행정청을 피고로 하는 소송은 그 행정청의 소재지 재판소의 관할에 전속하는 것으로 할 것
 (2) 명령 또는 처분의 취소 또는 변경을 구하는 소송에 대해서는 출소기간을 정할 것
 (3) 소장에서 피고의 지정을 그르친 경우에도 정당한 피고에 대한 소송으로서 취급할 수 있는 것으로 할 것
 (4) 재판소는 관계관청 기타 제3자를 소송에 참가시킬 수 있는 것으로 할 것
 (5) 행정청은 그 청의 직원을 소송대리인으로 할 수 있는 것으로 할 것
 (6) 재판소는 당사자의 신청 또는 직권에 의하여 행정처분의 집행정지를 명할 수 있는 것으로 할 것
 (7) 당사자 전부의 신청이 있는 때에는 서면심리에 기하여 재판을 행할 수 있는 것으로 할 것

---

48) 高柳信一, "行政訴訟法制の改革", 302~304頁.

(8) 관계있는 관청 또는 단체는 재판소의 허가를 얻어 그 대리인으로 하여금 구두변론에 입회를 하여 의견을 진술하게 할 수 있는 것으로 할 것

(9) 인낙 및 재판상의 자백에 관한 규정은 적용하지 않는 것으로 할 것

(10) 재판소는 직권에 의하여 증거조사를 하고 당사자가 제출하지 않은 사실을 참작할 수 있는 것으로 할 것

(11) 원고의 청구가 이유 있는 경우에도 재판소는 사정에 의하여 명령 또는 처분의 취소 또는 변경에 대신하여 제해시설 또는 손실보상 그밖의 구제를 부여할 수 있는 것으로 할 것

(12) 확정판결은 관계행정청을 기속할 수 있는 것으로 할 것

3. 서류에는 민사소송용인지법의 규정에 준하여 인지를 첨용시키는 것으로 할 것

4. 법률의 규정에 의하여 소원재결을 경과한 후가 아니면 행정소송을 제기할 수 없는 경우에는 소원을 제기한 후 3개월 내에 재결이 없는 때에는 각하재결을 한 것으로 간주할 것

【비고】

(1) 특히 법률에 의하여 정한 경우를 제외하고 행정소송의 제기는 소원재결의 경료를 요하지 않는 것으로 할 것

(2) 재판소법 중 아래의 취지의 규정을 마련한다.
 - 행정소송은 지방재판소를 제1심으로 한다.
 - 다만 중앙행정청의 처분의 취소 또는 변경을 구하는 소송 또는 법률의 규정에 의하여 특히 소원재결의 경료를 요하는 것으로 정해진 소송은 고등재판소를 제1심으로 한다.

(3) 또한 소송비용에 관하여 고려할 것

위 안들은 ① 행정재판소의 실적에 대한 소극적인 평가와 신헌법의 사법국가제 원칙을 직접적으로 반영하는 법제를 실현하고자 하는 사고 아래에서, 재판소가 행정사건을 심리·판단하는 경우 민사소송절차법에 의하지 않는 최소한도만을 특칙으로 규정하려고 하였고, ② 이를 계기로 메이지헌법 하의 행정재판제도에 대하여 지적되었던 결함에 대하여 학계·실무계가 대략 합의한 것을 보완하려고 하였던 것이다. 위 안들에

대하여 민사소송법대로 처리하면 된다거나 항고소송이라고 하더라도 특칙까지 규정할 필요가 없다는 의견도 있었고, 서면심리를 인정하거나 처분권주의를 제한하고 직권심리주의를 채택한 것에 대하여 비판하거나 헌법적 관점에서 위헌론을 제기하는 의견이 있었다.49)

이렇게 약간의 의문과 비판이 제기되었지만, <제2차> 특칙요강은 1946. 8. 15. 사법법제심의회 제7회 총회에서 가결되었으며, 임시법제조사회 제2회 총회에서 심의를 받은 후 구체적인 행정소송법제가 기초되고 <제3차> 특칙요강(안)(1946. 8. 21)으로 정리되어, 같은 달 21. 및 23. 임시법제조사회 제2회 총회에서 통과되었다. 한편, 사법성 민사국은 1946. 8. 24. 행정청들과 <제3차> 특칙요강(안)에 대한 의견을 청취하였는데, 행정청들은 주로 행정소송사항의 제한 및 소원전치에 대하여 적극적인 의견을 제시하였다.

라. 행정사건에 적용하는 민사소송법의 특칙에 관한 법률안의 기초

(1) 〈제1차〉 민사특례법안의 기초

사법성 민사국은 임시법제조사회 및 사법법제심의회의 심의가 진행됨에 따라 법안의 기초에 착수하고 있었는데, 1946. 8. 하순경 카네코(兼子)위원의 주도로 <제1차> 민사특례법안이 작성되었다.

---

49) 이에 대하여 행정소송은 공익실현을 위한 행정권 행사의 적부를 심리·판단하는 것이므로, 사실과 증거의 탐색·제출을 전면적으로 당사자에게 맡기지 않고 재판소도 보충적으로 책임을 지는 권능을 가져야 하고, 재판의 신속을 도모하기 위하여 당사자의 구두변론의 권리를 일부 제한하고 서면에 의한 진술도 그 자신 변론으로서의 효력을 가질 수 있도록 하는 것이 바람직하다고 원안을 옹호하는 의견도 제출되었다. 이에 대하여 직권심리주의가 행정재판법 시대의 예에 비추어 원고에게 유리하게 적용된 적은 거의 없었고, 비록 서면심리가 당사자의 동의하는 경우에 인정된다고 하더라도 그로 인하여 메이지시대의 원칙이 답습되고 있다는 우려를 준다는 반론이 제기되었다(이에 대한 자세한 사항은 高柳信一, "行政訴訟法制の改革", 307頁 참조).

〈제1차〉 행정소송에 적용하는 민사소송법의 특례에 관한 법률[50]

제1조 행정청의 위법한 명령 또는 처분의 취소 또는 변경을 구하는 소송에는 본법
에 특별히 정하지 않는 한, 민사소송법을 적용한다.

제2조 소는 명령을 발하거나 처분을 행한 행정청을 피고로 한다. 다만 심사재결에
대한 불복의 소는 심사청구인 및 처분청을 당사자로 한다.

제3조 소는 피고로 하여야 할 행정청의 소재지의 재판소의 관할에 전속한다. 다만
심사재결에 대한 불복의 소는 재결청의 소재지의 재판소의 관할에 전속한다.

제4조 소는 행정청의 명령 또는 처분에 대하여 상급행정청에 소원할 수 있는 경우
에도 소원을 경료하지 않고 지방재판소에 제기할 수 있다. 다만 법률의 규정에 의
하여 심사재결을 경료하여 고등재판소에 출소할 것으로 정해진 경우에는 그렇지
않다.

제5조 ① 소는 명령이 공포된 날 또는 처분을 받은 날로부터 60일의 불변기간 내에
제기하여야 한다. 심사재결 또는 이의재결에 대한 소는 재결서 또는 결정서의 교
부를 받은 날부터 30일의 불변기간 내에 제기하여야 한다.

② 재결 또는 결정을 공시한 날부터, 그 공시가 없는 경우에는 처분, 재결 또는
결정이 있었던 것을 안 날부터 기산한다. 다만 처분, 재결 또는 결정이 있었던 날
부터 1년을 경과한 후에는 소를 제기할 수 없다.

제6조 심사청구 또는 이의신청 후 3개월 내에 재결 또는 결정을 하지 않은 때에는,
각하의 재결 또는 결정이 있었던 것으로 간주하고, 그 날부터 출소기간을 기산한다.

제7조 명령 또는 처분의 취소 또는 변경을 구하는 소는 이와 견련한 원상회복, 손
해배상, 손실보상 그 밖의 청구(이하 견련청구라 한다)를 병합할 수 있다. 다만 고
등재판소에 출소할 것으로 정해진 소에 대해서는 견련청구 피고의 동의가 있는
경우에 한한다. 피고가 이의를 하지 않고 본안에 대하여 변론을 한 때에는 소의
병합에 동의한 것으로 본다.

제8조 견련청구의 소를 제4조의 기간 내에 제기한 자가 그 계속 중에 명령 또는
처분의 취소 또는 변경을 구하는 소를 제기한 때에는 그 소도 그 기간 내에 제기
한 것으로 본다.

제9조 ① 원고는 피고로 할 행정청을 잘못하였던 경우에 소송 계속 중 이를 변경할
수 있다.

---

50) 高柳信一, "行政訴訟法制の改革", 310~312頁.

② 전항의 규정에 의하여 피고를 변경한 때에는 출소기간에 대해서는 처음에 소를 제기한 때에 새로운 피고에 대한 소를 제기한 것으로 본다.

제10조 ① 재판소는 필요하다고 인정할 때에는 직권으로 소송의 결과에 대하여 이해관계가 있는 행정청 그밖의 제3자를 소송에 참가시킬 수 있다.

② 재판소는 전항의 규정에 의하여 결정을 하기 전에 당사자 및 제3자를 심문하여야 한다.

제11조 행정청의 직원은 그 청의 소송대리인이 될 수 있다.

제12조 구두변론 기일에 당사자의 일방 또는 쌍방이 출두하지 않은 때 또는 출두해도 변론하지 않은 때에는 종전의 구두변론의 결과 및 당사자가 제출한 소장, 답변서, 그밖의 준비서면에 기재한 사항을 참작하여, 재판을 하기에 성숙하였다고 인정한 때에는 구두변론을 종결할 수 있다.

제13조 행정청 또는 단체는 재판소의 허가를 얻어서 공공의 복지를 지지하기 위하여 구두변론에 입회하고 의견을 진술할 수 있다.

제14조 ① 인낙 및 자백에 관한 규정은 적용하지 않는다.

② 재판소는 직권으로 증거를 조사하거나 당사자가 제출하지 않은 사실도 참작할 수 있다. 다만 그 사실 및 증거조사의 결과에 대하여 당사자의 의견을 들어야 한다.

제15조 ① 소송을 계속하는 재판소는 필요하다고 인정하는 때에는 언제라도 신청 또는 직권으로 명령 또는 처분의 집행정지 그밖에 필요한 처분을 명하고, 그 명령의 취소 또는 변경을 명할 수 있다.

② 전항의 재판은 구두변론을 거치지 않을 수 있다. 이에 대해서는 불복을 신청할 수 없다.

제16조 ① 재판소는 청구가 이유 있다고 인정되는 경우에도 일체의 사정을 참작하여 명령 또는 처분의 취소 또는 변경이 적당하지 않다고 인정되는 때에는 이를 대신하여 제해시설, 손실보상 그밖의 조치를 명하는 판결을 할 수 있다. 이 경우에 당사자의 의견을 들어야 한다.

② 제3자에 대하여 전항의 조치를 명할 필요가 인정되는 경우에는 그 자를 소송에 참가시켜야 한다.

제17조 심사재결에 대한 불복의 소에서 재판소는 원재결을 취소하는 때에는 심사청구에 대하여 스스로 판결한다. 다만 원재결청이 다시 심리하게 하는 것이 적당하다고 인정되는 때에는 사건을 원재결청에 환송할 수 있다.

제18조 확정판결은 그 사건에 대하여 관계가 있는 행정청을 기속한다.

(2) 카네코(兼子)·타나카(田中) 토론

위와 같이 카네코 마사시(兼子仁)위원의 주도로 작성된 <제1차> 민사
특례법안에 대하여, 1946. 8. 27.과 28. 위 위원과 타나카 지로(田中二郎)
위원을 중심으로 쟁점에 대한 토론이 이루어졌다. 그 내용을 개략적으로
살펴보면 다음과 같다.[51]

(가) 행정소송과 민사소송법의 관계

이 문제에 관하여 카네코(兼子)위원은 행정소송에도 민사소송법이 적
용되는 것이 기본이고 위 법안은 그 특칙에 불과하다는 입장에 있었다.
이에 대하여 타나카(田中)위원은 위 법안이 행정소송의 기본법이고 민
사소송법은 이를 보충하는 것이라는 입장에 있었다. 따라서, 위 법안 제
1조 "행정청의 위법한 명령 또는 처분의 취소 또는 변경을 구하는 소송
에는 본법에 특별히 정하지 않는 한 민사소송법을 적용한다."라는 문언
에 대하여, 카네코(兼子)위원은 "위법한 행정처분의 취소 또는 변경을
구하는 소송에 적용하는 민사소송법의 특례를 정한다."라고 해석하였고,
타나카(田中)위원은 "위법한 행정처분의 취소 또는 변경을 구하는 소송
에는 민사소송법이 적용되지만, 본법에 특별히 정한 것은 본법에 정한
것에 의한다."라는 취지로 해석하였다. 위 토론 이후 제1조는 카네코(兼
子)위원의 견해에 따라 수정되었다.

(나) 행정소송과 소원의 관계

구 행정재판법과 달리 소원전치주의를 배척하는 데에 대체적인 의견
이 일치하였지만, 어떻게 제도화할 것인지에 대해서는 견해가 나뉘었다.
타나카(田中)위원은 소원은 무용하다는 인식과 동일사건에 대하여 국가

---

51) 이에 관한 자세한 내용은 高柳信一, "行政訴訟法制の改革", 312頁 이하 참조.

의 의사가 모순되는 사태는 피하여야 한다는 관점에서, "권리침해라면 소송, 그렇지 않으면 소원"이라거나 "소송을 제기한 경우에는 소원은 제기할 수 없다."라고 제도를 설계하여야 하고, 만일 소원과 소송이 함께 제기된 경우에는 소원을 정지시켜야 할 것이며, 소원을 선택하여 재결이 내려진 경우 재결도 하나의 처분이므로 이에 대하여 소송을 제기할 수 있어야 한다고 주장하였다.

이에 대하여, 카네코(兼子)위원은 이의는 없애고, 소원은 남기더라도 소송과 단절하여, 소송을 선택하면 소원절차는 멈추는 것이 좋고, 소원을 제기하더라도 제소기간은 처분이 있는 때부터 기산하여야 하며, 소송을 제기하면 소원 없이 바로 재판소에서 다루도록 하여야 할 것이라고 하였다.

이러한 양자의 사고방식은 다음과 같은 구체적인 사안에서 그 차이가 명확하다. A사유(위법사유)를 이유로 소송을 제기하면서 B사유(부당사유)를 이유로 소원을 제기하였는데, 소송에서 패소한 다음 소원절차에서 C사유(위법사유)를 추가한 후 재결이 난 경우, 타나카(田中)설은 그 재결에 대하여 위법사유를 들어 소송을 제기할 수 있다는 결론이 되고, 카네코(兼子)설은 이러한 소송은 허용되지 않아야 하며 당초의 소송에서 위법사유는 모두 주장되어 판단되는 것이 바람직하다고 하였다. 위와 관련하여 타나카(田中)설이 일부 채택되어 제4조에서 "소송의 계속 중 동일사건에 대한 소원은 그 심리를 중지하여야 한다."라는 제2항이 추가되었고, 카네코(兼子)설도 일부 채택되어 "소원의 재결에 대해서는 그 재결에 의하여 새롭게 불복이유가 생기는 경우가 아니면 소를 제기할 수 없다."라는 조문이 삽입되었다(제2차안에서 제5조가 된다).

(다) 사법국가제 아래에서 행정소송의 본질

카네코(兼子)위원은 전전의 행정재판은 감독권 있는 행정관청이 처분

을 취소한다는 사고방식이었지만, 사법국가제를 취한 신헌법 아래에서
는 재판소가 행정권을 감독하는 것이 아니라 법을 위반하였다는 점을
판단하고 위법한 것을 취소할 수 있을 뿐이라는 입장에 있었다. 이에 대
하여 타나카(田中)위원은 신헌법 아래에서도 행정소송의 성격은 변하지
않고 사법재판소가 행정청을 감독하는 것이라고 생각하였다.

(라) 처분취소청구와 견련청구의 관계

예를 들어 토지수용의 손실보상에 대하여 다툼이 있는 경우, 카네코
(兼子)위원에 의하면, 우선 수용심사회의 재결의 취소를 구하고 취소판
결을 받아 기업자에 대한 보상금의 견련청구를 제기하는 것이 된다.

이에 대하여 타나카(田中)위원에 의하면, 민사소송법에 의하여 행정소
송을 다루는 이상 이제부터는 당사자소송을 기본으로 돈을 받을 사람이
줄 사람을 상대로 소송을 제기하되, 재결을 하게 된 사정을 명확하게 하
기 위하여 행정청을 참가시킬 뿐이고 판결에서는 재결을 취소하지도 않
는다.[52] 그런데 카네코(兼子)설이 관철된다면 제8조에서 관련청구의 소
를 제소기간 내에 제기한 자가 그 계속 중에 취소소송을 제기한 때에는
그 소도 그 기간 내에 제기한 것으로 본다는 규정은 일관성이 없다는 의
문이 제기되었다.

(마) 심사재결에 대한 항고소송

행정청의 처분에 대하여 심사청구를 하고 그 재결에 불복하여 항고소
송을 제기하는 경우 취소소송의 대상과 당사자를 어떻게 설정할 것인가
가 문제되었다. 원안은 취소소송은 처분청을 피고로 하는 것을 원칙으로
하되 다만 심사재결에 대한 불복의 소는 심사청구인 및 처분청을 당사

---

52) 따라서 항고소송절차에서 인정되는 강제참가조항(제10조)을 당사자소송에도 준용할
　　수 있어야 한다.

자로 하도록 규정하였다.

타나카(田中)위원은 시정촌농지위원회의 결정과 도도부현농지위원회의 재정과 같이 두 단계의 판단이 중첩하는 경우, 재결에 의하여 결정이 취소된 다른 행정위원회가 원고가 되어 소송을 제기하는 것이 허용되고, 이 경우 재결기관을 피고로 하여야 한다고 주장하였다.

이에 대하여 카네코(兼子)위원은 심사재결기관은 독립한 제3자적 존재로서 제1심 재판소와 같이 취급하여야 하므로, 마치 항소심처럼 재결에 대한 불복의 소라고 하더라도 재결을 마친 심사청구사건이 재판소의 심리대상이 되는 것이지 재결사건이 심리대상으로 되는 것은 아니라는 것이다.

(바) 그 밖의 사안

① 행정사건의 제1심 관할을 지방재판소로 하는 것에 대하여 일부 다른 견해가 있었다. 타나카(田中)위원은 재판관이 행정소송까지 다루다보면 민사·형사사건을 소홀히 할 염려가 있다고 하면서 항소원 소재지의 지방재판소만 행정소송을 취급하게 하는 정도가 적당할 것이라는 의견을 냈고, 타나카(田中眞次)간사는 상급관청에 소원하게 하여 재결을 한 후 고등재판소를 제1심으로 하는 것을 제안하기도 하였다.

② 당초에는 취소·변경소송의 대상으로서 처분 외에 '명령'도 열거하였으나, 입법과정에서 명령은 삭제되었다.

③ 위 법안 제12조에서는 일정한 경우에 서면심리만으로 판결을 선고할 수 있도록 해석되었는데, 큰 이견 없이 위 조항을 유지하기로 결정하였다.

(3) 행정재판소의 의견

이상의 토론결과를 반영하여 1946. 9. 1. <제2차> 민사특례법안이 작성되었고, 특히 제5조가 신설되었다.

제5조 ① 소원의 재결에 대해서는 그 재결에 의하여 새롭게 불복의 이유가 생긴 경우가 아니면 소를 제기할 수 없다.

② 소송의 계속 중 동일사건에 대한 소원은 그 심리를 중지하여야 하다.

<제2차> 민사특례법안에 대하여 사법성 민사국은 행정재판소 및 각성의 의견을 구하였다. 그에 따라 행정재판소는 같은 달 17. 「<제2차> 행정사건에 적용하는 민사소송법의 특례에 관한 법률안에 대한 행정재판소의 의견」을 보냈다.[53] 그 개략적인 내용은 ① 위법한 '법령'의 취소 또는 변경을 구하는 소송을 명확히 정할 것, ② 당사자소송에 대해서도 소송참가, 소송대리인, 서면심리, 공익변호, 직권심리, 관계행정청에 대한 판결의 구속력 등에 관한 규정을 적용할 것, ③ 심사결정에 대한 소송은 결정청을 피고로 하여야 할 것,[54] ④ 제5조를 삭제할 것[55] 등이었다.

이러한 행정재판소의 비판·수정의견에 의하여, ①은 받아들여지지 않

---

53) 이에 관한 자세한 내용은 高柳信一, "行政訴訟法制의 改革", 318頁 이하 참조.
54) 항고소송에서 피고는 민사소송의 당사자와는 달리 처분의 효력을 유지하기 위하여 '변명을 하는 지위'에 불과하므로 심사결정에 대한 불복의 소에서도 결정청을 피고로 하여야 할 것이고, 처분청보다는 결정청이 더 충분한 변명의 능력이 있으며, 특히 심사의 결정에 대하여 원처분청이 불복하는 경우 위 법안에서는 심사청구인이 피고가 되고 그러한 사인이 결정청을 위하여 변명하는 것은 부당하다는 것이다.
55) 제5조가 있음으로써 재결청은 각하사유가 있어도 기각재결을 할 염려가 있고, 처분의 상대방으로서는 소원과 행정소송을 동시에 제기하려고 할 것이며, 소송의 제기에 의하여 소원절차가 중지되므로 소원제도는 무용의 제도가 되어 간이한 구제를 받고 싶은 소원인의 바람은 수포로 돌아가게 된다는 것이다.

았지만, ②는 "당사자 사이의 공법상 권리의무에 관한 소송에 대해서도 제10조에서 제14조까지, 제18조의 규정을 준용한다."라는 제19조가 신설되었으며, ③은 일부 받아들여져서 제2조 단서에 "소원의 재결에 대한 소는 재결청을 피고로 하는 것"으로 되었고, ④는 전면적으로 채택되어 제2차안의 제4조 제2항 및 제5조는 삭제되었다.

(4) 총사령부의 심사

사법법제심의회에서는 1946. 9. 17. 타나카(田中)위원, 나이토(內藤)·타나카(田中眞次)간사가 총사령부 정치부(Gerverment Section) 입법 및 재판과(Legistlative and Justice Division)의 A. C. Oppler 과장, Th. L. Blakemore 주사 등에게 <제5차> 특칙요강에 대하여 설명하고 질문에 답하였다. 그 자리에서 행정의 실효성 확보방안에 관한 질의를 받고 일본측은 행정집행법에 의한 강제집행에 관하여 설명하였다. 또한, 중앙행정관청의 처분이나 심사재결을 거친 경우와 같이 법률이 정한 경우에는 고등재판소를 제1심으로 하는 것에 대하여 문제를 제기하였고, 소원전치가 필요하다는 견해를 시사하였다.

마. 〈제6차〉 행정사건소송특례법안의 작성

이러는 사이에도 사법법제심의회 및 임시법제조사회의 심의가 진행되어, 1946. 9. 11. 개최된 사법법제심의회 제9회 총회에서 「행정사건에 적용하는 민사소송법의 특례에 관한 법률」의 요강이 보고되었고, 1946. 10. 22.과 23. 개최된 임시법제조사회의 제3회 총회에서 <제5차> 특칙요강이 가결되었으며, 이로써 심의회·조사회에 의한 행정소송법제의 심의는 종료되었다.

그후 사법성 민사국은 임시법제조사회가 답신한 요강에 입각하여 조

문화하는 작업을 행하였다. 기초위원·간사는 민사특례법안 제3차안
(1946. 10. 22), 제4차안(1946. 12. 28)을 기초하고, 민사국은 1947. 1. 13.
제4차안을 정리하여 제5차안(1947. 1. 13) 및 제1조 내지 제4조에 대한
별표(1947. 2. 1)를 작성하였다. 그리고 1947. 2. 5. 제5차안 및 별표에 대
하여 법제국의 심사가 행해지고 1946. 2. 19. <제6차> 행정사건소송특례
법이 작성되었다.

<제6차> 행정사건소송특례법56)(1947. 2. 19)

> **제1조(이 법률의 취지)** 행정청의 위법한 처분의 취소 또는 변경에 관련된 소송 그밖
> 에 공법상의 권리관계에 관한 소송에 대해서는 민사소송법에 의한 것 외에 이 법
> 률에 정한 바에 의한다.
>
> **제2조(피고)** 행정청의 위법한 처분의 취소 또는 변경을 구하는 소는 다른 법률에 특
> 별히 정하고 있는 경우를 제외하고 처분을 행한 행정청을 피고로 하여 이를 제기
> 하여야 한다. 소원의 재결에 대한 소는 재결을 행한 행정청을 피고로 하여 제기하
> 여야 한다.
>
> **제3조(토지관할)** 전조의 소는 처분을 행한 행정청의 소재지 재판소의 관할에 전속한다.
> 소원의 재결에 대한 소는 재결을 행한 행정청의 소재지 재판소의 관할에 전속한다.
>
> **제4조(소와 소원의 관계)** 제2조의 소는 소원을 경료하지 않고도 이를 제기할 수 있다.
>
> **제5조(소의 제기기간)** ① 제2조의 소는 처분을 받거나 소원의 재결서를 교부받은
> 날로부터 30일 이내에 이를 제기하여야 한다.
>
> ② 전항의 기간은 이를 불변기간으로 한다.
>
> ③ 처분을 받거나 재결서의 교부를 받았던 자 이외의 자가 소를 제기하는 경우에
> 는 공시를 필요로 하는 처분 또는 재결에 대해서는 제1항의 기간은 공시한 날로
> 부터 기산한다.
>
> ④ 전항의 경우에 공시를 필요로 하지 않는 처분 또는 재결에 대해서는 제1항의
> 기간은 처분 또는 재결이 있었던 것을 안 날로부터 이를 기산한다. 다만 처분 또
> 는 재결이 있었던 날로부터 1년을 경과한 때에는 소를 제기할 수 없다.
>
> **제6조(소의 병합)** ① 제2조의 소에는 그 청구와 관련한 원상회복, 손해배상, 손실보

---

56) 高柳信一, "行政訴訟法制の改革", 324~325頁.

상 그 밖의 청구(이하 관련청구라 한다)에 관련된 소를 병합할 수 있다.

② 제2조의 소의 제1심 재판소가 고등재판소인 경우, 관련청구에 관계된 소의 피고가 동의한 때에도 전항과 같은 것으로 한다. 피고가 이의를 하지 않고 본안에 대하여 변론하거나 준비절차에서 신술(申述)한 때에는 소의 병합에 동의한 것으로 본다.

제7조(피고의 변경) ① 제2조의 소에서 원고는 피고로 하여야 할 행정청을 잘못하였던 때에는 소송 계속 중 피고를 변경할 수 있다. 다만, 원고에게 고의 또는 중대한 과실이 있는 때에는 그러하지 아니하다.

② 전항의 규정에 의하여 피고를 변경한 경우, 기간의 준수에 대해서는 새로운 피고에 대한 소는 처음에 소를 제기한 때에 이를 제기한 것으로 본다.

제8조(강제참가) ① 재판소는 필요하다고 인정할 때에는 직권으로 결정으로 소송의 결과에 대하여 이해관계가 있는 행정청 그밖의 제3자를 소송에 참가시킬 수 있다.

② 재판소는 전항의 결정을 하기 위해서는 당사자 및 제3자의 의견을 들어야 한다.

제9조(소송대리) ① 행정청의 직원은 그 행정청의 소송대리인이 될 수 있다.

② 전항의 자의 소송대리권에는 민사소송법 제81조 제3항 단서의 규정은 이를 적용하지 않는다.

제10조(공공복지의 변호) 행정청 또는 공공적인 단체는 재판소의 허가를 얻어 공공복지를 지지하기 위하여 구두변론에서 의견을 진술할 수 있다.

제11조(직권심리) ① 청구의 인낙 및 재판상의 자백에 관한 민사소송법의 규정은 이를 적용하지 않는다.

② 재판소는 직권으로 증거를 조사하거나 당사자가 주장하지 않는 사실을 고려할 수 있다. 다만 그 증거조사의 결과 및 사실에 대하여 당사자의 의견을 들어야 한다.

제12조(처분의 집행정지) ① 제2조의 소의 제기는 처분의 집행을 정지하지 않는다. 다만 재판소는 필요하다고 인정하는 때에는 언제라도 신청에 의하거나 직권으로, 결정으로써 처분의 집행정지 그밖에 필요한 조치를 명하거나 그 명령을 취소하거나 변경할 수 있다.

② 전항의 결정은 구두변론을 거치지 않고 이를 할 수 있다. 다만, 미리 당사자의 의견을 들어야 한다.

③ 제1항의 결정에 대해서는 불복을 신청할 수 없다.

제13조(처분의 취소 등을 대신하는 조치를 명하는 판결) ① 재판소는 청구가 이유 있는 경우에 일체의 사정을 고려하여 처분을 취소하거나 변경하는 것이 공공의 복

> 지에 적합하지 않다고 인정하는 때에는 처분의 취소 또는 변경의 판결을 대신하여
> 손실보상, 제해시설 그 밖의 조치를 명하는 판결을 할 수 있다. 이 경우에는 미리
> 당사자의 의견을 들어야 한다.
> ② 전항의 조치가 명해지는 자가 당사자 이외의 자인 경우에는 그 자를 당사자로
> 하여 소송에 참가시켜야 한다.
> **제14조(판결의 구속력)** 확정판결은 그 사건에 대하여 관계 행정청을 구속한다.
> **부칙** 이 법률은 일본국헌법 시행일부터 이를 시행한다.

법제국의 심사를 거친 제6차안에서 수정된 부분을 중심으로 살펴보면 다음과 같다. ① 민사소송법과의 관계에 관하여, "……에 대해서는 민사소송법에 의한 외에 이 법률이 정한 바에 의한다."라고 규정하여, 카네코(兼子)안의 취지대로 분명하게 규정하였다. ② 당사자소송에 관하여, 제1조에 항고소송 외에 당사자소송을 행정소송의 유형으로 명시하고, 특별히 정한 것이 없으면 각 조항은 항고소송과 당사자소송에 함께 적용되는 것으로 하였다.[57] ③ 심사결정에 대한 소에 관하여, 행정불복신청의 성질, 절차 등의 차이를 묻지 않고 재결청을 피고로 재결취소의 소로 취급하도록 규정하였다.[58] ④ 소원과 소송의 관계에 관하여, 임의적 전치주의를 채택한 것은 변하지 않았지만, 제5차안까지는 제기 후 일정기간(3개월 또는 6개월)이 경과되면 각하의 재결이 있는 것으로 간주하여 소를 제기할 수 있도록 하였으나, 제6차안에서는 이를 삭제하였다.[59]

---

57) 그러나 많은 조항은 항고소송에만 적용되었고, 당사자소송에도 적용되는 조항의 범위에 대해서는 제5차안까지와 큰 차이가 없다.
58) 제1차안은 소원재결과 심사재결을 구별하지 않고 "심사재결에 대한 불복의 소는 심사청구인 및 처분청을 당사자로 한다."라고 규정하였고, 제2차안 이후에는 양자를 구별하여 ① 소원의 재결에 대한 소는 재결청을 피고로 하고, ② 심사결정에 대한 소는 심사청구인 및 처분청을 당사자로 하는 것이었다. ②에 대해서는 행정재판소가 이를 비판한 것이고 제6차안에서는 ②를 삭제하였다.
59) 자유선택주의 하에서 위 규정은 소원전치주의에서만큼 유용하지 않고 출소기간을 감축하는 방향으로 운용될 우려도 있으며, 소원을 선택한 경우에 재결청이 묵살하여 소

⑤ 관련청구의 소를 취소소송의 출소기간 내에 제기해두면 당해소송의 계속 중 언제라도 취소소송을 제기할 수 있는 것으로 정한 것은 제6차 안에서는 삭제되었다.[60] ⑥ 당사자 불출석 등의 경우 서면심리에 의한 재판이 허용되는 규정을 삭제하였다. ⑦ 심사결정에 대하여 불복의 소가 제기되고 재판소가 위법하다고 판단한 경우, 제1차안 이래 재판소에 의한 자판을 원칙으로 하고 원결정청에 의한 재심리를 적당하다고 인정하는 때에는 환송할 수 있도록 하였던 규정은 삭제되어, 자판이나 환송을 전적으로 재판소의 판단에 맡겼다.

바. 민사소송법의 응급적 조치에 관한 법률의 시행

이상에서 살펴본 바와 같이 1947. 2. 19. 최종적으로 성안된 행정사건소송특례법안은 연합국군 총사령부의 승인을 받지 못하고 좌절되었다. 그런데, 1947. 5. 3. 일본국헌법 시행에 따라 전전의 행정재판법이나 법률 제106호는 폐지되어야 하므로, 임시적인 특례법이 필요하게 되었다.

위와 같이 승인을 받지 못했던 이유는, 최종안의 단계에서 제외되기는 하였지만 하급심 단계에서 행정재판소나 행정부를 설치하거나 행정관의 경력을 가진 자를 재판관으로 임명할 수 있도록 하는 것[61] 등 행정국가적인 잔재를 남겨놓았다는 의심을 받았기 때문일지도 모른다. 또한 연합국군 총사령부가 소원전치주의를 채용하도록 시사하였음에도 불구

송의 길을 막아버리는 폐해는 소원과 함께 소송을 제기하는 것에 의하여 피할 수 있다는 고려가 있었던 것 같다.

60) 위 조항이 존치되었다면, 처분에 의하여 변동된 권리관계에 불복이 있는 자는 원상회복, 손해의 보전, 권리의 확인 등과 같은 민사적 청구를 하고, 필요하다면 처분의 취소를 구하면 된다. 그렇게 되면, 행정소송의 운영 및 이론은 크게 변하였을 것이라고 아쉬워하는 견해가 있다(高柳信一, "行政訴訟法制の改革", 328頁).

61) 행정관으로서의 전력을 자격요건의 하나로 하는 특별재판관을 마련하는 내용의 재판소법안은 1947. 3. 5. <제7차> 재판소법안에 대한 총사령부의 심사과정에서 총사령부 측으로부터 명확하게 거부되었다(高柳信一, "行政訴訟法制の改革", 329頁).

하고 이를 채용하지 않았던 것도 영향을 미쳤을 것이라고 추측된다.[62]

그리하여, 결과적으로 행정국가제에서 사법국가제로 전환함에 따라 행정사건에 대한 특별한 소송절차법을 제정하지 않더라도 일반소송법에 의하여 충분히 처리될 수 있다는 사고방식이 채택되었다. 이러한 관념에 기하여 행정사건은 민사소송법에 따라 사법재판소가 심리하게 되었고, 행정소송에 대해서는 출소기간의 특칙만 인정되었다.

위와 같은 경위로 1947. 4. 19.에 법률 제75호로「일본국헌법의 시행에 따른 민사소송법의 응급적 조치에 관한 법률」(日本國憲法の施行に伴う 民事訴訟法の応急的措置に關する法律)이 제정되었고, 위 법률에서는 위법한 행정처분의 취소·변경을 구하는 소송에 대하여 출소기간의 제한만 규정하였을 뿐 아무런 규정을 두지 않았다. 즉, 위 법률 제8조에서는 "행정청의 위법한 처분의 취소 또는 변경을 구하는 소는 다른 법률(1947년 3월 1일 전에 제정된 것을 제외한다)에 특별히 정한 것을 제외하고, 당사자가 그 처분이 있었다는 것을 안 날로부터 6개월 이내에 이를 제기하여야 한다. 다만, 처분을 한 날로부터 3년을 경과한 때에는 소를 제기할 수 없다."라고 규정하고 있었을 뿐이다. 다만 위 조문의 문구에서 알 수 있다시피 행정행위 또는 처분개념은 여전히 유지되었다는 점은 주목된다.

2. 히라노(平野)사건의 발생과 그 영향

가. 민사소송법의 응급적 조치에 관한 법률 이후의 경과

이렇게 일본국헌법 하에서 행정소송은 민사소송법에 따라 심리되는

---

62) 高柳信一, "行政訴訟法制の改革", 331頁, 高地茂世 外 3人,「戰後の司法制度改革」, 159頁.

형태로 시작하였으나, 이는 임시적 조치에 불과한 것이었고 위 '민사소
송법의 응급적 조치에 관한 법률'은 부칙 제2항에서 1948. 1. 1.부터 실
효된다고 규정하고 있었기 때문에, 사법성 민사국은 그 이후를 대비하여
행정소송법제의 기초작업을 재개하였다. 그리하여 1948. 1. 1. 시행을 목
표로 <제1차> 행정사건소송특례법안(1947. 10. 28) 및 <제2차> 행정사건
소송특례법안(1947. 11. 11)이 작성되었다.

그 내용은 <제6차> 민소특례법안(1947. 2. 19)을 다시 검토하여 약간
의 수정을 한 것이었는데, 내용상의 변화라고는 출소기간에 관한 것밖에
없었다. 즉, <제6차> 민소특례법안에서 출소기간을 처분을 안 날로부터
30일, 처분을 한 날로부터 1년으로 하였던 것을 행정사건소송특례법안
에서는 처분을 안 날로부터 6개월, 처분을 한 날로부터 3년으로 바꾸었
을 뿐이다.

〈제2차〉 행정사건소송특례법(안)(1947. 11. 11)⁶³⁾

제1조 행정청의 위법한 처분의 취소 또는 변경에 관련된 소송 그밖에 공법상의 권리
　관계에 관한 소송에 대해서는 민사소송법에 의한 것 외에는 이 법에 정하는 바에
　의한다.
제2조 행정청의 위법한 처분의 취소 또는 변경을 구하는 소는 다른 법률에 특별히
　정하고 있는 경우를 제외하고 처분을 행한 행정청을 피고로 하여 이를 제기하여야
　한다. 소원의 재결에 대한 소는 재결을 행한 행정청을 피고로 하여 제기하여야 한다.
제3조 전조의 소는 처분을 행한 행정청의 소재지 재판소의 전속관할로 한다. 소원의
　재결에 대한 소는 재결을 행한 행정청의 소재지 재판소의 전속관할로 한다.
제4조 제2조의 소는 다른 법률에 특별히 정한 경우를 제외하고, 처분 또는 소원의
　재결이 있었다는 것을 안 날로부터 6개월 이내에 이를 제기하여야 한다. 다만 처
　분 또는 재결일로부터 3년을 경과한 때에는 소는 제기할 수 없다.
제5조 ① 제2조의 소에는 그 청구와 관련한 원상회복, 손해배상, 손실보상 그 밖의
　청구(이하 관련청구라 한다)에 관련된 소에 한하여, 이를 병합할 수 있다.
　② 제2조의 소의 제1심 재판소가 고등재판소인 경우, 관련청구에 관계된 소의 피

---

63) 高柳信一, "行政訴訟法制の改革", 334~335頁.

고가 동의한 때에도 전항과 같은 것으로 한다. 피고가 이의를 하지 않고 본안에 대하여 변론을 하거나 준비절차에서 신술(申述)을 한 때에는 소의 병합에 동의한 것으로 본다.

제6조 ① 제2조의 소에서 원고는 피고로 하여야 할 행정청을 잘못하였던 때에는 소송 계속 중 피고를 변경할 수 있다. 다만 원고에게 고의 또는 중대한 과실이 있는 때에는 그러하지 아니하다.

② 전항의 규정에 의하여 피고를 변경한 경우, 기간의 준수에 대해서는 새로운 피고에 대한 소는 처음에 소를 제기한 때에 이를 제기한 것으로 본다.

제7조 ① 재판소는 필요하다고 인정할 때에는 직권으로 결정으로써 소송의 결과에 대하여 이해관계가 있는 행정청 그 밖의 제3자를 소송에 참가시킬 수 있다.

② 재판소는 전항의 결정을 하기 위해서는 당사자 및 제3자의 의견을 들어야 한다.

제8조 행정청 또는 공공적인 단체는 재판소의 허가를 얻어 공공복지를 지지하기 위하여 구두변론에서 의견을 진술할 수 있다.

제9조 ① 청구의 인낙 및 재판상의 자백에 관한 민사소송법의 규정은 이를 적용하지 않는다.

② 재판소는 직권으로 증거를 조사하거나 당사자가 주장하지 않는 사실을 고려할 수 있다. 다만 그 증거조사의 결과 및 사실에 대하여 당사자의 의견을 들어야 한다.

제10조 ① 제2조의 소의 제기는 처분의 집행을 정지하지 않는다. 다만 재판소는 필요하다고 인정하는 때에는 언제라도 신청에 의하거나 직권으로 결정으로 처분의 집행정지 그밖에 필요한 조치를 명하거나 그 명령을 취소하거나 변경할 수 있다.

② 전항의 결정은 구두변론을 거치지 않고 이를 할 수 있다. 다만, 미리 당사자의 의견을 들어야 한다.

③ 제1항의 결정에 대해서는 불복을 신청할 수 없다.

제11조 ① 재판소는 청구가 이유 있는 경우에 일체의 사정을 고려하여 처분을 취소하거나 변경하는 것이 공공의 복지에 적합하지 않다고 인정하는 때에는 처분의 취소 또는 변경의 판결을 대신하여 손실보상, 제해시설 그 밖의 조치를 명하는 판결을 할 수 있다. 이 경우에는 미리 당사자의 의견을 들어야 한다.

② 전항의 조치가 명해지는 자가 당사자 이외의 자인 경우에는 그 자를 당사자로 하여 소송에 참가시켜야 한다.

제12조 확정판결은 그 사건에 대하여 관계 행정청을 구속한다.

부칙 이 법률은 1948년 1월 1일부터 시행한다. <이하 생략>

나. 히라노(平野)사건의 발생과 그 영향

(1) 히라노(平野)사건의 개요

위와 같이 행정사건소송특례법안을 기초하고 있을 무렵 갑자기 발생한 히라노(平野)사건은 행정사건소송특례법의 방향을 바꿀 정도로 중대한 영향을 미쳤다.

사회당 우파에 속하고 있었던 히라노 리키조(平野力三) 중의원의원[64]은 중앙공직적부심사위원회의 1948. 1. 13.자 심사결과에 기하여 같은 달 14. 내각총리대신으로부터 공직추방의 각서해당자로 지정되었다. 위 지정처분에 대하여 히라노의원이 같은 달 27. 내각총리대신을 상대로 위 지정처분에 대한 효력정지가처분을 신청하자, 동경지방재판소는 같은 해 2. 2. 위 지정처분에 대하여 본안판결확정시까지 효력을 정지하는 가처분을 발령하였다. 지방재판소가 내린 하나의 민사사건에 불과한 가처분결정은 현실정치에도 큰 충격을 주기도 하였지만,[65] 사법국가제 하에서 사법권과 행정권의 관계에 대한 중대한 문제를 제기하였다.

(2) 쟁점과 판단

히라노의원의 가처분사건에서는 다음과 같은 세 가지가 쟁점이 되었고, 그에 해당하는 결정이유는 다음과 같다.[66]

---

64) 히라노(平野)의원은 1947. 11. 3. 농림대신에서 파면될 때까지 카타야마(片山)내각의 대신직에 있었다.

65) 히라노(平野)사건의 정치적 배후에는 '숙청정책을 무기로 일본의 변혁을 추진하려고 하는 총사령부 내의 포츠담파와 미소냉전에 대항하기 위하여 숙청정책을 완화하여 일본의 구 군부를 포함한 지도층을 온존하려고 하는 반포츠담파의 대립'과 '그것을 이용하려는 일본 정치권 내의 세력 사이의 대립'이 있다고 볼 수도 있다(高地茂世 外 3人, 「戰後の司法制度改革」, 161頁).

66) 高柳信一, "行政訴訟法制の改革", 337~338頁, 高地茂世 外 3人, 「戰後の司法制度

〈쟁점1과 그 판단〉 연합국 최고사령관이 발령한 지령에 기하여 실시된 점령관리상의 조치에 대하여 재판소가 심사권을 가지는지의 문제: 이 사건 지정처분의 근거법령인 1947(昭和22)년 칙령 제1호는 연합국 총사령부 송신 일본정부 수신 1946(昭和21). 1. 4.자 각서……에 기한 것인데, 위 각서는 항복문서(1945. 9. 2)에서 유래한 지상명령이자 초헌법적 성격을 가진 관계로, 위 칙령에 대해서는 다른 일반법령과 달리 재판소가 위헌심사권을 행사할 수 없는 것은 물론이지만, 정부가 위 각서의 취지를 실행하기 위하여 국내법의 규준에 따라 위 칙령을 제정하고 행정처분의 형식으로 구체적인 사건에서 개개의 조치를 강구한 이상 그 조치가 법령에 위반한 때에는 특히 연합국 총사령부의 명령 또는 특단의 입법적 조치가 없는 한 재판소는 일반 행정처분과 같이 그 당부를 심판할 수 있다고 해석하는 것이 상당하다. 위 위법처분에 대하여 별도로 1947(昭和22)년 칙령 제65호……에 의하여 행정상 구제제도로서 소원이 인정되더라도 국민으로부터 재판을 구할 권리를 박탈할 수 없는 것은 헌법 제32조 제76조의 취지에 비추어 명확하다.

〈쟁점2와 그 판단〉 이 사건 각서해당자 지정에 대해서는 1947(昭和22)년 칙령 제65호 '1947(昭和22)년 칙령 제1호의 규정에 의한 각서해당자의 지정해제의 소원에 관한 칙령'에 의하여, 내각총리대신에의 소원제도가 마련되어 있었는데, 신청인이 이 사건 각서해당지정에 대하여 소원절차를 거치지 않고 직접 재판소에 해당지정의 취소와 효력정지를 구할 수 있는지의 문제: 위법한 각서해당자의 지정에 대하여 재판소에 구제를 구하기 위해서는 우선 앞에서 본 소원절차를 경료하여야 하는지에 대해서는 법령에 그 취지가 정해지지 않은 이상 행정청에 소원을 제기할지 처음부터 재판소에 출소할지는 자유롭게 선택할 수 있는 것이라고 해석하는 것이 상당하다.

改革」, 162~163頁.

〈쟁점3과 그 판단〉 사법국가제 아래에서 행정처분의 적부를 다투어서 권리의 회복을 구하는 소송에 대해서는 특별한 가구제제도가 마련되어 있지 않더라도 민사소송법의 가구제에 관한 규정이 당연히 적용되어, 재판소는 가처분명령을 발하고 행정처분의 효력을 정지하고 원고신청인의 권리를 잠정적으로 회복하는 결정을 할 수 있는지의 문제: 행정처분은 그 성질상 모두 적법하다는 추정을 받으므로 그 당부에 관한 소의 제기에 의하여 직접적으로 그 처분의 효력이 정지되지 않는 것이 원칙이지만, 그 당부의 심판을 낼 수 있는 관청에게 필요하다고 인정되는 때에는 위 정지를 할 수 있다는 것은 행정재판법 제23조 단서에 명기되어 있었다. 행정재판법이 폐지된 오늘날 이 점에 관한 직접적인 규정은 없지만, '민사소송법의 응급적 조치에 관한 법률'이 제8조에서 행정청의 위법한 처분의 취소 또는 변경을 구하는 소의 출소기간을 정하고 있는 것에 비추어보면, 이른바 행정소송에 대해서도 다른 법률에 특별히 정한 바가 없는 한 민사소송법에 기하여 심판되는 것이 법의라고 해석되는 것이 적절하고, 따라서 이 사건과 같이 행정처분의 집행정지에 대해서는 가능한 한 같은 법 소정의 임시지위를 정하는 가처분의 규정을 준용하는 것이 상당하다.

(3) 가처분결정의 취소

위 가처분결정에 의하여 큰 충격을 받은 일본정부는 2. 4. 임시각의를 열고, ① 동경지방재판소가 취한 조치는 재판소가 가처분절차를 가지고 정부의 행정권 행사를 제약하여 헌법상 권력분립의 원칙에 위반하였다는 점, ② 재판소는 공직추방이라는 지상명령을 제약하는 사건을 관할할 권한이 없다는 점 등 두 가지 이유를 들어 재판소가 취한 조치를 승인할 수 없다는 뜻을 성명하고 동경지방재판소 등에 이를 통고하였다.67) 이에 대하여 미부치 타다히코(三淵忠彦) 최고재판소장관은 가처분이 합헌이고 사법권의 행정권 침해가 아니라는 뜻을 발표하였다. 이러한 상황을 일본정부로부터 통지받은 Whitney 정치부장은 같은 날 최고재판소장관에게 「공직추방의 행정처분에 관한 법률상의 쟁송에 대하여」를 구두로 전달하였으나,[68] 미부치(三淵)장관은 최고재판소에 돌아가 판사와 협의한 결과 "연합국군 총사령부의 명령이라고 하더라도 취소할 수 없다."라고 회답하였다. 나아가 연합국군 총사령부 민정국 OPppler 입법·사법과장은 같은 해 2. 5. 최고재판소 민사부장과 섭외과장에게 위 가처분결정을 취소하라는 최고사령관의 구두지령을 전달하였고, 스즈키 요시오(鈴木義夫) 법무총재가 미부치(三淵)장관, 니시쿠보(西久保) 동경지방재판소장, 니무라(新村) 당해사건 재판장을 설득하였다. 그 결과 동경지방재판소는 같은 날 "가처분결정을 취소하고, 이 사건 가처분신청을 각하한다."라는 결정을 하였다.

(4) 히라노(平野)사건의 영향

이렇게 연합국군 최고사령관은 히라노(平野)사건을 간접통치방식에 따라 그동안 유보되었던 직접관리권력을 발동하여 초헌법적으로 해결하였고, 이는 그 이후의 행정소송법제 개혁에도 중대한 영향을 미쳤다.

연합국군 총사령부는 그동안 행정소송에 관한 특별법의 제정에 대하여 소극적이었지만, 히라노(平野)사건을 계기로 입장을 변경하여 적극적

---

67) 高柳信一, "行政訴訟法制の改革", 338頁, 高地茂世 外 3人, 「戰後の司法制度改革」, 163頁.

68) 그 논거의 요지는, ① 바람직하지 않은 인물을 공직으로부터 배제하는 것은 1946. 1. 4.자 최고사령관의 지령에 의하여 요구되는 것이라는 점, ② 이 지령을 이행하기 위한 기구 및 절차는 최고사령관의 승인을 얻어 만들어진 것이라는 점, ③ 총리대신은 그 지령에 따라 취하여야 할 일체의 행위에 대하여 최고사령관에 대하여 직접 책임을 부담하고 있다는 점, ④ 그 결과로서 일본의 재판소는 전술한 지령의 이행에 관한 제거 또는 배제절차에 대해서는 재판권을 가지지 않는다는 점 등이었다(高柳信一, "行政訴訟法制の改革", 338~339頁).

으로 되었다. 즉, 종래 행정사건의 특수성을 강조하는 것을 경계하고 행
정사건도 일반 민사소송법에 의하여 처리하는 것을 원칙으로 하였지만,
히라노(平野)사건 이후 행정사건의 특수성을 강하게 의식하고 행정사건
이 어느 정도는 일반 민사소송법과 다른 원칙에 의하여 처리되어야 한
다고 생각하게 되었다.[69] 이후의 행정사건소송특례법의 제정과정에서
알 수 있듯이 총사령부는 주로 ① 소원전치주의와 ② 집행정지에 관하
여 집중적으로 문제를 제기하였다.

　연합국군 총사령부는 히라노(平野)사건 이전에도 소원전치주의를 마
련할 것을 원했지만, 위 사건을 계기로 소원전치주의를 취하지 않을 경
우의 나쁜 결과에 대하여 인식하게 되었다. 공직추방결정(각서해당처분)
의 하자에 대한 구제수단으로 1947(昭和22)년 칙령 제65호에 따라 내각
총리대신의 소원제도를 거칠 경우에는 "각서해당자의 지정의 효력은 제
1조 제1항의 규정에 의한 소원의 제기에 의하여 영향을 받지 않는다."
(제3조 제2항)라고 되어 있었다. 그런데, 신청인은 위 소원을 경료하지
않고 직접 재판소에 출소하여 가처분결정을 얻어서 위 집행부정지의 효
과를 비켜나갔던 것이다.

　이렇듯 총사령부는 히라노(平野)사건을 계기로 처음으로 집행정지에
관한 문제점을 인식하게 되었다. 민사소송법상 가처분제도는 사실관계
와 법률관계를 본안이 확정될 때까지 잠정적으로 동결하는 것을 넘어서
적극적으로 임시의 지위를 형성하는 것도 가능하여 행정소송에서의 집
행정지보다 구제의 폭이 넓고, 재판소가 가처분사건을 심리할 때 주로
신청인의 이익보전의 필요성을 고려하기 때문에 행정청이 추구하는 공
익에 대한 고려가 소홀해질 수 있다고 느끼게 되었다. 그 결과 연합국군
총사령부가 보기에는 히라노사건에서 포츠담선언에 기한 일본점령관리
정책의 가장 중요한 사항 중의 하나인 '일본국민을 기만하고 이로써 정

---

69) 高柳信一, "行政訴訟法制の改革", 339頁.

복으로 나아간 과오를 범한 자의 권력 및 세력'의 영구제거라는 공익을 고려하지 않고 가처분결정이 이루어졌다는 것이었다.

3. 행정사건소송특례법의 제정

가. 제정경위와 주요내용

연합국군 총사령부 정치부장은 히라노(平野)사건에 관한 가처분 결정일의 다음날인 1948. 2. 3. 사법성 민사국의 행정사건소송특례법안 기초담당자 등을 불러 집행정지조항을 수정하라고 지시하였다. 그후 위 기초담당자는 같은 달 6. <1차>, 같은 달 14. <2차>, 같은 달 18. <3차> 등 총 3회에 걸쳐서 빠른 템포로 총사령부 정치부 입법 및 재판과와 회담을 가지고 행정사건소송특례법의 입안에 대한 절충을 거친 다음, <제2차> 행정사건소송특례법안이 1948. 2. 23. 작성되었다. 그런 다음 <제3차> 행정사건소송특례법안이 1948. 3. 11., <제4차> 행정사건소송특례법안이 1948. 3. 23. 작성되었고, 약간의 자구수정이 있은 후[70] 행정사건소송특례법안은 1948. 3.경 제2회 국회에 제출되어 1948. 6. 25. 법률 제81호로 제정되고 같은 해 7. 1. 공포되어 같은 달 15.부터 시행되었다.

행정사건소송특례법은 행정사건에 대한 민사소송법의 특례를 정하는 것을 그 취지로 하였다. 그 대강은 다음과 같다.

첫째, 행정청의 위법한 처분의 취소와 변경을 구하는 소송은 그 처분에 대하여 법령상 소원의 경료가 열려 있는 경우에는 원칙적으로 재판소에 출소하기 전에 우선 소원 등을 행하고 그 재결 등을 경료하여야 한

---

70) 수정사항 중에는 사정판결에 관한 제11조에 제2항 "전항의 규정에 의한 재판에는 처분이 위법하다는 것 및 청구를 기각하는 이유를 명시하여야 한다."와 제3항 "제1항의 규정은 손해배상의 청구를 방해하지 않는다."가 추가되었다(高柳信一, "行政訴訟法制の改革", 358頁).

다(소원전치주의).

둘째, 행정사건소송의 피고를 행정청으로 하고 토지관할에 대하여 전속관할제도를 채택하였다.

셋째, 행정사건소송 중 항고소송은 원칙적으로 6개월 내에 출소하여야 하는 출소기간을 규정하였다.

넷째, 항고소송에 원상회복, 손해배상 그 밖의 청구에 관한 소를 병합하여 행정처분에 관한 분쟁을 일거에 해결할 수 있도록 하여, 소송의 지연을 방지하고 소송경제의 실현을 기대하였다.

다섯째, 행정처분에 대해서는 가처분에 관한 민사소송법의 규정을 적용하지 않고, 그 대신 집행정지제도를 마련하되 이에 대하여 내각총리대신의 이의제도를 인정하였다. 즉, 행정사건소송의 제기에 의하여 행정처분의 집행을 정지하지 않는 것을 원칙으로 하고 재판소는 특별한 사유가 있는 경우에만 집행정지를 명할 수 있는 것으로 하면서 이에 대하여 내각총리대신의 이의제도를 인정하였다.

여섯째, 행정사건소송에 대하여 청구가 이유 있는 때에도 행정처분을 취소 또는 변경하는 것이 공공의 복리에 적합하지 않은 때에는 재판소는 청구기각의 판결을 할 수 있다(사정판결).

일곱째, 행정사건소송의 특수성에 비추어 직권에 의한 소송참가 및 직권증거조사를 인정하였다.

이렇게 제정된 행정사건소송특례법을 <제2차> 행정사건소송특례법안과 비교해보면, 총사령부와 절충과정에서 주로 논의가 된 ① 소원전치주의(제2조)와 ② 집행정지(제10조) 등이 크게 달라졌으므로, 아래에서는 이를 중심으로 살펴본다.

나. 소원전치주의

연합군군 총사령부는 애초부터 미국에서 행정위원회제도를 통하여 행정사건을 처리하는 것에 대한 유용성을 인식하고 소원전치주의의 도입을 강력히 주장하였다.[71] 그리하여 1차 회담의 모두에서 총사령부 측은 위법한 행정처분에 대하여 소원을 제기한 다음에 재판소에 출소하는 소원전치주의를 원칙으로 하고, 이에 따른 난점은 그 보완책을 생각해보자는 태도를 가질 것을 시사하였다. 이에 사법성은 소원제도의 불비를 염려하여 직접 재판소에 출소할 수 있는 것을 원칙으로 하되 재판소가 필요한 경우 먼저 소원을 거칠 것을 명하고 그 사이에 소송절차를 중지할 수 있는 것을 타진하였다. 위 제안에 대하여 총사령부 측이 고려할 가치가 있다는 반응을 보이자 2차 회담에서 다음의 시안을 제시하였다.

[소원전치 제1차안](신 제3조)[72]

① 전조의 소는 다른 법률에 특별히 정한 경우를 제외하고 소원을 경료하지 않더라도 이를 제기할 수 있다.
② 소원을 경료하지 않고 소의 제기가 있었던 경우 상당하다고 인정하는 때에는 재판소는 결정에 의하여 사건에 대하여 소원을 경료할 것을 명하고, 그 절차가 마쳐질 때까지 소송절차를 중지할 수 있다.
③ 재판소는 전항의 결정을 취소할 수 있다.

그러나 총사령부 측은 철저하게 소원전치주의를 원칙으로 할 것을 요구하였다. 이로써 소원전치에 관한 총사령부 측과 일본 측의 오래된 견해의 차이는 미국식 행정위원회를 염두에 둔 총사령부 측의 요구가 관철되는 방향으로 해소되었다. 일본 측은 3차 회담에서 다음과 같은 시안을 제시하였고, 총사령부 측은 적극적인 반응을 보였다.

---

71) 강재규, "현행 행정소송제도의 재구성을 위한 시론적 연구", 공법연구 제39집 제1호, 한국공법학회(2010. 10), 304면.
72) 高柳信一, "行政訴訟法制の改革", 343頁.

[소원전치 제2차안]73)

> 행정청의 위법한 처분의 취소 또는 변경을 구하는 소는 다른 법률에 특별히 정함이 있는 경우를 제외하고 그 처분에 대하여 법률의 규정에 의하여 소원을 할 수 있는 경우에는 소원의 재결을 경료한 후가 아니면 이를 제기할 수 없다. 다만 소원의 재결을 경료한 것에 의하여 현저한 손해가 생길 우려가 있는 때, 그밖에 정당한 사유가 있는 때에는 그렇지 않다.

이와 같이 소원전치주의의 골자가 정해지고 그 이후 표현이 바뀌어 1948. 3. 23. <제4차> 행정사건소송특례법안에서는 다음과 같이 규정하였다.

[소원전치 제3차안](1948. 3. 23)74)

> **제2조** 행정청의 위법한 처분의 취소 또는 변경을 구하는 소는 그 처분에 대하여 다른 법률의 규정에 의하여 소원을 할 수 있는 경우에는 소원의 재결을 경료한 후가 아니면 이를 제기할 수 없다. 다만 소원의 재결을 경료한 것으로 인하여 현저한 손해가 생길 우려가 있는 때, 그밖에 정당한 사유가 있는 때에는 소원의 재결을 마치지 않고 소를 제기할 수 있다.

그 후 법무청 민사국의 「행정사건소송특례법 수정안」에서는 ① '소원'이라는 문구에 관한 의문의 여지를 없애기 위하여 '소원, 심사의 청구, 이의의 신청 그 밖의 행정청에 대한 불복의 신청(이하 소원이라 한다)'이라고 바꾸고, '소원의 재결'도 '이에 대한 재결, 결정 그 밖의 처분(이하 재결이라 한다)'이라고 고칠 것과 ② 국민의 권리보호를 명확하게 하기 위하여 '소원의 재결을 경료한 것으로 인하여 현저한 손해가 생길

---

73) 高柳信一, "行政訴訟法制の改革", 344頁.
74) 高柳信一, "行政訴訟法制の改革", 344頁.

우려가 있는 때 그 밖의 정당한 사유가 있는 때'라는 단서의 규정에 '소
원의 제기가 있었던 때부터 3월을 경과한 때'를 삽입할 것 등을 제안하
였고 그것들은 모두 받아들여졌다.

다. 집행정지와 내각총리대신의 이의

1차 회담에서 총사령부 측은 <제2차> 행정사건소송특례법안 제10조
에 대하여, ① 집행정지의 요건이 지나치게 완화되어 있고, ② 집행정지
대상처분의 예외를 마련하여야 한다는 것을 주문하였다. 즉, ①에 대해
서는 처분이 집행되더라도 금전으로 배상할 수 있는 경우에는 집행정지
를 할 필요가 없을 것이고, ②에 대해서는 미국에서 대통령의 처분에 대
하여 집행정지를 할 수 없는 법률상의 전통이 있듯이 내각총리대신과
같은 상급 행정청의 처분에 대해서는 집행을 정지할 수 없게 하자는 것
이다.[75] 이에 대하여 최고재판소는 관료주의를 타파하고 민주화를 위하
여 집행정지의 요건을 완화할 수 없다는 입장을 보였으나, 총사령부 측
은 재판이 남용되어서는 안 된다는 우려를 표했다. 그리하여 3차 회담에
서 법무청은 집행정지의 요건·구성을 대폭 강화하는 다음과 같은 시안
을 제시하였다.

[집행정지 제1차안(제10조)[76]]

① 제2조의 소의 제기는 처분의 집행을 정지하지 않는다.
② 처분의 집행에 의하여 생기는 보상할 수 없는 손해를 피하기 위하여 긴급한 필요
　가 있다고 인정되는 때에는, 재판소는 신청에 의하여 또는 직권으로, 결정에 의
　하여 처분의 집행을 정지할 수 있다는 것을 명할 수 있다. 다만 집행정지가 공공

---

75) 총사령부 측이 제시한, 미국에서는 대통령의 처분에 대하여 재판소가 금지할 수 없다
　　는 '법률상의 전통'은 일부 그와 유사한 사례가 있었지만 반드시 확립된 것은 아니었
　　던 모양이다. 이에 관한 자세한 설명은 高柳信一, "行政訴訟法制の改革", 346頁.
76) 高柳信一, "行政訴訟法制の改革", 347頁.

> 복지에 중대한 영향을 미칠 우려가 있는 때에는 그렇지 않다.
> ③ 전항의 결정은 구두변론을 거치지 않고 이를 할 수 있다. 다만 미리 당사자의 의
>   견을 들어야 한다.
> ④ 제1항에 대해서는 불복을 신청할 수 없다.
> ⑤ 재판소는 언제라도 제1항의 결정을 취소할 수 있다.

위 시안은 금전배상이 불가능할 것을 집행정지의 적극적 요건의 하나로 정하고, 그와는 별도로 "공공복지에 중대한 영향을 미칠 우려가 있는 때"라고 하는 소극적 요건도 추가하였으며, 나아가 재판소가 집행정지 결정을 언제든지 취소할 수 있도록 규정하였다. 그러나 총사령부 측은 이에 추가하여 다음의 두 가지를 주문하였다.

첫째, 재판소의 집행정지결정에 대하여 처분청이 불복할 수 없다는 점이다. 일본 측은 이에 대하여 재판소가 집행정지결정을 직권으로 취소할 수 있으므로, 처분청이 불복하고자 할 경우 직권발동을 촉구하면 된다고 대응했고, 총사령부 측은 이를 납득하였는지 더 이상의 문제제기는 없었다.

둘째, 집행정지가 공공복지에 중대한 영향을 미치는지에 대한 판단을 누가하여야 하는지에 관하여 논란이 되었다. 총사령부 측은 재판소에게 그 판단을 맡기는 것은 부당하다고 하면서, 재판소가 집행을 정지하더라도 내각총리대신이 그 집행정지가 공공복지를 방해하는 것이라고 의견을 진술하면 재판소는 그 결정을 취소하여야 한다는 식으로 역제안을 하였다. 나중에 논쟁의 씨앗이 된 내각총리대신의 이의권의 발상은 이렇게 하여 등장하게 되었던 것이다. 물론 일본 측은 행정권이 사법권에 간섭하는 것이 되어 타당하지 않다고 반론을 제기하였지만, 총사령부 측은 재판소의 집행정지권 남용을 우려하였다.

회담 중에 일본 측은 "내각총리대신의 처분에 대하여 집행정지를 하

는 경우에는 그 동의를 요하는 것으로 하고, 내각총리대신은 정당한 사유가 없으면 동의를 거부할 수 없는 것"을 제안하였고(이를 집행정지 제2차안이라고 한다), 총사령부 측은 앞으로 연구해나가자고 답변하여, 회담은 종료하였다.[77]

이러한 회담 후에 법무청 민사국은 총사령부 측의 지적 내지 지시를 참작하여 「행정사건소송특례법 수정안」(1948. 2. 23)을 작성하였는데, 집행정지조항은 행정우위의 방향으로 고쳐졌다.

[집행정지 제3차안](제10조)[78]

> ① 제2조의 소의 제기는 처분의 집행을 정지하지 않는다.
> ② 처분의 집행으로 인하여 생기는 보상할 수 없는 손해를 피하기 위하여 긴급한 필요가 있다고 인정되는 때에는, 재판소는 신청에 의하여 또는 직권으로, 결정에 의하여 처분의 집행을 정지할 수 있다는 것을 명할 수 있다. 다만 집행정지가 공공복지에 중대한 영향을 미칠 우려가 있는 때 및 내각총리대신이 이의를 진술한 때에는 그렇지 않다.
> ③ 전항 단서의 이의는 그 이유를 명시하여 이를 진술하여야 한다.
> ④ 제2항의 결정은 구두변론을 거치지 않고 이를 할 수 있다. 다만 미리 당사자의 의견을 들어야 한다.
> ⑤ 제1항에 대해서는 불복을 신청할 수 없다.
> ⑥ 재판소는 언제라도 제2항의 결정을 취소할 수 있다.[79]

위와 같은 집행정지 3차안은 2차안과 비교하면 다음과 같은 점이 다르다.

첫째, 2차안에서는 내각총리대신의 처분에 대한 집행정지만 특별한

77) 高柳信一, "行政訴訟法制의 改革", 348頁.
78) 高柳信一, "行政訴訟法制의 改革", 349頁.
79) 1948. 3. 23.에 작성된 [제4차] 행정사건소송특례법안에서는 제10조 제2항의 처음에 "제2항의 소의 제기가 있었던 경우"라는 문구를 삽입하는 등 약간의 수정이 행해졌다.

요건을 정하려고 하였지만, 3차안에서는 모든 행정처분에 대하여 요건
이 강화되었다.

둘째, 3차안에서는 내각총리대신의 이의를 집행정지의 소극적 요건의
하나로 정하였다. 2차안에서는 "공공복지에 중대한 영향을 미칠 우려가
있다."라는 점에 대하여 내각총리대신에게도 판단권을 부여하고 재판소
의 판단보다 우위에 두는 것이었지만, 3차안에서는 내각총리대신의 이
의신청이라는 사실의 존재 그 자체가 집행정지의 소극적 요건이 되었던
것이다.

총사령부 측은 히라노(平野)사건을 계기로 내각총리대신과 같은 상급
행정청의 처분에 대해서는 집행을 정지할 수 없도록 하는 정도의 입장
을 가지고 있었고, 일본 측은 집행정지의 요건을 엄격하게 하는 것으로
대응하였는데, 뜻하지 않게 모든 처분에 대한 집행정지의 요건이 강화되
고 내각총리대신의 이의제도가 생겨서 결과적으로 행정의 판단권이 우
위에 있게 되는 결과가 되어버렸다. 그리하여 내각총리대신은 집행정지
대상이 되었던 처분의 발급자인 당사자 또는 행정권의 수장의 지위에서
마치 행정권과 사법권의 관계를 조정하는 국가의 수장과 같은 지위로
격상되어, 중대한 국익에 관련된 처분에 대하여 사법부의 집행정지권을
제약하는 절대적인 권능을 부여받게 된 것이다.[80]

법무청은 1948. 3. 15. 「행정사건소송특례법안 설명자료」를 작성하였
는데, 내각총리대신의 이의제도에 대하여 "집행정지는 행정작용에 상당
한 영향을 미치는 것이므로, 가능한 한 그 남용을 피하는 것이 3권 분립
의 정신에 합치하는 것이어서, 행정권의 행사에 관하여 국회에 대하여

---

80) 高柳信一, "行政訴訟法制の改革", 351頁. 내각총리대신의 이의에 의하여 집행정지
를 할 수 없어 기성사실이 완성된 상태가 되고, 그 결과 처분의 취소 또는 변경이
공공복지에 적합하지 않은 상태에 이르러 판결단계에서 사정판결에 의하여 청구가
기각된다면, 궁극적으로 행정우위의 소송제도가 완성되게 된다(高地茂世 外 3人, 「戰
後の司法制度改革」, 170頁).

책임을 지는 내각의 수반인 내각총리대신이 스스로의 책임으로 집행정지에 이의를 진술한 때에는 재판소가 이를 존중하도록 하였다."라는 취지로 설명하고, "다만 이 이의는 집행정지 전에 낼 것을 요하고 집행을 정지한 후에 이의가 나와도 집행정지의 효력에 영향을 미치지 않는다. 만일 사후에도 취소할 수 있게 한다면 사법권에 대한 부당한 간섭이 될 우려가 있다."라고 하였다. 그 후에 최고재판소는 요나이야마(米內山)사건에서 내각총리대신의 이의가 집행정지결정 이후에 나왔다는 이유로 이를 부적법하다고 결정하였다(最高裁判所 昭和 28. 1. 16. 大法廷 決定).81)

라. 그 밖의 사항

3회에 걸친 회담에서 가장 문제가 되었던 것은 소원전치주의와 집행정지에 관한 것이었지만, 다음과 같은 점에 대해서도 논의가 되었다.82)

① 항고소송의 제소기간: <제2차> 행정사건소송특례법안 제4조에서는 항고소송의 제소기간을 행정재판법상의 60일에서 대폭 늘려 6개월로 정하고 그 기산일을 "처분 또는 재결이 있었던 것을 알았던 날"로 정하였다. 이렇게 되면 극단적인 경우 당사자가 언제까지라도 처분이 있었던 것을 알지 못한다면 처분이 장기간 확정되지 않는 사태가 생길 수 있으므로, 단서에 "처분 또는 재결의 날로부터 3년을 경과한 때"에는 처분이 있었다는 것을 알았던 날로부터 6개월 이내라도 제소를 할 수 없는 것으로 정하였다. 그런데, 총사령부 측은 국적에 관한 처분 등의 문제에서 그 당사자가 외국에 있었다는 것과 같이 처분이 있었던 것을 전연 알지 못했던 당사자를 보호하기 위한 예외가 필요하다고 주장하였다. 그리하여,

---

81) 高柳信一, "行政訴訟法制の改革", 355頁 주 37).
82) 이에 관한 자세한 사항은 高柳信一, "行政訴訟法制の改革", 355頁 이하 참조.

"처분을 알지 못하였다는 것에 대하여 정당한 사유가 있는 것을 소명한 경우"에 대해서는 제소할 수 있도록 규정하였다.

② **공공복지의 변호**: <제2차> 행정사건소송특례법안 제8조에서는 구 행정재판법 제35조의 공익변호위원제도의 취지를 계승하여 공공 복지의 변호제도를 채택하였다. 그러나 일본국헌법 시행 후 재판 관 인사를 포함한 사법행정권을 장악한 구래의 사법대신제가 폐지 되고, 영미법계의 국왕 내지 대통령의 법률고문인 성격을 가진 Attoney Gerneral 제도에서 유래한 법무총재제가 새롭게 도입되기 에 이르자 공익변호위원제는 재검토되었고, 일본 측에서 자발적으 로 제안하여 삭제되었다.

③ **처분권주의의 제한**: 구 행정재판법 제38조는 변론주의를 제한하고 직권탐지주의를 채택하였고, 명문의 규정은 없었지만 청구의 인낙 과 같은 당사자의 의사에 기한 소송의 종료는 허용되지 않는다고 해석되었다. 일본국헌법의 시행에 따라 행정소송도 원칙적으로 변 론주의와 처분권주의에 입각하여 심리되지만, 행정소송의 특성을 고려하여 <제2차> 행정사건소송특례법안 제9조에서는 청구의 인 낙 및 재판상의 자백에 관한 민사소송법의 적용을 배제하였다. 그 러나 일본 측이 3차 회담에서 스스로 제안하여 위 조항은 삭제되 었다.

제3절 제헌헌법의 제정과 사법국가제의 채택

I. 개설

우리나라는 제헌헌법 이래 현행헌법까지 한결같이 사법국가제를 채택하고 있다. 헌법재판을 담당하는 기관에 대해서만 제헌헌법에서 헌법위원회, 제2공화국헌법에서 헌법재판소, 제3공화국헌법에서 대법원, 제4공화국과 제5공화국에서 헌법위원회, 현행 헌법에서 헌법재판소를 채택하여 변화가 있을 뿐, 법원조직은 대법원을 정점으로 한 일원적인 조직체계를 형성하여왔다.

그러나, 헌법을 제정하기 이전 대한민국 임시정부 헌법에서는 행정재판소와 같은 특별법원의 설치를 채택한 적도 있었고, 헌법 제정을 위한 각종 헌법안에서는 행정국가제를 채택하기도 하였다.

이하에서는 우리 헌법이 사법국가제를 채택하게 경위와 그 내용에 대하여 대한제국에서 제헌헌법이 제정될 때까지의 경위를 살펴보기로 한다.

II. 대한제국에서 대한민국 임시정부까지의 사법관련 헌법조항

1. 구한말의 헌법 또는 헌법문서

갑오개혁 이후 1894. 12. 12. 당시 개화파 관료들의 개혁의지를 반영하여, 우리나라 최초의 근대적 정책백서이자 최초의 헌법적 성격을 지닌 문서라고 평가받는 「홍범 14조」가 제정되었고, 고종이 1895. 1. 7. 왕족 및 백관을 거느리고 종묘에 나아가 독립서고문(獨立誓告文)과 홍범14조를 선포하였다.83)

1896년에는 독립협회·만민공동회(萬民共同會) 등이 중심이 되어 자주독립운동을 활발하게 전개하였는데, 1898. 10. 29. 관민공동회에서는 정부 대신들과 독립협회 회원 및 서울 인민들이 모여 「헌의 6조」를 의결하였고, 고종은 같은 달 31. 이에 근거하여 그 내용을 수정한 「조칙 5조」를 발표하였다.84)

그 후 고종은 독립협회와 만민공동회를 강제해산하고 전제황권을 부활하고자 하는 보수적 시각에서 1897년 연호를 '광무(光武)'로 정하고, 같은 해 10. 국명을 '대한제국(大韓帝國)'으로 고쳐 내외에 자주국가임을 선포하였고, 1899. 8. 17. 한국 최초의 성문헌법이라 할 수 있는 대한제국의 헌법인 「대한국국제」를 반포하였다.85) 위 대한국국제는 1889. 8. 1. 신설된 법규교정소에서 작성하였는데, 전제황권을 강화하기 위한 고종의 대안을 드러낸 것으로 민권 및 대의개념이 없었고 권력분립적인 사고가 결여되어 입법권·행정권·사법권이 모두 황제에게 집중되어 있었다.86)

---

83) 그 원문은 정종섭, 「한국헌법사문류」, 박영사, 2002., 2면 이하에 수록되어 있다. 제13조에서는 "민법·형법을 엄히 제정하여 함부로 감금·징벌을 금지하며 민의 생명·재산을 보호한다."라고 규정하고 있어서, 법치주의에 의하여 국민의 생명 및 재산권을 보장하고 있다.

84) 서희경, 「대한민국헌법의 탄생-한국헌정사, 만민공동회에서 제헌까지」, 창비, 2012., 43면. 「헌의 6조」 중 제4조는 "지금부터는 무릇 중대한 죄인을 별도로 공개하여 공변되어 심판하되, 피고가 도저히 설명하여 필경에 자복한 후에야 시행할 일이며"라고 기재되어 있었다.

85) 그 전문은 김철수, 「헌법개정, 과거와 미래-제10차 헌법개정을 생각한다-」, 진원사, 2008., 21~22면에 수록되어 있다.

86) 서희경, 「대한민국헌법의 탄생」, 46면 참조.

어쨌든 「홍범 14조」나 「대한국국제」를 비롯한 구한말의 헌법 및 그와 관련된 각종 문서에서는 행정소송권의 귀속에 관한 조항은 물론이고 법원조직의 형태에 관한 규정을 찾아볼 수 없다.

2. 대한민국 임시정부 헌법

3·1운동 이후 독립운동가들은 항일투쟁을 위하여 대한국민의회(로령), 조선민국임시정부(안), 상해임시정부, 신한민국정부(안), 한성정부 등 비밀지하단체를 조직하였다. 그중 정부조직에 착수한 것은 대한국민의회, 상해임시정부 및 한성정부 3개였는데, 1919. 9.경 상해의 대한민국임시정부가 개헌의 형식으로 국민의회를 흡수하고 한성정부를 통합하였다. 임시정부는 헌법을 제정한 이래 5회에 걸쳐 헌법을 개정하였다. 따라서 1941년의 건국강령을 포함하면 총 7개의 임시헌법을 가지고 있었다.[87]

1919. 4. 11.에 공포된 상해임시정부의 헌법인 대한민국임시헌장은 10개조로 구성되어 있는 간단한 형태였고, 제9조에서 "생명형, 신체형 및 공창제(公娼制)를 전폐함."이라고 규정하고 있을 뿐 사법제도나 법원조직에 관한 아무런 규정이 없었다.

그러다가, 1919. 9. 11. 개정된 대한민국임시헌법(제1차 개헌)은 안창호의 영향 아래 미국제도를 참조한 이상적인 헌법으로 제정되었다.[88] 대통령제를 채택하고 권력분립의 원칙에 입각하여 사법권은 법원에 귀속시키고 사법부의 독립을 천명하였다. 특기할 만한 것은 제44조에서 "법원은 법률에 의하여 민사소송 급(及) 형사소송을 재판함. 행정소송과

---

87) 김영수, 「대한민국임시정부헌법론-헌법제정의 배경 및 개헌과정을 중심으로-」, 삼영사, 1980., 69~70면 참조. 대한민국 임시정부 헌법들의 전문은 위의 책, 224면 이하의 부록 및 정종섭, 「한국헌법사문류」, 22~109면에 수록되어 있다.
88) 김철수, 「헌법개정, 과거와 미래-제10차 헌법개정을 생각한다-」, 28면 참조.

기타 특별소송은 법률로써 차(此)를 정함."이라고 규정하고 있다는 점이다.

그러나 독립운동가들의 부푼 이상을 반영하고 대외적으로 내세워야 할 명분에 입각하였던 대한민국임시헌법(제1차 개헌)은 현실적으로는 독립운동을 추진해 나가는 데에 운영상의 문제를 야기하였다. 특히 제1차 개헌으로 신설된 법원조직은 실제로는 설치되지 않았고 사법과 관련된 조항은 사문화되었기 때문에, 현실과 규범이 괴리되었다.[89] 그리하여 1925. 4. 7. 개정에 의한 대한민국임시헌법(제2차 개헌)에서는, 대통령제를 폐지하고 국무령과 국무원으로 조직한 국무회의제도를 채택하고, 법원의 장을 없애고 국무회의가 행정과 사법을 통판(統辦)하게 하며(제4조), 행정 및 사법의 부서조직에 관한 규정도 국무회의에서 정하도록 하였고(제9조), 임시헌법의 적용범위를 인민에서 광복운동가로 한정하였다. 그 이후 1927. 3. 5. 개정된 대한민국임시약헌(제3차 개헌), 1940. 10. 9. 개정된 대한민국임시약헌(제4차 개헌), 1941. 11. 25. 작성된 대한민국건국강령에서도 사법제도나 법원조직에 관한 특별한 조항은 없었다.

그 후 1944. 4. 22. 개정된 대한민국임시헌장(제5차 개헌)은 대한민국임시정부의 마지막 헌법으로서 심판원의 조직을 구체화하였다. 법원의 조직을 중앙심판원·지방심판원 및 기타 특종심판위원회로 구분하고(제45조), 중앙심판원은 심판위원 2인 내지 5인과 보조직원 약간인으로 조직하도록 하였다(제46조). 각종 심판기관은 법률에 의하여 민사·형사심판과 혁명자 징계처분에 관한 사항을 장리하고(제48조), 대사·특사·감형·복권은 법률에 의하여 중앙심판위원장이 제출하며 국무위원회에서 행하도록 하였다(제50조). 사법권(심판원)의 독립을 규정하고(제51조), 각

---

89) 행정부에 의한 재판을 허용하는 것이 현실적이었으나, 대한민국 임시정부가 프랑스 당국의 법률을 준수하여야 할 입장에 있었고, 프랑스 당국은 임시정부의 재판작용에 의한 처벌을 사형(私刑)으로 규정하고 있었는 데다가 헌법상의 사법관련 조항 때문에 행정부에 의한 재판을 행할 수 없었다(김영수, 「대한민국임시정부헌법론」, 115면 참조).

급 심판기관의 심판은 공개를 원칙으로 하였다(제52조). 중앙심판위원장
과 심판위원은 국무위원회에서 선임하되 임기는 3년으로 하며(제53조),
심판위원장 및 심판위원은 형의 선고나 혁명자 징계조례상의 중대한 처
분에 의하지 아니하면 임기 내에 면직하지 못한다고 규정하여 심판위원
들의 신분을 보장하였다(제55조). 경과규정으로 본장 각조의 규정을 실
시할 수 있을 때까지는 심판안건의 발생에 따라 국무위원회에서 심판위
원 약간인을 선출하여 관리하도록 하였다(제56조). 그러나 심판원(사법
부)은 실제로는 조직되지도 운영되지도 않았던 것 같다.[90]

　이상에서 본 것처럼 대한민국임시정부는 "대한은 독립국이고, 대한인
민이 자유민임을 선언한" 3·1운동의 집단적 의사에 따라 인민주권 및
자유·평등의 원리에 입각하여 인민의 권리와 의무를 헌법에 규정하고
삼권분립에 입각한 정부형태를 취하였다.[91] 이러한 대한민국임시정부의
헌법은 한국헌법체계의 원형헌법으로서, 제헌헌법을 제정하는데 많은
영향을 미치게 된다.[92]

　다만 총 7개의 대한민국 임시정부의 헌법 중에서 사법제도와 법원조
직을 명시한 헌법은 1919. 9. 11. 개정된 대한민국임시헌법(제1차 개헌)
과 1944. 4. 22. 개정된 대한민국임시헌장(제5차 개헌) 뿐이었고 나머지
헌법들은 권력분립의 원칙을 반영하지 못하였는데, 이는 당시의 어려운
상황에 따른 불가피한 조치라고 평가된다.[93]

　한편, 사법부를 독립적인 장에 규정함으로써, 우리나라 헌법 역사상
최초의 사법부와 법원조직에 관한 조항을 명시하였던 1919. 9. 11. 개정

---

90) 김영수, 「대한민국임시정부헌법론」, 174면 참조.
91) 다만 정치적 상황의 변천에 따라 집정관총재제, 대통령제, 국무령제, 국무위원제, 주
　석제, 주석·부주석제로 정부형태가 변경되었다.
92) 대한민국 임시정부의 헌법과 제헌헌법 사이의 체계 및 용어, 기본원칙, 이념 등의 유
　사성을 밝히고 제헌헌법의 연속성을 주장하는 문헌으로서, 서희경, 「대한민국헌법의
　탄생」, 110면 이하 참조.
93) 김영수, 「대한민국임시정부헌법론」, 115면 참조.

된 대한민국임시헌법(제1차 개헌)과 사법부의 장을 둔 1944. 4. 22. 개정된 대한민국임시헌장(제5차 개헌)에서 행정국가제를 채택하였던 것은 매우 주목할 만하다.

Ⅲ. 미군정기의 사법제도에 관한 논의

1. 행정연구위원회안에서의 사법제도[94]

해방 직후 조선총독부는 치안유지를 위하여 국내 세력들과 사전교섭을 진행하였는데, 그 역할은 여운형 중심의 조선건국준비위원회가 맡게 되었고, 그들은 1945. 10. 7. 조선인민공화국을 탄생시켰다. 그러나 미군이 1945. 9. 7. 상륙하여 미군정청을 설치하고 미군정청이 체계를 정비하자 조선인민공화국을 부인하였다. 이승만은 1945. 10. 16. 귀국한 후 독립촉성중앙협의회를 결성하였고, 대한민국 임시정부도 1945. 11. 말경 개인자격으로 귀국하게 되었다. 한편, 국내 최대 정치세력이었던 한국민주당은 대한민국 임시정부를 봉대하면서도 미군정에 참여하였다. 그런데, 위 세력들이 정부수립 논의를 진행하던 중 1945. 12. 28. 모스크바 삼상회의에서 신탁통치 문제가 논의된 것이 국내에 알려지게 되자 신탁과 반탁을 놓고 격렬한 논쟁이 일어났다.

이 무렵인 1945. 12. 초경 대한민국 임시정부 내무부장 신익희가 중심이 되어 일제하 고등문관 출신자들과 함께 행정연구위원회를 결성하였다. 그 행정연구위원회가 1946. 1. 10. 기초에 착수하고, 1946. 3. 1. 바이마르헌법과 중화민국헌법을 주로 참조하여 작성한 것이 행정연구위원회의 헌법초안이다.

---

94) 이하의 미군정기의 시대구분은 『김수용, 「건국과 헌법-헌법논의를 통해 본 대한민국 건국사」, 경인문화사, 2008.』에 전적으로 의존하고 있다.

위 헌법초안 제4장에서 사법기관을 정하고 있었는데, 제51조에서는 "사법권은 국민의 명으로써 법률에 의하여 독립인 재판소가 차(此)를 행함. 재판소의 구성은 법률로써 이를 정함."이라고 규정하고, 제54조에서는 "특별재판소의 소관에 속한 것은 별로 법률로써 차(此)를 정함.", 제55조에서는 "행정청의 명령 급(及) 처분에 관한 소송은 법률로써 정하는 바에 의하여 행정재판소의 관할에 속함. 행정재판소의 구성은 법률로써 이를 정함."이라고 규정하고 있었다.95) 위 헌법초안 중 제4장 사법기관의 장은 행정청의 명령과 처분에 관한 소송을 관할하는 행정재판소를 별도로 설치하고 그 재판관도 사법관이 아닌 별도로 정하는 법률에서 정하는 자가 담당하도록 하였던 전전의 대일본제국헌법(메이지헌법) 제5장 사법의 장을 그대로 답습하고 있었다.96)

2. 미소공동위원회기의 사법제도에 관한 논의

가. 제1차 민소공동위원회기의 논의상황

모스크바 삼상회의의 신탁통치결정으로 제1차 미소공동위원회가 진행되었다. 김구는 이에 반대하여 1946. 1. 4. 비상정치회의를 소집하였고, 여기에 이승만의 독립촉성중앙협의회가 참여하면서 반탁세력을 망라하는 비상국민회의로 개칭되었다. 1946. 2. 13. 이승만과 김구에 의하여 최고정무위원들이 지명되고, 다음날 최고정무위원회는 남조선대한국민대표민주의원을 개원하였다.97) 위 민주의원은 같은 달 19. 헌법기초위원회를 설치하고, 1946. 3.말 내지 4. 2. 헌법초안으로서 민주의원안인 대한민

---

95) 위 헌법초안의 전문은 유진오, 「헌법기초회의록」, 일조각, 1980., 196면 이하, 정종섭, 「한국헌법사문류」, 158면 이하 등에 수록되어 있다.

96) 위 헌법초안 제4장의 내용과 메이지헌법 제5장의 내용이 몇몇 문구를 제외하고는 거의 유사하다.

97) 그 경위에 관해서는 김수용, 「건국과 헌법」, 55면 이하 참조.

국임시헌법을 작성하게 되었다.[98]

위 민주의원안에서는 제5장에서 사법권에 관하여 규정하고 있었고, 제66조에서 "사법권은 대통령이 임명한 법관으로써 조직된 법원에서 차를 행함. 법원의 구성 급 법관의 자격은 법률로서 차를 정함.", 제67조에서 "법원은 법률에 의하여 민사, 형사, 기타 일체쟁송을 심판함. 단 헌법 기타 법률로써 정할 행정재판 급(及) 특별재판은 차한(此限)에 부재(不在)함(그렇지 않음).", 제68조에서 "법원은 법률의 적용에 관하여 법령이 헌법에 위반되고 아니 됨을 심사할 권리가 유(有)함."이라고 규정하고 있었다. 이상에서 살펴본 바와 같이, 민주의원안은 아직까지는 행정재판에 관한 특별규정을 두고 있었다. 다만, 위헌법률심사권을 법원에 부여한 것은 미국식 사법제도로부터 영향을 받은 것으로 추측된다.

참고로 이 시기인 1946. 4.경 남조선과도정부 사법부장인 우돌(Emery J. Woodall)이 남한의 과도정부의 수립을 준비하기 위하여,[99] 미국인 법률고문들과 함께 작성한 것으로 추정되는 이른바 우돌안(The constitution of Korea)에서는 사법국가제를 채택하고 있었다.[100] 제5조에서 사법기관에 관하여 규정하고 있는데, 제1절에서 사법권이 "행정기관과 입법기관으로부터 독립적인 유일한 사법기관인 법원에 의하여 행사된다."라고 규정하고 있었다.[101]

---

98) 그 전문은 고려대학교 박물관 편, 「현민 유진오 제헌헌법 관계자료집」, 고려대학교 출판부, 2009., 59~72면에 수록되어 있다. 그밖에도 민주의원안은 제74조까지만 있는 조소앙 자료본이 남아있는데, 그 전문은 김수용, 「건국과 헌법」, 408~418면에 수록되어 있다.

99) 서희경, 「대한민국헌법의 탄생」, 166면 참조.

100) 우돌은 1945. 9. 29. 남조선과도정부 법무국장 겸 총무과장으로 임명되고 1945. 11. 21. 법무국장에서 물러난 다음인 1946. 4. 2. 총무처가 사법부로 통합되고 사법부가 재조직되었는데, 그때 총무처장에서 물러나고 사법부장으로 임명되고, 1946. 5. 23. 사법부장에서 퇴임하였다. 따라서 우돌안은 1946. 4.경 미군정청 사법부장 우돌의 관할 하에 미국인 법률고문이 작성한 것으로 추정된다(서희경, 「대한민국헌법의 탄생」, 167면 참조).

101) 그 영문과 한글 각 전문은 「현민 유진오 제헌헌법 관계자료집」, 75~126면에 수록되

나. 제1차 민소공동위원회 무기휴회기의 논의상황

그런데, 1946. 5. 초 제1차 미소공동위원회가 별다른 성과없이 무기한 휴회에 들어가자, 임시정부 수립논의는 김구 중심의 대한민국임시정부 수립론, 이승만 중심의 남한단독정부수립론, 김규식·여운형 중심의 좌우합작위원회로 분화되었다. 한편, 좌익은 이미 민주의원이 개원한 다음날인 2. 15.부터 민주주의민족전선을 발족하여 임시정부의 수립에 관하여 논의하고 있었다.

미군정은 조선인의 대표기관의 구성을 계획하고 있었기 때문에, 처음에는 비상국민회의에 기대를 걸고 남조선대한국민대표민주의원을 자문기관으로 인정하였다. 그러나 이는 조선인민당이 탈퇴함으로써 우익 진영의 통합기구로 전락하게 되었다.102) 그러자 김규식·여운형 중심의 좌우합작위원회를 지원하여 입법기관으로 발전시키려고 하였고, 1946. 12. 12.에 좌우합작위원회가 중심이 되어 남조선과도입법의원이 개원하여 한국인이 주도하는 임시정부를 구성하고 임시정부의 과도적 헌법안을 구상하였다. 이 시기에 서상일이 주도한 1947. 3. 3.자 남조선과도약헌안

어 있고, 관련 조항은 다음과 같다.

『제5조 사법기관

제1절 법에 따라 제정된 법률을 사법 절차에 의해 집행하고, 위법을 처벌하며, 소송 건 및 기타 소송절차에서 헌법, 법률과 규정을 해석하고, 특수한 문제의 사법적 판결을 내리는 모든 정부권력은 사법 절차에서 행정기관과 입법기관으로부터 독립적인 유일한 사법기관인 법원에 의해 행사된다. 법률의 집행에 있어서 법원은 조선정부를 사법적 개인으로 간주하며 기타 사법적 개인에 대해서와 마찬가지로 조선정부에 대해서도 정당한 요구를 집행한다.

제2절 사법기관은 수도에 위치하여 10년 동안 종사하는 1명의 대법원장과 4명의 대법관으로 구성되는 대법원, 항소원, 원심법원, 그리고 의회가 전국적인 법원기관의 필수요소로서 법에 의해 설립한 기타 법원으로 구성된다. 초대 대통령이 취임했을 당시의 법원 체계는 의회가 제정한 법률에 의해 개정될 때까지 존속한다. 대법관 이외의 판사직의 임기는 의회가 제정한 법률에 의해 정해진다. 사법직에 종사하는 사람은 수익을 목적으로 사기업의 어떤 직책에도 종사할 수 없다.』

102) 김철수, 「헌법개정, 과거와 미래-제10차 헌법개정을 생각한다-」, 57면 참조.

(南朝鮮過渡約憲案), 김붕준이 주도한 1947. 3. 31.자 임시헌법기초위원회안이 남조선과도입법의원에 제출되었다.[103]

서상일이 주도하여 작성한 것으로 알려진 남조선과도약헌안[104]은 제4장에서 "사법"에 관하여 규정하고 있는데, 제31조에서는 "사법권은 법관으로써 조직된 법원이 차를 행함 단 행정소송 급 특별소송은 차한에 부재함", 제34조에서 "법원은 법령의 적용에 관하여 법령의 본법(本法)에 위반 여부를 심사할 권한이 잇음."이라고 규정하고 있었다. 그리하여 앞에서 본 민주의원안과 같이 행정재판소을 설치할 수 있는 여지를 주고 있었다.

위와 같은 남조선과도약헌안이 남조선과도입법의원에 상정되어 논의가 이루어지자 남조선과도입법의원이 설치한 임시헌법기초위원회의 위원장 김붕준은 임시헌법기초위원회안을 제출하였다.[105] 임시헌법기초위원회안은 제5장에서 "사법권"에 관하여 규정하고 있는데, 제50조 제1항에서 "사법권은 대통령이 임명한 법관으로써 조직된 법원에서 차를 행함", 제51조에서 "법원은 법률에 의하야 민사, 형사 기타 일체 쟁송을 심판함 단 헌법 기타 법률로써 정한 행정소송 급 특별소송은 차한에 부재함.", 제52조에서 "법원은 법령의 적용에 관하야 법령이 헌법에 위반되고 아니됨을 심사할 권리가 유(有)함."이라고 규정하고 있어서,[106] 사법제도에 관한 한 위와 같은 남조선과도약헌안과 별다른 차이가 없었다.

---

103) 그 경위에 관해서는 김수용, 「건국과 헌법」, 89~91면 참조.
104) 그 전문은 「임시 약헌제정회의록(과도입법의원)」, 헌정사자료 제7집, 국회도서관, 1968. 2~7면(조선임시약헌안 제1독회 1947. 3. 11. 제29차 회의록)에 수록되어 있다.
105) 위 임시헌법기초위원회안은 이승만과 한민당 중심의 남한단독정부수립론에 대항하여 남북을 통한 임시정부 수립을 지향하고 민주의원안을 급히 수정하여 제출된 것으로 보인다(김수용, 「건국과 헌법」, 110면 참조).
106) 임시헌법기초위원회안 전문은 김수용, 「건국과 헌법」, 430~438면에 수록되어 있다.

다. 제2차 민소공동위원회기의 논의상황

입법의원에서 위와 같은 논의가 이루어지던 중, 1947. 5. 21.부터 미소공동위원회가 다시 열리게 되고, 1947. 6. 21. 미소공동위원회의 공동결의 제5호·제6호를 발표하고 각 정치세력에게 임시정부의 조직과 정강 등에 관한 질의서를 보냈다. 이에 따라 입법의원은 그 질의에 응하기 위하여 미소공위대책위원회로 하여금 답신안을 마련하게 하였는데, 그것은 한민당과 중간파의 견해를 절충한 것이었다. 한편 이러한 미소공위대책위원회의 답신안과 별도로 한민당 중심으로 결성된 임정수립대책협의회와 좌우합작위원회가 중심이 된 시국대책협의회도 각각의 답신안을 마련하였고, 위 답신안들은 1947. 7.경 제출되었다.

위 답신안들은 사법제도에 관한 한 모두 유사한 내용을 가지고 있었다. 그 내용은 사법권은 법관으로 조직된 법원에서 행사하되 위헌법령심사권을 최고법원에 부여하는 사법국가제를 채택한 것이었다.[107] 다만 남조선과도입법의원 답신안은 2심제를 채택하였다는 점에 특색이 있었다. 시국대책협의회의 답신안은 다른 두 답신안이 인민재판제를 채택하지 않고 배심제도는 그 이해득실을 충분히 연구한 후에 실시하도록 한 반면, 인민재판제와 배심제도를 도입하고 있다는 점에 특색이 있었다.

한편, 좌파결집체인 민주주의 민족전선도 미소공동위원회에 답신안을 제출하였다. 그 내용은 1946. 1.경에 작성된 그들의 헌법안인 조선민주공화국 임시약법 시안에 근거한 것이었다.[108] 조선민주공화국 임시약법 시안은 제6장에서 "사법"에 관하여 규정하고 있었는데, 제72조에서 "재판기관은 재판소 급 정치법원, 검찰기관은 검사 급 정치감찰원 각각 2종

---

107) 남조선과도입법의원 답신안 중 사법권에 관한 설명은 김수용, 「건국과 헌법」, 121~122면, 임정수립대책협의회 중 사법권에 관한 설명은 김수용, 「건국과 헌법」, 130~131면, 좌우합작위원회 중 사법권에 관한 설명은 김수용, 「건국과 헌법」, 140면 참조.
108) 서희경, 「대한민국헌법의 탄생」, 199~203면 참조.

으로 함. 각 기조직은 법률로서 제정함."라고 규정하였다. 제74조에서는
재판소의 구성과 조직을 정하고, 제75조에서 정치법원 급 정치감찰원의 관
할에 관한 사항을 규정하고 있었는데, 그 중 "행정명령의 해석상 발생하는
쟁송, 일체 국가기관 소속원의 탄핵 급 심판, 일체 국가기관 행정소송" 등
을 거기에 포함시키고 있었고, 인민재판제와 배심제를 규정하고 있었
다.109) 즉, 재판기관을 재판소와 정치법원으로 이원화하고 행정소송사항을
정치법원의 관할로 하는 일종의 행정국가제를 채택하고 있었던 것이다.

　이렇게 답신안들이 미소공동위원회에 제출된 다음, 1947. 7. 7. 우파의
남조선과도약헌안과 중도파의 임시헌법기초위원회안의 절충안인 조선
민주임시약헌안이 상정되고 드디어 1947. 8. 6. 조선임시약헌(朝鮮臨時
約憲)이 통과되었다. 조선임시약헌은 제5장에서 "사법권"에 관하여 규정
하고 있었는데, 제40조에서 "사법권은 법관으로써 조직된 법원이 차를
행함 법원의 조직 급 법관의 자격은 법률로서 차를 정함.", 제46조에서
"최고법원은 법령의 적용에 관하여 해(該)법령이 본법에 위반여부를 심
사할 권한이 있음."이라고 규정하여,110) 지금까지의 헌법안들과는 달리
전형적인 미국식 사법국가제를 채택하고 위헌법령심사권을 최고법원에
귀속시키고 있다.

　그러나 미소공동위원회가 결렬되고 유엔을 통한 국가수립이라는 모스
크바 삼상회의 이전상태로 돌아가자, 우리나라는 분단과 단독정부의 수
립으로 치닫고 남조선과도입법의원이 만든 통합헌법인 조선임시약헌은
폐기되기에 이른다. 그 표면적인 이유는 헬믹(G. Helmick) 군정장관대리
가 1947. 11. 20 입법의원에 전달한 조선임시약헌의 인준을 보류하는 서
한에 나타나 있다. 그 주된 내용은 입법의원은 관선의원과 민선의원이

---

109) 위 시안의 전문은 「현민 유진오 제헌헌법 관계자료집」, 43~56면, 김수용, 「건국과
　　헌법」, 419~429면에 수록되어 있다.
110) 그 전문은 「현민 유진오 제헌헌법 관계자료집」, 129~140면, 정종섭, 「한국헌법사문
　　류」, 148~155면에 수록되어 있다.

반반으로 구성되어 국민 전체의 위임을 받았다고 보기 어렵고, 적용범위도 국가 전체에 미치는 것이 아니라 사실상 남조선에게만 미치며, 남북한 통일헌법을 만드는 것을 지향하여야 한다는 취지였다.[111]

3. 미소공동위원회의 결렬

1947. 8. 미소공동위원회가 사실상 결렬되면서 미소공동위원회를 통한 통일국가 수립이 불가능해지자, 미국의 대한정책은 중간파를 통한 임시정부 수립에서 우익 중심의 남한정부 수립으로 선회하게 된다. 그리하여 이승만·한민당·신익희의 남한단독정부수립론과 김구·김규식의 통일정부수립론으로 양분되었으나, 김구와 김규식이 통일정부의 수립을 주장하면서 총선거에 불참하자 1948. 5. 10. 남한에서만 실시된 총선거에서는 이승만, 신익희, 한민당계 인사들이 대거 당선되어 국회를 장악했다.

Ⅳ. 헌법제정과정에서의 논의와 사법국가제의 채택

1. 유진오의 헌법안

유진오의 회고에 의하면, 1947년 가을 남조선과도정부 사법부 조선법전편찬위원회 산하 헌법기초분과위원회에서 초안작성위원으로 위촉되어 일제 하 고등문관 출신의 황동준, 윤길중과 서울고등법원 판사 정윤환의 도움을 받으면서 헌법안을 작성하던 중, 1948. 3. 중순경 국내세력의 최대결집체였던 한국민주당의 김성수로부터 헌법안의 기초를 위탁

---

111) 그 전문은 김수용, 「건국과 헌법」, 161면 참조.

받았고, 아울러 1948. 4.경 이승만이 영도하던 독립촉성국민회의 신익희로부터 위탁받아 행정연구위원회에 합류하여 헌법초안을 작성하는 작업에 참여하였다는 것이다.[112]

그 결과물로서 1948. 5. 초에 조선법전편찬위원회에 유진오 헌법초안(사법부제출안)을 제출하고,[113] 1948. 5. 14.부터 행정연구위원회에서 헌법초안에 대한 토론을 거쳐 1948. 5. 31. 유진오와 행정연구위원회가 합작한 헌법초안(공동안)을 작성하였다.[114]

사법부제출안은 제5장에서 "법원"에 대하여 규정하고 있었는데, 제84조 제1항에서 "사법권은 법관으로써 조직된 법원이 행한다.", 제89조 제1항에서 "법원은 법률이 정하는 바에 의하야 모든 종류의 명령과 처분이 헌법과 법률에 위반되는 여부를 심사할 권한이 있다.", 제2항에서 "법률이 헌법에 위반되는 여부가 판결의 전제가 되는 때에는 법원은 헌법위원회에 제청하야 그 결정에 의하야 판결한다."라고 규정하고 있다.[115]

한편, 공동안도 제5장에서 "법원"에 대하여 규정하고 있었는데, 제81조 제1항에서 "사법권은 법관으로서 조직되는 법원이 행한다.", 제85조에서 "법원은 모든 종류의 명령규칙과 처분이 헌법과 법률에 위반되는 여부를 심사할 권한이 있다. 법률이 헌법에 위반되는 여부가 재판의 전제가 되는 때에는 법원은 대법원에 제청하여 그 결정에 의하여 재판한다."라고 규정하고 있었다.

따라서 양자는 위헌법률심사권을 헌법위원회의 관할로 할 것인지 대법원의 관할로 할 것인지에 관해서는 달랐지만, 기본적으로 사법국가제

---

112) 유진오, 「헌법기초회의록」, 서문 참조.
113) 사법부제출안의 전문은 「현민 유진오 제헌헌법 관계자료집」, 163~179면에 수록되어 있다.
114) 공동안의 전문은 정종섭, 「한국헌법사문류」, 181~193면에 수록되어 있다.
115) 헌법위원회에 의한 위헌법률심사제도에 관해서는 "법원은 모든 종류의 법률명령 급 처분이 헌법 또는 법률에 위반되는 여부를 심사할 권한이 있다."라는 정윤환의 유보의견이 부기되어 있다.

를 채택하여 행정재판을 포함한 모든 쟁송을 대법원을 정점으로 하는 법원에서 일원적으로 재판하는 제도를 취하고 있었다.

2. 헌법기초위원회 헌법안의 작성과 법전편찬위원회의 이견

가. 헌법기초위원회의 헌법안 중 사법제도에 관한 부분

　1948. 5. 10. UN결의에 의거하여 제헌의회를 구성하기 위한 국회의원 총선거가 실시되어 198명의 국회의원이 선출되었다. 제헌의회는 같은 달 31.에 소집되어 의장으로 이승만을 선출한 뒤 헌법제정작업에 착수하였다. 헌법과 정부조직법 제정을 위한 기초위원으로 신익희·조봉암·서상일 등 30명이 선출되었으며, 전문위원으로 유진오·권승열·윤길중 등 10명이 위촉되었다. 헌법기초위원회는 1948. 6. 3.부터 같은 달 22.까지 유진오와 행정연구위원회가 합작한 헌법초안(공동안)을 원안으로 하고 권승열 위원의 헌법초안을 참고안으로 하여, 16차례의 회의를 거친 토의를 진행한 다음 헌법안을 마련하였다.

　위 권승열 위원의 헌법초안은 미군정청 사법부법전편찬위원회가 제헌 국회 헌법기초위원회에 제출한 헌법초안(권승렬안)으로서, 제5장에서 "사법"에 대하여 규정하고 있었는데, 제92조 제1항에서 "사법권은 오로지, 법관으로써 조직된 법원에서 행사한다.", 제3항에서 "군의 규율 및 나포에 관한 사항을 제하고는 다른 재판기관을 창설할 수 없다.", 제96조에서 "법관은 재판에 있어 사실에 준거되는 명령, 규칙 및 처분이 법률에 위반되는 여부를 판단할 수 있다. 최고법원은 재판에 있어 사실에 준거되는 법률이 헌법에 위반되는 여부를 심판할 수 있다."라고 규정하게 되었다.[116]

유진오의 헌법초안(공동안)과 권승렬안은 모두 정부형태를 의원내각
제로 하고 국회의 구성을 양원제로 하는 것이었으며, '미국형 사법심사
제'를 채택하고 최고법원에게 위헌법률심사권을 부여하고 있었던 점에
서 공통되었다.

그런데 헌법기초위원회에서 토의를 마친 초안이 국회 본회의에 상정
될 단계에서 이승만 의장과 미군정은 정부형태를 대통령제로 하고 국회
를 단원제로 하여야 한다고 강력히 주장하였다. 결국 이승만 의장의 주
장대로 대통령제와 단원제를 채택하는 대신에 한국민주당의 주장을 반
영하여 의원내각제적 요소인 국무원 및 국무총리제도를 두게 되었고, 위
헌법률심사권은 헌법위원회에 부여하게 되었다. 즉, 제5장에서 "법원"에
대하여 규정하고 있었는데, 제75조 제1항에서 "사법권은 법관으로써 조
직된 법원이 행한다.", 제80조에서 "대법원은 법률이 정하는 바에 의하
여 명령, 규칙과 처분이 헌법과 법률에 위반되는 여부를 최종적으로 심
사할 권한이 있다. 법률이 헌법에 위반되는 여부가 재판의 전제가 되는
때에는 법원은 헌법위원회에 제청하여 그 결정에 의하여 재판한다. 헌법
위원회는 부통령을 위원장으로 하고 대법관 5인과 국회의원 5인의 위원
으로 구성한다. 헌법위원회에서 위헌결정을 할 때에는 위원 3분지 2이상
의 찬성이 있어야 한다. 헌법위원회의 조직과 절차는 법률로써 정한다."
라고 규정하고 있었다.117)

유진오는 1948. 6. 23. 국회에서 헌법기초위원회의 헌법안을 제안하게
된 이유를 전문위원을 대표해서 설명하게 되었다.118) 그 중 사법제도에
관한 설명부분을 소개하면 다음과 같다.

『(상략) 제80조에서 주목할 점은 제80조 제1항은 행정소송에 대해서

---

116) 「현민 유진오 제헌헌법 관계자료집」, 183~201면에 수록되어 있다.
117) 그 전문은 「헌법제정회의록(제헌의회)」, 국회도서관, 1967., 87~99면에 수록되어 있다.
118) 그 전문은 「헌법제정회의록(제헌의회)」, 102~111면, 유진오, 「헌법기초회의록」,
    236~245면에 수록되어 있다.

대륙식 특별재판소제를 취하지 않고 영미식 제도를 취해 본 것입니다. 종래의 불란서라든가 이러한 구라파대륙에서는 행정권의 처분에 관해서 그 불법을 주장하는 사람이 있다고 하더라도, 보통재판소에 소송을 제기하지 못하고 행정재판소라는 특별한 기관을 통해서만 할 수 있게 되어 있던 것입니다. 그러나 이렇게 행정권의 처분에 관한 소송을 행정권 자신에게 맡기는 것은 국민의 자유와 권리를 보장하는 의미에 있어서 적당치 아니하다고 해서 법률의 정하는 바에 의하여 명령, 규칙, 처분 그런 것이 헌법과 법률에 위반되는 경우에는 보통재판소에다가 소송을 제기할 수 있다고, 이렇게 한 것입니다. (하략)』

나. 법전기초위원회의 이견

남조선과도정부(미군정청) 사법부는 사법행정 뿐만 아니라 법제업무도 담당하고 있었는데, 1947. 6. 30.자 남조선 과도정부 행정명령 제3호에 의하여 그 소속 하에 법전기초위원회를 구성하였다.[119] 그 법전기초위원회에서 작성한 법전안은 군정장관에게 제출되고 군정장관이 과도입법의원에 회부하는 구조로 되어 있었다. 법전기초위원회는 각 분과위원회를 두었는데, 그 중 헌법기초분과위원회도 포함되어 있었고, 거기에서 행정소송과 선거소송도 함께 다루어졌다.[120] 법전편찬위원회는 1948. 5. 말 헌법개정요강을 작성하였는데, "제5장 사법권(일본)"이라고 기재하여, 그 내용을 참고하려고 하였던 국가로 일본을 명시하였다는 점에 특색이 있고, 나머지는 조선임시약헌의 체계를 그대로 따르고 있었다.[121]

---

119) 법전기초위원회는 법제편찬위원회, 법전편찬위원회 등으로도 불려졌고, 실제로 설치된 날은 1947. 9. 초경이라고 한다(김수용, 「건국과 헌법」, 175~176면 참조).
120) 헌법분과위원회 위원장은 김병로, 헌법기초위원은 황성수, 행정소송 기초위원은 정윤환, 선거소송 기초위원은 장후영, 일반위원은 한근조, 정문모, 유진오, 신익희 등이었다고 한다(김수용, 「건국과 헌법」, 177면).
121) 그 전문은 김수용, 「건국과 헌법」, 455~460면에 수록되어 있다.

위 법전기초위원회는 헌법기초위원회에서 위와 같이 마련한 헌법초안에 대하여 이견서를 제출하였다. 그런데, 위 헌법개정요강 중 사법제도에 관한 부분에 관해서는 이미 조선임시약헌에서 본 것처럼 완전한 미국식 사법국가제의 관점에서 논의를 전개하고 특히 위헌법률심사권을 법원에 부여하여야 한다고 하면서 헌법기초분과위원회의 헌법안을 비판하였다. 그 내용 중 사법제도에 관한 부분을 소개하면 다음과 같다.[122)

『第八 憲法草案 第七十五條 第一項을 左記와 如히 修正함이 가함
「司法權은 오로지 法官으로써 組織된 法院이 행한다」
(理由) 司法權은 一切 司法裁判所가 行하며 司法裁判所가 아닌 特別裁判所 (大法院에 대하여 下級裁判所가 아닌 行政裁判所 等)를 設置하여 司法權의 一部를 行치 못하는 趣旨를 明白히 함은 過去 日帝下에 있어서 一切의 司法權이 반드시 司法裁判所에서 行하여지지는 아니한 우리 民族의 經驗에 비추어 意義있다고 생각하는 까닭이다.』

『第十 憲法草案 第八十條는 左와 如히 修正함이 가함
「法院은 모든 種類의 命令規則과 處分이 憲法과 法律에 違反되는 與否를 審査할 權限이 있다. 當該 行政廳 또는 上級行政廳에 대하여 命令規則과 處分의 取消 또는 變更을 請求하는 境遇에도 法院에 對하여 이것을 請求하는 權利에 影響을 미치지 아니하며 法院의 裁判이 最終的 效力을 가진다. 法律이 憲法에 違反되는 與否가 裁判의 前提가 되는 때에는 法院은 大法院에 提請하여 그 決定에 依하여 裁判한다.」
(理由) (1) 憲法草案 第八十條 第一項에는 「大法院은 法律이 定하는 바에 依하여 命令 規則과 處分이 憲法과 法律에 違反되는 與否를 最終的으로 審査할 權限이 있다」고 規定되겠으므로, 첫째로 行政廳의 違憲違法의 命令規則處分의 取消變更을 請求하는 法院에 對한 訴訟의 提起는 憲法의 判定으로서는 許與되지 않고 法律의 制定을 기다려서야 비로소 許與될뿐더러, 둘째로 法律로써 取消變更을 訴求할 수 있는 命令規則處分을 限定할 수 있고 또 法院에 訴求하기 前에 그 命令規則處分한 當該行政廳 또는

---

122) 법전편찬위원회 이견서 전문은 정종섭, 「한국헌법사문류」, 210면 이하에 수록되어 있다.

上級行政廳에 訴願하여 그에 對한 結末이 난 때에야 비로소 法院에 訴訟
提起할 수 있게도 할 수 있다. 그러나

(가) 行政廳의 違憲違法의 命令規則處分의 取消變更을 法院에 請求할 權
利는 憲法上 當然히 人民이 享有하는 것이며 法律의 制定으로써 特
히 賦與하여야 人民이 이 權利를 享有하게 되는 것은 아니다. 行政
廳의 命令規則處分의 取消變更을 請求하는 訴訟은 民事訴訟法의 規
定에 依하여 進行할 것이므로 이 憲法外에 法律의 制定이 前提條件
으로 要求되는 것은 아니다. 民事訴訟法에 對하여 特例를 設定할 必
要가 있는 境遇에는 隨時法律로써 規定하면 可한 것이다.

(나) 違憲違法의 行政廳의 命令規則處分의 取消變更을 請求하는 訴訟을
一般民事訴訟과 區別하여 特異한 取扱으로써 그 訴訟을 提起할 수
있는 命令規則處分을 限定하며 當該行政廳 또는 그 上級行政廳에
對한 訴願을 經由한 後에야 訴訟을 提起할 수 있게 하며 또 그 訴訟
은 司法裁判所아닌 行政裁判所를 特設하여 管轄케 한 敗戰前 日本
의 行政權優越의 制度를 踏襲하였다고 說明하는 外에는 本憲法草案
의 條文을 說明할 수 없는 것이다. 이러한 制度下에서는 行政廳 違
憲違法의 命令規則處分 有效히 是正防遏할 수 있고 따라서 法治國
家로서 存續할 保障이 薄弱하며 人民의 自由와 權利에 대한 行政廳
의 不法의 侵害로부터의 救濟를 期待키 難한 警察國家됨을 免하기
어렵다. 그러므로 法治國家됨을 保障하기 爲하여는 이 憲法에 依하
여 모든 種類의 命令規則處分에 對하여 法院에 訴訟을 提起할 수 있
게 하고, 當該行政廳 또는 그 上級行政廳에 對하여 命令規則處分의
取消 또는 變更을 請求하는 境遇에도 그 結果를 기다릴 必要없이 法
院에 對하여 訴訟을 提起할 수 있게 하여야 한다.

(2) 憲法草案 第八十條 第二項 以下에 依하면 法律이 憲法에 違反되는 與否
가 裁判의 前提가 되는 때에는 法院은 憲法委員會에 提請하여 그 決定
에 依하여 裁判하게 되었고 憲法委員會는 副統領을 委員長으로 하고 大
法官 五人과 國會議員 五人의 委員으로 構成하게 되어 있다. 그러나 民
主主義國家임을 保障하기 爲하여서는 三權分立制度를 忠實히 實現하고
있는 美國聯邦憲法을 본보기로 하여 司法權 一切 제한 없이 換言하면
法律의 違憲審査權까지 法院에 賦與하여 法院으로 하여금 護憲護法機
關으로서의 任務를 遂行하도록 함이 가장 適切하다고 思料하는 바이다.
그 理由를 詳細히 例擧하면 아래와 같다.

(가) 具體的 事件 爭議를 裁判함에 있어서 解釋適用할 法律이 憲法에 違反되느냐 아니되느냐를 審査할 權限을 司法府의 優越이라고 稱하지만 大陸法系國의 司法府의 地位에 比較하여 優越한 것은 틀림없는 事實이나 立法府에 대한 不當한 干涉 乃至 不當한 優越을 意味하는 것이 아니고 三權分立의 原則上 當然히 司法府에 屬하여야 할 權限-그러나 大陸法系國에서는 司法府에 歸屬되지 못한 權限-을 司法府가 가지고 있다는 것을 意味하는 데 不過하다. 再言하면 立法府에 關한 限 司法府에 關聯한 것 行政府에 關聯한 것일지라도 立法機關에서 하는 것이 當然하며 그러므로 法院의 組織, 法官의 資格을 國會에서 法律로써 定하는 것(憲法草案 第七十五條 參照)이 決코 立法府의 司法府에 對한 不當한 干涉 또는 不當한 優越을 意味하는 것이 아님과 같은 理由로 具體的 事件에 對한 國法의 適用實施인 限 그것이 私人에 關한 것이든 司法府(法院)가 擔當할 것은 三權分立의 原則上 當然한 것이며 이러므로써 비로소 司法府는 私人과 官公廳에 對하여 똑같이 法을 適用實施하는 護憲護法機關인 任務를 遂行할 수 있는 것이다.

(나) 立法府인 國會라 할지라도 人民의 基本的 自由와 權利를 保障한 基本法이요 最高法인 憲法下에 있는 것은 行政府나 司法府와 다를 것이 없고 따라서 國會는 憲法에 違反되는 法律을 制定하여서는 아니될 것이다. 萬一 英國이나 戰前의 佛蘭西와 같이 立法機關自體가 그 制定하는 法律의 合憲性有效性에 對한 終局的 判定者가 된다면 立法機關에서 制定한 法律은 憲法에 違反된 것이라도 法律로써 人民을 拘束하는 效力을 가지게 될 것이고 法院은 이 違憲法律을 適用함을 强制當할 것이다. 이러한 立法府의 優越은 國民이 選擧한 議員으로서 組織된 立法府에 權力의 重心을 두는 것이 民主主義精神에 合致한다는 思想에 立脚한 것이겠지만, 이것은 憲法보다 上位에 立法者를 置하는 結果과 될 것이며, 違憲立法으로 因한 人民의 自由와 權利에 對한 立法機關의 勸力濫用 獨裁化의 弊를 防止하는 實效的 立法이 없고 憲法은 空文化할 것이므로 오히려 司法府(法院)에 立法府制定法律의 違憲性 따라서 無效를 制定하여 그 適用을 拒否하는 權限과 職務를 賦與함으로써 立法府의 違憲立法을 制禦하는 美國主義가 人民의 自由와 權利擁護를 終局의 標로 하는 民主主義에 더 符合한다고 하겠다. 再言하면 多數派에 權力을 賦與하는 同時에 多數

派의 權力濫用으로 因한 人民의 自由와 權利에 對한 侵害와 獨裁化
를 防止하는 것이 더 民主主義理念에 符合한다고 思料되는 바이다.

(다) 多數派의 權力濫用은 政爭에서 超然한 卽 多數黨에나 少數黨에나
不偏不黨한 法院(司法府) 이 是正할 任務를 가지는 것이 三權分立
의 基本思想인 것은 多言을 要치 않는 바이며, 따라서 本憲法草案에
違憲審査權을 司法府에 賦與치 않고 憲法委員會를 特設하여 此에
賦與하는 規定을 한 것은 前述 三權分立의 理念에 背馳될뿐더러 憲
法委員會의 構成으로 보아(憲法委員이 委員長까지 合하여 十一名인
데 그 중 五人은 國會議員인 點과 憲法委員會에서 違憲決定을 할
때에는 委員 三分之 二 以上의 贊成이 있어야 한다는 點을 注意할
必要가 있음) 違憲法律일지라도 거의 違憲決定을 하게 되지 못할 것
은 推測키 어렵지 아니하며 이로써는 憲法遵守에 對한 保障이 거의
有名無實하다 하겠으며, 또 行政府의 副統領이 委員長이 됨은 副統領
이 護憲의 司法機能을 가지지 아니한 點으로 보아 理解키 困難하다.

(라) 司法府에 違憲決定權을 賦與하더라도 이것은 性質上 消極的인 權限
이므로 거의 그 權限을 濫用할 念慮는 없으며, 萬若 念慮가 있다 하
면 違憲決定을 함에는 大法院聯合部 大法官의 三分之 二 以上의 贊
成이 必要하다고 規定하여도 可하다.』

3. 제헌헌법의 성립과정과 사법국가제의 채택

가. 제헌헌법의 성립경위

헌법기초위원회에서 작성된 제헌헌법안은 1948. 6. 23. 제16차 국회본
회의에 상정되었고, 바로 그날부터 같은 달 30.까지 제1독회가 대체토론
으로 진행되었다. 그 쟁점은 양원제 채택 여부, 위헌법률심사권을 법원
에 줄 것인지 헌법위원회에 줄 것인지 여부, 통제경제적 경제조항에 대
한 논쟁 등이었다. 제1독회 중인 1948. 6. 28. 국회 제19차 회의에서 박찬
현의원이 행정재판소를 설치하지 않은 이유에 대한 서면질의를 하자, 전

문위원 권승렬은 권력분립에 입각하여 사법권을 법원에 집중시키기 위한 것임을 밝혔다. 그 부분에 대한 답변을 소개하면 다음과 같다.[123]

『박찬현 의원으로부터는 「행정재판소를 설치하지 않는 이유여하?」행정재판에 대해서는 그렇습니다. 국회는 즉 법률에 대한 심판으로서 심판권이라고 할까요, 판정권을 통할 필요가 있습니다. 삼권분립이기 때문에 사법에 대한 것은 한곳에 몰아가지고 해야 합니다. 거기에 행정재판은 어떻게 하느냐, 일반사법제도를 들어서 하느냐, 그렇지 않으면 일반사법제도 이외에 따로 행정재판제도를 다시 취하겠느냐 즉 말하자면 법조직에다가 넣을 것인가, 이런 등등은 그 나라 사정에 따라서 다를 것입니다. 그리고 지금 이 헌법에 구성하고 있는 것은 행정재판을 사법재판소에서 합니다. 또 행정재판소는 따로 두지 아니하고 사법제도에다가 합한다고 그런데에서 그렇게 쓴 것이올시다.』

제2독회는 1948. 7. 1.부터 같은 달 7.까지 행해졌는데, 국호가 한국에서 대한민국으로, 인민에서 국민으로 변동되는 외에, 국회구성에 대하여 양원제가 삭제되고, 내각책임제를 이승만이 반대하고 나서자 파문이 일었다. 그러나 사법제도에 관해서는 일사천리로 원안이 가결되었다. 다만 제77조에서 대법원장인 법관은 대통령이 임명하고 국회의 승인을 얻어야 한다는 것에 대하여 "대법원장 및 대법관은 법률에 의하여 선정된 다음 대통령이 임명하고 국회의 승인을 얻어야 된다."라는 수정안이 나왔으나 원안대로 확정되었다.[124]

제3독회는 1948. 7. 7.과 같은 달 12. 양일간에 이루어졌는데, 애초의 헌법안에서 내각책임제와 양원제가 수정된 제3독회 심의안이 마련되었고, 사법제도에 관해서는 사소한 자구수정 후 원안대로 일사천리로 가결되었다.[125]

123) 「헌법제정회의록(제헌의회)」, 202면.
124) 헌법안 제2독회 1948. 7. 6. 국회 제26차 회의 중 제5장 법원에 대한 부분은 「헌법제정회의록(제헌의회)」, 593~598면에 수록되어 있다.
125) 헌법안 제3독회 1948. 7. 12. 국회 제28차 회의 중 제5장 법원에 대한 부분은 「헌법

이로써 대한민국 제헌헌법은 1948. 7. 12. 국회를 통과하였고, 같은 달 17. 이승만 의장이 서명한 후 공포·시행되었다. 그리고 같은 달 20.에는 새로 제정된 헌법의 규정에 따라 국회에서의 간접선거로 대통령에 이승만, 부통령에 이시영이 선출되어 같은 달 24. 그 취임식이 있었고, 1948. 8. 15. 대한민국 정부수립 선포식이 거행되었다.

제헌헌법은 전문, 10장·103개조로 구성되었다. 제1장 총강에서는 국가형태로서 민주공화국을 규정한 것을 비롯하여 국민주권, 국가의 영역, 국제평화주의 등을 규정하였다. 제2장 국민의 권리·의무에서는 평등권과 신체의 자유를 비롯한 기본권을 보장하는 한편 법률유보에 의한 제한을 규정하였다. 그밖에 노동3권과 사기업에 있어서 근로자의 이익분배균점권, 생활무능력자의 보호 등 사회적 기본권을 규정하였다. 제3장 국회에서는 단원제 국회를 규정하고 국회의원의 임기는 4년으로 하며 탄핵재판소에 대하여 규정하였다. 제4장 정부에서는 국가원수인 동시에 행정권의 수반인 대통령과 그 대행자인 부통령에 대하여 4년의 임기로 국회에서 선출하도록 하였으며, 대통령은 법률안거부권과 더불어 법률안제출권을 가지고 계엄선포권과 긴급명령권을 가지도록 하였다. 국무원은 대통령·국무총리·국무위원들로 구성되었으며, 국무총리는 국회의 승인을 얻어 대통령이 임명하도록 하였다. 제5장 법원에서는 사법권은 10년 임기의 법관으로 구성된 법원이 행하고, 대법원장은 국회의 승인을 얻어 대통령이 임명하도록 하였으며, 위헌법률심사권을 가진 헌법위원회를 규정하였다. 제6장에서는 사회적 성격이 강화된 경제질서를 규정하였고, 제9장 헌법개정에서는 대통령 또는 국회의 재적의원 3분의 1 이상의 찬성으로 헌법개정을 제안하고, 국회에서 재적의원 3분의 2 이상의 찬성으로 의결하도록 하였다.

제정회의록(제헌의회)」, 702~703면에 수록되어 있다.

제헌국회의 대한민국헌법 제5장 법원

제76조 사법권은 법관으로써 조직된 법원이 행한다.

최고법원인 대법원과 하급법원의 조직은 법률로써 정한다.

법관의 자격은 법률로써 정한다.

제77조 법관은 헌법과 법률에 의하여 독립하여 심판한다.

제78조 대법원장인 법관은 대통령이 임명하고 국회의 승인을 얻어야 한다.

제79조 법관의 임기는 10년으로 하되 법률의 정하는 바에 의하여 연임할 수 있다.

제80조 법관은 탄핵, 형벌 또는 징계처분에 의하지 아니하고는 파면, 정직 또는 감봉되지 아니한다.

제81조 대법원은 법률의 정하는 바에 의하여 명령, 규칙과 처분이 헌법과 법률에 위반되는 여부를 최종적으로 심사할 권한이 있다.

법률이 헌법에 위반되는 여부가 재판의 전제가 되는 때에는 법원은 헌법위원회에 제청하여 그 결정에 의하여 재판한다.

헌법위원회는 부통령을 위원장으로 하고 대법관 5인과 국회의원 5인의 위원으로 구성한다.

헌법위원회에서 위헌결정을 할 때에는 위원 3분지 2이상의 찬성이 있어야 한다.

헌법위원회의 조직과 절차는 법률로써 정한다.

제82조 대법원은 법원의 내부규율과 사무처리에 관한 규칙을 제정할 수 있다.

제83조 재판의 대심과 판결은 공개한다. 단, 안녕질서를 방해하거나 풍속을 해할 염려가 있는 때에는 법원의 결정으로써 공개를 아니할 수 있다.

나. 사법국가제의 채택

제헌헌법 이래 현행헌법에 이르기까지 우리나라는 대법원이 행정소송도 담당하는 사법국가제를 채택하여 왔다. 그러나 앞에서 살펴본 것처럼 제헌 헌법 이전에 행정국가제에 대한 사고방식이 전혀 없었던 것은 아니었다.

대한민국 임시정부의 헌법 중에서 사법부와 법원조직에 관한 조항을 명시하였던 1919. 9. 11. 개정된 대한민국임시헌법(제1차 개헌)과 사법부의 장을 둔 1944. 4. 22. 개정된 대한민국임시헌장(제5차 개헌)은 그 사법

188 한국과 일본에서 행정소송법제의 형성과 발전

조항이 실제로 시행되지는 않았지만 행정국가제를 채택하고 있었다. 그 이후의 1946. 3. 1.자 헌법위원회안, 1946. 3.말 또는 1946. 4. 2.자 민주의 원안, 1947. 3. 3.자 남조선과도약헌안, 1947. 3. 31.자 임시헌법기초위원 회안 등 일련의 헌법조안들에서도 행정국가제가 채택되었다. 아울러 좌 파결집체인 민주주의 민족전선이 1946. 1.경에 작성하여 미소공동위원회 에 제출한 답신안의 초안인 조선민주공화국 임시약법 시안에서도 재판 소와는 독립된 정치법원의 설립이 제안되었다.

이렇게 우리나라에서 행정국가제를 채택한 헌법이나 헌법안은 일제강 점기나 해방 직후에 작성된 것으로 보아 전전의 일본헌법과 행정재판제 도의 영향을 강하게 받았기 때문이라고 생각된다. 그러나 미군정이 자리 를 잡은 영향인지 1947. 8. 6. 남조선과도 입법의원이 만든 조선임시약헌 안 이후에는 한결같이 사법국가제를 채택하고 있었고, 그 점에 관하여 특별한 논란은 없었던 것으로 보인다.

그 이유는 전전의 일제가 행정국가제를 채택함과 아울러 행정소송에 서 열기주의를 채택하여 국민들이 행정소송을 제기할 기회가 원천적으 로 봉쇄되고 있었던 점을 반면교사로 삼아, 행정권의 처분에 관한 소송 을 행정권 자신에게 맡기는 것은 국민의 자유와 권리를 보장하는 의미 에서 바람직하지 않다고 생각하였기 때문에, 사법국가제를 채택함과 아 울러 행정소송에서 개괄주의를 취한 것으로 보인다.126) 다만 대법원에 최종적인 심사권을 부여한 것이므로 하급심에서 행정법원을 별도로 설 치하는 것을 금지하는 것까지 염두에 둔 것은 아니라고 생각된다. 이에 관한 유진오의 설명을 소개하면 다음과 같다.

먼저, 제헌 헌법 제76조 제1항에 대한 설명이다.127)

---

126) 앞에서 소개한 유진오의 1948. 6. 23. 국회본회의 상정 당시 대한민국헌법 제안이유 설명과 전문위원 권승렬의 1948. 6. 28. 국회 제19차 회의에서의 답변 참조.
127) 유진오, 「헌법해의」, 명세당, 1949., 165면.

『제76조 제1항 사법권은 법관으로써 조직된 법원이 행한다.

본조 제1항은 (중략) 삼권분립의 원칙을 선명한 것이며 또 사법권독립의 원칙을 선명한 규정이라 할 수 있다. (중략)

사법권은 재판권과 동일한 문구라 할 수 있는데 우리나라 헌법에 있어서는 민사재판과 형사재판이 법원의 권한에 속할 뿐 아니라 대법원은 헌법 제81조에 의하야 모든 명령, 규칙과 처분이 헌법 또는 법률에 위반되는 여부를 심사할 권한이 있으며 또 모든 법원은 법률의 헌법위반 여부를 헌법위원회에 제정할 권한이 있음으로 법원의 권한에는 민사재판과 형사재판뿐만 아니라 행정재판과 위헌결정의 제청권도 포함되어 있는 것이다.(하략)』

다음으로, 제헌헌법 제81조에 대한 설명이다.[128]

『제81조 대법원은 법률의 정하는 바에 의하여 명령, 규칙과 처분이 헌법과 법률에 위반되는 여부를 최종적으로 심사할 권한이 있다.

본조 제1항은 대법원이 법률의 정하는 바에 의하여 모든 명령, 규칙과 처분이 헌법과 법률에 위반되는가 안 되는가를 최종적으로 심사할 권한이 있는 것을 규정하였는데, 명령과 규칙이 헌법 또는 법률에 위반되는 여부를 법원이 심사할 수 있음은 세계 각 민주국가에서 인정되어 있는 원칙이므로 특히 설명의 필요가 없으며, 본항의 중점은 행정처분을 주로 하는 국가의 처분행위를 법원이 심사할 수 있다는 점에 있다. 본조에 의하여 우리나라에서는 구주대륙제국과 달라서 본장의 법원 이외에 독립한 행정재판소를 설치할 수 없게 되었으나, 대법원은 모든 명령, 규칙과 처분이 헌법 또는 법률에 위반되는 여부를 최종적으로 심사할 권한이 있다 하였을 뿐이므로 필요에 의하여 하급재판소로서 특별히 행정재판소를 설치하는 것은 무방하다 할 수 있다. 다만 이 경우에도 그 최종심은 반드시 사법재판소인 대법원에서 행하여야만 한다는 것이 우리 헌법의 취지인 것이다. 그리고 법원은 본항에 규정한 권한을 '법률이 정하는 바에 의하야' 행사한다 하였음으로 그에 관한 법률이 제정될 때까지는 그 권한을 행사할 수 없는데 불법한 행정처분으로부터 국민을 구제하기 위하야 그에 관한 법률이 지급히 제정되는 것이 요청된다.[129]

위법한 행정처분에 대하여 여하한 정도와 범위에서 출소를 허용할 것인가

---

128) 유진오, 「헌법해의」, 171면 이하.

129) 이와 관련하여 1951년 8월에야 비로소 행정소송법이 제정되어 실제적으로 운영될 수 있었다. 하지만 이렇게 제정된 행정소송법에서도 명령이나 규칙에 대한 위헌(위법)심사에 관해서는 특별히 규율하는 바가 없었고, 행정청의 처분에 대한 행정소송에 대해서만 규율하고 있었다.

하는 것은 앞으로 제정될 법률에서 결정될 것이나(과거의 일본에서는 행정
재판제도를 인정하면서 행정소송사항을 법률에 열거한 것에 제한하였음으
로 인하여 법률에 열거되지 아니한 사항에 관하여는 위법한 행정처분에 의
하여 권리를 침해받은 경우에도 국민은 출소할 방도가 없었던 것이다), 우
리나라 헌법의 인권존중의 성질상 행정소송의 제기를 용허(容許)할 수 없는
것(예를 들면 소위 '확정력'있는 행정처분 등)을 제외하고는 전면적으로 출
소의 길을 열도록 할 필요가 있을 것이다. 그러나 행정처분은 내용이 복잡
하고 기술적인 것이 많음으로 처음부터 직접 법원에 출소하게 하는 것보다
처분청 또는 그 상급관청에 먼저 출소를 하도록 하고 그 재결에 대하야 의
의가 있을 때에 법원에 출소할 수 있도록 하는 것이 타당할 것이다.』

제헌헌법에서 사법국가제를 채택한 것은 이상과 같은 이유였던 것이
분명하지만, 그것을 채택하게 된 배경에는 당시 미군정이 취하고 있었던
통치구조도 영향을 미쳤다는 점에 주목할 필요가 있다. 당시 남조선과도
정부(미군정청)의 사법제도는 미군정법령 제192호 법원조직법 제2조에
서 "법원은 민사소송, 형사소송, 행정소송, 선거소송 및 기타 일체의 법
률적 쟁의를 심판하고 비송사건 기타 법률이 정한 바에 의한 사실을 관
장함"이라고 규정하고 있었던 것과 같이, 법원이 행정소송과 선거소송,
위헌법률심판까지 담당할 것을 규정하고 있었다.[130] 이는 미국이 사법국
가제를 채택하고 있었기 때문에 취하게 된 당연한 귀결이라고 생각된다.

다. 제헌헌법 제76조 제1항과 제81조의 해석

제헌헌법 제76조 제1항에서는 "사법권은 법관으로써 조직된 법원이
행한다."라고 규정하고 있었다. 이는 입법권을 국회의 권한으로, 행정권
은 정부의 권한으로 귀속시킨 것과 함께 사법권을 법원의 권한으로 귀
속시켜 통치권을 크게 삼권으로 분립시키고 각각의 권한을 배분하는 규

---

130) 김철수, 「헌법개정, 과거와 미래-제10차 헌법개정을 생각한다-」, 85면.

정이라고 볼 수 있다.

그런데, 위 각 헌법 규정만으로는 법원이 가지고 있는 사법권의 범위
와 한계가 명확하지 않으므로, 이를 논하기 위해서는 '사법', '재판'의 개
념과 의미를 살펴보아야 한다. 우리나라의 헌법학계에서는 사법을 형식
적 의미로 파악하는 견해와 실질적으로 파악하는 견해가 대립하고 있
다.131) 형식적 의미의 사법은 국가기관 중에서 입법부와 행정부가 아닌
사법부의 권한범위에 속하는 사항을 말하는 것으로 이해된다.132) 반면
에 실질적 의미의 사법은 담당기관이 아니라 작용의 성질 또는 국가기
관의 성질을 기준으로 사법개념을 정의하는 것으로서, 성질설과 기관설
로 다시 나뉜다. 성질설은 입법이나 집행과 구별되는 사법작용의 특징을
법판단작용이라는 점에 초점을 맞추어 "사법이란 법을 판단하고 선언함
으로써 법질서를 유지하기 위한 작용"이라고 이해하고, 기관설은 "사법
이란 독립적 지위를 가진 기관이 쟁송절차에 따라서 행하는 국가작용"
이라고 이해한다.

그런데, 형식적 사법개념은 사법의 성질이나 내용과 상관없이 사법부
가 담당하는 사항이 사법권이라고 파악하나, 국가기능과 국가기관을 거
꾸로 이해하고 있다는 비판을 받고 있다. 국가기능을 전제로 그 기능을
담당할 기관을 구성하는 것이 현대적 권력분립의 요청에 맞는 것인데
선재하는 국가기관의 권한을 중심으로 기능을 설명하는 것은 논리적으
로 선후가 바뀐 것이라는 것이다.133) 따라서, 오늘날 헌법학계의 지배적
인 견해는 사법을 "구체적인 법적 분쟁이 발생한 경우 당사자로부터 쟁
송의 제기를 기다려 독립적 지위를 가진 기관이 제3자적 입장에서 무엇
이 법인가를 판단하고 선언함으로써 법질서를 유지하기 위한 작용"으로

---

131) 학설의 대립에 관해서는 권영성, 「헌법학원론」, 법문사, 2002., 777면, 장영수, 「헌
    법학」 제10판, 홍문사, 2017., 1041면 등 참조.
132) 형식설을 취하는 대표적인 문헌은 김철수, 「헌법학신론」 제20전정신판, 박영사,
    2010., 1510면.
133) 장영수, 「헌법학」, 1041면 참조.

이해하고 있다.134) 한편, 대법원은 "사법권이란 구체적인 법률적 분쟁이 발생한 경우에 당사자로부터의 소 제기 기타의 신청에 의하여 당해 분쟁사건에 적용될 법의 구체적 내용이 어떠한 것인지를 판단하고 선언함으로써 법질서를 유지하는 작용을 가리키는 것"이라고 판시하고,135) 헌법재판소도 "사법의 본질은 법 또는 권리에 관한 다툼이 있거나 법이 침해된 경우에 독립적인 법원이 원칙적으로 직접 조사한 증거를 통한 객관적 사실인정을 바탕으로 법을 해석·적용하여 유권적인 판단을 내리는 작용이다."라고 해석한 것136)에 비추어 보면, 모두 실질설을 취한 것으로 보인다.

이렇게 사법권을 실질적으로 파악하게 되면, 사법작용은 구체적인 법적 분쟁의 발생을 전제로 한다는 점, 당사자로부터 쟁송의 제기가 있는 경우에만 발동될 수 있다는 점, 무엇이 법인지를 판단하고 선언하는 작용이라는 점, 현존하는 법질서를 유지하기 위한 작용이라는 점, 독립적 지위를 가진 기관이 제3자적 입장에서 수행해야 할 작용이라는 점 등이 본질적인 개념적 징표가 될 것이다.137) 위 개념적 징표 중 사법작용의 전제조건인 구체적인 법적 분쟁의 발생을 전제로 한다는 점에 관해서 더 살펴보면 다음과 같다.

일반적으로 사건이라 함은 대등한 주체 사이의 신분상 또는 경제상 생활관계에 관한 사건을 말하는데, 그러한 생활관계에서 발생하는 모든 분쟁이 재판의 대상이 되는 것은 아니다. 법원조직법 제2조 제1항에서, "법원은 헌법에 특별한 규정이 있는 경우를 제외한 일체의 법률상의 쟁송을 심판하고, 이 법과 다른 법률에 의하여 법원에 속하는 권한을 가진다."라고 규정한 것에서 보는 바와 같이 '법률상의 쟁송'이 재판의 대상

---

134) 가령 권영성, 「헌법학원론」, 777면, 장영수, 「헌법학」, 1041면.

135) 대법원 1996. 4. 9. 선고 95누11405 판결.

136) 헌법재판소 2001. 3. 15. 선고 2001헌가1 등 결정.

137) 권영성, 「헌법학원론」, 777~778면.

이 되는 것이다. 헌법학계에서의 재판에 대한 설명을 살펴보면, "재판이란 권리가 침해되거나 분쟁이 발생한 경우 당사자의 청구에 의하여 독립적 법관이 사법적 절차에 따라 구체적 사건에 대한 사실확인과 그에 대한 법률의 해석·적용을 통해 권위적, 최종적으로 당사자가 주장하는 권리·의무의 존부를 확정하는 작용을 말한다."라고 한다.[138] 한편, 민사소송법에서는 민사사건을 대등한 주체 사이의 법률관계에 관한 것이라고 정의하고 있다.[139]

이상에서 살펴본 바와 같이 '법률상의 쟁송'에 한하여 사법작용의 대상으로 인정되는데, 그 법률상의 쟁송은 권리·의무관계에 관한 것이다.[140] 결국 사법작용은 구체적인 법률적 권리·의무관계에서 발생한 분쟁에서 권리를 구제받기 위한 당사자의 쟁송 제기에 의하여 사실의 확인과 법률의 해석·적용을 통해 당사자가 주장하는 권리·의무의 존부를 확정하는 작용이다. 따라서 사법작용의 기능은 '권리구제'에 중점이 있는 것이고, 규범통제도 권리구제를 적절히 하기 위하여 행해지는 것에 불과한 것이다.

행정소송도 여타의 소송과 다름없이 기본적으로 권리구제 중심적 구조, 주관소송적 성격이 근간이라고 이해된다.[141] 이러한 해석론은 독일의 연방기본법 제19조 제4항 제1문에서 "누구든지 공권력에 의해 자신

---

138) 계희열, 「헌법학(중)」, 박영사, 2007., 635면.

139) 「법원실무제요 민사소송[1]」, 법원행정처, 2005., 1면.

140) 일본의 최고재판소의 판례는 법률상의 쟁송에 관하여 "당사자 사이의 구체적인 권리의무 내지 법률관계의 존부에 관한 분쟁에서, 또한, 이것이 법령의 적용에 의해 종국적으로 해결하는 것이 가능한 것에 한한다."라고 판시하고 있다(最高裁判所 1981. 4. 7. 判決).

141) 이러한 사고방식은 일본의 최고재판소 판례에서도 확인되는데, "국가 또는 지방공공단체가 오로지(전적으로) 행정권의 주체로서 국민에 대하여 행정상의 의무이행을 구하는 소송은, 법규 적용의 적정 내지 일반공익의 보호를 목적으로 하는 것으로서, 자기의 권리이익의 보호구제를 목적으로 하는 것이라고 할 수 없기 때문에, 법률상의 쟁송으로서 당연히 재판소의 심판대상이 되지 않는다고 할 수 있다."(最高裁判所 2002. 7. 9. 判決)라고 판시하였다.

의 권리가 침해된 때에는 소송을 제기할 수 있다."라고 규정하여 권리의
침해를 요건으로 하고, 행정소송에서도 그에 대응하는 '공권'의 침해를
소송요건으로 하고 있는 것에서 유래하는 것으로 보인다.[142] 따라서, 행
정소송은 '법원이 행정사건에 대하여 정식의 소송절차에 의하여 행하는
재판'이라고 정의되고, 개인의 권리구제를 주된 목적으로 하기 때문에
권리 또는 법률상 이익에 관한 분쟁이 재판의 대상이 되는 한도에서 반
사적 이익 또는 사실상의 이익의 유무는 법원의 심판대상에서 제외되고,
개인의 권리구제를 직접 목적으로 하지 않는 소송(민중소송, 기관소송)
은 법률이 특별히 인정하는 경우에만 재판의 대상이 된다. 대법원 판례
도, "행정소송의 대상이 될 수 있는 것은 구체적인 권리·의무에 관한 분
쟁이어야 하고 일반적 추상적인 법령 그 자체로서 국민의 구체적인 권
리·의무에 직접적인 변동을 초래하는 것이 아닌 것은 그 대상이 될 수
없다."라고 판시하여[143] 행정소송에서의 법률상 쟁송을 '구체적인 권리·
의무에 관한 분쟁'으로 해석하고 있다.[144]

---

142) 이러한 독일 행정법학계의 영향은 우리나라뿐만 아니라 일본의 통설적 체계에도 영
    향을 미친 것으로 보인다{橋本博之, "原告適格論と仕組み解釋", 自治研究 第84
    卷 第6號, 第一法規(2008. 6), 79면 참조}.
143) 대법원 1987. 3. 24. 선고 86누356 판결, 대법원 1992. 3. 10. 선고 91누12639 판결
    등 다수.
144) 이러한 행정법 학계의 주류적인 사고와 달리 우리 헌법에서는 '법률에 의한 재판'이
    라는 표현을, 법원조직법에서는 '법률상의 쟁송'이라는 표현을 사용하고 있을 뿐 독
    일의 기본법 체제와는 달리 어디에도 권리주체의 위법성 관련성을 정한 규정이 없
    다고 주장하는 견해가 있다(박정훈, 「행정소송의 구조와 기능」, 184면 참조). 우리
    헌법상 독일 기본법 제19조 제4항에서와 같이 '권리침해'를 행정소송의 전제로 명
    시한 규정은 전혀 없고 오히려 헌법 제107조 제2항은 "처분이 헌법이나 법률에 위
    반되는 여부"를 대법원이 최종적으로 심사한다고 규정함으로써, 행정소송의 본안판
    단이 위법성을 대상으로 한다는 것을 함축하고 있다고 할 수 있으며, 행정소송법에
    서도 제4조 제1호가 취소소송을 "행정청의 위법한 처분 등을 취소 또는 변경하는
    소송"이라고 정의하고 있는데, 이와 같이 '위법한 처분'이면 취소되는 것이고, 독일
    에서와 같이 위법성 이외에 권리침해를 취소요건으로 요구하는 규정은 전혀 없다는
    것을 논거로 한다. 한편, 일본에서도 행정소송에서의 '법률상의 쟁송'은 법률적인 판

이러한 사고는 행정소송이 법률상의 쟁송을 전제로 하는 사법권의 범위 내에 있다는 점을 전제로 한다. 따라서 제헌헌법 제76조 제1항에서 도출되는 사법권의 범위에 민사재판권(가사재판권 포함), 형사재판권이 포함될 뿐만 아니라 공법상의 쟁송에 대한 행정재판권도 사법권의 범위에 속한다고 해석하는 것은 당연하다.

그렇다면, 제헌헌법은 왜 굳이 제81조를 두어 "대법원은 법률의 정하는 바에 의하여 명령, 규칙과 처분이 헌법과 법률에 위반되는 여부를 최종적으로 심사할 권한이 있다."라는 규정을 두었는지 의문이 남는다.

앞에서 살펴본 것처럼 유진오는 자신이 쓴 「헌법해의」에서 행정국가제가 아니라 사법국가제를 채택한 이유에 관하여 제헌헌법 제76조 제1항과 제81조 제1항을 다음과 같이 설명하였다. 제헌헌법 제76조 제1항에 대해서는 민사재판과 형사재판이 법원의 권한에 속할 뿐만 아니라 헌법 제81조에 의하여 행정재판과 위헌결정의 제청권도 포함된다고 설명하면서도, 제헌헌법 제81조 제1항으로 말미암아 유럽의 대륙법계국가와 달리 대법원으로부터 독립한 행정재판소를 설치할 수 없게 되었다고 기술하고 있다. 아울러 헌법안 제80조 제1항(제헌헌법 제81조 제1항)의 제안이유에 대하여, "행정권의 처분에 관한 소송을 행정권 자신에게 맡기는 것은 국민의 자유와 권리를 보장하는 의미에 있어서 적당치 아니하다고 해서 법률의 정하는 바에 의하여 명령, 규칙, 처분 그런 것이 헌법과 법률에 위반되는 경우에는 보통재판소에다가 소송을 제기할 수 있게 한 것"이라고 설명하였다.

한편, 행정소송법을 제정할 당시 법무부장관 조진만이 정부가 제출한 행정소송법안의 제안이유에 대하여 설명하면서, "원래 헌법이 규정한 사법권이라는 것은 종래의 대국적인 입법하는 방식으로서는 보통 민사소

단 내지 법적 해결이 가능한 분쟁이라면 그 요건을 만족한다고 주장하는 견해가 있다{阿部泰隆, "續·行政主體間の法的分爭は法律上の爭訟にならないのか(上)", 自治硏究 第83卷 第2號, 第一法規(2007. 2), 10면 참조}.

송과 형사소송에 대하여 제한을 했읍니다. 그것이 영미법적 생각을 도입해 가지고 소위 사법무이(司法無二) 원칙이라고 하는 것을 표방해 가지고 행정소송을 보통 법원에게 권한을 부여하게 되는 것입니다. 그런 의미의 규정이 헌법 81조에 표시되어 있읍니다. 따라서 법원조직법 제2조에 행정소송이라는 것을 명시했읍니다."라고 설명하였다.

위와 같은 제헌헌법과 행정소송법안에 관한 발언과 문언들을 종합하면, 헌법과 행정소송법을 제정할 당시에는 일제가 행정국가제를 채택하였던 것을 강하게 인식하고 있었기 때문에, 오늘날과 같이 사법권의 개념에 행정재판권이 포함된다는 점을 당연한 것으로 인식하지 못하였을 것이라고 추측된다. 그렇기 때문에 제헌헌법 제76조 제1항의 규정만으로 행정재판권이 법원의 권한에 귀속된다고 해석될 수 있음에도 불구하고, 제81조 제1항에서 대법원에 처분의 최종적인 심사권 귀속에 관한 조항을 중첩적으로 둔 것이라고 생각되는 것이다.

제4절 행정소송법의 제정과 그 내용

I. 개설

제헌헌법은 앞에서 본 것처럼 법원에 의한 행정재판의 시행이라는 원칙을 세우고, 대법원이 처분이 헌법 또는 법률에 위반되는지 여부를 최종적으로 심사할 권한이 있다고만 규정하고 있었을 뿐이다. 따라서 행정재판의 최종심은 반드시 사법재판소인 대법원에서 행해져야만 한다는 원칙만 지켜진다면 나머지 사항은 입법정책의 문제가 되는 것이다.

그리하여 행정소송체계에 관한 구체화 작업은 행정소송법 제정과정으로 넘어가게 되는데, 우리나라 행정소송법은 헌법이 제정된 이후 약 3년이라는 상당한 시간이 경과한 1951. 8. 24.에야 비로소 법률 제213호로 제정되어 1951. 9. 14.부터 시행되었다.

우리나라 행정소송법은 그 제정시점이 한국전쟁이 한창이었기 때문에 새로운 조국에서 시행될 행정소송제도의 바람직한 방향에 대하여 논의와 연구가 충분하지 못한 상태에서, 단지 일제강점기 하에서의 행정쟁송제도의 현황을 극복하고 그 당시 일본에서 시행중이던 행정사건소송특례법(1948. 7. 1. 법률 제81호 1948. 7. 15. 시행)을 참조해서 급하게 제정되었을 것이라고 강하게 추정된다.[145]

---

145) 제7대국회 제69회 제4차 법제사법위원회에서 전문위원 한문수는 부작위위법확인소송과 무효확인소송의 도입 필요성을 설명하면서, "다만 한 두가지 참고로 말씀드릴 것은 현행 행정소송법은 일본의 구법인 행정사건소송특례법을 그대로 번역한데 불과한 것입니다. 일본에서는 1962년에 행정사건소송특례법을 폐지해가지고 새로 행정사건소송법을 제정해 가지고……"라고 발언하고 있다{「국회사무처 회의록」, 제7대국회 제69회 제4차 법제사법위원회(1969. 4. 26.), 5면}. 이렇듯 해방 직후 행정소

제정 행정소송법은 행정청 또는 그 소속기관의 위법에 대한 그 처분의 취소 또는 변경에 관한 소송과 그 밖의 공법상 권리관계에 관한 소송절차를 정하여 국민의 권리보호를 도모하려는 것을 그 취지로 하고 있었는데, 그 주요내용을 살펴보면 다음과 같다.

첫째, 행정소송사항에 대하여 제한을 두지 않지 않았다(개괄주의).

둘째, 행정소송은 그 처분에 대하여 법령상 소원을 할 수 있는 경우에는 원칙적으로 법원에 출소하기 전에 재결을 경료하여야 하였다(소원전치주의).

셋째, 항고소송의 피고를 행정청으로 하고 피고 소재지의 고등법원을 전속관할로 하였다.

넷째, 항고소송은 원칙적으로 3개월 내에 출소하여야 하도록 하였다.

다섯째, 소송에서 피고의 지정을 잘못하였을 경우 경정할 수 있도록 하였다.

여섯째, 항고소송에 원상회복, 손해배상 기타의 소송을 병합할 수 있도록 하였고, 공동소송인이 다수인 경우 법원이 대표자의 선정을 명할 수 있도록 하였다.

일곱째, 행정소송의 특수성에 비추어 직권증거조사를 인정하고, 당사자 쌍방이 동의하는 경우 구두변론을 거치지 않아도 되도록 하였다.

여덟째, 행정처분에 대하여 행정소송의 제기에 의하여 그 집행을 정지하지 않는 것을 원칙으로 하되, 법원은 직권 또는 당사자의 신청에 의

송법의 제정과정과 그 이후의 해석론의 전개에서 일본의 행정법학에 의존했던 것은 사실이나, 그것은 우리가 극복해야 할 그 시대의 한계일 뿐 그들의 업적을 폄훼할 이유가 될 수는 없다고 생각한다. 이후 2세대 행정법학자들은 독일을 비롯한 프랑스, 영미 등의 이론들을 무분별한 수입법학의 범람이나 홍수를 걱정할 정도로 행정법 전반에 걸쳐 소개하였다. 그러한 1세대와 2세대 행정법학자의 노력이 자양분이 되어, 오늘날 어느 정도 합의된 형태의 한국 행정법체계가 성립되기에 이르렀다{하명호, "목촌 김도창 박사의 복리행정법", 공법연구 제44집 제1호, 한국공법학회 (2015. 10), 285면 참조}.

하여 집행정지를 명할 수 있도록 하였다.

아홉째, 원고의 청구가 이유 있는 때에도 처분을 취소 또는 변경하는 것이 공공의 복리에 적합하지 않은 때에는 법원은 청구를 기각할 수 있도록 하였다(사정판결).

II. 행정소송법의 제정 경위

1. 정부안의 제출

정부는 1951. 5. 20. 행정소송법안을 국회에 제안하였는데, "행정소송도 민사소송의 한 부분에 속하므로 민사소송법의 기본원칙을 이 법안에 도입하되 사안의 성질로 보아 사건의 신속처리가 요구되므로 고등법원을 전속관할법원으로 하여 사실심을 담당토록 하고 최고법원인 대법원에서 법률심을 담당토록 하기 위하여 이 법안을 제안하는 것임"이라고 그 제안이유를 밝히고, 그 주요골자로서 다음과 같은 점을 들고 있었다.

① 행정청 및 그 소속기관의 위법한 처분의 취소 또는 변경에 관한 소송 기타 공법상의 권리관계에 관한 소송절차는 이 법에 의하도록 함(제1조)

② 전조의 소송은 그 처분에 대하여 다른 법률의 규정에 의하여 소원심사의 청구, 이의의 신청 기타 행정청에 대한 불복의 신청을 할 수 있는 경우에는 이에 대한 재판, 결정 기타의 처분을 거친 후가 아니면 이를 제출할 수 없도록 함(제2조)

③ 처분의 집행으로 인하여 회복할 수 없는 손해가 생길 우려가 있고 또 긴급한 필요가 있다고 인정한 때에는 법원은 직권 또는 당사자의 신청에 의하여 처분의 집행정지결정을 할 수 있도록 함(제10조)

④ 당사자 쌍방의 신청이 있는 때에는 구두변론을 경하지 아니하고

판결할 수 있도록 함(제11조)

[행정소송법안(정부안)]

제1조 행정청 및 그 소속기관의 위법한 처분의 취소 또는 변경에 관한 소송 기타 공법상의 권리관계에 관한 소송절차는 본법에 의한다.

제2조 전조의 소송은 그 처분에 대하여 다른 법률의 규정에 의하여 소원, 심사의 청구, 이의의 신립(申立) 기타 행정청에 대한 불복의 신립(이하 소원이라 칭함)을 할 수 있는 경우에는 이에 대한 재결결정 기타의 처분(이하 재결이라 칭함)을 경한 후가 아니면 이를 제기할 수 없다. 단, 소원의 제기가 있은 날로부터 2월을 경과한 때 또는 소원의 재결을 경함으로 인하여 중대한 손해를 생할 우려가 있는 때 기타 정당한 사유가 있는 경우에는 소원의 재결을 경하지 아니하고 소송을 이를 제기하여야 한다.

제3조 전조의 소송은 타법에 특별한 규정이 없는 한 처분을 행한 행정청을 피고로 하여 제기한다.

제4조 제2조의 소송은 피고의 소재지를 관할하는 고등법원의 전속관할로 한다.

고등법원의 재판에 대하여 불복이 있는 자는 대법원에 상소할 수 있다.

제5조 제2조의 소송은 처분의 사실을 안 날로부터 3월이내에 제기하여야 한다.

전항의 소송은 처분이 있은 날로부터 1년이 경과하면 제기하지 못한다.

소원을 경하는 소송에 있어서는 재결서의 정본 또는 등본을 첨부하여 그 재결의 통지를 받은 날로부터 1월이내에 제기하여야 한다.

소원을 경하지 아니할 사건에 대하여 소원을 제기함으로 인하여 소원재결청에서 각하의 결정이 있은 경우에는 그 결정의 통지를 받은 날로부터 1월이내에 소송을 제기하여야 한다. 단, 제1항의 기간의 이익은 상실하지 아니한다.

전4항의 기간은 불변기간으로 한다.

제6조 소송에 있어서 피고의 지정이 그릇되었을 때에는 피고를 경정할 수 있다. 단, 원고에게 고의 또는 중대한 과실이 있는 때에는 그렇지 아니하다.

전항의 규정에 의하여 피고를 경정한 때에는 최초에 소를 제기한 때에 소급하여 제기한 것으로 한다.

제1항의 규정에 의하여 피고를 경정한 때에는 종전의 피고에 대한 소송은 취하된 것으로 한다.

제7조 제3조의 소에는 그 청구와 관련되는 원상회복 손해배상 기타 청구의 소를 병

합할 수 있다.

제8조 공동소송인이 다수인 경우에는 법원은 대표자의 선정을 명할 수 있다.

제9조 법원은 필요한 경우에 직권으로써 증거조사를 할 수 있고 또 당사자가 주장하지 않는 사실에 관하여도 판단할 수 있다.

제10조 처분의 집행으로 인하여 회복할 수 없는 손해가 생할 우려가 있고 또 긴급한 필요가 있다고 인정한 때에는 법원은 직권 또는 당사자의 신청에 의하여 처분의 집행정지결정을 할 수 있다.

전항의 집행정지가 공공의 복리에 중대한 영향을 미치게 할 우려가 있는 때에는 법원은 직권 또는 당사자의 신청에 의하여 언제든지 정지처분결정을 취소할 수 있다.

제11조 당사자쌍방의 신청이 있는 때에는 구두변론을 경하지 아니하고 판결할 수 있다.

제12조 원고의 청구가 이유있는 경우라도 처분을 취소하거나 변경함이 현저히 공공의 복리에 적합하지 아니하다고 인정하는 때에는 법원은 청구를 기각할 수 있다.

전항의 재판에는 피고에게 제해시설, 손해배상 기타 적당한 방법을 명할 수 있다.

제13조 확정판결은 당해사건에 관하여 관계행정기관을 기속한다.

제14조 본법에 특별한 규정이 없는 사항은 법원조직법과 민사소송법의 정하는 바에 의한다.

부칙 본법은 공포일로부터 1월을 경과함으로써 효력을 발생한다.

2. 법제사법위원회의 수정·가결

위 정부안은 1951. 7. 13. 제11회 국회(임시회) 법제사법위원회에 상정되었다. 그런데, 그 이전에 이미 김정실 의원 외 21인으로부터 별도의 행정소송법안이 제안되어 있었지만, 법제사법위원회가 그 심의를 미루어왔다. 그리하여 법제사법위원회는 정부안을 주안으로 하고 김정실 의원안을 참고안으로 하여 심사를 진행하였다.146)

146) 「국회사무처 회의록」, 제2대국회 제11회 제29차 국회본회의(1951. 7. 19.), 11면 중

그 결과 제2조 제2항을 신설하여 소원을 거치지 않고 소를 제기할 수 있는 경우 그 이유를 증명이 아니라 소명하는 것으로 할 것과 부칙조항을 신설하여 행정소송법 시행 전 3월 이내에 행정청 및 그 소속기관의 위법한 처분이 있는 사건에 대해서도 적용할 수 있도록 하는 것 등의 수정을 가한 후 같은 날 가결되었다.

[행정소송법안 수정안(법제사법위원회)]

> **제2조 제2항을 다음과 같이 신설한다.**
> 「전항 단서에 의하여 소송을 제기할 때에는 그 이유를 소명하여야 한다.」
> 부칙을 다음과 같이 신설한다.
> 「본법은 본법 시행 3월 이내에 제1조의 처분이 있은 사건에 대하여도 적용한다.
> 전항의 사건에 대한 제5조의 기간은 본법 시행일로부터 진행한다.」

3. 행정소송법의 제정

위와 같이 법제사법위원회를 통과한 행정소송법안은 1951. 7. 19. 제2대국회 제11회 제29차 국회본회의와 그 다음날인 20. 제30차 국회본회의 제1독회에서 법무부장관 조진만의 제안설명과 대체토론이 이루어졌다. 여기에서 가장 큰 쟁점은 행정소송의 전속관할을 정부안처럼 고등법원으로 할 것인지 김정실 의원안처럼 지방법원으로 할 것인지였다. 그리고 1951. 8. 8. 제2대국회 제11회 제41차 국회본회의 제2독회에서 축조심의를 마쳤다. 그 직후 제적의원 수 106인 중 찬성 59표, 반대 0표로 위 행정소송법이 가결되고, 제3독회에 대한 방법으로 자구수정 등을 법제사법위원회에 위임하기로 하였다. 이렇게 국회를 통과한 행정소송법안은

법제사법위원장 엄상섭의 발언내용 참조.

법제사법위원회의 사소한 자구수정 후에 1951. 8. 9. 정부에 이송되고, 1951. 8. 24. 공포되어, 1951. 9. 14.부터 시행되기에 이른다.

[행정소송법 1951. 8. 24. 법률 제213호 제정 1951. 9. 14. 시행]

제1조 행정청 또는 그 소속기관의 위법에 대한 그 처분의 취소 또는 변경에 관한 소송 기타 공법상의 권리관계에 관한 소송절차는 본법에 의한다.

제2조 전조의 소송은 그 처분에 대하여 다른 법률의 규정에 의하여 소원, 심사의 청구, 이의의 신립 기타 행정청에 대한 불복의 신립(이하 소원이라 칭함)을 할 수 있는 경우에는 이에 대한 재결결정 기타의 처분(이하 재결이라 칭함)을 경한 후가 아니면 이를 제기할 수 없다. 단, 소원의 제기가 있은 날로부터 2월을 경과한 때 또는 소원의 재결을 경함으로 인하여 중대한 손해를 생할 우려가 있는 때 기타 정당한 사유가 있는 경우에는 소원의 재결을 경하지 아니하고 소송을 제기할 수 있다. 전항 단서에 의하여 소송을 제기할 때에는 그 사유를 소명하여야 한다.

제3조 전조의 소송은 타법에 특별한 규정이 없는 한 처분을 행한 행정청을 피고로 하여 제기한다.

제4조 제2조의 소송은 피고의 소재지를 관할하는 고등법원의 전속관할로 한다. 고등법원의 재판에 대하여 불복이 있는 자는 대법원에 상소할 수 있다.

제5조 제2조의 소송은 처분의 사실을 안 날로부터 3월이내에 제기하여야 한다. 전항의 소송은 처분이 있은 날로부터 1년이 경과하면 제기하지 못한다. 소원을 경하는 소송에 있어서는 재결서의 정본 또는 등본을 첨부하여 그 재결의 통지를 받은 날로부터 1월이내에 제기하여야 한다. 소원을 경하지 아니할 사건에 대하여 소원을 제기함으로 인하여 소원재결청에서 각하의 결정이 있은 경우에는 그 결정의 통지를 받은 날로부터 1월이내에 소송을 제기하여야 한다. 단, 제1항의 기간의 이익은 상실하지 아니한다. 전4항의 기간은 불변기간으로 한다.

제6조 소송에 있어서 피고의 지정이 그릇되었을 때에는 피고를 경정할 수 있다. 단, 원고에게 고의 또는 중대한 과실이 있는 때에는 예외로 한다. 전항의 규정에 의하여 피고를 경정한 때에는 최초에 소송을 제기한 때에 소급하여 제기된 것으로 간주한다 제1항의 규정에 의하여 피고를 경정한 때에는 종전의 피고에 대한 소송은 취하된

것으로 간주한다.

제7조 제3조의 소송에는 그 청구와 관련되는 원상회복손해배상 기타의 소송을 병합
할 수 있다.

제8조 공동소송인이 다수인 경우에는 법원은 대표자의 선정을 명할 수 있다.

제9조 법원은 필요한 경우에 직권으로써 증거조사를 할 수 있고 또 당사자가 주장하
지 않는 사실에 관하여도 판단할 수 있다.

제10조 처분의 집행으로 인하여 회복할 수 없는 손해가 생할 우려가 있고 또 긴급한
사유가 있다고 인정한 때에는 법원은 직권 또는 당사자의 신청에 의하여 처분의
집행정지결정을 할 수 있다.

전항의 집행정지가 공공의 복리에 중대한 영향을 미치게 할 우려가 있는 때에는
법원은 직권 또는 당사자의 신청에 의하여 언제든지 정지처분결정을 취소할 수
있다.

제11조 당사자쌍방의 신청이 있는 때에는 구두변론을 경하지 아니하고 판결할 수
있다.

제12조 원고의 청구가 이유있는 경우라도 처분을 취소하거나 변경함이 현저히 공공
의 복리에 적합하지 아니하다고 인정하는 때에는 법원은 청구를 기각할 수 있다.

전항의 재판에는 피고에게 제해시설, 손해배상 기타 적당한 방법을 명할 수 있다.

제13조 확정판결은 당해사건에 관하여 관계행정청과 그 소속기관을 기속한다.

제14조 본법에 특별한 규정이 없는 사항은 법원조직법과 민사소송법의 정하는 바에
의한다.

4. 행정소송법의 일부 개정

행정소송법은 위와 같이 제정된 이래 1984. 12. 15. 법률 제3754호로
전부개정되기 전까지 두 차례의 개정이 있었다. 그 개정들은 모두 제소
기간을 규정한 제5조에 관한 것이었는데, 자세한 것은 관련 항목에서 설
명하기로 한다.

III. 제정 행정소송법의 내용과 그 의미

1. 행정소송법의 입법목적과 민사소송법과의 관계

일본의 행정사건소송특례법은 그 법률명에서도 알 수 있는 것처럼 행정사건에 대한 민사소송법의 특례를 정하는 것을 그 취지로 하였는데, 우리나라는 행정소송법이라고 법률명을 정하여 민사소송법과는 독자적인 법률인 것과 같은 느낌을 준다. 그러나 행정소송법 제정 당시에는 일본과 마찬가지로 행정소송법을 민사소송법의 특별법 정도로 인식한 듯하다.[147]

행정소송법은 제1조에서 "행정청 또는 그 소속기관의 위법에 대한 그 처분의 취소 또는 변경에 관한 소송 기타 공법상의 권리관계에 관한 소송절차"에 적용하는 것을 입법목적으로 하는 것이라는 점을 명시하고 있다. 위 문구 중 "행정청 또는 그 소속기관의 위법에 대한 그 처분의 취소 또는 변경에 관한 소송"은 원래 정부안의 "행정청 및 그 소속기관의 위법한 처분의 취소 또는 변경에 관한 소송"이라는 문구를 법제사법위원회가 수정한 것이다. 당초 정부안의 문구는 일본의 행정사건소송특례법의 규정을 번역한 듯 유사하기는 하였지만, 자구수정을 통하여 오히려 어색해진 느낌이 든다.

제1조와 관련하여 당시 국회에서 논의된 사항을 살펴보면, 소원과 같이 부당한 처분도 행정소송의 대상으로 하는 것은 어떤지에 관하여 법제사법위원회에서 논의되었는데, 만일 부당한 처분까지 행정소송의 대상으로 한다면 행정청이 적극적으로 행정을 펼쳐나가기 어려울 것이라

---

147) 「국회사무처 회의록」, 제2대국회 제11회 제29차 국회본회의(1951. 7. 19.), 13면에서는 법무부장관 조진만은 "행정소송도 민사소송의 한 부분에 속합니다. 원칙적으로 민사소송법에 의해서 공정 신속한 처결을 위주로 소송을 진행합니다."라고 발언하고 있다.

고 염려하여 정부안을 수정하지 않고 본회의에 상정하였다.148)

다음으로, 정부안에서는 "행정청 및 그 소속기관"이라는 문구를 사용하였는데, 그 소속기관의 의미가 한국은행이나 금융조합연합회 같은 공법인도 포함되어 그 행위도 처분이 되는 것인지와 공법상 권리관계의 한계에 대한 질의에 관하여,149) 법무부장관은 행정기관 이외의 공법인 전부를 포함하는 취지로 위와 같은 문구를 사용하였고, '공법상의 법률관계'는 공법상에 관계되는 권리확인, 기타 전부를 망라해서 행정소송을 제기할 수 있다는 취지로 포괄적으로 기재한 것이라고 설명하였다.150) 그리고, 행정권을 행정청과 같은 의미로 해석할 수 있는지에 관한 질의에 대해서는, 대통령을 포함하여 "독립해서 행정권을 행사할 수 있는 기관"이라는 의미로 답변하였다.151) 이에 대하여 법제사법위원장은 법제사법위원회의 심의과정에서 소속기관의 의미에 대하여 의문이 있었지만 단순히 행정청에 부속하는 기관 정도로 해석하였다고 하면서, 행정청에서 감독하는 공법인까지 포함된다면 문구가 달라져야 한다고 발언하였다. 그 이후 행정소송법안이 가결된 후 법제사법위원회의 자구수정과정에서 "행정청 또는 그 소속기관"이라고 문구가 정해졌다.

한편, 제1조에서 행정소송절차에 관한 사항에 대해서는 행정소송법에 의한다고 규정하고, 제14조에서는 행정소송법에 특별한 규정이 없는 사항은 법원조직법과 민사소송법의 정하는 바에 의하도록 규정하고 있었다. 따라서 행정소송절차에 관해서는 행정소송법이 우선 적용되고, 민사

---

148) 「국회사무처 회의록」, 제2대국회 제11회 제29차 국회본회의(1951. 7. 19.), 12면의 법제사법위원장 엄상섭의 발언내용 참조.
149) 「국회사무처 회의록」, 제2대국회 제11회 제29차 국회본회의(1951. 7. 19.), 14~15면의 김의준 의원의 질의내용 참조.
150) 「국회사무처 회의록」, 제2대국회 제11회 제29차 국회본회의(1951. 7. 19.), 16면의 법무부장관 조진만의 답변내용 참조.
151) 「국회사무처 회의록」, 제2대국회 제11회 제30차 국회본회의(1951. 7. 20.), 4면의 우문 의원의 질의내용과 법무부장관 조진만의 답변내용 참조.

소송법이 보충적으로 적용된다는 점을 밝혔다.

2. 개괄주의와 소원전치주의의 채택

가. 개괄주의의 채택

앞에서 본 것처럼 제헌헌법 제76조 제1항과 제81조는 헌법적 차원에서 일제강점기 하의 메이지헌법과 행정재판법에 대한 반성적 고려에서 사법국가제를 채택하고 위법한 처분이기만 하면 항고소송을 제기할 수 있도록 행정소송사항을 제한하지 않았다. 그에 대한 구체화로서 행정소송법 제2조에서 개괄주의를 채택한 것이다. 유진오는 행정소송법 제2조에서 개괄주의를 채택한 것에 대하여 다음과 같이 설명하고 있다.[152]

『위법한 행정처분에 대하여 여하한 정도와 범위에서 출소를 허용할 것인가 하는 문제에 대하여서는 과거의 일본에서는 행정소송 사항을 법률에 열거한 것에 제한하였었기 때문에 법률에 열거되지 아니한 사항에 관하여는 위법한 행정처분에 의하여 권리를 침해받은 경우에도 국민은 출소할 방도가 없었던 것이지만, 그렇게 하여서는 국민의 권리가 보호된다 할 수 없으므로 우리나라에 있어서는 행정소송사항을 특별히 제한하지 않고 위법한 행정처분에 대하여서는 전면적으로 소송을 제기할 수 있도록 하였다.』

나. 소원전치주의의 채택

행정소송법안의 심의과정에서 소원전치주의를 채택하는 것에 대해서는 일본에서와는 달리 특별한 논란은 없었다. 다만 소원전치주의를 채택하는 이유에 대해서는 다소 설명이 다르다.

---

152) 유진오, 「신고 헌법해의」, 일조각, 1953., 248면.

법무부장관 조진만은 행정소송법안의 제안이유를 설명하면서 국민의 권리구제를 간편하게 하기 위한 것이라는 점을 강조하였다. 즉, "이것은 행정소송은 될 수 있는 대로 저지시키고 방해하자는 그런 취지가 아닙니다. 될 수 있으면 먼저 그 하든 처분행정관청에 재고할 여지를 주어서 행정소송에 시정할 방도가 있으면 국민에게 더욱 간편하겠다는 이런 생각에서 나온 것입니다. 좀 더 국민의 권리의 행사를 제한한다는 이런 취지는 없습니다."라고 발언하였다.153)

이에 대하여 유진오는 유사한 설명이기는 하지만 권력분립의 원칙을 강조하면서 행정권의 자기통제의 기회보장이라는 점을 설명하고 있어서, 미묘한 뉘앙스의 차이를 보여준다. 즉, "다만 삼권분립의 정신으로 보아 또 행정처분은 내용이 복잡하고 기술적인 것이 많은 점으로 보아 위법한 행정처분에 대하여서는 될 수 있는 한 행정권 자체로 하여금 이를 시정하게 하는 것이 한층 타당하다 하겠으므로", 소원전치주의를 채택하게 된 것이라고 설명하고 있다.154)

어쨌든 행정소송법 제2조 제1항은 번역투의 문장으로 되어 있고, 일본의 행정사건소송특례법의 문구를 다소 민망할 정도로 닮았다. 다만 단서에서는 소원전치주의를 채택함으로써 국민의 권리구제가 침해되는 사유가 있을 때에는 재결을 경료하지 않아도 행정소송을 제기할 수 있는 경우를 규정하고 있는데, 그 사유로서 '① 소원의 제기가 있은 날로부터 2월을 경과한 때, ② 소원의 재결을 경함으로 인하여 중대한 손해를 생할 우려가 있는 때, ③ 기타 정당한 사유가 있는 경우'를 열거하고 있다. 이는 일본이 ①의 사유로서 3월로 정한 것에 비하여 짧게 규정되어 있고, ②의 사유는 일본에서는 "손해가 현저하게 발생할 우려가 있을 때"라고 규정하고 있어서 그 표현이 다소 다르다.

한편, 제2조 제2항은 정부안에 없었고 일본의 행정사건소송특례법에

---

153) 「국회사무처 회의록」, 제2대국회 제11회 제29차 국회본회의(1951. 7. 19.), 12~13면.
154) 유진오, 「신고 헌법해의」, 248면.

도 없는 규정인데, 법제사법위원회의 심사과정에서 추가된 것이다. 재결을 경료하지 않고도 소송을 제기할 수 있는 사유가 있다는 점에 관하여, 정부안에서는 다른 소송요건과 마찬가지로 증명을 요하는 것으로 생각하고 아무런 규정을 두지 않았지만, 법제사법위원회에서는 그 사유를 소명하는 것으로 족하다는 취지로 위 조항을 신설하게 된 것이다.[155]

3. 피고적격

제정 행정소송법 제3조에서는 피고적격에 관하여 "처분을 행한 행정청"이라고 규정하고 있다. 이에 관해서는 정부안이 그대로 통과되었고 국회의 심의과정에서 아무런 논란이 되지도 않았다. 이는 일본의 행정사건소송특례법 제3조와 같은 내용이다.

다만 정부는 1964. 8. 18. 제6대국회에서 피고적격을 처분청에서 국가 또는 지방자치단체와 같은 행정주체로 변경하는 내용의 행정소송법 개정안을 제출하였다.[156] 비록 위 개정안은 1964. 9. 3. 법제사법위원회에서 폐기되기는 하였지만 그 내용에는 주목할 만한 점이 있다. 이와 관련하여 당시 법제사법위원회 심의과정에서 법무부 법무국장 이선중의 제안이유에 대한 설명내용을 소개하면 다음과 같다.

> 『현행 행정소송법에 있어서는 다른 법에 특별한 규정이 없는 한 처분을 행한 행정청이 소송당사자가 되고 있는바 원래 행정소송은 국가 또는 공공단체의 처분의 효력을 다투는 것이므로 권리주체인 국가 또는 공공단체가 피

---

155) 「국회사무처 회의록」, 제2대국회 제11회 제29차 국회본회의(1951. 7. 19.), 13면의 법무부장관 조진만의 발언내용 참조.
156) 위 개정안 제3조는 "전조의 소송은 다른 법률에 특별한 규정이 없는 한 국가 또는 당해 지방자치단체를 피고로 하여 제기한다. 지방자치단체가 피고일 때에는 당해 지방자치단체의 장이 이를 대표한다."라고 규정하고 있다.

고가 될 것이나 다만 처분을 행한 행정청을 당사자로 하여 재판의 신속정확
을 기하고자 그 처분청을 피고로 규정한 것으로 사료되는 바 실제 현행법
하에서는 법률전문가가 아닌 일반행정청의 직원이 동 소송을 수행하고 있어
오히려 신속정확을 잃는 일도 불소(不少)하고 행정소송사무의 통일이 결여
되며 능률적인 소송수행이 불가능하므로 권리주체인 국가를 직접 피고로 하
고 주무부장관이 이를 대표케 함으로써 행정소송의 일원화와 소송수행의 효
율화 신중화를 기하기 위하여 본 개정안을 제안하는 것입니다.』

4. 행정소송의 관할과 상소

가. 정부안의 제안이유와 법제사법위원회에서의 정부안 채택

행정소송법을 제정하는데 최대의 쟁점은 행정소송의 관할에 관한 것
이었다. 정부안에서는 고등법원의 관할로 되어 있었고 반면에 김정실 의
원안에서는 지방법원으로 되어 있어서, 법제사법위원회의 심사단계부터
이미 관할을 둘러싸고 논란이 있었다. 법제사법위원장 엄상섭의 설명에
의하면, 법제사법위원회에서는 법관들의 소질문제를 고려하여 고등법원
안을 채택하였다는 것이다. 이에 관한 그의 발언내용은 다음과 같다.157)

『행정소송을 법관들이 안 해 봤기 때문에 법관들이 민법이나 형법 적용에
있어서는 대단히 좋은 두뇌를 가지고 있지만 행정의 적극성에 대해서는 좀
이해가 부족한 점이 있지 않은가. 이러한 우려를 가지는 분이 대단히 많았
습니다. (중략) 우리나라는 행정의 적극성이라는 것을 이해하는 이들이 대단
히 드문 이러한 예를 보아서 우리나라에 행정소송법을 가져 본다면 부단하
게 행정의 적극성을 이해하지 못해서 폐단이 생기지 않을까 해서 우선 고등
법원에 전속관할을 시켜 두고 한번 행정소송법을 운용시켜 보는 것이 어떨
까 해서 고등법원안을 채택한 것입니다.』

---

157) 「국회사무처 회의록」, 제2대국회 제11회 제29차 국회본회의(1951. 7. 19.), 12면.

법무부장관은 법제사법위원장의 설명에 덧붙여 행정사건을 최대한 신속하게 처리하는 것에 입법의도가 있고,[158] 당시 고등법원이 서울과 대구에만 설치되어 있어서 국민의 불편이 예상되지만 전주 또는 광주에 고등법원을 하나 더 설치하면 해소될 것이라고 설명하였다.

이상의 발언들을 살펴보면, 국회본회의에 상정된 행정소송법안이 고등법원을 전속관할로 한 이유는 ① 법관의 자질문제와 ② 행정사건의 신속한 처리를 고려한 것이었고, 이어진 국회본회의의 독회과정에서도 위 두 가지 점에 대하여 논의가 집중적으로 이루어졌다.

나. 국회본회의 행정소송법안 제1독회에서의 논의

(1) 행정재판관의 선발에 관한 논의

우선 법관의 자질문제와 관련하여, 행정재판관을 별도로 선발해서 행정소송을 담당시키자는 주장이 있어서 눈길을 끈다.

김종순 의원은 행정재판소를 만들 필요는 없겠지만 법원조직법을 개정해서라도 행정에 소양이 있고 경험이 있는 사람을 행정재판관을 선발하여 행정소송을 담당하게 하는 안에 대하여 법무부장관에게 질의를 하였다.[159] 이에 대하여 법무부장관은 행정재판관을 별도로 선발하는 것에 대한 현실적인 어려움을 토로하고 인사행정이나 사무분담에 있어서 충분히 고려하겠다고 답변하였다.[160]

---

158) 「국회사무처 회의록」, 제2대국회 제11회 제29차 국회본회의(1951. 7. 19.), 13면에 의하면, 법무부장관 조진만은 "정부에서는 이 점에 대해서 될 수 있는 대로 신속히 결과를 짓겠다 하는 이런 의도 하에서 될 수 있으면 삼심제보다는 사실심으로 하고, 따라서 최고법원인 대법원의 법률심의는 경유 안 할 도리가 없으니까 대법원의 법률심의 이렇게 둘을 인정하자는 것입니다."라고 발언하고 있다.

159) 「국회사무처 회의록」, 제2대국회 제11회 제29차 국회본회의(1951. 7. 19.), 14면의 김종순 의원의 질의내용 참조.

160) 「국회사무처 회의록」, 제2대국회 제11회 제29차 국회본회의(1951. 7. 19.), 14면의

한편, 지연해 의원은 행정재판을 담당하는 법관은 사법과 행정 양자
에 능통한 인사를 배치하는 것이 중요한데, 당시의 법원조직법으로는 별
도의 행정재판관을 선발할 수 없기 때문에 법원조직법을 개정한 다음
행정소송법안을 처리하자고 주장하였고,161) 고등고시의 행정·사법 양과
를 통과한 사람을 잘 훈련해서 행정재판관으로 삼자고 제안하기도 하였
다.162)

(2) 고등법원안에 대한 반론

국회본회의 독회과정에서 지방법원안을 지지하면서 정부안에 대한 반
대하는 의견도 만만치 않았다.

김의준 의원은 행정소송은 국민의 권리를 보호하고 권리를 옹호하기
위하여 가장 평등하고 민주주의적으로 하게 하여야 한다는 '행정소송의
민주화'와 국민의 편의라는 관점에서, 개인과 개인의 소송인 민사소송은
지방법원에서 하고 개인과 행정관청과의 재판은 고등법원에서 할 필요
가 없다고 하면서, 정부안에 반대하고 피고인 행정청의 소재지 지방법원
을 전속관할로 하자고 주장하였다.163) 그의 논거를 간추리면, ① 행정소
송도 통상의 재판절차에 따라 통상의 판사가 통상의 법원에서 하는 것
이 행정소송의 민주화를 위한 길이고, ② 고등법원 판사는 행정의 적극
성을 이해하고 지방법원 판사는 그렇지 않다는 것은 근거가 없으며, ③
일반민중이 행정소송을 제기하는데 불편이 크다는 점이다.

이에 대하여 법무부장관은 고등법원을 전속관할로 한 이유는 부족한

법무부장관 조진만의 답변내용 참조.
161)「국회사무처 회의록」, 제2대국회 제11회 제30차 국회본회의(1951. 7. 20.), 5~6면의
      지연해 의원의 발언내용.
162)「국회사무처 회의록」, 제2대국회 제11회 제30차 국회본회의(1951. 7. 20.), 8면의
      지연해 의원의 발언내용.
163)「국회사무처 회의록」, 제2대국회 제11회 제29차 국회본회의(1951. 7. 19.), 15면.

국가재정 관계를 고려하였고, 행정소송을 촉진하기 위한 것이라는 점을 들어 양해를 구하였다.[164] 법제사법위원장은 이에 덧붙여서 행정에 소양이 있는 판사를 지방법원 단위로 모두 배치하는 것은 어려우니 서울이나 대구의 고등법원 행정재판부에 배치하는 것이 현실적이라는 점을 설명하였다.[165]

또한, 노기용 의원은 고등법원안은 지리적으로 먼 고등법원에 행정소송을 제기하여야 하는 경제적 부담을 지우는 것이고, 행정소송의 신중하고 공정한 처리를 위하여 행정사건을 지방법원의 관할로 하는 것이 인권을 옹호하는데 필요하다는 주장하였고, 이에 대하여 법무부장관은 "현실적인 인적 구성의 문제 등의 여러 현실적인 점을 고려한 타협책"이라는 취지의 답변을 하였다.[166]

한편, 조병문 의원은 일제가 조선을 착취하기 위하여 행한 위법한 처분에 대하여 행정소송을 제기할 수 없도록 한 점을 상기시키면서 행정소송의 문호를 넓히기 위해서라도 지방법원의 관할로 하여야 한다고 주장하였다.[167] 김의준 의원은 다시 행정소송도 통상의 소송과 다를 것이 없으므로 법률적 소양이 있는 판사가 재판을 하면 되는 것이고 행정에 관한 전문적 지식은 검증이나 감정을 통하여 충분히 보완할 수 있다고 주장하였다.[168]

---

164) 「국회사무처 회의록」, 제2대국회 제11회 제29차 국회본회의(1951. 7. 19.), 16면의 법무부장관 조진만 답변내용 참조.
165) 「국회사무처 회의록」, 제2대국회 제11회 제29차 국회본회의(1951. 7. 19.), 17면에 의하면, 법제사법위원장 엄상섭은 "…… 산간벽지에까지 깔려 있는 지방법원 판사들이 다 그만한 소양 있는 인물이 있느냐 하는 것은 대단히 어려운 일이에요. 그러나 서울이나 대구에 있는 고등법원의 행정소송부에 그러한 판사를 넣는다는 것은 비교적 어렵지 않을 것입니다.……" 라고 발언하고 있다.
166) 「국회사무처 회의록」, 제2대국회 제11회 제30차 국회본회의(1951. 7. 20.), 4~5면의 노기용 의원의 질의내용과 법무부장관 조진만의 답변내용 참조.
167) 「국회사무처 회의록」, 제2대국회 제11회 제30차 국회본회의(1951. 7. 20.), 6면의 조병문 의원의 발언내용.
168) 「국회사무처 회의록」, 제2대국회 제11회 제30차 국회본회의(1951. 7. 20.), 7면의

다. 국회본회의 행정소송법안 제2독회에서의 논의와 고등법원안의 채택

행정소송법안 제2독회의 과정에서 김의준 의원은 다음과 같은 내용의 수정안을 발의하였다.

> **제4조** 제2조의 소송은 피고의 소재지를 관할하는 지방법원의 전속관할로 한다.
> 전항의 소송은 지방법원 합의부에서 심판한다.

이에 대하여 조병문 의원은 찬성취지의 발언을 하고, 황성수, 지연해 의원은 반대취지의 발언을 한 다음에 이루어진 표결에서는 정부안이 채택되었다.

그리하여, 일본의 행정사건소송특례법 제4조와 달리 우리나라 제정 행정소송법은 제4조 제1항에서 피고의 소재지를 관할하는 고등법원의 전속관할로 하고, 이에 대하여 불복이 있는 경우 대법원에 상고할 수 있도록 하게 되었다.

5. 제소기간

제소기간에 관해서는 별다른 논란이 없이 정부안이 그대로 통과되었다. 그 결과 항고소송은 처분의 사실을 안 날로부터 3월 이내에 제기하여야 하고(제1항), 처분이 있은 날로부터 1년이 경과하면 제기하지 못하게 되었다(제2항). 한편, 소원을 경료하는 소송에서는 그 재결의 통지를 받은 날로부터 1월 이내에 제기하도록 하고(제3항), 소원을 경료하지 않

김의준 의원의 발언내용.

을 사건을 소원을 제기하여 각하의 결정을 받은 경우에도 제1항의 기간의 이익을 상실함이 없이 그 결정의 통지를 받은 날로부터 1월 이내에 소송을 제기할 수 있도록 하였다(제4항). 그리고 위 기간들은 불변기간으로 하였다(제5항).

그런데, 대법원은 어떠한 이유에서든지 처분의 사실을 알게 된 후 3개월이 경과하면 이유 여하를 불문하고 같은 조 제5항에 의한 불변기간이 경과한 것으로 해석하여 부적법 각하하여야 한다는 입장이었고,[169] 심지어 소원을 제기한 소송이라더라도 마찬가지라고 해석한 듯하다.[170]

그리하여, 국회 법제사법위원회는 처분을 안 날로부터 3개월이 경과하면 예외없이 제소기간이 도과되었다고 해석하는 대법원 판결이 국민의 권리를 보호하는데 장해가 된다고 인식하고, 소원을 제기한 사건과 그렇지 않은 사건을 구분해서 제소기간을 적용하기로 하고, 3개월의 제소기간을 늘리기로 하는 행정소송법 개정안을 제출하였다.[171]

그 결과 행정소송법은 1955. 7. 5. 법률 제363호로 제5조가 개정되었는데, 소원을 제기한 사건에 대한 소송은 소원재결서의 정본 또는 등본의 송달을 받은 날부터 1월 이내에 제기하도록 하고, 소원을 경하지 아니할 사건 또는 소원을 경유함을 요하지 아니하는 사건에 대한 소송은 행정처분이 위법임을 안 날부터 6월, 그 처분이 있는 날부터 1년 이내에 제기하도록 하였다.

그 이후 행정소송법 제5조는 1963. 5. 2. 법률 제1339호로 다시 개정되었는데, 소원을 제기한 사건에 대한 항고소송의 출소기간에 대하여 그 재결을 기다리는 동안에 처분이 있은 것을 안 날로부터 6월, 처분이 있은 날로부터 1년이 경과하여도 재결서의 정본을 받은 날로부터 1월 이

---

169) 대법원 1953. 9. 30. 선고 4286행상23 판결 참조.
170) 대법원 1955. 5. 24. 신고 4286행상29 판결, 대법원 1955. 5. 6. 선고 4287행상73 판결 등 참조.
171) 「국회사무처 회의록」, 제3대국회 제20회 제59차 국회본회의(1955. 6. 13.), 15~16면의 법제사법위원장 윤만석의 발언내용 참조.

내면 족하다는 점을 명시하는 취지였다. 그리하여, 제5조 제2항 중 "또
는 제2조 제1항 단서의 경우 중 소원을 경유함을 요하지 아니하는 사건"
이 "또는 제2조 제1항 단서의 경우 중 소원의 재결을 경함으로 인하여
중대한 손해를 생할 우려가 있거나 기타 정당한 사유가 있어 소원의 재
결을 경유하지 아니하는 사건"으로 변경되었다.

6. 직권주의의 가미

제정 행정소송법 제9조에서는 법원이 필요한 경우 직권으로 증거조사
를 할 수 있고 당사자가 주장하지 않은 사실에 관해서도 판단할 수 있다
는 취지로 규정되어 있다.

위 조항과 민사소송법의 변론주의 원칙과의 관계에 대하여 의문이 제
기되었고,[172] 이에 대하여 법무부장관은 행정소송에서도 변론주의가 원
칙이고 직권주의가 가미된 정도라는 답변을 하였다.[173] 이에 덧붙여 법
제사법위원장도 위 조항으로 인하여 행정소송을 담당하는 재판부가 당
사자가 당연히 제기하여야 할 주장을 하지 않은 경우 비상식적인 재판
결과를 방지할 것이라고 기대하였다.[174]

한편, 일본의 행정사건소송특례법 제9조는 "재판소는 공공의 복지를
유지하기 위하여 필요가 있다고 인정하는 때에는 직권으로 증거조사를
할 수 있다. 다만, 그 증거조사의 결과에 대하여 당사자의 의견을 들어
야 한다."라고 규정하고 있어서 우리나라의 제정 행정소송법과는 그 내

---

172) 「국회사무처 회의록」, 제2대국회 제11회 제29차 국회본회의(1951. 7. 19.), 16면의
    김의준 의원의 질의내용 참조.
173) 「국회사무처 회의록」, 제2대국회 제11회 제29차 국회본회의(1951. 7. 19.), 16면의
    법무부장관 조진만의 답변내용 참조.
174) 「국회사무처 회의록」, 제2대국회 제11회 제29차 국회본회의(1951. 7. 19.), 17면의
    법제사법위원장 엄상섭의 발언내용 참조.

용이 다소 다르다.

7. 집행정지

우리나라 행정소송법에서 집행정지제도는 집행부정지의 원칙 하에서 법원의 직권 또는 당사자의 신청에 의하여 법원의 결정에 의하여 집행이 정지되는 구조를 취하고 있다. 앞에서 살펴본 것처럼 일본의 행정사건소송특례법을 제정할 당시 집행정지제도를 어떻게 설계할 것인지는 논란이 매우 많았다. 그러나 우리나라 행정소송법의 제정과정에서는 아무런 별다른 논의가 이루어지지 않았고 정부안이 그대로 통과되었다.

다만 김의준 의원은 민사소송법상의 가처분과 관계 등에 대하여 설명을 구하였고,[175] 법무부장관은 우리나라 행정소송법은 민사소송법상의 가처분 규정의 적용배제조항을 두고 있지 않으므로 필요에 따라 가처분도 가능하다고 답변하였고, 그 내용을 소개하면 다음과 같다.[176]

『다른 나라의 입법례에 있어서는 집행정지 이외의 가처분은 허가하지 않는 규정이 있읍니다. 그러나 우리 행정소송법에 있어서는 이러한 규정이 없으니까 따라서 제14조의 민사소송법 규정에 의해서 일반적 가처분할 필요가 있으면 허용될 줄로 해석합니다.』

그러나 대법원은 행정소송법상 집행정지제도에 관한 규정이 민사집행법상 가처분제도에 대한 특별규정이라는 점을 논거로, 행정소송법 제44조 제1항에서 당사자소송에 준용되어야 할 항고소송에 관한 규정 중 집

175) 「국회사무처 회의록」, 제2대국회 제11회 제29차 국회본회의(1951. 7. 19.), 16면의 김의준 의원의 질의내용 참조.
176) 「국회사무처 회의록」, 제2대국회 제11회 제29차 국회본회의(1951. 7. 19.), 16면의 법무부장관 조진만의 답변내용 참조.

행정지에 관한 제23조를 배제하는 해석을 하고 있는데, 이는 제정 행정소송법의 입법의도와는 배치되는 해석이다. 판례는 항고소송에 대해서는 "(구) 행정소송법 제14조의 규정에 불구하고 민사소송법의 규정 중 가처분에 관한 규정은 준용되지 않는다."라는 입장에 있고,[177] 당사자소송에 대해서는 "행정소송법 제23조 제2항의 집행정지에 관한 규정이 준용되지 아니하므로, 이를 본안으로 하는 가처분에 대하여는 행정소송법 제8조 제2항에 따라 민사집행법상의 가처분에 관한 규정이 준용되어야 한다."라고 판시하고 있다.[178] 집행정지 규정의 존재 여부에 따라 행정소송법 제8조 제2항을 달리 해석하여 항고소송에는 민사집행법상의 가처분 규정이 준용되지 않고 당사자소송에는 준용된다는 것이다.

이러한 해석론은 일본의 행정사건소송특례법 제10조 제7항에서 "행정청의 처분에 대해서는 가처분에 관한 민사소송법의 규정은 적용하지 않는다."라고 명시한 것을 맹목적으로 따른 것은 아닌지 의문이 든다.

8. 그 밖의 조항

이상에서 설명한 것 이외의 피고경정(제6조), 관련청구의 병합(제7조), 법원의 명령에 의한 선정당사자의 선정(제8조), 당사자 쌍방의 동의에 의한 서면심리(제11조), 사정판결(제12조), 판결의 효력(제13조) 등의 조항은 별다른 논란이 없이 일사천리로 정부안대로 통과되었다.

다만 사정판결에 대한 제12조와 관련하여, 처분내용이 행정청의 재량에 달려있는데 사정판결제도까지 인정하여 법원의 재량에 따라 그 효력 여부가 달라지게 하는 것에 의문을 제기하는 주장이 있었으나,[179] 별다

---

177) 대법원 1980. 12. 22.자 80두5 결정.
178) 대법원 2015. 8. 21.자 2015무26 결정.
179) 「국회사무처 회의록」, 제2대국회 제11회 제30차 국회본회의(1951. 7. 20.), 7면의

른 파장을 일으키지 못하였다.

또한 위 각 조항들은 일본의 행정사건소송특례법의 해당 조항과 거의 유사한 내용을 가지고 있다. 다만 일본의 행정사건소송특례법에는 있지만 우리나라 제정 행정소송법에는 없는 몇가지 규정이 있다. 그것은 관련청구의 병합에 관하여 제1심이 고등재판소인 경우 피고의 동의를 얻도록 하는 규정(제6조 제2항), 제3자의 소송참가제도(제8조), 사정판결에서 처분이 위법하다는 것 및 청구를 기각하는 이유를 명시하도록 하는 규정(제11조 제2항) 등이다.

반면에 우리나라 제정 행정소송법에는 있지만 일본 행정사건소송특례법에는 없는 규정도 있는데, 법원의 명령에 의한 선정당사자의 선정(제8조), 당사자 쌍방의 동의에 의한 서면심리(제11조) 등이 그것이다. 특히 후자는 전전의 행정재판법 제33조 제2항을 답습한 것으로서, 전후의 행정사건특례법에서는 채택하지 않은 것이었다.

한편, 사정판결을 선고할 경우 우리나라 제정 행정소송법 제12조 제3항에서는 법원이 피고에게 제해시설, 손해배상 기타 적당한 방법을 명할 수 있도록 규정한 반면, 일본 행정사건소송특례법에서는 손해배상의 청구를 방해하지 않는다는 정도로만 규정하고 있다는 점도 다르다(제11조 제3항).

IV. 행정소송의 현황

1950년대의 행정사건(1953년부터 1960년까지의 8년간)은 제1심 행정사건 제기건수가 총 2,183건으로서 연평균 273건 정도에 불과하였고,[180]

안용대 의원의 발언내용.
180) 우리나라에서의 사법통계는 1953. 11. 14. 법원통계보고례(대법원규칙 제17호)가 제정되고 같은 날 시행됨으로써 비로소 시작되었다{「법원통계연보(1964)」, 법원행정

그 대부분이 귀속재산처리에 관한 것이었으며, 수리조합의 조합비징수에 관한 사건 및 공무원의 신분관계에 관한 사건들이 약간 있었다.[181] 그런데, 제1심 행정사건 제기건수는 1960년대에 총 5,470건으로서 연평균 547건, 1970년대에 총 8,773건으로서 연평균 877건, 1981년부터 행정소송법이 개정된 해인 1985년까지의 5년간에는 총 8,260건으로서 연평균 1,652건으로 급격히 증가하고 있었다.[182] 사건의 내용도 조세사건이나 토지수용 등 공용부담에 관한 사건, 도시계획 및 공무원의 징계에 관한 사건 등이 주류를 이루었다. 예를 들면, 1978년의 제1심에서 처리되거나 계류 중인 사건 1,882건 중 조세사건이 942건(50.1%), 공무원의 신분에 관한 사건이 306건(16.3%), 도시계획과 관련된 사건이 62건(3.2%), 토지수용 관련 사건이 24건(1.3%), 기타 548건(29.1%)이었다.[183]

<제정 행정소송법 시행시기의 행정사건의 현황>

연도	접수건수	기재건수	판결건수	인용건수	인용률	미제건수
1953년	157	104	59			101
1954년	283	213	145			171
1955년	326	294	204			203
1956년	343	368	254			178
1957년	312	358	257			132
1958년	266	256	172			142

처, 1965., 2면 참조}. 따라서 아래의 통계는 1953년부터의 것이다. 항목별의 자세한 사항은 아래의 표와 그림 참조.
181) 이하의 내용에 대한 설명은, 이상규, "행정구제법의 회고와 전망", 고려대학교 법학연구소 창립 30주년 기념논문집: 한국법학의 회고와 전망(1991), 161면 이하를 참조한 것이다.
182) 이상규, "개정 행정쟁송법제와 그 전망", 80면의 [표] 행정소송(제1심)의 연도별 제기건수 참조.
183) 정남휘, "우리나라 행정소송의 실태", 사법행정 제22권 제1호, 한국사법행정학회 (1981. 1), 118면의 <표 V> 78년도 행정소송사건 유형별 현황 참조.

연도	접수건수	기재건수	판결건수	인용건수	인용률	미제건수
1959년	249	260	147			131
1960년	247	170	109			208
1961년	340	322	229			227
1962년	508	488	320			247
1963년	409	456	303			200
1964년	391	364	227			225
1965년	531	495	248			261
1966년	488	543	292			206
1967년	985	408	265			783
1968년	684	1,027	746			440
1969년	470	508	313			412
1970년	664	537	257	111	20.7%	539
1971년	725	694	394	131	18.9%	570
1972년	864	667	334	95	14.2%	767
1973년	617	838	384	157	18.7%	546
1974년	546	730	502	167	22.9%	362
1975년	647	574	342	108	18.8%	435
1976년	1,186	802	489	151	18.8%	819
1977년	937	814	448	216	26.5%	942
1978년	940	1,003	680	350	34.9%	879
1979년	1,093	1,057	725	429	40.6%	915
1980년	1,218	1,220	862	464	38.0%	913
1981년	1,127	1,111	796	394	35.5%	929
1982년	1,582	1,190	813	475	39.9%	1,321
1983년	1,756	1,764	1,244	676	38.3%	1,313
1984년	1,882	1,726	1,281	730	42.3%	1,469
1985년	1,913	2,010	1,594	986	49.1%	1,372

※ 1969년 이전의 인용건수에 관한 통계자료는 찾아볼 수 없다.

<제정 행정소송법 시행시기의 접수건수의 추이>

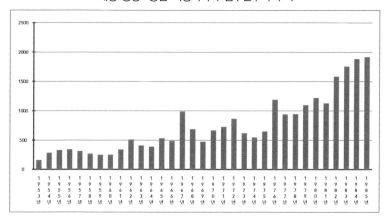

제5절 평가 및 오늘날에 미치는 영향

I. 일본 행정사건소송특례법의 의의와 영향

1. 행정사건소송특례법에 대한 평가

앞에서 살펴본 것처럼 연합국군 총사령부는 행정사건도 일반 민사소송법에 의하여 처리하는 것을 원칙으로 하여 「일본국헌법의 시행에 따른 민사소송법의 응급적 조치에 관한 법률」의 제정을 주도하였다. 그렇지만, 히라노(平野)사건 이후 행정사건의 특수성을 강하게 의식하게 되었고, 일본정부에게 행정권의 우월성을 확보하기 위한 방편으로 행정사건소송특례법을 조속히 제정할 것을 촉구하였다. 그렇게 제정된 행정사건소송특례법은 소원전치주의의 존속, 가처분의 배제와 엄격한 집행정지요건, 내각총리대신의 이의 등에 관한 규정을 포함하게 되었다.

이렇게 전후 행정소송법제의 개혁은 행정사건소송특례법의 제정으로 일단락되었다. 이는 아래에서 보는 것처럼 행정사건소송의 관할을 사법재판소로 바꿨을 뿐만 아니라 행정국가제를 취한 전전의 행정재판제도에 비하여 행정소송의 법적 구조를 개혁하였고 행정소송의 주된 기능이 권리구제라는 사고에 입각한 것이었다.[184]

첫째, 행정의 재판적 통제작용을 행정작용의 하나로 인식하고 그것을 행정권 스스로 행하여야 한다는 행정국가적 사고방식은 완전히 청산되

---

184) 이에 관한 자세한 설명은 高柳信一, "行政國家制より司法國家制へ", 2286~2290 頁 참조.

었고, 행정사건도 법률을 적용하여 판단할 문제로서 사법부가 종국적인 판단을 행하여야 한다는 점을 인정하게 되었다.

둘째, 그 결과 행정소송의 기능이 행정감독작용이라는 행정국가제 하에서 지배적이었던 인식은 배척되고 순전한 사법작용이라고 인정하게 되었다.

셋째, 행정소송이 가지는 권리구제기능을 은혜적인 것이라고 하는 사고는 완전히 청산되고 행정소송이 원래 권리구제를 목적으로 하는 제도라는 점이 확인되었다.

넷째, 행정의 재판적 통제절차에서 행정주체에 대한 특별한 보호의 부여는 전면적으로 배척되고, 당사자의 대등성이 강조되었다.

「행정국가에서 사법국가로의 전환」이라는 행정소송제도의 개혁은 지나치게 민사소송 지향적이라는 비판이 가해지기도 한다.[185] 전전에는 행정국가제도 아래에서 국민의 권리구제는 행정소송의 목적이 아니라 행정감독작용에 부가되어 은혜로 베풀어지는 것에 불과하고, 공익을 보호하기 위하여 소송당사자로서 행정청에 대한 특별한 보호가 필요하며, 그 때문에 심리절차에서 직권주의적 요소를 가하여야 한다는 사고가 지배적이었다. 전후의 개혁과정에서 그러한 논리의 정당성을 의심하고 그것을 행정소송절차에서 배제한 것은 바람직하였다. 그러나 공법상의 법률관계는 사법상의 법률관계와는 다른 특수한 성격이 있고 그 심리절차에서도 민사소송과는 다른 특수성이 있다는 점을 감안하였어야 하였다. 단지 행정소송절차가 민사소송절차와 가까울수록 권리구제성·공정성 등을 보다 잘 실현할 수 있다고 볼 수는 없기 때문이다. 그러나 전후의 행정소송의 개혁은 행정소송에서 양당사자를 민사분쟁의 양당사자와 거의 같다고 생각하고 그 운영에서도 되도록 민사소송에서와 같은 것으로 취급하였다. 그리하여 소송요건은 엄격하게 해석하고, 본안심리에서는

---

185) 아래의 내용은 高柳信一, "行政國家制より司法國家制へ", 2291頁 이하를 참조한 것이다.

직권주의를 배제하고 소극적으로 대처하여, 행정권에 특별한 배려를 하는 결과가 초래된 것이다.

예를 들어 원고적격에 관하여 살펴보면 다음과 같다. 전전에는 행정에 대한 신민의 불복소송을 최소한으로 억제하려는 정치적인 요청에 따라 권리훼손을 행정소송의 소송요건으로 삼았다. 그 반론으로 전후의 일본국헌법 아래에서의 행정소송법제 개혁논의의 과정에서는 권리훼손을 출소요건으로부터 제거하는 것을 '민주화'의 일환으로 생각하는 발상도 나올 만도 하였다. 실제로 국민이 법률에 복종할 의무를 부담하기는 하지만 법률에 반하는 명령에 복종할 의무는 없으므로, 거기에서 위법한 처분을 받지 않을 권리가 도출되고 행정청에 의한 위법한 처분이 있다면 그 자체로 권리를 손상받은 것이라고 해석하는 견해도 있었다. 그러나 단순히 감정적·도덕적 이익은 권리의 내용에 포함될 수 없으므로, 물질적·재산적 이익에 관계되지 않는 것을 침해하는 것은 권리에 대한 침해가 아니라는 인식이 대세를 장악하였다.

2. 오늘날에 미치는 영향

히라노(平野)사건과 그 영향 하에 제정된 행정사건소송특례법은 오늘날까지도 일본의 행정소송제도와 사법관료제에 큰 영향을 미치고 있다.[186]

첫째, 행정사건소송특례법 안에는 히라노(平野)사건을 계기로 일본정부가 애초에 예상했던 것을 넘는 수준으로 행정권의 우위를 보장하는 규정이 포함되었고, 그러한 규정들은 소원전치주의를 제외하고는 오늘날의 행정사건소송법에도 온존하게 되었다. 전후 행정소송제도의 개혁

---

186) 이러한 평가의 자세한 내용은 岡田正則, "行政訴訟制度の形成·確立過程と司法官僚制", 168~170頁 참조.

을 주도한 타나카(田中)과 카네코(兼子)의 사고방식에서는 행정작용이 가지는 공정력과 자기집행력 등의 특수성이 법률에 근거한 것이 아니라 행정작용이 가지는 당연한 속성이었다.187) 그리하여 재판소가 행정행위에 대한 사법심사권을 가진다고 하더라도, 판단작용을 넘어 행정에 대한 감독을 행하고 행정 고유의 영역에까지 침입하게 되는 것을 강하게 경계하였다. 이렇게 행정소송의 특수성을 강조하면서 공익을 추구하는 행정권의 자립성과 그 반면으로서의 '사법권의 한계'를 강조하는 사고가 오늘날까지 일본의 행정소송법제의 입법이나 실무적 해석에 암묵적으로 자리잡고 있다. 그렇기 때문에 위와 같은 경위에서 행정사건소송특례법에 포함된 행정권 우위의 규정들이 오늘날까지 지속되게 된 것이라고 평가할 수 있다.188)

둘째, 히라노(平野)사건이 사법권의 독립에 미친 영향을 주목해야 한다. 전후 연합국군 총사령부와 행정부는 행정권의 독립을 주장하면서 사법심사에는 당연히 일정한 한계가 있다고 사고한 반면, 사법부는 사법국가체제를 취하는 일본국헌법 하에서는 법률에 특별히 절차규정을 마련하지 않는 한 처분의 효력을 다투는 행정사건도 원칙적으로 민사소송법이 규정하는 절차에 따라야만 한다고 생각하였다. 그러나 히라노(平野)사건을 계기로 사법부와 연합국군 총사령부·행정부의 위와 같은 대립은 재판소가 굴복하는 형태로 결론이 났고, 그 결과가 행정사건소송특례법의 제정으로 나타난 것이다. 그리고 여기에 그치지 않고 점령체제 종료 후에도 '통치'에 관계되는 사건에 관해서 일본의 재판소는 과도하게 겸양적으로 되었고, 최고재판소가 헌법재판소와 행정재판소로서의 역할을 다하지 못하고 민·형사재판소로서의 역할만 철저히 수행하게 되었다. 항고소송의 소송요건을 과도하게 엄격히 해석하여 문전박대하는 판결을 추구하려고 하는 재판관의 심성도 여기에서 기인하는 것이라고 평가할

---

187) 高柳信一, "行政國家制より司法國家制へ", 2314頁 참조.
188) 高地茂世 外 3人,「戰後の司法制度改革」, 171頁.

수 있다.

Ⅱ. 우리나라의 제정 행정소송법에 대한 평가

우리나라 제헌헌법은 별다른 논란 없이 사법국가제를 채택하였다. 일제강점기 식민지 조선에서는 행정쟁송이 허용되지 않았고, 일본에서 마저도 행정소송에서 열기주의를 채택하여 법률에 열거되지 않은 사항에 대해서는 국민들로 하여금 출소할 수 있는 기회가 원천적으로 봉쇄되고 있었던 상황이었다. 따라서 제헌헌법에서는 이를 극복하기 위하여 행정소송에서 개괄주의를 취하고 처분에 관한 소송을 사법부가 처리할 수 있도록 하는 것이 필요하였고, 그것이 위 헌법조항의 주된 입법취지였던 것으로 생각된다.

한편, 행정소송법은 일본에서 1948. 7. 15. 시행된 행정사건소송특례법을 참조하여 14개조로 단촐하게 제정되었다. 우리나라 행정소송법은 1951. 8. 24. 법률 제213호로 제정되어 1951. 9. 14.부터 시행되었다. 제정 행정소송법은 하급재판소로서의 행정재판소를 인정하지 않고 모든 행정소송은 처분을 행한 행정청의 소재지를 관할하는 고등법원이 관할하도록 규정하였다(행정소송법 제4조 제1항). 이렇게 행정소송법은 한국전쟁이 한창이었던 때에 제정되었기 때문에 새로운 조국에서 시행될 행정소송제도의 바람직한 방향에 대하여 충분한 논의와 연구가 미비한 상태에서, 단지 일제강점기 하에서의 행정쟁송제도의 현황을 극복하기 위하여, 전후의 일본 행정쟁송제도를 참조하여 급하게 제정되었을 것이라고 추측된다.

해방이후 이승만 정권 하에서는 친일 관료와 법학자의 영향에 의하여 근대화가 진행되었다. 일제강점기에 일본의 근대법학을 배우고 일본의 경찰조직과 검찰, 법원을 통하여 근대적 실무를 익힌 법학자와 실무가들이 일본을 참조하여 해방 후 이승만정권에서 일본의 군국주의적 법문화와 법학을 계승·발전시켰다.[189] 일제에 의하여 이식된 법률과 체계가 식민지적 지배의 수단으로 왜곡된 근대화의 형태로 계수되었다는 사실에도 불구하고, 일본의 근대법제를 전범으로 삼았던 것은 어쩌면 당연한 일이다.

이러한 사정은 행정소송법의 경우에도 마찬가지였을 것이다. 그리하여 일본의 행정사건소송특례법을 제정할 당시 행정소송의 특수성을 강조하면서 공익을 추구하는 행정권의 자립성과 그 반면으로서의 '사법권의 한계'를 강조하는 사고는 오늘날 일본의 행정소송법제의 입법이나 실무적 해석에만 영향을 미친 것이 아니라 우리나라에도 지대한 영향을 미쳤다고 생각된다.

그것을 단적으로 나타내는 사례가 항고소송에 민사소송법상의 가처분 규정을 준용할 수 없다는 대법원의 태도이다. 일본의 경우에는, 행정소송법상의 가구제는 권리를 실효적으로 보장하기 위한 임시의 권리구제 제도이므로 사법작용에 속한다는 우리나라와 독일에서의 상식과는 달리, 가구제가 행정작용이라는 입장에 입각하여 행정사건소송특례법이 제정되었다. 집행정지에서 사법부의 판단보다 행정부의 판단에 우위를 두는 내각총리대신의 이의제도, 공권력의 행사를 저해하는 가처분을 배제하기 위한 가처분의 배제조항 등을 헌법에 어긋나지 않도록 해석하기 위해서는, 행정소송에서의 가구제가 사법작용이 아니라 행정작용이라는 전제가 필요했을 것이다. 그리하여 본안소송은 사법작용이지만 그에 대한 임시구제는 행정작용이라는 납득하기 어려운 논리는, 행정사건소송특례법이 폐지되면서 행정사건소송법이 제정되고 2004년의 개혁이 있었음에도 불구하고 오늘날까지 온존하고 있고, 놀랍게도 지금도 다수설의 지위를 차지하고 있다.[190]

---

189) 김성돈·이정훈·다키이 가즈히로·류부곤·박성민, 「한국사법의 근대성과 근대화를 생각한다: 신화와 우상을 넘어선 성찰적 법의 역사를 위하여」, 세창출판사, 2013., 75~76면.

그러나 우리나라의 경우에는 행정소송법이 제정될 때 '내각총리대신의 이의' 같은 제도도 도입하지 않았고, 일본과 달리 행정소송에서의 가구제의 공백을 민사소송법상의 가처분을 준용하여 메우는 것에 대하여 개방적인 태도를 취하였다. 그럼에도 불구하고 대법원이 점령정책을 차질 없이 수행하려는 연합국군 총사령부의 의도와 행정권 우위의 왜곡된 권력분립적 사고방식에 영향을 받은 일본 행정소송제도의 입안자들의 인식을 따르는 것은 헌법 제27조의 재판청구권에서 도출되는 효율적인 권리보호의 요청을 저버리는 해석이라고 생각한다.

한편, 이승만·박정희 독재정권에서 행정소송법제의 개혁은 경제근대화의 부차적인 것에 불과할 뿐만 아니라 '통치의 저해요인'이었을 것이다. 특히 박정희정권은 오직 경제적 근대화, 정확히 말하면 경제성장에만 매진하였다. 경제성장을 위해서 정치적·사회적·문화적 근대화는 배제되었고 부차화되었다.[191] 따라서 사회와 국가가 국민의 기본권을 보장하기 위하여 존재한다고 인식하지 않고 개인이 국가에 몸과 마음을 바쳐 충성을 다하도록 강요되었다. 그러한 기조 하에서 이렇게 급하게 제정되어 미비한 행정소송법제를 그 이후에도 상당기간 방치하게 되었다.

---

190) 南博方·高橋滋,「條解 行政事件訴訟法」, 482頁.
191) 박정희 정권의 근대화과정은 경제성장으로 환원되고 그 주체 또는 담지자의 측면에서 국가와 재벌로 환원된 이중적 근대화 과정이라고 설명하기도 한다(김덕령,「환원근대」, 도서출판 길, 2014., 65면).

제4장

한국과 일본에서
행정소송법제의 발전

제1절 개관

일본의 행정사건소송특례법은 점령기에 조급하게 제정되고 민사소송법의 특례법이라는 성격을 가지고 있었다. 그리하여 위 법률은 조문의 숫자도 적고 규정의 내용도 간단하였으며 명확하지 않았기 때문에, 개인의 권리구제에 충실하지 않았다는 비판을 받았고 해석과 운용상의 의문도 제기되었다.[1] 그리하여 행정사건소송특례법이 제정된 지 7년도 지나지 않은 1955년경부터 개정논의가 시작되었고, 그 결과 행정사건소송법이 1962. 5. 16. 법률 제139호로 공포되어 같은 해 10. 1.부터 시행되었다.

우리나라는 한국전쟁 중의 급박한 시점에 단지 일제강점기 하에서의 행정쟁송제도의 현황을 극복하기 위하여 그 당시 일본에서 시행중이던 행정사건소송특례법을 번역하다시피 하여 행정소송법을 제정하였다. 그런데 일본이 1962년에 이미 행정사건소송특례법의 문제점을 파악하고 상당히 진일보한 행정사건소송법으로 개정했음에도 불구하고 이승만·박정희 독재정권 하에서 행정소송체계의 개혁이 방치되었다.

그러다가 유신독재가 몰락한 직후인 1980년대는 급부행정의 적극화와 광역화에 따르는 행정기능의 확대로 인하여 행정작용의 형식이 다양화되고 그 영역이 확대되고 있는 시점이었으므로, 그에 대응하는 행정구제의 개혁을 요구하는 목소리가 커지게 되었다. 그러한 배경 하에 우리나라의 행정소송법은 1984. 11. 29. 전면적으로 개정되어 1985. 10. 1.부터 시행된다.

한편, 1988년 헌법재판소가 출범하고 1998년 행징법원이 설치됨으로

---

1) 南博方·高橋滋, 「條解 行政事件訴訟法」, 6頁 참조.

써 우리나라 행정소송체계는 일반법원에서 전담되던 행정사건을 독자적이고 전문적인 재판기관에게 전담시키게 되었다. 이는 행정소송체계의 인프라를 완전히 뒤바꾼 일대의 변혁을 일으킨다. 그리하여 행정쟁송분야에서 행정법원, 헌법재판소, 행정심판위원회가 서로 경쟁하는 체제가 형성이 되었다. 이는 적어도 행정소송에 고유한 재판기관의 구축이라는 인프라의 측면에서는 일본의 영향에서 완전히 벗어난 독자적인 발전이라고 평가하지 않을 수 없다. 그렇지만 1994년의 행정소송법의 개정은 소송절차에 대해서는 별다른 개정사항이 없었다. 따라서 행정소송절차의 개혁이라는 과제는 여전히 남게 되었다.

제2절 일본의 행정사건소송법의 제정

Ⅰ. 행정사건소송법의 제정경위

1. 행정사건소송특례법의 문제점

행정사건소송특례법은 제정된 지 얼마되지도 않아 개인의 권리구제에 충실하지 않았다는 비판을 받았고 해석과 운용상의 의문도 제기되었다. 그 당시 행정사건소송특례법의 문제점으로 거론되어 행정사건소송법을 제정하게 된 쟁점은 다음과 같다.[2)]

첫째, 행정사건소송특례법은 민사소송법의 특례법이지만(제1조), 위 법률이 적용되어야 할 소송의 범위 등이 명확하지 않았다.

둘째, 행정사건소송특례법은 "행정청의 위법한 처분의 취소 또는 변경에 관한 소송 그밖에 공법상의 권리관계에 관한 소송"을 소송의 종류로 규정하고 있었지만, "행정청의 위법한 처분의 취소 또는 변경에 관련된 소송"은 취소소송만 의미하는 것인지, 무효확인소송이나 의무이행소송도 포함하는 것인지 등이 명확하지 않았다. 특히 무효확인소송을 항고소송의 일종으로 취급하여야 하는지 당사자소송의 일종으로 취급하여야 하는지에 대하여, 견해가 나뉘었고 판례도 통일되지 않았다. 또한 "그밖에 공법상의 권리관계에 관한 소송"의 의의 및 범위에 대해서도 위에서 언급한 무효확인소송이 이에 속하는지 문제가 되었을 뿐만 아니라 의무

---

2) 당시에 제기되었던 행정사건소송특례법의 문제점에 대해서는, 田中二郞, "行政爭訟制度の改正", 法律時報 第34卷 第10号, 日本評論社(1962. 10), 6~7頁 참조.

확인소송이라든가 부작위위법확인소송 등이 위 소송의 일종인지도 문제
가 되었다.

셋째, 행정사건소송특례법은 소원제도를 전혀 정비하지 않은 채 필요
적 전치주의를 채택하고 있었기 때문에(제2조), 해석상의 의문도 많았고
행정소송을 제기하는 데 중대한 장애요인이었다.

넷째, 행정사건소송특례법이 정한 처분의 집행정지 및 이에 대한 내
각총리대신의 이의에 관한 규정에도 문제가 많았다. 집행정지는 그 요건
이 엄격함에도 불구하고 비교적 손쉽게 명해졌을 뿐만 아니라 내각총리
대신의 이의도 본래의 취지와 달리 비교적 빈번하게 발해졌다. 또한 행
정사건소송특례법은 "행정청의 처분에 대해서는 가처분에 관한 민사소
송법의 규정은 적용하지 않는다."라고 규정하고 있었는데(제10조 제7항),
무효인 처분에 대해서도 민사소송법상의 가처분규정이 적용되지 않는지
의문이었다.

그밖에도 전속관할제도(제4조), 제소기간(제5조), 관련청구의 병합(제6
조), 소송참가(제8조) 등에 대해서도 규정의 내용이 미흡하다는 비판이
있었고, 사정판결(제11조)이나 확정판결의 구속력(제12조)에 대해서도
해석상의 의문이 있었다.

2. 행정사건소송법의 제정경위

이상에서 서술한 것처럼 행정사건소송특례법은 그 자체로 많은 문제
점을 가지고 있었을 뿐만 아니라 행정사건소송에 관한 다른 법령과의
조화와 통일도 충분하지 않았다는 비판을 면할 수 없었으며 국민의 권
리구제제도로서 완비될 것이 요청되었다. 그리하여 법무성은 1955. 3.
25. "행정사건소송에 관한 법령 전반에 대하여 재검토하고 종래의 결함·
의문을 될 수 있는 한 제거하는 일반법을 제정한다."라는 명목으로 법제

심의회에 법안작성에 대한 자문을 의뢰하였다.

위 심의회는 같은 날 총회에서 행정소송부회를 신설하기로 의결하고, 학식경험자, 재판관, 변호사 및 법무성, 내각, 최고재판소 사무총국과 같은 관계관청 담당자 등으로 위원 약 20명, 간사 약 10명을 선임하였다. 부회는 1955. 6. 3. 제1회 회합을 열고 구체적인 심의를 위하여 부회 내 약 10명으로 소위원회를 설치하기로 하였다.

소위원회에서는 간사회에서 미리 정리하여 제출한 문제점에 대하여 심의를 하고, 그 심의결과에 따라 간사회에서 다시 정리하는 방식으로 요강안을 작성하였다.[3] 소위원회에서는 '행정구제와 사법구제', '항고쟁송에 의한 행정기관의 심판과 소송과의 관계', '행정사건의 범위', '행정사건의 종류', '취소소송의 대상이 되는 행정청의 행위' 등을 약 1년간에 걸쳐 순차적으로 심의하였다. 그 후 「행정사건소송특례법 개정요강시안」 (제1차 시안)이 1956. 10. 5. 제16회 소위원회에, 제2차 시안이 1958. 3. 7. 제32회 소위원회에, 제3차 시안이 같은 해 5. 30. 제33회 소위원회에 각각 제출되었고, 제4차 시안은 1960. 4. 15. 제52회 소위원회부터 6. 3. 제54회 소위원회까지 3회에 걸쳐 심의된 후 약간의 수정을 거친 다음 제5차 시안(소위원회안)이 결정되었으며, 같은 해 7. 1.에 제3회 부회에 보고됨과 아울러 일반에 공개된 후 1961. 5. 8.에 법제심의회의 답신안이 결정되었다.[4] 이상과 같이 소위원회는 1955. 7. 8. 제1회 위원회를 개최한 이래 1961. 2.경까지 무려 57회의 위원회와 1회의 간담회가 열렸다.

한편 행정소송부회는 1955. 6. 3., 1956. 11. 16., 1960. 7. 1., 1961. 3. 3. 등 4회의 회합을 개최하였다. 위 부회는 소위원회의 심의상황에 관한

---

3) 浜本一夫, "行政事件訴訟法立法の思い出", ジュリスト 通卷 第383号, 有斐閣 (1967. 11), 58頁.

4) 이상의 심의경위에 대한 자세한 내용은 入江俊郎, "行政事件訴訟法立案の経過-法 制審議會の論議を顧みて-", 法律時報 第34卷 第10号, 日本評論社(1962. 10), 27 頁 참조.

보고를 받아 검토한 다음 1961. 3. 3.의 제4회 회합에서 총회에 보고할 부회의 안을 결정하였다.5) 한편 1960. 7. 1. 제3회 부회에서 그때까지 소위원회가 정리한 「행정사건소송특례법 개정요강시안」(소위원회안)을 일반에 공개하고 비판을 구한 다음 대략의 답신안을 만들었다. 부회는 최종안을 1961. 4. 28. 법제심의회 제24회 총회에 보고하고, 총회는 같은 날과 같은 해 5. 8. 제25회 총회 등 두 차례에 걸쳐 이를 검토한 다음 한 가지 점에 대해서만 수정을 가한 후 답신안을 확정하고, 법무대신에게 제출하였다.

일본정부는 그 요강에 따라 행정사건소송법안을 제40회 국회에 제출하여, 1962. 5. 7. 원안대로 가결되었고, 같은 달 16. 법률 제139호로 공포되어 같은 해 10. 1.부터 시행되었으며, 그와 동시에 구 행정사건소송특례법이 폐지되었다. 또한 행정사건소송법이 제정됨에 따라 소원과 소송과의 관계, 제기기간 등을 정한 관련 법률들을 정리하기 위하여, 「행정사건소송법의 시행에 따른 관계 법률의 정비 등에 관한 법률」(법률 제140호)도 같은 날 시행되었다.6)

3. 행정사건소송법의 개략적인 내용

행정사건소송특례법은 불과 12개조와 부칙으로 되어 있었던 반면, 행정사건소송법은 5장 45개조와 부칙 11개조로 되어 있다. 제1장 총칙(제1

---

5) 이상의 심의경위에 대한 자세한 내용은 入江俊郞, "行政事件訴訟法立案の経過-法制審議會の論議を顧みて-", 26頁 참조.

6) 한편, 행정불복심사법도 1962(昭和37). 9. 15.에 법률 제160호로 공포되고, 같은 해 10. 1.부터 시행되었다. 그 주요한 특징으로는 ① 불복신청사항에 대하여 개괄주의를 채택하고 사실행위, 부작위에 대해서도 불복신청을 허용한 점, ② 불복신청의 종류나 불복신청의 기간을 통일·정리하고 그 절차를 명확하고 상세하게 규정한 점, ③ 교시제도를 마련한 점 등이다(高地茂世 外 3人, 「戰後の司法制度改革」, 176頁).

조~제7조), 제2장 항고소송(제8조~제38조), 제3장 당사자소송(제39조~제41조), 제4장 민중소송 및 기관소송(제42조~제43조), 제5장 보칙(제44조, 제45조) 외에 경과규정 등을 포함한 부칙 11개조로 구성되어 있었다.

그 내용적인 특징을 개략적으로 열거하면, ① 행정사건소송의 종류를 유형화하고 이에 적용 또는 준용되는 규정을 명확하게 한 점, ② 소원전치주의를 원칙적으로 폐지한 점, ③ 출소기간을 원칙적으로 3개월로 단축한 점, ④ 행정처분의 집행정지 및 이에 대한 내각총리대신의 이의제도를 정비한 점, ⑤ 행정처분의 취소판결의 효력을 제3자에게도 미치게 한 점, ⑥ 처분의 무효확인소송을 일정한 경우에 허용한 점 등이다.

Ⅱ. 행정사건소송법의 주요 쟁점

1. 기본적 성격

행정사건소송법은 행정사건소송특례법에서 '특례'라는 두 글자를 빼고 명명되었다는 점을 주목할 필요가 있다. 법률의 명칭에서 보는 것처럼 다른 법률의 특례가 아니라 행정사건에 관한 독립적인 소송법이라는 의미로 읽힌다.[7]

전후 신헌법에 의하여 행정사건을 통상재판소에서 관할한 이래, 행정사건은 민사소송법에 의하는 것을 전제로 하는 사고와 민사사건·형사사건과 별개로 독립한 행정사건의 소송절차가 있어야 할 것이라는 사고가 대립하고 있었다. 행정사건소송특례법은 문자 그대로 민사소송법의 특례법으로서 행정사건을 민사사건의 일환으로 생각하는 입장에 서 있는 것임에 반하여, 행정사건소송법은 행정사건소송이 민사소송과 기본적인

---

7) 高橋貞三, "行政事件訴訟法案の成立", 民商法雜誌 第46卷 第6号, 有斐閣(1962. 9), 6頁.

성격이 다르다는 인식에 입각하고 있다고 할 수 있다. 그렇지만 행정사건소송에 민사소송과 유사한 점도 많고, 독자적으로 행정사건에 대한 완결된 소송법을 제정한 것이 아니라 행정사건의 특수성을 감안하여 당장 행정사건을 처리하는 데 필요한 특칙을 규정한 것에 머물고 나머지는 소송법 중 가장 잘 정비된 민사소송의 예에 의하도록 규정한 점을 고려하여, 행정소송법이라고 명명하지 않고 행정사건소송법이라고 하였던 것이다.8)

행정사건소송특례법 제1조에서는 "이 법률에 의한 외에 민사소송법이 정하는 바에 의한다."라고 규정하였지만, 행정사건소송법 제7조에서는 "이 법률에 정한 것이 없는 사항에 대해서는 민사소송의 예에 의한다." 라고 규정하였다. 즉, 양자의 차이는 "민사소송법이 정한 바에 의한다." 는 것과 "민사소송법의 예에 의한다."는 것이다. 여기에서 "민사소송법의 예에 의한다."라는 것은 민사소송법을 그대로 적용한다는 의미가 아니고 행정소송의 본질에 반하지 않는 한 민사소송법을 따른다는 의미이므로, 행정사건에 대하여 더 적합한 방법이 있다면 민사소송법의 규정을 적용하지 않을 수 있다는 취지로 해석된다.9)

---

8) 高橋貞三, "行政事件訴訟法案の成立", 7頁, 田中二郎, "行政爭訟制度の改正", 10頁 참조. 행정사건소송법이라는 명칭은 제3차 시안에서 처음으로 등장하였는데, 그때 「행정사건소송특례법」이라는 명칭도 별안으로 제안되었다고 한다. 「행정사건소송법」이라는 명칭에 대한 제3차 시안에서의 설명은 "행정사건은 일반 민사사건과 그 성질이 다르다. 그러므로 이를 규율하는 법도 민사소송과는 구별하여야 할 것이므로, 「행정사건소송특례법」은 적당하지 않다. 또한 「행정소송법」도 구 행정재판소시대의 행정소송을 연상시킬 뿐만 아니라 위 법률이 매우 많은 경우에 민사소송의 예에 의한다는 점에서도 적절하지 않다. 「행정사건소송법」 정도가 타당하다."라는 것이었다. 한편 별안의 행정사건소송특례법이라는 명칭에 대해서는 "행정사건도 민사사건이다. 이 법률은 행정사건에 대하여 민사사건의 특례를 정하는 것이므로, 「행정사건소송특례법」이 적절하다."라는 것이었다. 이에 대해서는 雄川一郎, "行政事件訴訟法立法の回顧と反省", 公法研究 第45号, 日本公法學會(1983. 10), 135頁 주1) 참조.

9) 高橋貞三, "行政事件訴訟法案の成立", 7頁.

2. 행정사건소송의 유형

가. 소송의 유형화

행정사건소송특례법에서는 소송의 유형에 대하여 "행정청의 위법한 처분의 취소 또는 변경에 관계된 소송 그 밖의 공법상의 권리관계에 관한 소송"으로 규정하고 있었기 때문에 소송의 유형이 명확하지 않았다. 다만 문언상으로는 "위법처분의 취소를 구하는 소송"과 "위법처분의 변경을 구하는 소송" 및 "공법상 권리관계에 관한 소송"이 허용되는 것처럼 보였지만, 사법재판소가 행정청에게 처분의 변경을 명하는 것은 행정청의 제1차적 판단권을 침해할 우려가 있다는 이른바 '사법권의 한계론'에 의하여, "위법처분의 변경을 구하는 소송"은 허용되지 않는 것으로 해석되었다.

그런데, 행정사건소송법은 행정사건소송의 유형을 명확히 하였다. 위 법률 제2조에서는 행정사건소송을 항고소송·당사자소송·민중소송·기관소송의 4종류로 분류하고, 그 중심이 되는 항고소송에 대해서는 제2장에서 상세한 규정을 마련하였다. 그리고 당사자소송에 대해서는 제3장, 민중소송 및 기관소송에 대해서는 제4장에 각각 필요한 특수한 규정 및 준용규정을 두었다. 이는 행정사건소송특례법이 행정사건소송의 대상·성질·내용을 명확하게 규정하지 않았던 것을 정비하였다는 의미가 있다.

나. 항고소송

(1) 항고소송의 정의 및 유형

행정사건소송법은 항고소송을 "행정청의 공권력의 행사에 관한 불복소송"이라고 정의하였다. 나아가 제3조에서 항고소송을 처분취소소송·

재결취소소송·무효등확인소송·부작위위법확인소송의 4종류로 세분화하고 이에 대하여 적용 또는 준용되는 법규를 명확히 하였다.

(2) 처분의 취소소송과 재결의 취소소송의 구별

행정사건소송특례법은 처분의 취소소송과 재결의 취소소송을 구별하지 않았고, 소원전치주의(필요적 전치주의)로 인하여 재결을 거친 경우가 많았으며, 처분과 재결이 동일한 경우에는 처분의 취소소송을 제기한 것으로 인정되었다. 그러나 행정사건소송법에서는 소원전치주의를 원칙적으로 폐지하였기 때문에, 처분의 취소소송과 재결의 취소소송을 구별하게 되었다.[10]

그리고 법률에서 특별히 재결주의를 취한 경우를 제외하고는 원칙적으로 '원처분주의'를 채택하여, "처분의 취소의 소와 그 처분에 대한 심사청구를 기각한 재결의 취소의 소를 제기할 수 있는 경우에는 재결의 취소의 소에 대해서는 처분의 위법을 이유로 취소를 구할 수 없다."라고 규정하였다(제10조 제2항, 제20조 참조). 한편 처분의 취소소송은 처분청을, 재결의 취소소송은 재결청을 피고로 삼아야 할 것이라고 규정하였으므로(제11조 제1항), 행정사건소송특례법이 "처분을 행한 행정청"을 피고로 삼아 소를 제기하도록 규정한 것보다는 피고적격을 명확하게 규정하였다.

(3) 무효등확인소송의 법정

원래 행정사건소송특례법에서는 처분이 무효인 경우 그에 대한 다툼은 처분이 무효임을 전제로 한 소유권확인청구소송이나 부당이득반환청구소송 등을 통하여 처리될 것을 예정하고 있었기 때문에, 처분의 무효

---

10) 高橋貞三, "行政事件訴訟法案の成立", 9頁.

확인소송에 대한 절차적 규정을 마련하지 않았었다.[11] 그렇지만 예상과
달리 행정사건소송특례법 하에서 취소소송의 변형으로 무효확인을 구하
는 소송이 빈번하게 제기되었다.[12] 그런데 이러한 소송유형을 항고소송
으로 취급하여야 하는지 당사자소송으로 취급하여야 하는지, 소원전치
주의·출소기간에 관한 규정이 적용되어야 하는지, 민사소송법상 가처분
규정이 적용되어야 하는지 등 해석상의 여러 가지 문제가 발생하였다.

이 문제에 관하여 행정사건소송법의 입법과정에서, 행정행위의 무효
청구를 일종의 선결문제소송으로서 결정하는 안이나 행정행위의 무효를
전제로 하는 현재의 법률관계에 관한 소송을 공법상 당사자소송으로 정
하는 안 등 여러 가지 안이 고려되었다.[13] 또한 행정행위의 무효를 전제
로 소유권과 같은 사권을 주장하는 소송의 성격을 민사소송으로 할 것
인지 공법상의 소송으로 할 것인지도 논의가 되었는데, 당초에는 당사자
소송의 일종으로 결정하는 안이 고려되었지만,[14] 결국 사법상의 소송이

---

11) 田中二郎, "行政爭訟制度の改正", 11頁.
12) 무효확인소송은 행정사건소송특례법이 예상하지 못한 소송유형이었다. 전후 급속하
　　게 실시된 농지매수는 여러 가지 요인에서 위법한 것이 많았는데, 소원은 권리구제로
　　서 불충분한 것이었고 행정소송은 그 당시의 일본 국민들에게 생소한 것이었다. 또한
　　출소기간과 소원전치주의는 행정소송을 제기하는 데 방해요소가 되었다. 그리하여
　　무효확인소송이 이러한 제약을 받지 않는 소송유형으로 등장하게 되었고, 재판소가
　　이를 판례법으로 승인하고 발전시켜 온 것이다. 이에 관한 자세한 내용은 平峯隆,
　　"行政事件訴訟法に對する二,三の疑問", 法律時報 第34卷 第10号, 日本評論社
　　(1962. 10), 22頁.
13) 이에 관한 자세한 내용은 雄川一郎, "行政事件訴訟法立法の回顧と反省", 126頁 참조.
14) 제1차안에서는 선결문제소송을 "행정청의 처분 또는 재결의 무효확인을 구하는 소
　　송"(제1호), "행정청의 처분 또는 재결의 존부 확인을 구하는 소송"(제2호), "행정청
　　의 처분 또는 공공공사 등의 위법선언을 구하는 소송"(제3호) 등이라고 정의하고 도
　　입하려고 하였으나, 제2차 시안에서 삭제되었다. 한편, 제1차 시안에서는 "행정청의
　　처분 또는 재결의 무효 또는 부존재를 전제로 하는 현재의 법률관계의 소송"을 당사
　　자소송의 하나로 정하고 제2차안에서도 유지되었으나, 이 역시 제3차 시안에서는 삭
　　제되고, 이를 대신하여 쟁점소송의 사고방식이 등장하였다(雄川一郎, "行政事件訴
　　訟法立法の回顧と反省", 131頁 주5) 참조).

라고 보는 입장을 취하면서도 실질적으로는 당사자소송과 같은 취급을
하기로 하는 타협이 이루어졌다.[15]

행정사건소송법은 이러한 문제들을 고려하여 무효등확인소송을 항고
소송의 하나로 법정하였다. 그렇지만, 무효등확인소송은 "당해 처분 또
는 재결에 따르는 처분에 의하여 손해를 입을 염려가 있는 사람 그 밖의
당해 처분 또는 재결의 무효 등의 확인을 구할 법률상 이익을 가진 사람
으로, 당해 처분 또는 재결의 존부 또는 그 효력의 유무를 전제로 한 현
재의 법률관계에 관한 소에 의하여 목적을 달성할 수 없는 한에서" 제기
할 수 있었다. 따라서 이른바 쟁점소송의 성질을 가진 사법상의 법률관
계에 관한 소송에 의하여 그 목적이 달성될 수 없는 경우에 한하여 무효
등확인소송이 제기될 수 있는 것으로 예정하고 있었다.[16]

(4) 부작위위법확인소송의 법정

행정사건소송법 제3조 제5항은 "행정청이 법령에 기한 신청에 대하여
상당한 기간 내에 어떤 처분 또는 재결을 하여야 함에도 불구하고 이를
하지 않은 것에 대한 위법의 확인을 구하는 소송"을 인정하였다. 행정청
이 법령상 일정한 처분을 하여야 함에도 불구하고 이를 하지 않은 경우
의 구제방법으로서는 비교법적으로 급부소송(행정행위요구소송), 의무이
행소송, 의무확인소송, 부작위위법확인소송 등 다양한 형식이 있었다.
그러나 당시 일본의 사고방식 하에서는 행정권과 사법권의 분립을 인정
하고 있는 취지를 고려하여 부작위위법확인소송을 인정하게 된 것이
다.[17]

---

15) 田中二郎, "行政爭訟制度の改正", 11頁.
16) 한편, 행정사건소송법 제45조에서는 이러한 쟁점소송에서 처분 또는 재결의 존부 또
   는 그 효력의 유무가 다투어지고 있는 경우에는 당해 처분 또는 재결을 행한 행정청
   에게 그 뜻을 통지하도록 함과 아울러 행정청의 소송참가의 길을 열어두고 있다.
17) 田中二郎, "行政爭訟制度の改正", 11頁.

(5) 법정외 항고소송

행정사건소송법은 항고소송의 유형으로 위와 같은 4가지를 법정하였지만, 항고소송을 "행정청의 공권력 행사에 관한 불복소송"이라고 정의함으로써, 무명항고소송을 인정할 수 있는 여지를 두고 있었다.[18]

가장 논란이 되는 것은 역시 의무이행소송이 허용되는지 여부였다. 행정사건소송특례법에서는 항고소송을 "행정청의 위법한 처분의 취소 또는 변경에 관련된 소송"이라고 규정하였기 때문에, 처분의 변경을 적극적인 변경이라고 해석하느냐 소극적인 일부취소라고 해석하느냐에 따라 결론이 달라졌다.[19]

이러한 소송의 허용 여부에 대하여 소위원회의 심의과정에서 견해의 대립이 있었고, 그 타협으로 부작위위법확인소송까지 소송유형으로 명시하고 의무이행소송 등의 허용 여부에 대해서는 장래의 학설과 판례의 발전에 맡기기로 하였다.[20] 다만 의무이행소송 등의 소송형식이 장래에 허용되는 경우 이를 어느 위치에 두어야 하는지에 관한 기술적인 문제는 남아 있었다. 이 문제들을 입법적으로 처리하기 위하여 포괄적인 "공권력의 행사에 관한 불복소송"이라는 이른바 확장된 항고소송개념을 법정한 것이다.[21] 그러나 항고소송을 위와 같이 정의함으로써 장래 실무에서 의무이행소송이 인정될 것인지 여부를 어떻게 예상하고 있는지에 관해서는 견해가 나뉘었다.[22]

---

18) 田中二郎, "行政爭訟制度の改正", 11頁 참조.
19) 한편 재판소는 헌법상 삼권분립의 원칙과 사법의 본질을 법선언적 작용에 그친다는 점을 이유로 행정청에게 작위를 명하는 것은 허용되지 않는다는 입장에 있었다(高橋貞三, "行政事件訴訟法案の成立", 10~11頁).
20) 雄川一郎, "行政事件訴訟法立法の回顧と反省", 126頁 참조.
21) "행정청의 공권력 행사에 관한 불복소송"이라는 항고소송의 개념은 소위원회안에서 비로소 등장하였다. 그 이전까지는 항고소송의 개념을 정의하지 않고 취소소송 등의 소송유형을 항고소송 아래에 두었을 뿐이다. 이에 대해서는 雄川一郎, "行政事件訴訟法立法の回顧と反省", 131頁 주7) 참조.

다음으로 소위원회에서는 법령의 위헌·위법 여부를 다투는 소송형식
의 입법화를 시도하였다. "법령에 의하여 직접 권리를 침해된 자 또는
가까운 장래에 법령의 운용에 의하여 권리를 침해될 우려가 있는 자"에
게 '추상적 규범통제 청구소송'의 제기를 인정하는 안, '법령에 대한 취
소소송'을 항고소송의 한 유형으로 하는 안, 무효등확인소송의 한 유형
으로서 '법령의 효력에 관한 소송'을 법정하는 안, '법령의 위법선언을
구하는 소송'을 법정하는 안 등이 있었다. 위와 같이 법령의 효력을 다
투는 소송유형은 두 가지가 검토되었다. 하나는 형식이 법령이지만 그것
이 직접 구체적으로 개인의 권리 또는 이익을 침해하는 경우에는 행정
소송의 대상이 될 수 있다는 것은 이미 행정재판소시대부터 판례에 의
하여 인정되어 왔지만, 이 법리를 명문화하고 출소권자나 당사자 등 소
송법상의 문제를 명확하게 정비하자는 것이었다. 다른 하나는 독일의 추
상적 규범통제소송과 같은 소송유형을 법정하려고 하는 것이었다. 그러
나 이러한 방안은 이론적인 것보다 입법기술적인 어려움에 부딪쳤다.[23]
판례에 의한 개별적·구체적인 해결과는 달리, 일반·추상적인 입법의 형
식으로 출소요건, 소송대상, 판결의 형식과 효과 등을 정하는 것이 기술
적으로 어려웠기 때문이다.

한편, 사실행위에 대한 소송에 대해서도 '공공공사(등)의 소', '사실행
위의 소', '사실행위의 취소의 소' 등을 항고소송의 하나로 법정하는 안
이 고려되었다. 이는 당초 하천공사, 도로공사 등 공공공사의 시행에 관
한 쟁송을 민사소송절차에 의하는 것이 적합하지 않다는 사고로부터 시
작된 것이었지만, 공공공사의 범위를 어떻게 획정하여야 할 것인지, 재
판소는 어떠한 판결을 내려야 하는지 등 어려운 문제가 있었다. 그리하
여 '공공공사'라는 개념을 법문으로 쓰는 것을 포기하고, 대신에 보다

---

22) 부정적인 견해는 田中二郎, "行政爭訟制度の改正", 11頁, 긍정적인 견해는 高橋貞
   三, "行政事件訴訟法案の成立", 12頁.
23) 雄川一郎, "行政事件訴訟法立法の回顧と反省", 127頁.

추상적 또는 법적인 "공권력의 행사"를 가지고 "처분 취소의 소", "재결 취소의 소", "부작위 취소의 소"와 병렬적으로 "사실행위 취소의 소"를 법정하려고 하였으나 결국 그렇게 되지는 않았다.24)

다. 당사자소송

행정사건소송법은 당사자소송으로서 두 가지를 인정하고 있다. 하나는 "당사자 사이의 법률관계를 확인하거나 형성하는 처분 또는 재결에 관한 소송으로 법령의 규정에 의하여 그 법률관계의 당사자의 일방을 피고로 하는 것"이고,25) 다른 하나는 "공법상 법률관계에 관한 소송"이다.26) 행정사건소송법 제39조는 같은 당사자소송이라도 절차상의 차이가 있을 수 있기 때문에 양자를 구분하여 규정하였다.27)

---

24) 雄川一郎, "行政事件訴訟法立法の回顧と反省", 128頁. '사실행위의 소'에 관하여, 제2차 시안에서는 "행정청의 공권력의 행사에 해당하는 사실상의 행위……에 의하여 생겼던 위법상태의 배제를 구하는 소송"이라고 정의하였고, 제3차 시안에서는 "행정청의 공권력의 행사에 해당하는 사실상의 행위의 취소를 구하는 소송"이라고 정의하였다. 위와 같이 고친 이유에 대하여 「요강시안(제3차)의 설명」이라는 간사 작성의 문서에 의하면, "제2차 시안(위법상태의 배제를 구하는 소송)은 청구취지를 어떠한 형식으로 하여야 하는지 의문이다. 만일 이를 원상회복을 구하는 것으로 한다면 제3 제1호 및 제2호의 소송(처분의 취소의 소 및 재결의 소)과의 균형을 잃는 것이 명확하다. 또한 만일 그것을 위법선언을 구하는 것으로 한다면, 사정판결의 적용상 또는 판결의 구속력의 관계에서 난점이 생긴다. 그러므로 용어로서는 반드시 타당하지 않지만, 차라리 '취소'를 넓게 공권력성의 배제로 이해하고, '사실행위의 취소'라고 하는 방법이 좋다."고 설명하고 있다. 그러나 '사실행위의 취소'라는 것은 그 자체로서 논리적이지 않다는 반대론을 납득시킬 수 없었기 때문에 소위원회안에서는 이 사실행위에 대한 소는 모습을 감추게 되었다. 그러나 이 사실행위에 관한 쟁송의 입법화는 행정불복심사회에서 이루어지게 되었다. 이에 대해서는 雄川一郎, "行政事件訴訟法立法の回顧と反省", 131頁 주8) 참조.

25) 수용위원회의 보상금에 관한 재결이 있었던 경우 기업자 또는 토지소유자의 한 쪽이 원고가 되고 다른 쪽이 피고가 되어 다투는 소송을 예시할 수 있다.

26) 공무원의 급료 등 청구소송을 예시할 수 있다.

27) 田中二郎, "行政爭訟制度の改正", 11頁.

라. 민중소송·기관소송

행정사건소송법은 민중소송과 기관소송에 대하여 정의규정을 마련하고 각각의 소송의 실질에 따라 준용규정을 정하고 있다(제5조, 제6조, 제42조, 제43조). 행정사건소송특례법에서는 민중소송과 기관소송을 법정하지도 않았고, 위 소송들이 공법상의 권리관계에 관한 다툼이 아니어서 해석상으로도 그 유형을 인정할 수 없었다. 그런데, 행정사건소송법은 민중소송과 기관소송을 행정소송의 한 유형으로 명확히 하였고, 이에 대해서는 바람직하다는 평가를 받았다.[28]

3. 필요적 전치주의의 원칙적 폐지

행정사건소송특례법 제2조에서는 소원전치주의의 원칙을 채택하고 있었다. 항고소송을 제기하기 위해서는 그 처분에 대하여 법령의 규정에 의한 소원, 심사청구, 이의신청 그 밖의 행정청에 대한 불복의 신청을 제기하여 재결, 결정 그 밖의 처분을 경료하여야 한다는 것이다. 그런데 행정사건소송법은 이러한 소원전치주의를 원칙적으로 폐지하고 소송과 심사청구를 원고의 자유선택에 맡겼다(자유선택주의).

소원전치주의를 폐지할 것인지 여부는 행정사건소송법안 심의과정의 처음부터 논의가 시작되어 마지막까지 견해가 나뉜 사안이었다.[29] 구제가 신속하고 전문기술적인 사안을 처리하기 쉽다는 소원의 유용성 때문에 소원전치주의를 존치하자는 행정청 측의 견해가 유력했으나, 재판청구권의 침해라는 이유로 소위원회의 다수의견은 소원전치주의를 폐지하자는 것이었고, 결국 그렇게 결정되었다.[30]

---

28) 가령 田中二郎, "行政爭訟制度の改正", 12頁.
29) 雄川一郎, "行政事件訴訟法立法の回顧と反省", 125頁.

그리하여 제8조 제1항 본문에서 "처분의 취소의 소는 당해 처분에 대하여 법령의 규정에 의한 심사청구를 할 수 있는 경우에도 직접 제기하는 것을 방해하지 않는다."라고 규정하였다. 그런데, 소원전치주의를 폐지한 결과 심사청구와 동시에 취소소송을 제기할 수도 있게 되었으므로, 이러한 경우를 대비하여 제3항에서는 "재판소는 그 심사청구에 대한 재결이 있을 때까지(심사청구가 있었던 날로부터 3개월을 경과해도 재결이 없는 때에는 그 기간을 경과할 때까지) 소송절차를 중단할 수 있다."라고 규정하였다.

한편, 소원이 국민의 권리구제에 유용하거나 재판소의 부담을 덜어주는 경우도 있을 수 있으므로, 행정사건소송법 제8조 제1항 단서에서는 "법률에 당해 처분에 대한 심사청구에 대한 재결을 거친 후가 아니면 처분의 취소의 소를 제기할 수 없다는 뜻을 정한 때에는 그렇지 않다."라고 규정하여, 법률이 명시한 규정이 있는 경우에 예외적으로 소원전치주의를 허용하였다. 이 경우에도 ① 심사청구가 있었던 날부터 3개월을 경과해도 재결이 없는 때, ② 처분, 처분의 집행 또는 절차의 속행에 의하여 생기는 현저한 손해를 피하기 위한 긴급한 필요가 있는 때, ③ 그밖에 재결을 거치지 않은 것에 대하여 정당한 이유가 있는 때에는 재결을 거치지 않고 처분의 취소의 소를 제기할 수 있었다(제8조 제2항).

예외적으로 소원전치주의가 적용되는 경우는 어떠한 것인지에 대하여, 소위원회는 '법률'로써, ① 대량적으로 행해지는 처분이어서 소원의 재결에 의하여 행정의 통일을 꾀할 필요가 있는 것, ② 전문기술적 성질을 가진 처분, ③ 소원에 대한 재결이 제3자적 기관에 의하여 행해지는 처분 등으로 정하기로 하였다. 이에 따라 「행정사건소송법의 시행에 따른 관계 법률의 정비 등에 관한 법률」이 행정사건소송법과 동시에 제정되었다. ①에 해당하는 것은 조세에 관한 처분으로 하였는데, 이는 이미

---

30) 田中二郎, "行政爭訟制度の改正", 12頁, 高橋貞三, "行政事件訴訟法案の成立", 13頁.

종래부터 국세징수법에서 소원전치주의가 취해져 있었던 것이다. ②에 해당하는 것은 은급법이나 특허법, 의장법 등에 관한 처분이고, ③에 해당하는 것은 사회보험심사회의 재결을 거쳐야 하는 건강보험법이나 후생연금보험법 등에 의한 처분 등이다. ①의 경우는 대량적 처분으로서 이를 직접 재판소에서 처리하기 어렵고 전문적인 요소도 포함하고 있으며, ②와 ③의 경우는 전문기술적인 요소를 포함하는 처분이므로, 행정청의 재심사를 필요로 하고 그 재결에 불복하는 경우에 소송을 제기하게 하려는 취지이다.[31] 한편 이에 발맞춰 소원법이 폐지되고 제정된 행정불복심사법 제4조에서는 개괄주의를 채택하였다.

4. 원고적격 규정의 신설

행정사건소송법 제9조에서는 행정사건소송특례법과 달리 원고적격에 관한 규정을 신설하였다. 취소소송은 처분의 취소에 대하여 법률상 이익이 있는 사람에게 한하여 제기할 수 있다고 명시하였다.

특기할 만한 것은 제9조의 문구 중에서 '법률상 이익을 가진 자' 다음의 괄호에 "처분 또는 재결의 효력이 기간의 경과 그 밖의 이유로 없어진 후에도 처분 또는 재결의 취소에 의하여 회복할 법률상 이익을 가진 자를 포함한다."라고 규정한 것이다. 이렇게 하여 법률상 이익을 가진 자의 범위를 상당히 넓혀서 국민의 권리를 넓게 보호하려고 하였다. 이에 대해서는 행정사건소송특례법 시대에서부터 이미 최고재판소에서 다툼이 있었고, 다수의견은 좁게 해석하였으나 소수의견은 넓게 해석하였다.[32] 그런데, 행정사건소송법은 이를 입법적으로 해결한 것이다.

---

31) 高橋貞三, "行政事件訴訟法案の成立", 15頁.
32) 지방공공단체의 의회 의원의 임기만료 후에 제명처분의 취소를 구하는 소의 이익에 관한 最高裁判所 1960(昭和35)年 3月 9日 大法廷 判決, 最高裁 民集 14卷 3号

5. 전속관할의 폐지

행정사건소송특례법 제4조에서는 항고소송은 피고인 행정청의 소재지 재판소의 전속관할로 하였지만, 행정사건소송특례법은 전속관할의 제도를 폐지하고 일반관할 외에 특별관할을 인정하기로 하였다.

제12조에서는 종래와 같이 ① 피고인 행정청의 소재지 재판소를 관할로 인정하는 이외에, ② 부동산이나 특정한 장소에 관련된 처분 또는 재결에 대한 취소소송은 그 부동산 또는 장소의 소재지 재판소에도 제기할 수 있고, ③ 당해 처분 또는 재결에 관한 사무처리를 행한 하급행정기관의 소재지 재판소에도 제기할 수 있도록 하였다. 이로써 소송을 제기하는 국민의 권리구제의 편의를 도모하였다.

6. 출소기간의 단축

행정사건소송법은 취소소송의 출소기간을 원칙적으로 3개월로 단축하고 개별법에서 이보다 단기로 정한 출소기간을 정리하도록 하였다. 행정사건소송특례법 제5조 제1항에서는 항고소송은 처분이 있었던 것을 안 날로부터 6개월 이내에 제기하도록 하였다. 그러나 행정사건소송법 제14조 제1항에서는 취소소송을 처분 또는 재결이 있었던 것을 안 날부터 3개월 이내에 제기하도록 하였다.

행정사건소송특례법이 출소기간을 비교적 장기간인 6개월로 정한 것의 반작용으로, 개별법에서 출소기간을 1주나 2주의 단기로 정한 경우가 많았다. 그리하여 행정사건소송법에서는 출소기간을 3개월로 단축하되 개별법에서 이보다 짧은 출소기간을 정한 경우에는 3개월로 하기로 하고 단기간의 특례를 인정하지 않도록 하였다.

355頁(高橋貞三, "行政事件訴訟法案の成立", 26頁에서 재인용).

이렇게 출소기간을 단축한 개정취지는 "출소기간이 지나치게 길면 행정상 법률관계의 안정을 방해하고, 각종 특별법규에서 단기의 출소기간을 정하는 경향을 만들어서, 불통일을 초래한다. 다른 한편 종래의 출소상황에 비추어도 출소기간을 단축하여 출소권을 제약하는 것 같은 지장은 생기지 않는다는 것"에 있었다.[33] 그러나 이렇게 출소기간을 6개월에서 3개월로 단축한 것에 대하여 입법당시부터 이미 권리구제를 저해한다는 비판이 있었다.[34]

7. 가구제제도의 정비

집행정지결정에 대해서는 근본적으로 행정사건소송특례법과 취지를 달리하지는 않았다. 다만 행정사건소송특례법은 집행정지명령과 내각총리대신의 이의를 같은 제10조에 규정하였지만, 행정사건소송법은 제25조와 제26조에서 집행정지결정 및 그 취소를, 제27조에서 내각총리대신의 이의를 나누어서 각각 규정하였다. 이는 내각총리대신의 이의를 중시한 것도 있고, 집행정지의 규정을 완비한 결과이기도 하다.[35]

가. 집행정지

취소소송을 제기하더라도 그 처분의 집행이 당연히 정지되지 않는다는 행정사건소송특례법의 기조가 변경되지는 않았다(집행부정지의 원칙). 다만 행정사건소송특례법에서는 집행정지가 단순히 '처분의 집행을 정지'하는 것에 그쳤지만, 행정사건소송법에서는 집행정지를 효력정지,

---

33) 平峯隆, "行政事件訴訟法に對する二,三の疑問", 25頁.
34) 高橋貞三, "行政事件訴訟法案の成立", 18頁, 平峯隆, "行政事件訴訟法に對する 二,三の疑問", 25頁.
35) 高橋貞三, "行政事件訴訟法案の成立", 18頁.

집행정지, 절차의 속행정지로 세분하고, 집행정지나 절차의 속행정지에 의하여 목적을 달성할 수 있는 경우에는 처분의 효력정지를 할 수 없도록 하였다(제25조 제2항).

한편, 집행정지의 요건에 대하여, 행정사건소송특례법에서 정한 "보상할 수 없는 손해를 피하기 위하여 긴급한 필요가 있는 때"는 행정사건소송법에서는 "회복하기 곤란한 손해를 피하기 위하여 긴급한 필요가 있는 때"로 완화되었다. 그러나 행정사건소송특례법에서는 신청에 의하거나 직권으로 집행정지를 명할 수 있었으나, 행정사건소송법에서는 신청에 의한 경우만 인정하고 직권에 의한 집행정지를 없앴다. 이는 집행정지절차가 사법절차여서 철저하게 소극적이어야 한다는 점을 고려하여 재판소가 스스로 집행정지를 명하는 것을 못하도록 한 것이다.[36] 또한, 집행정지의 소극적 요건으로서 행정사건소송특례법에서는 '공공복지에 중대한 영향을 미칠 우려가 있는 때'와 '내각총리대신의 이의가 있는 때'라고 하였으나, 행정사건소송법에서는 '본안에 대하여 이유가 없다고 보이는 때'를 추가하였다.

행정사건소송특례법 제10조 제5항에서는 집행정지결정에 대하여 불복할 수 없도록 규정하였지만, 행정사건소송법에서는 즉시항고를 허용하였다. 이는 집행정지에 대한 신청이 각하될 수도 있고 신법이 집행정지를 세분하고 있어서 신청과 다른 결정이 나올 수 있으므로, 신청인의 이익을 보호하기 위한 것이다.[37] 그러나 위와 같은 즉시항고에 그 결정의 집행을 정지하는 효력은 없었다(제25조 제7항).

다음으로 제26조 제1항에서 사정변경에 의한 집행정지의 취소에 대하여 "집행정지의 결정이 확정된 후에 그 이유가 소멸하고 그밖에 사정이 변경한 경우에는 재판소는 상대방의 신청에 의하여 결정으로써 집행정지의 결정을 취소할 수 있다."라고 규정하였다. 이러한 규정은 행정사건

---

36) 高橋貞三, "行政事件訴訟法案の成立", 19頁.
37) 高橋貞三, "行政事件訴訟法案の成立", 19頁.

소송법에서 신설된 것이고, 여기에서도 직권주의를 배척하고 상대방인
행정청의 신청에 의한 것으로 하였다.

한편, 소위원회의 심의과정에서 위와 같은 집행정지결정과 아울러 공
법상 가처분제도를 도입하자는 의견이 있었지만 채택되지 않았다. 이는
급부소송이나 의무이행소송을 인정하지 않는 것과 궤를 같이 하는 것으
로서, 가처분제도를 인정한다면 급부소송을 인정하여야 한다는 이유에
기인하는 것이었다.[38] 또한 입법기술적으로 가처분의 요건이나 가처분
이 허용되는 처분의 구체적 내용이나 한계를 정하기 어려운 점도 원인
으로 작용하였다.[39]

나. 내각총리대신의 이의

내각총리대신의 이의에 의하여 재판소가 집행정지를 결정할 수 없도
록 하는 제도는 행정사건소송법에서도 존치되었다. 다만 행정사건소송
특례법의 불비한 점을 다음과 같이 정비하였다.[40]

첫째, 내각총리대신의 이의조항을 집행정지조항과 달리하여 별도로
규정하였다. 종래에 집행정지와 내각총리대신의 이의를 같은 조항에 둔
결과 내각총리대신이 처분을 한 행정청의 편에 섰다는 인상이 강하였으
나, 행정사건소송법에서는 이를 분리하여 내각총리대신은 피고의 입장
이 아니라 행정권의 최고책임자라는 입장에서 이의를 진술한다는 인상
을 주도록 하였다.

둘째, 내각총리대신이 이의를 진술하는 시기에 관하여, 종래에는 그
시기를 정하지 않았기 때문에 재판소의 결정 이전에 내각총리대신의 이
의가 진술되어야 하는지 재판소의 집행정지결정 후에도 진술할 수 있는

지에 대하여 다툼이 있었고, 최고재판소의 판례는 전자의 입장에 있었다는 점은 앞에서 이미 살펴보았다. 행정사건소송법에서는 내각총리대신은 집행정지결정 후에도 이의를 진술할 수 있고, 이 경우에는 이미 행한 집행정지결정을 취소하여야 한다고 규정하였다.

셋째, 행정사건소송법 제27조 제3항에서는 이의의 이유에 대하여 특별히 규정을 마련하여, 내각총리대신은 처분의 효력을 존속하고 처분을 집행하거나 절차를 속행하지 않으면 공공복지에 중대한 영향을 미칠 우려가 있다는 사정을 제시하여야 한다고 규정하였다.

넷째, 행정사건소송법은 내각총리대신이 이의를 진술할 재판소를 명확하게 하여, 집행정지를 결정한 재판소에 이의를 진술하되, 집행정지결정이 항고된 때에는 항고재판소에 이의를 진술하도록 하였다.

다섯째, 행정사건소송법 제27조 제6항에서는 내각총리대신은 부득이한 경우에만 이의를 진술할 수 있고 이의를 진술한 때에는 다음의 정기국회에서 이를 보고하여야 하는 규정을 신설하였다. 이는 내각총리대신이 이의를 제기할 경우 그 정치적 책임을 명확하게 함으로써 제약을 가하고자 한 것이었다.

내각총리대신의 이의제도에 대해서는 소위원회에서 반대의견이 있었지만, "집행정지의 재판이 종국판결과 달리 급속하게 발하는 잠정적인 것이고, 이에 의하여 공공복지에 중대한 영향을 미치는 사태가 일어날 수 있는 것도 고려하여야 하므로, 이 제도를 존속시킬 필요가 있었던 것이고, 다만 국민의 권리구제가 부당하게 저해되지 않도록 그 정치적 책임을 명확하게 하자고 하였던 것이다. 즉, 내각총리대신은 이의의 이유에 대하여 공공복지에 중대한 영향을 미칠 우려가 있는 사정을 제시하는 것과 함께 이의를 진술한 때에는 이를 다음의 정기국회에 보고하여야 한다고 하였다."라는 이유에서 위와 같이 법정되었다.[41]

---

41) 위와 같은 내용을 담은 「소위원회안의 요점설명」은 高橋貞三, "行政事件訴訟法案の成立", 22~23頁 참조.

내각총리대신의 이의제도는 행정사건소송법의 입안과정에서 가장 뜨거운 쟁점이었던 것 같다. 집행정지가 공공복지에 중대한 영향을 미칠 우려가 있을 뿐만 아니라 재판관이 국제적·정치적 사안을 법적인 관점에 의해서만 판단을 내릴 우려가 있다는 이유에서 이를 존치하는 것에 찬성하는 견해도 있었다.42) 이에 반하여 사법부의 판단을 행정적인 조치에 의하여 뒤집을 수 있다는 것은 사법권에 대한 행정권의 부당한 개입이고,43) 존치론이 제기하는 우려는 집행정지결정에 대한 즉시항고, 사정변경에 의한 취소 등으로 충분히 보완될 수 있다는 이유로 이에 반대하는 견해도 있었다.44)

소원전치주의의 원칙적 폐지와 내각총리대신의 이의제도의 존폐문제는 이론적인 대립이라기보다 행정권과 사법권의 체면이라는 사실상의 이유에서 격하게 대립한 면도 있어서 입법의 최종단계까지 정리되지 않았다. 그 타협의 결과, 소원전치주의를 원칙적으로 폐지하여 재판소 측의 주장을 받아들이고, 내각총리대신의 이의제도를 존치하되 정치적 책임을 강화하는 것에 의하여 행정부 측의 주장을 받아들이는 형태가 되었다.45)

8. 취소판결의 효력

행정사건소송특례법에서는 취소판결이 관계행정청을 구속하는 효력이 있다고 규정하고 있었지만, 효력이 제3자에게도 미치는지에 대해서

---

42) 田中二郎, "行政爭訟制度の改正", 13頁,
43) 그러나 존치론에 가까운 입장이었던 田中二郎, "行政爭訟制度の改正", 13頁에서는, 집행정지결정을 사법작용이 아니라 행정작용으로 보고 있었기 때문에, 사법권에 대한 부당한 간섭이라고 할 수 없게 된다.
44) 高橋貞三, "行政事件訴訟法案の成立", 23頁.
45) 雄川一郎, "行政事件訴訟法立法の回顧と反省", 130頁.

는 아무런 규정을 두지 않아서, 현실적으로 크게 문제가 되지는 않았어도 이론상 논란이 되었다. 이러한 논란에 결론이 나지는 않았으나, 입법정책적으로 행정상 법률관계를 명확하게 하기 위하여 제3자에게도 처분취소의 효과를 다툴 수 없게 하여야 한다는 점과 이에 의하여 제3자가 입을 불이익을 제거하기 위하여 그 이익을 지킬 기회를 보장하여야 한다는 점에 대해서는 의견이 모아졌다.[46]

그리하여, 행정사건소송법에서는 행정처분의 취소판결의 효력이 제3자에게도 미치는 것으로 하되, 그 제3자를 보호하기 위하여 제3자의 소송참가제도와 재심제도를 마련하였다.

한편, 무효등확인소송에서는 어떻게 되는지에 대해서도 문제가 되었으나, 이에 대해서는 취소판결의 제3자효에 관한 규정을 준용하지 않았다. 그런데, 후에 행정사건소송특례법 하의 사안이기는 하지만 최고재판소는 행정처분의 무효확인판결에 제3자에 대한 효력을 인정하는 판결을 선고하였다.[47]

9. 사정판결 등

행정사건소송법 제31조에서는 행정사건소송특례법 제11조에서 규정하였던 사정판결제도를 이어받아 '특별한 사정에 의한 청구기각'을 규정하고 있다. 다만 종래 "처분이 위법하지만 일체의 사정을 고려하여 처분을 취소 또는 변경하는 것이 공공복지에 적합하지 않다고 인정하는 때에는 재판소는 청구를 기각할 수 있다."라고 규정하였던 것을 "원고가

---

46) 雄川一郎, "行政事件訴訟法立法の回顧と反省", 129頁.
47) 最高裁判所 1967(昭和42)年 3月 14日 第3小法廷 判決, 民集 21卷 2号 312頁. 위 판결의 취지가 행정사건소송법상의 무효확인판결에 대해서도 기본적으로는 타당하다는 견해는 雄川一郎, "行政事件訴訟法立法の回顧と反省", 129頁.

받을 손해의 정도, 그 손해의 배상 또는 방지의 정도 및 방법 그 밖의 일체의 사정을 고려한 다음……"이라고 그 요건을 상세하게 규정하고 있다.

한편, 행정사건소송특례법 제11조 제3항에서는 "……손해배상의 청구를 방해하지 않는다."라고 규정하였으나, 행정사건소송법에서는 이를 삭제하였다. 이 규정은 명시하지 않더라도 당연한 것이지만, 이를 명시하는 것이 피해자에게 유리하고 손해배상의 청구가 당연한 권리라는 것을 명백히 한다는 점에서 그 삭제를 비판하는 견해가 있었다.[48]

한편, 행정사건소송법 제31조 제2항에서는 사정판결에 대하여 상당하다고 인정될 때에는 종국판결 전에 판결로써 처분 또는 재결이 위법하다는 것을 선언할 수 있다는 규정을 신설하였다.

이상과 같은 주요한 개정 외에도 관련청구 범위의 명확화와 소의 병합 등에 관한 규정의 정비(제13조, 제16조 내지 제20조) 등도 행해졌다.

Ⅲ. 행정사건소송법에 대한 제정 당시의 평가

1962년에 제정된 행정사건소송법은 그 전신인 행정사건소송특례법과 같이 행정소송에 대한 자족적인 것은 아니었지만, 법률의 명칭에서 '특례'라는 두 글자를 삭제한 것에서 보는 바와 같이 행정소송에 대한 통일적 일반법의 체제와 성격을 구비하고자 하였다는 점에 의의가 있다는 것이 그 당시의 대체적인 평가였다.[49]

행정사건소송법은 행정사건소송특례법이 가지고 있었던 모순되거나 불충분한 점을 법제적으로 정비·통일하여 의문을 해소시키는 한편 그것

---

48) 高橋貞三, "行政事件訴訟法案の成立", 25頁.
49) 田中二郎, "行政爭訟制度の改正", 13頁, 高橋貞三, "行政事件訴訟法案の成立", 27頁 등 참조.

을 통하여 국민의 권리구제를 충실히 하고자 하였다. 규정이 없거나 있어도 그 규정이 간소해서 해석상 의문이 있었던 소송의 형태와 종류(제2조 내지 제6조), 원고적격(제9조, 제37조), 피고의 변경(제15조), 청구의 객관적 병합(제16조), 공동소송(제17조), 청구의 추가적 변합(제18조, 제19조), 소의 변경(제21조), 소송참가(제22조, 제23조) 등의 규정을 정비하였다. 그중에서 관할규정, 원고적격 등은 완전히 새로운 입법이었다.

이상과 같은 긍정적인 평가가 있었던 반면, 이미 제정 당시부터 행정의 사법통제제도로서 완전하지 않다는 비판도 있었다. 그 비판은 집행부정지의 원칙, 내각총리대신의 이의, 가처분의 배제 등 가구제와 관련된 종래의 입장을 고수한 점, 출소기간을 3개월로 단축시킨 점, 사정판결제도를 존치시킨 점 등에 집중되어 있었다.

그리하여, 행정소송절차의 기본적 골격, 제도적 색채에서 큰 변화는 없었고, 오히려 입법적 타협의 결과로 권리구제가 철저하지 못하게 되었으며, 권리구제보다도 행정권 존중에 중점을 지나치게 둔 것이라는 비판이 제기되었다.[50) 한편 소원전치주의의 원칙적 폐지에 대해서는 찬반양론이 팽팽하였다.

제정 행정사건소송법에 대한 비판 중에서 주목할 만한 것은 행정재판소를 신설하지 않은 것에 대한 비판이다. 행정의 중요성이 커짐에 따라 사회적 법치국가의 관점에서 국가 자신도 행정에 대한 법적 통제를 강화할 필요가 있고, 행정사건의 특성상 심리에 전문성이 요구되므로, 사법재판소의 틀을 유지하더라도 그 시스템 안에서 행정에 대한 전문적 지식을 보완하는 제도를 확립하여야 한다는 것에 입각한 주장이다. 이를 위한 구체적인 제도로는, 행정재판소의 설치, 지방재판소 차원에서 행정부의 신설, 참심원으로서 행정전문가를 심리에 참가시키는 것 등이 제안되었다.[51)

---

50) 平峯隆, "行政事件訴訟法に對する二,三の疑問", 21頁 참조.
51) 近藤昭三, "「行政訴訟の特質」を生かす道-行政事件の審理は專門裁判官にゆだね

제3절 1984년 행정소송법의 전부개정

I. 개정의 배경

유신독재가 몰락한 직후인 1980년대는 급부행정의 적극화와 광역화에 따르는 행정기능의 확대로 인하여 행정작용의 형식이 다양화되고 그 영역이 확대되고 있었으므로, 그에 대응하여 행정구제제도의 정비를 요구하는 목소리가 커지고 있었던 시점이었다. 한편, 앞에서 제시한 <제정 행정소송법 시행시기의 행정사건의 현황>에서 보는 바와 같이, 행정사건의 제1심 신규건수는 1976년에 1,186건으로 1,000건을 돌파한 이후, 다소 등락은 있었지만 연 평균 1,000건 정도에 이르렀고, 특히 1980년대에 들어서는 가파르게 상승하고 있었다. 그러나 1951년에 제정된 행정소송법을 비롯한 행정쟁송법제는 위와 같이 급증한 행정구제의 수요를 감당할 수도 없었고, 일제강점기 하의 행정쟁송법제의 연장선상에 머물러 있었을 뿐만 아니라 그 사이 발전된 행정쟁송에 관한 학문적 성과를 반영하기에는 그 내용이 너무 미흡하였다.

또한 행정심판은 일반법인 소원법 외에도 67개에 이르는 개별법에서 특별규정을 두는 등 행정심판체계가 다원화되어 있었기 때문에 일반 국민이 행정심판을 제기하는 데 혼동할 염려가 있었고, 소원법의 내용도 일본의 메이지시대 소원법과 거의 유사한 내용으로서 매우 미흡하였다.

그런데, 1980년대 초는 유신독재가 종식되고 사회 각 분야에서 민주화에 대한 요구가 분출되고 있었고, 새로 집권한 전두환 정권은 그들의 국정목표를 복지국가 건설에 두어 복지행정을 국정의 제1과제로 제시하

___
るべきである-", 法律時報 第34卷 第10号, 日本評論社(1962. 10), 17頁 참조. 한편, 위와 같은 것을 장기적인 연구과제로 삼자고 주장하는 견해에 대해서는 田中二郎, "行政爭訟制度の改正", 14頁 참조.

였기 때문에, 사회적 기본권 및 급부행정에 대한 논의가 활발히 진행되고 있었으므로, 행정쟁송체계에도 이를 반영할 필요도 있었다.[52]

특히 제5공화국 헌법에서 신설된 제103조 제3항 후단에서 "행정심판의 절차는 법률로 정하되, 사법절차가 준용되어야 한다."라고 규정한 취지를 반영하여야 하였으므로, 서면심리주의·직권주의·비공개주의가 지배하는 소원법 등을 개정할 수밖에 없었다.

그리하여, 자유주의적 행정소송체계라고 하기에도 미흡했던 소원법과 행정소송법 등 행정쟁송법제를 개정하기에 이르렀다. 당시에 법조계에서 주장되었던 행정소송법의 개정이유는,[53] ① 14개조에 불과한 당시의 행정소송법으로는 복잡한 양태의 각종 행정소송을 수렴할 수 없고 판례를 통한 문제의 해결에는 한계가 있으므로 새로운 입법이 필요하다는 점, ② 행정편의주의로 되어 있는 행정소송제도를 국민편의주의로 개선하기 위하여 제도적으로 보완할 필요가 있다는 점, ③ 국정의 지표를 복지국가의 건설에 둔 이상 개인의 권익과 관계가 깊은 행정소송법도 이 이념에 합치되도록 보완할 필요가 있다는 점이었다.

위와 같은 인식 하에서 행정소송법의 개정방향에 대하여 여러 가지 제안들이 나타났다. 가령 뒤에서 보는 바와 같이 공법연구특별분과위원회의 위원으로 행정소송법 개정작업에 참여하였던 이상규 변호사는 재결취소소송·무효확인소송·부작위위법확인소송 또는 의무이행소송 등을 명시하여 행정소송의 종류를 다양화하고, 행정계획·행정지도·사실행위 등을 행정소송사항으로 포괄하며, 소원전치주의의 예외범위를 확대하고,

---

52) 최송화, "현행 행정소송법의 입법경위", 공법연구 제31집 제3호, 한국공법학회(2003), 3면 참조. 법무부 법무실 행정사무관 정남휘는 『정남휘, "복지국가와 행정소송", 사법행정 제22권 제4호, 한국사법행정학회(1981. 4)』에서 우리나라가 1970년대 들어서서 종합적·계획적인 적극행정으로 행정기능이 확대됨에 따라 새로운 통제장치가 필요하다는 논리를 전개하고 있다.
53) 김원주, "현행 행정소송제도의 개선방향", 현대공법의 이론: 김도창 박사 화갑기념논문집, 학연사(1982), 453면.

소의 이익을 넓히며, 집행정지와 입증책임에 관한 제도를 정비하자고 제안하였다.[54]

Ⅱ. 개정시안의 작성과정

1. 학계와 실무계의 개정요구

그 당시의 학계와 실무계에서는 이미 앞에서 본 행정쟁송법제의 문제점과 개정의 필요성을 지적하고 행정소송법의 전면적인 개정을 요구하고 있었다. 아래에서는 학계와 실무계의 대표적인 개정요구를 간략히 살펴본다.

가. 대한변호사협회의 개정안

실무계에서도 당시의 행정쟁송제도의 문제점에 대하여 비판하고 그 개선을 통하여 실효성 있는 행정구제제도의 확보를 주장하는 목소리가 컸다. 그에 따라 대한변호사협회는 법령정비추진특별위원회를 설치하였다. 위 위원회는 전문 30조 부칙 5항으로 된 행정소송법 개정법률안을 마련하였고, 위 개정안은 1981. 10. 30. 대한변호사협회 상무위원회에 상정되어 통과되었으며, 그 안을 정부에 건의하였다. 위 법률안이 추후의 행정소송법 개정작업에 어떠한 영향을 주었는지 알 수는 없으나, 그 주요골자를 소개하면 아래와 같다.[55]

① 행정소송의 유형을 항고소송, 확인소송, 당사자소송, 민중소송 및

---

54) 이상규, "현행 행정소송제도의 문제점", 고시연구 제9권 제2호, 고시연구사(1982. 2), 23~30면 참조.
55) 고재혁, "행정소송법의 개정방향", 대한변호사협회지 제72호, 대한변호사협회(1981), 24~25면 참조.

기관소송으로 나누었다.

② 행정심판을 임의적 전치로 하고, 다른 법률에 특별한 규정이 있는 경우에만 필요적 전치로 하였다.

③ 항고소송은 처분의 효과와 기간의 경과, 처분에 따른 이행 등의 이유로 그 효력이 소멸된 이후에도 그 처분의 취소로 인하여 회복할 이익이 있으면 제기할 수 있게 하였다.

④ 피고경정은 당사자가 신청한 경우 외에 법원이 직권으로도 경정할 수 있도록 하였다.

⑤ 소송에는 그 청구와 관련되는 원상회복, 손해배상 기타 청구소송을 병합하여 청구할 수 있도록 하였다.

⑥ 집행정지는 처분의 집행으로 회복하기 곤란한 손해가 발생할 염려가 있는 경우 또는 긴급한 사유가 있는 경우에 할 수 있게 하였다.

⑦ 재량처분의 취소는 재량권의 범위를 넘거나 그 남용이 있는 경우에 할 수 있도록 하였다.

⑧ 판결에 의하여 취소되는 처분이 당사자의 신청을 불허하는 것인 때에는 그 처분청은 판결의 취지에 따라 다시 필요한 처분을 할 것을 명시하였다.

⑨ 확인소송, 당사자소송, 민중소송, 기관소송을 각각 독립의 장으로 분류하여 규정하고 서로의 규정을 그 성질에 반하지 않는 범위에서 준용하도록 하였다.

⑩ 부칙에는 경과규정을 두었다.

나. 한국공법학회의 건의안

한국공법학회는 행정소송법과 소원법의 개정시안을 작성하여 정부에 건의하기로 하고 이상규, 김남진, 김이열, 박윤흔, 양승두, 이관희 교수 등으로 연구진을 구성한 다음 1982. 5. 24.부터 같은 해 8. 5.까지 대체토

론 등을 거쳐 요강시안을 작성하였다.[56]

그 요강시안은 1982. 8. 21. 부산대학교에서 개최된 한국공법학회 학술대회에서 배포·보고되고 1982. 9. 5.까지 의견을 취합하여 확정하였고, 그 요강을 바탕으로 소원법 및 행정소송법 개정시안을 작성한 다음 1982. 12. 22. 연구진의 최종토론을 거친 후 1982. 12. 30. 정부에 건의형식으로 제출하였다.

2. 공법연구특별분과위원회의 개정시안과 그에 대한 반론

가. 시안을 마련하게 된 경위

학계와 실무계에서 행정쟁송법제의 문제점과 개정의 필요성을 지적하는 목소리가 거세지자, 법무부는 행정쟁송제도에 관한 국내외의 자료를 수집하고 종합연구함으로써 개인의 권리구제와 행정목적의 적법·타당한 실현이라는 두 가지 이념을 합리적으로 조화시킬 수 있도록 하고자, 당시의 소원법과 행정소송법을 포함한 행정쟁송법의 개정작업에 착수하였다.[57]

법무부는 법무자문위원회규정 및 규칙에 근거하여 1983. 3. 15. 법무자문위원회 내에 행정쟁송제도개선을 위한 특별분과위원회(공법연구특별분과위원회)를 설치하였다. 위 위원회는 기존의 법무자문위원회 위원 3인과 위 목적을 위하여 새롭게 위촉된 학계와 법조계 및 관계 행정기관의 전문가인 10명의 특별분과위원들로 구성되었다.[58]

---

56) 이하의 경위에 대해서는 이상규, "행정구제법의 회고와 전망", 175면, 김원주, "1982년 행정법학계 회고", 공법연구 제11집, 한국공법학회(1983), 236면 참조.
57) 이하의 경위에 대해서는 이상규, "행정구제법의 회고와 전망", 176면 이하와 최송화, "현행 행정소송법의 입법경위", 2면 이하 참조.

위 위원회는 1983. 3. 15. 제1차 회의에서 법무부가 각계의 의견을 들어 제시한 행정쟁송 개정사항을 중심으로 심의방법과 일정 등을 협의한 다음 다섯 차례에 걸쳐 토론과 검토를 하고, 행정심판법 및 행정소송법의 시안작성을 위한 소위원회를 구성하였다.[59] 위 소위원회는 6차의 회합을 가지고 심의하여 소위원회안을 분과위원회에 보고하였고, 분과위원회는 1983. 7. 20.과 그 다음날 위 시안을 검토하고 일부 수정을 가한 다음 제1차 개정시안을 마련하였다.

나. 작성 당시의 논의사항과 행정소송법 개정시안의 내용

행정소송법 개정시안은 전문 5장 51개조 부칙 4조로 구성되어 있었다. 제1조에서는 "이 법은 행정소송절차를 통하여 행정청의 위법한 처분 그밖에 공권력의 행사·불행사 등으로 인한 국민의 권리 또는 이익의 침해를 구제하고, 공법상의 권리관계 또는 법적용에 관한 다툼을 적정하게 해결함을 목적으로 한다."라고 규정하여, 행정소송법이 가지는 독자성을 천명하고, 행정소송의 목적이 주관적인 권리구제의 기능과 객관적인 적법성보장기능의 수행에 있다는 점을 명시하였다. 그 이하의 개략적인 논의사항과 내용은 다음과 같다.

① 행정소송의 종류: 행정소송을 항고소송과 당사자소송 및 민중소송과 기관소송으로 분류하고(제3조), 항고소송을 다시 취소소송, 무효등확인소송 및 부작위위법확인소송으로 나누었다(제4조). 제정 행정소송법이 행정소송을 항고소송과 당사자소송으로 포괄적으로 규정하는 것에 그쳤기 때문에 소송의 유형에 따른 법적 성질, 소송

---

58) 그 당시의 위원은 김도창, 김철용, 서원우, 윤영철, 이근영, 이상규, 이재성, 정문화, 최광률, 최송화, 한영석 등이라고 알려져 있다.
59) 조문작성소위원회 위원으로 행정심판법에는 김철용, 서원우, 최광률, 행정소송법에는 김도창, 이상규, 최송화로 구성되었다.

목적물 및 적용법조 등의 차이를 반영하지 못하여 해석과 운용상
의 문제점이 적지 않다고 인식하고, 행정소송의 종류를 보다 분명
히 하면서 다양하게 하고자 하였다.60) 그런데, 위원회의 논의과정
에서는 다수안이 의무이행소송을 법정하는 것이고 소수안이 의무
이행소송을 행정소송의 종류에서 배제하자는 것이었으나, 법무부
보고안에서는 소수안이 채택되었다.61)

② 선결문제의 심판: 민사소송의 수소법원이 행정행위의 무효나 부존
재가 선결문제로 될 경우 그에 대한 판단권을 가진다는 점을 명시
하였다(제14조). 위원회는 처분 등의 무효 또는 부존재가 민사소송
의 선결문제로 다투어지는 경우에는 당해 수소법원이 이에 대한
판단권을 가진다는 안(제1안), 처분 등의 존부, 그 효력의 유무가
다른 본안심리에서 재판의 전제가 되는 때에는 그에 대한 관할법
원으로 이송하여 그 판단에 따라 재판한다는 안(제2안), 처분 등의
존부 또는 그 효력의 유무 및 그 위법 여부가 다른 본안심리에서
재판의 전제가 되는 때에는 당해 수소법원이 이에 대한 판단권을
가진다는 안(제3안)에 대하여 논의하였다.62) 위 세 가지 안 중에서
위원회는 제1안을 채택한 것이고 이는 당시의 통설과 판례의 태도
를 성문화한 것이었다.63)

③ 관할: 행정소송의 제1심 관할을 종전과 같이 피고의 소재지를 관
할하는 고등법원으로 하였다(제12조).64) 아울러 당사자소송의 관

---

60) 이상규, "행정쟁송법 개정시안 관견", 사법행정 제24권 제12호, 한국사법행정학회
   (1983. 12), 34면 참조.
61) 최송화, "현행 행정소송법의 입법경위", 7면. 다수안에서는 원고의 청구가 이유 있는
   경우에 법원이 행정청에게 신청에 따른 처분을 할 의무를 이행할 것을 선고하거나
   행정청이 법원의 해석을 존중하여 원고에게 재량행사의무를 이행할 것을 선고할 수
   있도록 하는 등 판결의 효력과 내용에 관한 사항과 원고적격, 피고적격, 제소기간 등
   에 관한 조문을 모두 성안하였다고 한다.
62) 최송화, "현행 행정소송법의 입법경위", 8면.
63) 이상규, "행정쟁송법 개정시안 관견", 34면 참조.

할도 항고소송과 같이 관계 행정청의 소재지를 관할하는 고등법원
으로 명시하였다(제45조). 한편, 심급을 달리하는 법원에 소를 잘
못 제기한 경우에도 원고에게 고의 또는 중대한 과실이 없다면 사
건의 이송을 인정하였는데(제7조), 이는 독일 행정법원법을 참조한
것이고 당시의 대법원 판례와는 다른 것이었다고 한다.[65]

④ **원고적격의 확대**: 시안은 처분 등의 취소를 구할 법률상의 이익이
있는 자는 처분의 상대방인지 제3자인지를 가리지 않고 원고적격
을 인정함과 아울러 처분의 효력이 소멸되거나 집행이 종료된 이
후에도 그 처분 등의 취소로 회복되는 이익이 있는 자는 취소소송
을 제기할 수 있도록 하였다(제15조). 이는 그 당시의 학설과 판례
이론을 입법화한 것이고,[66] 항고소송을 제기할 수 있는 범위를 확
대하는 것을 의도한 것이었다.[67]

⑤ **소송참가**: 복효적 행정행위의 증가에 대응하여 제3자의 소송참가
를 명시하고(제19조 제1항), 행정소송의 판결이 관계 행정기관을
기속하는 것에 대응하여 행정청의 소송참가를 인정하였다(제20조
제1항). 아울러 취소판결의 효력으로 인하여 권익을 침해받는 제3
자가 귀책사유 없이 소송에 참가하지 못한 경우 재심을 청구할 수
있도록 하였다(제35조).

⑥ **행정심판전치주의의 완화**: 종래의 필요적 전치주의는 유지하되,
전치요건을 완화하였다(제21조). 필요적 전치주의를 원칙으로 한
것은 헌법 제108조 제3항의 취지에 따른 것이라고 설명하고 있
다.[68] 한편, 무효등확인소송과 부작위법확인소송의 경우에는 행

---

64) 공법연구특별분과위원회 위원인 최광률 변호사는 토지관할이 구법과 달리 임의관할
   이라는 점이 특징이라고 하였다{최광률, "개정 행정소송법의 특색", 사법행정 제28권
   제7호, 한국사법행정학회(1987. 7), 63면}.
65) 최광률, "개정 행정소송법의 특색", 64면.
66) 최송화, "현행 행정소송법의 입법경위", 6면.
67) 이상규, "행정쟁송법 개정시안 관견", 34면 참조.

정심판 전치주의가 적용되지 않는다는 점을 명시하였다(제43조 제1항).

⑦ 항고소송의 대상: 취소소송의 대상을 처분과 재결로 하되, 처분을 "공권력의 행사나 그 거부 또는 그에 준하는 행정작용"이라고 정의하고, 재결에 대해서는 원처분주의를 채택하였다. 아울러 위법한 부작위에 대하여 부작위위법확인소송을 허용하여, 항고소송의 대상을 확대하였다.

⑧ 제소기간의 연장: 항고소송의 제소기간을 행정심판의 재결서의 정본을 송달받은 날로부터 60일 이내로 연장하고(제23조 제1항), 무효등확인소송과 부작위위법확인소송은 제소기간의 적용을 받지 않는다는 점을 명시하였다(제43조 제1항).

⑨ 소의 변경: 청구의 기초의 변경이 없는 범위 내에서 다른 종류의 항고소송이나 당사자소송 또는 손해배상소송으로 변경할 수 있도록 하고(제24조 제1항), 행정소송이 제기된 이후에 소송의 대상인 처분을 변경한 경우에는 소를 변경할 수 있도록 하되 그 경우에는 전치절차나 제소기간의 요건을 갖춘 것으로 간주하도록 하였다(제25조).

⑩ 가구제절차: 종전과 같이 집행부정지 원칙을 채택하되, 그 요건을 "처분의 집행 등으로 회복하기 어려운 손해를 예방하기 위하여 긴급한 필요가 있거나 원고의 청구가 이유 있다고 인정되는 때에는 공공복리에 중대한 영향을 미칠 우려가 없으면" 집행정지를 할 수 있는 것으로 하였다(제26조 제2항 내지 제4항). 한편, 무효확인소송이 제기된 경우에 법원은 원고의 권익을 보전하기 위하여 필요하다고 인정할 때에는 신청에 의하여 가처분을 할 수 있다는 취지로, 무효등확인소송에서는 가처분이 허용된다는 점을 명시하였다.[69]

---

68) 이상규, "행정쟁송법 개정시안 관견", 35면 참조.
69) 최송화, "현행 행정소송법의 입법경위", 8면.

⑪ 행정심판기록 제출명령: 법원의 당사자의 신청에 의하여 행정심판 기록에 대한 제출명령을 할 수 있도록 하였다(제28조). 민사소송법에 의한 문서제출명령제도는 당사자가 제출신청문서를 특정하여야 하나, 행정소송의 원고는 행정청이 어떠한 문서를 가지고 있는지 알기 어려운 경우가 많으므로, 행정심판기록을 한 묶음으로 제출신청을 할 수 있도록 민사소송법의 특칙을 정한 것이었다.[70]

⑫ 판결효력의 강화: 항고소송의 확정판결의 효력이 제3자에게도 미친다는 점을 명시하고(제33조), 거부처분 취소판결이 확정될 경우 판결의 취지에 따른 행정청의 재처분의무에 관하여 규정하였다(제34조). 한편, 항고소송의 인용판결에 관한 기속력의 실효성을 확보하는 차원에서 간접강제제도를 마련하였는데(제38조), 이는 독일 행정법원법 제172조와 우리나라 민사소송법 제693조를 참조한 것이었다.[71]

다. 개정시안에 대한 반론

법무부는 이렇게 마련된 제1차 개정시안을 행정기관, 법원, 대학, 법조단체 등 129개 기관에 배부하고 1983. 10. 10.부터 같은 해 11. 10.까지 관계 기관 및 전문가 등의 의견을 수렴하였다.[72] 그러자 한국공법학회(당시 회장 윤세창 고려대학교 법과대학 교수)는 같은 해 11. 12. 연세대학교에서 임시총회를 개최하고 회원들의 의견을 수렴하여 이를 법무부에 통보하였다.[73] 한국공법학회에서 회원들의 의견을 수렴하는 과정에

---

70) 이상규, "행정쟁송법 개정시안 관견", 36면 참조.
71) 이상규, "행정쟁송법 개정시안 관견", 36면, 최광률, "개정 행정소송법의 특색", 66면 참조.
72) 이상규, "행성구제법의 회고와 전망", 177면에 의하면, 의견을 제시한 기관은 87곳에 이른다.
73) 위와 같은 경위는 김남진, "한국의 행정소송제도의 회고와 향방", 고시연구 제25권

서 김남진 교수가 행정소송법 개정시안에 대한 검토의견을 발표하였는데, 그 개략적인 내용을 소개하면 다음과 같다.[74]

(1) 처분의 정의

행정소송법시안의 중추적인 개념은 "공권력의 행사나 그 거부 또는 그에 준하는 행정작용"이라고 정의한 "처분"에 관한 것이었다. 그러나 그러한 처분개념은 지나치게 넓은 나머지 강학상의 행정행위(최협의) 뿐만 아니라 행정입법·구속적 행정계획·사실행위 등을 포함할 수 있어서, 그 성질이나 쟁송방법을 달리하는 이질적인 행정작용을 하나로 포괄하여, "처분에 관한 학문적·입법적 노력에 역행하며 자칫하면 행정제도 및 행정법학을 일대 혼란에 빠트릴 염려가 있다."라고 주장하였다.[75]

(2) 행정소송의 종류

행정소송의 종류를 독일의 예에 따라 취소소송 및 그밖의 형성소송, 확인소송, 이행소송으로 구분하는 것이 국민의 권리구제에 도움이 되고 이론적으로 명확하다고 주장하였다. 부작위위법확인소송을 규정한 의의는 인정하나 의무이행소송을 도입하는 것이 정도라고 주장하였다.[76]

(3) 선결문제

시안 제14조 제1항에서 "처분 등의 무효 또는 부존재가 민사소송의

제12호, 고시연구사(1998. 12), 97면 참조.

74) 행정심판법 개정시안에 관해서는 김이열 교수가 검토의견을 발표하였다.

75) 김남진, "행정소송법시안상의 문제점", 고시연구 제11권 제1호, 고시연구사(1984. 1), 49면 이하 참조.

76) 김남진, "행정소송법시안상의 문제점", 49~50면 참조.

선결문제로서 다투어지는 경우에는 당해 수소법원이 이에 대한 판단권을 가진다."라고 규정하였다는 점은 앞에서 보았다. 위 규정은 사실 종래의 통설과 판례를 규정한 것에 불과하여 그 자체로는 논란이 없었다.

그런데, 그 반대해석으로 취소사유에 불과한 경우에는 행정행위의 위법성에 관하여 민사소송의 수소법원이 선결적 판단권을 가지지 않는다고 해석한 것에서 문제가 발생하였다.[77] 김남진 교수는 이에 대하여 행정행위의 공정력이 적법성을 추정하는 힘이 아니라 단지 유효하게 통용되는 힘일 뿐이라고 맹렬히 비판하였다.[78]

(4) 재판관할

행정소송의 제1심 관할을 지방법원으로 하고 행정심판에 대한 필요적 전치주의를 폐지할 것을 제안하였다.[79] 특히 당사자소송의 관할도 고등법원의 소재지로 정하고 있는 것에 대해서는, 당사자소송이 항고소송과 달리 행정심판을 거치지 않는 시심적 소송이라는 관점에서 비판하였다.[80]

(5) 가처분 등

시안은 무효등확인소송에서 가처분을 인정하고 있지만, 이를 확대하여 행정소송의 유형으로 이행소송을 인정하고 가처분의 적용범위를 확대할 것을 주장하였다.[81]

---

77) 이상규, "행정쟁송법 개정시안 관견", 34면 참조.
78) 김남진, "행정소송법시안상의 문제점", 52면 참조.
79) 김남진, "행정소송법시안상의 문제점", 55면 참조.
80) 이 점에 관해서는 시안의 작성에 참여하였던 이상규 변호사도 같은 취지의 주장을 하고 있다(이상규, "행정쟁송법 개정시안 관견", 34면).
81) 김남진, "행정소송법시안상의 문제점", 56면 참조.

그 밖에 재량처분이 위법하게 되는 사유를 좀 더 정밀하게 규정할 것과[82] 사정판결제도는 이론적으로 문제가 있고 남용될 위험도 있으니 독일처럼 원고의 원상회복청구에 한계를 두는 방법으로 대치하자고 제안하였다.[83]

III. 행정소송법의 전부개정

1. 행정소송법 개정법률안의 제안

법무부는 위와 같은 의견수렴과정을 거쳐 최종적인 행정심판법과 행정소송법의 개정법률안을 작성하였고, 정부는 1984. 6. 14. 국무회의에서 이를 심의하고 정부안으로 확정한 다음 같은 달 22. 제122회 임시국회에 제출하기에 이른다.

가. 제안이유

당시 법무부가 밝힌 제안이유는 다음과 같다.

『우리 사회가 고도 산업사회로 발전됨에 따라 행정수요가 양적·질적으로 팽창하고 행정작용도 그 영역이 확대되면서 행위형식이 다양화되고 있어 행정작용을 대상으로 한 행정소송에 대한 다각적인 제도적 검토와 변화를 필요로 하고 있음에도 현행 행정소송법은 1951년 제정 시행된 이래 30여년간 주요내용의 개정이 이루어지지 아니하여 발전하는 행정상황에 부응하지 못할 뿐 아니라 국민의 권리구제에도 미흡한 실정이므로 이를 전면개정하여 국민의 권익을 최대한 보호함과 아울러 행정목적의 실현에도 지장이 없도록

---

82) 김남진, "행정소송법시안상의 문제점", 55면 참조.
83) 김남진, "행정소송법시안상의 문제점", 56면 참조.

하려는 것임』

나. 주요골자

① **부작위위법확인소송제도의 신설**: 행정청이 처분을 하여야 할 법률상 의무가 있음에도 불구하고 이를 하지 아니하는 경우 그 시정을 구할 수 있는 부작위위법확인소송제도를 신설하였다(안 제4조 제3호, 제37조, 제39조 제2항).

② **무효등확인소송제도의 신설**: 처분의 효력유무 또는 존재여부의 확인을 통하여 국민의 권리가 보호될 수 있는 경우에는 처분에 대한 무효등 확인소송을 제기할 수 있도록 하였다(안 제4조 제2호, 제36조, 제39조 제1항).

③ **민중소송·기관소송의 개념과 적용규정의 명문화**: 이른바 객관소송에 관하여 그 개념과 준용규정을 신설하고, 그 구체적인 내용은 개별법률에서 규정하도록 하였다(안 제3조 제3호·제4호, 제46조, 제47조).

④ **명령·규칙의 위헌판결 등 공고제도의 신설**: 명령·규칙의 위헌·위법판결이 대법원에서 확정된 경우 위헌판결 등을 공고하도록 하여 동종 사안의 재발을 방지하였다(안 제7조).

⑤ **선결문제 심리절차에의 취소소송에 관한 규정의 준용**: 행정처분의 효력 유무 또는 존재 여부가 민사소송의 선결문제로 되어 본안의 수소법원이 심리하는 경우 일정한 범위 안에서 취소소송의 절차규정을 준용하였다(안 제12조).

⑥ **원고적격의 확대**: 처분의 효과가 기간의 경과, 처분의 집행 등으로 소멸된 후에도 처분의 취소로 인하여 회복되는 법률상 이익이 있는 경우에는 취소소송을 제기할 수 있도록 하여 국민의 권리구제의 폭을 넓혔다(안 제13조).

⑦ 행정심판전치주의의 예외범위의 확대: 동종사건 또는 서로 내용상 관련되는 처분에 대하여 행정심판의 재결이 있었을 때 등에는 행정심판을 제기함이 없이 직접 취소소송을 제기할 수 있도록 하였다(안 제19조 제3항).

⑧ 취소소송 제기기간의 연장: 행정심판의 재결서를 송달받은 날부터 60일 이내에 행정소송을 제기할 수 있도록 제소기간을 연장하여 국민의 권리구제에 소홀함이 없도록 하였다(안 제21조 제1항).

⑨ 소변경제도의 신설: 청구의 기초에 변경이 없는 경우 또는 소송계속 중 소송목적물인 처분이 변경된 경우에는 청구의 취지 또는 청구의 원인을 변경할 수 있도록 하여 당사자 간의 분쟁을 신속히 해결할 수 있게 하였다(안 제22조, 제23조).

⑩ 거부처분 취소판결에 대한 간접강제규정의 신설: 거부처분 취소판결이 확정된 경우 행정청이 판결의 취지에 따라 처분을 할 의무를 지게 되는데, 그 의무의 이행을 확실히 담보하기 위하여 행정청이 일정한 기간 내에 그 의무를 이행하지 아니하는 경우 그 지연기간에 따라 일정한 배상을 할 것을 명하거나 즉시 손해배상을 할 것을 명할 수 있도록 하는 간접강제규정을 신설하였다(안 제35조).

⑪ 당사자소송 관할의 명문화: 당사자소송의 재판관할을 항고소송의 경우와 같이 고등법원으로 한다는 명문의 규정을 두어 행정소송 사이의 심급상 균형을 유지하도록 하고 관계행정청의 소재지를 피고의 소재지로 하여 소송수행의 편의를 도모하였다(안 제41조).

다. 행정소송법 시안과의 차이

시안과 달라진 점은 "공권력의 행사나 그 거부 또는 그에 준하는 행정작용"이라고 정의한 "처분"의 개념에서 "행정청이 행하는 구체적 사실에 관한 법집행으로서의"라는 문구가 추가된 것이다. 이는 행정소송법

개정 이후 대법원이 항고소송의 대상인 처분의 개념을 행정입법 및 사실행위를 배제하는 방향으로 소극적으로 해석하는 빌미가 되었다.

또한 시안 제14조 제1항에서 "처분 등의 무효 또는 부존재가 민사소송의 선결문제로서 다투어지는 경우에는 당해 수소법원이 이에 대한 판단권을 가진다."라는 규정과 무효등확인소송에서 가처분을 인정하는 규정 및 항고소송과 손해배상소송 사이의 소의 변경이 가능하다는 규정이 삭제되거나 변경되었다.

2. 법제사법위원회의 심의과정

위와 같이 법무부가 국회에 제출한 행정소송법 개정법률안은 1984. 6. 25. 법제사법위원회에 회부되었다. 이는 1984. 7. 7. 제11대국회 제122회 제2차 법제사법위원회와 1984. 11. 7. 제11대국회 제123회 제13차 법제사법위원회에서 심의되었다.

가. 1984. 7. 7. 제11대국회 제122회 제2차 법제사법위원회에서의 심의내용

이날 심의에서는 법무부장관 배명인의 행정소송법 개정법률안에 대한 제안이유와 주요골자에 대한 설명을 듣고, 전문위원 박인수는 다음과 같은 취지로 검토보고를 하였다.[84]

첫째, 부작위법확인소송제도의 신설에 대하여, 국민의 권리구제를 충실히 보장하려면 의무이행소송을 도입하여야 하나 권력분립의 원칙에 비추어 적절하지 못하고 개발도상에 있는 우리나라의 실정을 감안하면

---

84) 「국회사무처 회의록」, 제11대국회 제122회 제2차 법제사법위원회(1984. 7. 7.), 27~28면 참조.

부작위위법확인소송만 인정하는 것은 적절하고 타당하다.

둘째, 무효등확인소송제도의 신설에 대하여, 이는 그동안 판례로 인정되던 무효확인소송과 부존재확인소송을 항고소송의 형태로 규정하고 국민의 권리구제 측면에서 유효확인소송을 인정하려는 것이므로 별다른 문제점이 없다.

셋째, 행정소송의 관할에 대하여, 고등법원이 서울, 대구, 광주에만 설치되어 있는 현실에서 사실상 행정소송의 제기가 제한되는 효과가 있다는 문제와 행정심판의 전치가 이루어지지 않는 당사자소송이나 무효확인소송도 고등법원의 관할로 하는 것은 타당하지 않다는 문제가 있는 것은 사실이라고 전제한 다음, 행정소송의 변호사 선임률이 80%에 이르러서 고등법원 소재지의 변호사를 선임하면 문제가 없고 행정소송의 특수성을 감안하면 재판경험이 많은 법관에 의한 신중한 판단이 필요하며 고등법원의 관할로 하는 것이 신속한 권리구제에 도움이 된다는 이유로, 개정안이 타당하다고 하였다.

넷째, 행정심판 전치주의에 대하여, 헌법 제108조 제3항에서 재판의 전심절차로서 행정심판을 할 수 있도록 규정한 취지가 고려되어야 하고, 행정심판법안에서 행정심판위원회를 설치하고 이를 의결기관화하는 등 심판의 객관성과 공정성을 담보하고 있으므로, 전치주의를 유지하는 것이 오히려 신속한 권리구제에 도움이 된다고 하였다.

그 밖의 규정들도 모두 국민의 권익을 최대한 보호하려는 측면에서 규정하고 있으므로, 별다른 문제가 없다는 의견을 개진하였다.

그 후 위원장 한병채는 행정소송법 개정법률안에 대하여 신중한 심사를 위하여 소위원회를 구성하여85) 그 소위원회에서 심사한 후 보고하도록 하자고 제안하여 동의를 구한 후 심의를 종결하였다.

---

85) 소위원장 이용훈, 위원 이치호, 조정제, 고영구, 이원형으로 구성되었다.

나. 1984. 11. 7. 제11대국회 제123회 제13차 법제사법위원회에서의 심의내용

이날 심의에서는 고영구 위원의 소위원회 심사결과에 대한 보고가 있었는데, 고영구 위원은 정부가 제출한 행정소송법 개정법률안이 국민의 권리구제를 위하여 여러 가지 새로운 제도를 신설하고 있어 시의에 알맞은 입법이라고 의견의 일치를 보았지만, 다음과 같은 몇 가지 부분을 수정하기로 합의를 보았다고 보고하였다.[86)]

첫째, 안 제1조 중 「국민의 권리 또는 이익의 침해에 대한 구제제도를 확립하고」를 「국민의 권리 또는 이익의 침해를 구제하고」로 간명하게 하고,

둘째, 안 제5조의 "법원의 소송전담부를 설치함에 있어 전문성을 반영하여야 한다."라는 규정은 불필요하므로 삭제하며,

셋째, 안 제28조 중 「재량권의 법적한계」를 「재량권의 한계」로 법문의 표현을 명료하게 하고, 부칙 제1조 시행일을 1985년 10월 1일로 수정하여 행정심판법의 시행일과 같이 하였다는 점과 몇 가지 체계와 자구를 수정을 했다는 점을 보고하였다.

다음으로 소위원회의 심사과정에서, 국민의 권리구제를 충실히 하기 위하여 ① 부작위위법확인소송에서 한 걸음 더 나아가 의무이행소송을 인정하자는 의견, ② 민사소송과 같이 본안소송을 제기하기 전이라도 집행정지를 신청할 수 있도록 하자는 의견, ③ 국가를 상대로 한 당사자소송의 경우 가집행선고를 제한하는 규정을 삭제하자는 의견 등의 소수의견이 있었다는 점도 보고하였다. 이에 대하여 법무부장관 배명인은 소수의견의 취지를 충분히 이해하고 행정소송법을 운영하는 데 고려할 것이며 향후 행정소송법을 다시 개정할 기회가 있을 경우 반영할 수 있도

---

86) 「국회사무처 회의록」, 제11대국회 제123회 제13차 법제사법위원회(1984. 11. 7.), 2~3면 참조.

록 노력하겠다는 취지로 답변하였다.

바로 이어서 법제사법위원회는 행정소송법 개정법률안에 대하여 소위
원회에서 수정한 부분은 수정한 대로 그밖의 원안은 원안대로 만장일치
로 의결하였다.

3. 행정소송법의 전부개정

이상과 같이 법무부가 제출한 행정소송법 개정법률안은 법제사법위원
회의 심의를 거치면서 약간의 수정이 가해진 후 1984. 11. 29. 제11대 국
회 제123회 제13차 국회본회의에 상정되어 만장일치로 가결되었고,
1985. 10. 1.부터 행정심판법과 함께 시행되기에 이른다.

개정 행정소송법은 제정 행정소송법을 전문개정한 것이나, 그 개정의
규모나 성격 등에 비추어 본다면 사실상 새로운 법률의 제정이라고 해
도 무방할 정도라고 평가할 수 있다.[87] 그 내용은 종래의 통설·판례의
태도를 성문화한 것과 논란이 있었던 점에 대한 입법적 해결을 도모한
것 및 적극적으로 제도적 개선을 모색한 것 등으로 이루어져 있다.[88]

IV. 일본 행정사건소송법과의 비교

1. 유사한 규정

① 행정소송의 유형을 항고소송, 당사자소송, 민중소송, 기관소송으로

---

87) 이상규, "신행정쟁송법의 특색과 문제점", 사법행정 제26권 제1호, 한국사법행정학회
   (1985. 1), 40면 참조.
88) 이상규, "신행정쟁송법의 특색과 문제점", 43면.

구분하고, 항고소송을 다시 취소소송, 무효등확인소송, 부작위위법
확인소송으로 나누는 것은 양법이 거의 유사하다.

② 법률의 적용에 관하여 다른 법률에 특별한 규정이 없는 한 행정소
송법이 적용된다는 점에서 양법은 같다. 다만 행정소송법에 정함
이 없는 사항에 관하여 우리나라의 경우에는 민사소송법과 법원조
직법을 "준용한다."고 규정한 반면 일본의 경우에는 "민사소송의
예에 의한다."라는 표현을 쓰고 있다.

③ 관련청구의 이송과 병합에 관하여 거의 유사한 규정을 두고 있다.
우리나라의 경우에는 제10조에 이를 합쳐서 하나의 규정에 둔 반
면, 일본의 경우에는 이송에 대해서는 제13조, 병합에 대해서는 제
19조와 제20조에 별도로 규정하고 있다. 또한, 일본의 경우 취소소
송 또는 관련청구에 관계되는 소송이 계속된 재판소가 고등재판소
인 때에는 이송이 불가하고 피고의 동의 없이 병합도 불가하다고
규정하고 있는데, 이는 우리와 다소 다르다.

④ 행정처분의 효력 유무 또는 존재 여부가 민사소송의 선결문제로
되어 본안의 수소법원이 심리하는 경우 일정한 범위 안에서 취소
소송의 절차규정을 준용한다는 취지에 관하여, 우리나라의 경우에
는 "선결문제"라는 제하에 제11조에서 규정하고 있다. 일본의 경
우에는 "처분의 효력 등을 쟁점으로 하는 소송"이라는 제하에 제
45조에서 규정하되, 그 소송에 행정청이 참가한 경우의 절차와 소
송비용에 관해서도 규정하고 있다.

⑤ 원고적격에 관하여 우리나라의 경우에는 제12조에서, 일본의 경우
에는 제9조에서 거의 유사한 규정을 두고 있다.

⑥ 피고적격에 관해서도 우리나라의 경우에는 제13조에서, 일본의 경
우에는 제11조에서 거의 유사한 규정을 두고 있는데, 일본의 성우
에는 처분의 취소소송과 재결의 취소소송을 구분함에 따라 피고적
격도 나누어서 규정하고 있는 점이 다를 뿐이다.[89]

⑦ 원고가 피고를 잘못 지정한 경우 피고의 경정을 허용하는 규정을 우리나라의 경우에는 제14조에서, 일본의 경우에는 제15조에서 규정하고 있다. 다만 우리나라의 경우에는 원고의 귀책사유를 묻지 않으나 일본의 경우에는 원고에게 고의 또는 중대한 과실이 없을 것을 요구한다.

⑧ 취소소송에서 주관적 병합에 관하여 그 취소청구와 관련된 청구로 제한하는 규정을 우리나라의 경우에는 제15조에서, 일본의 경우에는 제17조에서 유사하게 규정하고 있다.

⑨ 제3자의 소송참가(우리나라 제16조, 일본 제22조)와 행정청의 소송참가(우리나라 제17조, 일본 제23조)에 대하여 양법이 거의 유사한 규정을 두고 있다.

⑩ 재결에 대한 취소소송에 대하여 양법은 원처분주의를 채택하고 있다. 다만 우리나라의 경우에는 "재결 자체의 고유한 위법이 있음을 이유로 하는 경우"로 적극적으로 규정한 반면(제19조), 일본의 경우에는 "처분의 취소의 소와 그 처분에 대한 심사청구를 기각한 재결의 취소의 소를 제기할 수 있는 경우에 재결의 취소의 소에 있어서는 처분의 위법을 이유로 취소를 구할 수 없다."라고 소극적으로 규정하고 있다.

⑪ 집행정지(우리나라 제23조, 일본 제25조)와 그 취소(우리나라 제24조, 일본 제26조)의 요건과 절차 등에 관해서 양법은 거의 유사한 규정을 두고 있다.

⑫ 행정소송의 심리에 관하여, 양법은 법원이 필요하다고 인정할 경

---

89) 우리나라는 위원회의 논의과정에서 취소를 목적으로 하는 처분 등을 한 행정청이 속하는 국가 또는 공공단체를 피고로 하되 피고의 표시에는 처분청을 기재하도록 하는 방안이 소수안으로 제시되었다. 그런데, 일본의 경우에는 2004년의 행정사건소송법의 개정으로 행정청을 특정하는 원고의 부담을 경감하고 소 변경 등의 절차를 쉽게 하기 위하여, 항고소송에 대하여 처분을 행한 행정청을 피고로 하는 현행제도를 고쳐서, 처분을 행한 행정청이 소속하는 국가 또는 공공단체를 피고로 삼도록 하였다.

우 직권으로 증거를 조사할 수 있다는 취지의 규정을 두고 있는
점은 공통된다. 다만 우리나라의 경우에는 "당사자가 주장하지 아
니한 사실에 대하여도 판단할 수 있다."라는 점이 추가되어 있고
(제26조), 일본의 경우에는 직권으로 행한 증거조사의 결과에 대하
여 당사자의 의견을 듣도록 하게 하는 점이 추가되어 있다(제24조).

⑬ 재량처분의 취소에 관하여 양법은 약간의 문구상의 차이를 제외하
고 유사한 규정을 두고 있다(우리나라 제27조, 일본 제30조).

⑭ 원고의 청구가 이유 있는 경우에도 공공복리 등을 이유로 원고의
청구를 기각하는 판결을 할 수 있다는 점에 관하여, 우리나라의
경우에는 "사정판결"이라는 제하로 제28조에서, 일본의 경우에는
"특별사정에 의한 청구의 기각"이라는 제하로 제31조에서 유사하
게 규정하고 있다. 다만 우리나라의 경우에는 손해배상, 제해시설
의 설치 등의 구제방법의 청구를 병합하여 제기할 수 있다는 점이
추가되어 있고, 일본의 경우에는 사정판결을 할 때의 고려요소를
구체적으로 예시하고 있다.

⑮ 취소판결의 대세적 효력(우리나라 제29조, 일본 제32조), 기속력(우
리나라 제30조, 일본 제33조)에 대하여 양법은 거의 흡사한 규정을
두고 있다.

⑯ 제3자의 재심청구에 관하여 양법은 거의 흡사한 규정을 두고 있다
(우리나라 제31조, 일본 제34조).

⑰ 소송비용에 관한 재판의 효력이 피고 또는 참가인이었던 행정청이
소속하는 국가 또는 공공단체에 미친다는 점에 관하여 양법은 거
의 흡사한 규정을 두고 있다(우리나라 제33조, 일본 제35조).

⑱ 그밖에 취소소송 외의 항고소송, 당사자소송, 민중소송 및 기관소송
에 관하여 약간의 점을 제외하고 양법은 유사한 규정을 두고 있다.

2. 상이한 규정

① 처분의 개념에 대하여 우리나라의 행정소송법 제2조 제1항 제1호에서는 「행정청이 행하는 구체적 사실에 관한 법집행으로서의 공권력의 행사 또는 그 거부와 그밖에 이에 준하는 행정작용」이라고 정의하고 있다. 반면, 일본의 행정사건소송법에서는 "처분"의 개념에 관한 명시적 정의규정을 두고 있지는 않았지만, 제3조 제1항에서 항고소송을 「행정청의 공권력 행사에 관한 불복의 소송」이라고 정의하고 제2항에서 처분의 취소의 소를 「행정청의 처분 그 밖의 공권력의 행사로서의 행위(다음 항에 규정한 재결·결정 기타의 행위를 제외한다. 이하 "처분"이라 한다)의 취소를 구하는 소송」이라고 정의하고 있다. 그렇다면, 일본 행정사건소송법에서의 "처분"은 공권력 행사로서의 행위에서 재결을 제외한 것이라고 볼 수 있다. 이렇게 해석하면 우리나라 행정소송법시안에서 정의한 처분의 개념인 "공권력의 행사나 그 거부 또는 그에 준하는 행정작용"과 상당히 유사한 개념이 된다. 양국의 처분개념은 그 해석론에 의하여 결과적으로는 유사한 내용이 되었지만, 법문상으로만 본다면 일본 행정사건소송법상 처분의 개념은 행정입법이나 사실행위도 포함될 수 있도록 유연하고 포괄적으로 규정되었다고 볼 수 있다.

② 부작위의 개념에 대하여 우리나라의 행정소송법 제2조 제1항 제2호에서는 「행정청이 당사자의 신청에 대하여 상당한 기간 내에 일정한 처분을 하여야 할 법률상 의무가 있음에도 불구하고 이를 하지 아니하는 것」이라고 정의한 반면, 일본의 행정사건소송법 제3조 제5항에서는 "부작위의 위법확인의 소"를 「행정청이 법령에 기한 신청에 대하여 상당한 기간 내에 어떤 처분 또는 재결을 하여야 함에도 불구하고 이것을 하지 아니함에 대한 위법확인의 소」라고 정의하고 있다. 언뜻 양국의 부작위의 개념은 같은 것이라고

볼 수도 있겠으나, 우리나라의 경우에는 조리상의 신청권과 같이
신청권이 반드시 법령에 기한 것이 아니라도 부작위위법확인소송
을 제기할 수 있는 여지가 있다.

③ 행정소송의 제1심 관할이 우리나라의 경우에는 고등법원이나(제9
조) 일본의 경우에는 지방재판소이다(제12조).

④ 취소소송과 행정심판의 관계에 대하여, 우리나라의 경우에는 필요
적 전치주의를 원칙으로 하고(제18조), 일본의 경우에는 임의적 전
치주의를 원칙으로 한다(제8조).

⑤ 제소기간에 대하여, 우리나라의 경우에는 재결을 거친 경우에는
재결서를 받은 날로부터 60일 이내, 그렇지 않은 경우에는 처분이
있음을 안 날로부터 180일과 처분이 있은 날로부터 1년 이내다(제
20조). 일본의 경우에는 처분 또는 재결이 있음을 안 날로부터 3개
월 이내, 처분 또는 재결이 있은 날로부터 1년 이내다(제14조).

⑥ 소의 변경에 관하여, 우리나라의 경우에는 소의 종류의 변경(제21
조), 처분변경으로 인한 소의 변경(제22조)을 명시하고 있다. 그러
나 일본의 경우에는 위와 같은 규정이 없는 대신 국가 또는 공공
단체에 대한 손해배상 등의 청구소송으로 변경할 수 있도록 규정
하고 있다(제21조). 이는 우리나라의 행정소송법시안에서 신설하
고자 한 규정이었으나 입법과정에서 삭제된 것이다.

3. 우리나라 행정소송법에만 있는 규정

① 우리나라 행정소송법은 제1조에서 행정소송법의 목적을 규정하고
있는데, 일본의 행정사건소송법은 목적 규정이 아예 없다.

② 우리나라 행정소송법은 제2조 제2항에서 행정청에 "법령에 의하여
행정권한의 위임 또는 위탁을 받은 행정기관, 공공단체 및 그 기관

또는 사인"이 포함된다는 점을 명시하였다.

③ 우리나라 행정소송법은 제5조에서 국외에서의 소송추완행위에 대한 기간계산의 특칙을 규정하고 있다.

④ 우리나라 행정소송법은 제6조에서 명령·규칙의 위헌·위법판결이 대법원에서 확정된 경우 위헌판결 등을 공고하도록 규정하여 동종 사안의 재발을 방지하도록 하였다.

⑤ 우리나라 행정소송법은 제7조에서 심급을 달리하는 경우에도 원고에게 고의 또는 중대한 과실이 없는 경우 이송이 가능하도록 민사소송법의 특칙을 두었다.

⑥ 우리나라 행정소송법은 제25조에서 법원이 당사자의 신청에 의하여 행정심판기록에 대한 제출명령을 할 수 있도록 하는 '행정심판기록의 제출명령'제도를 두고 있다.

⑦ 우리나라 행정소송법은 제32조에서 취소청구가 사정판결로 인하여 기각되거나 행정청이 처분을 취소 또는 변경함으로써 각하 또는 기각된 경우 소송비용을 피고가 부담하도록 하는 규정을 두고 있다.

⑧ 우리나라 행정소송법은 제34조에서, 거부처분 취소판결이 확정된 경우 행정청이 판결의 취지에 따라 처분을 할 의무의 이행을 확실히 담보하기 위하여, 거부처분 취소판결에 대한 간접강제에 관한 규정을 두고 있다.

⑨ 우리나라 행정소송법은 제43조에서, 국가를 상대로 한 당사자소송에서 가집행선고를 할 수 없도록 규정하고 있다.

4. 일본 행정사건소송법에만 있는 규정

① 일본 행정사건소송법은 제10조에서 "취소소송에 있어서는 자기의

법률상의 이익에 관계가 없는 위법을 이유로 취소를 구할 수 없다.”라는 규정을 두고 있다. 우리나라의 경우에는 법률상 이익을 있다고 인정받아 원고적격을 일단 부여받으면 본안에서 처분이 위법하다고 하는 주장과의 견련성을 요구하지 않는다고 해석될 여지가 많으나 일본은 이를 입법적으로 차단하였다.

② 일본 행정사건소송법은 제16조에서 취소소송은 관련청구와의 객관적 병합을 규정하되 취소소송의 제1심 법원이 고등재판소인 경우에는 관련청구소송이 피고의 동의를 요하도록 규정하고, 청구의 병합에 관한 상세한 규정을 별도로 두고 있다. 제3자에 의한 청구의 추가적 병합에 관한 제18조에서는 제3자가 타인 사이의 항고소송에 개입하여 자기의 권리를 주장하고 유리한 판결을 구할 수 있는 기회를 제공하고, 원고에 의한 청구의 추가적 병합에 관한 제19조에서는 원고는 관련청구를 추가적으로 병합·제기하면서 소송의 결과를 함께 확정하는 것이 바람직한 관계자를 소송에 끌어들일 수 있도록 하며, 원고에 의한 특수한 청구의 추가적 병합에 관한 제20조에서는 재결의 취소의 소를 제기한 원고가 언제든지 처분의 취소의 소를 제기한 후 병합할 수 있도록 하고 있다.

③ 일본 행정사건소송법에는 집행정지와 관련하여 내각총리대신의 이의제도(제27조)가 있고, 집행정지와 그 취소사건의 관할을 본안이 계속된 재판소로 명시하고 있으며(제28조), “행정청의 처분 기타 공권력을 행사하는 행위에 대하여는 민사소송법에 규정한 가처분을 할 수 없다.”라는 가처분의 배제조항(제44조)을 명시하고 있다.

④ 일본 행정사건소송법은 당사자소송에 관하여 “당사자의 법률관계를 확인하거나 형성하는 처분 또는 재결에 관한 소송으로 법령의 규정에 의하여 그 법률관계의 당사자의 일방을 피고로 하는 소가 제기된 때에는, 새판소는 그 처분 또는 재결을 한 행정청에 그 뜻을 통지한다.”라는 규정을 두고 있다(제39조).

제4절 헌법재판소의 출범과 행정법원의 창설

Ⅰ. 헌법재판소의 출범과 행정소송기능의 부분적 수행

1. 헌법재판소의 출범

1987년 6월을 불태웠던 민주항쟁의 결과로, 현행 헌법이 1987. 10. 29. 공포되어 1988. 2. 25.부터 시행되고 있다. 당초에는 위헌법률심사권을 대법원에 부여하는 것에 대하여 여야 사이의 의견이 일치하였다. 그런데 대법원은 정치적인 문제에 개입하는 것을 꺼리면서 헌법재판권을 보유하는 것에 스스로 반대하였다. 그 과정에서 제2공화국헌법에 규정되기는 하였지만 실재하지는 않았던 헌법재판소가 부활하였다.

헌법재판소는 법원의 제청에 의한 법률의 위헌 여부 심판, 탄핵심판, 정당해산심판, 국가기관 상호간·국가기관과 지방자치단체간 및 지방자치단체 상호간의 권한쟁의에 관한 심판 및 법률이 정하는 헌법소원심판을 관장한다.

2. 헌법소원을 통한 행정소송 기능의 수행

헌법소원은 두 가지가 있다. 헌법재판소법 제68조 제1항에 의한 헌법소원은 주관적 권리구제의 헌법소원으로서, 공권력의 행사 또는 불행사로 인하여 헌법상 기본권을 침해 받은 자가 청구하는 것이다. 같은 조

제2항에 의한 헌법소원은 구체적 규범통제의 헌법소원으로서, 법률에 대한 위헌심판제청의 신청이 법원에 의하여 기각된 경우, 그 신청을 한 당사자가 그 법률의 위헌 여부를 가리기 위하여 청구하는 것이다. 양자를 구별하기 위해서 전자를 '권리구제형 헌법소원'이라고 부르고, 통상 헌법소원이라 함은 이것을 말한다. 후자는 위헌법률심사제도를 보충하는 기능을 하는 것으로 그 성격이 완전히 다르다.

헌법소원의 심판대상은 국가기관의 공권력 작용이 기본권을 침해하는지 여부이다. 여기서의 국가기관은 입법·행정·사법 등의 모든 기관을 포함한다. 따라서 국회가 제정한 법률은 물론 대통령령과 부령, 조례 등과 같은 행정입법을 포함한 입법작용, 처분과 같은 행정작용, 법원의 재판도 모두 공권력 작용으로 헌법소원의 대상이 될 수 있다.

한편, 헌법소원은 헌법재판소가 스스로 밝힌 바와 같이 "그 본질상 헌법상 보장된 기본권 침해에 대한 예비적이고 보충적인 최후의 구제수단"이다. 따라서 다른 법률에 구제절차가 있는 경우에는 그 절차를 모두 거친 후에 심판청구를 하여야 한다. 이를 헌법소원의 보충성이라고 한다. 그리고 헌법재판소법에서는 '법원의 재판'을 헌법소원의 대상에서 명시적으로 배제하고 있다(재판소원 금지의 원칙). 따라서, 처분에 대하여 불복하려면, 보충성의 원칙 때문에 헌법소원에 앞서 행정법원에 소송이 제기되어야 하고, 그 재판은 재판소원 금지의 원칙 때문에 헌법소원의 대상이 되지 않는다. 결국 처분에 대한 불복은 행정법원의 배타적 관할에 속하게 되는 것이다.

그런데 헌법재판소는 항고소송의 대상으로 포섭되지 않았던 행정작용 중 행정입법과 권력적 사실행위에 대하여 헌법소원의 대상으로 삼으면서, 행정소송의 기능을 부분적으로 수행하고 있다.

먼저, 행정입법에 대한 헌법소원에 대해서는 대법원과 심각한 마찰을 빚기도 하는데, 그 논쟁은 법률이 아닌 대통령령이나 부령의 위헌 여부에 대한 최종적인 심판권이 누구에게 있는지의 문제와 관련이 있다. 헌법 제107조 제2항은 "명령·규칙이 헌법이나 법률에 위반되는 여부가 재판의 전제가 된 경우에는 대법원은 이를 최종적으로 심사할 권한을 가진다."라고 규정하고 있다. 이 조항에 대하여 대법원은 법률에 대한 최종심사권은 헌법재판소에 속하고, 대통령령이나 부령에 대한 최종심사권은 대법원에 있다고 해석한다. 반대로 헌법재판소는 대통령령이나 부령이 재판의 전제가 될 때에는 대법원이 최종적인 심사권을 갖는 것은 맞으나, 그것이 처분을 매개로 하지 않고 국민의 기본권을 직접 침해할 때에는 헌법재판소의 권한에 속한다고 해석한다. 그러면서 처분이 매개되었는지 여부에 대하여 너그럽게 해석함으로써 결국 대통령령이나 부령에 대한 최종심사권의 상당 부분이 헌법재판소의 권한이라고 주장한다.90) 개인적으로는 제헌헌법 제76조 제1항의 규정만으로 행정재판권이 법원의 권한에 귀속된다고 해석될 수 있음에도 불구하고 제81조 제1항에서 대법원에 처분의 최종적인 심사권 귀속에 관한 조항을 중첩적으로 두었던 것이고, 대통령령이나 부령에 대한 심사도 행정재판권에 속하므로, 대법원의 견해가 타당하다고 생각한다. 어쨌든 헌법재판소는 집행행위가 기속행위의 경우와 재량적 집행행위라고 하더라도 그것이 형벌이나 재제적 처분인 경우에는 직접성을 인정하여 헌법소원의 대상으로 삼고 있다.

다음으로, 권력적 사실행위에 대해서도 이미 행위가 종료된 경우에도 같은 유형의 침해행위가 반복될 위험이 있고 헌법질서의 수호·유지를 위하여 헌법적 해명이 긴요한 사항에 대하여 예외를 인정하고 있다.

---

90) 이렇게 집행행위의 개념을 너그럽게 해석함으로써 직접성을 넓히고 보충성을 좁게 해석하는 한편 헌법적 해명의 필요성을 강조함으로써 헌법소원의 대상범위를 확대하는 추세는, 2000년대 중반 이후 대법원의 판례변경이나 헌법적 문제와 법률적 문제의 구별을 이유로 헌법소원의 대상범위를 축소하는 경향에 있다고 한다{이상덕, "항고소송과 헌법소원의 관계 재정립-실무의 상황과 나아갈 방향-", 공법연구 제44집 제1호, 한국공법학회(2015. 10), 249면}.

II. 행정법원의 출범과 행정소송의 구조개혁

1. 행정소송의 구조개혁

가. 사법제도발전위원회의 사법제도 개혁건의

(1) 건의과정

대법원은 사법제도의 개혁에 관한 국민의 열망에 부응하기 위하여, 1993. 10. 21. 사법제도발전위원회규칙을 제정하고, 1993. 11. 10. "국민을 위하여 새로운 사법제도를 연구, 창안, 기획하여 이를 대법원장에게 제안하도록"(위 규칙 제1조) 사법제도발전위원회를 설치하였다. 위 위원회는 위원장 현승종을 비롯하여 부위원장 2인, 주무위원 1인, 간사위원 1인, 위원 27인 합계 32인으로 구성되었다.[91]

사법제도발전위원회의 직능은 ① 재판의 독립과 효율이 더욱 보장되도록 법원조직을 개편하는 일, ② 재판의 공정성을 더욱 확보하고 법관의 자질을 더욱 향상시킬 수 있도록 법관인사제도를 전환하는 일, ③ 국민의 편익과 재판에 대한 국민의 신뢰를 더욱 제고하도록 재판제도 및 절차를 개선하는 일, ④ 기타 사법제도에 관한 사항 등이다(위 규칙 제2조). 위 위원회의 직능 중 법원조직 및 이에 관련된 사항에 대해서는 제1분과위원회가, 법관인사제도 및 이에 관련된 사항에 대해서는 제2분과위원회가, 재판제도와 절차 및 이에 관련된 사항에 대해서는 제3분과위원회가 각각 담당하였다.

사법제도발전위원회는 대법원장이 부의한 안건으로서, 첫째, 법원조

---

91) 「사법제도개혁백서(상)」, 대법원, 1994., 54~55면. 위원들의 소속은 법관 6인, 법원공무원 2인, 검찰인사 2인, 변호사 5인, 국회의원 2인, 행정부 2인, 언론계 6인, 사회단체 1인 등이다.

직에 관한 사항으로서 ① 고등법원 지부의 설치, ② 법관회의 입법화, ③ 상설간이법원의 설치, ④ 전문법원의 설치, ⑤ 서울민·형사법원의 통합 및 합의지원의 지방법원의 승격, ⑥ 대법원의 예산안 요구권, ⑦ 법원경찰의 창설, ⑧ 사법(정책)연구원의 설치, ⑨ 대법원의 법률안 제안권, ⑩ 등기·호적청의 설치, 둘째, 인사제도에 관한 사항으로서 ① 판사임용자격의 강화, ② 부판사제도의 신설, ③ 사법보좌관제도, ④ 법관인사위원회제도, ⑤ 법관의 근무평정제도, ⑥ 법관직급제도의 개선, ⑦ 지역별(법원별) 법관임용제, ⑧ 사법연수제도의 개선, ⑨ 원로법조인력의 활용방안, 셋째, 재판제도에 관한 사항으로서 ① 행정소송의 심급구조, ② 특허소송의 심급구조, ③ 상고제도의 개선, ④ 구속영장실질심사제도, ⑤ 법원모욕행위에 대한 제재, ⑥ 제1심의 구조조정, ⑦ 민사항소심의 사후심화 등과, 위원이 제출한 안건으로서 대법원장 및 대법관의 임명방식, 법관의 외부기관 파견금지, 불구속재판의 원칙, 기소전 보석제도 등을 심의하였다.[92]

대법원은 그 결과를 수렴하여 1994. 4. 15. 법원조직법, 각급법원의 설치와 관할구역에 관한 법률, 각급법원 판사 정원법, 법관의 보수에 관한 법률, 상고심절차에 관한 특례법, 행정소송법에 대한 제정·개정건의안을 국회에 송부하였다.

(2) 행정소송 관련 심의내용 및 건의결과

사법제도발전위원회는 1994. 2. 16. 대법원장에게 건의문을 제출하였는데, 행정소송의 구조개혁과 관련된 건의로는 행정소송의 심급구조를 개혁하자는 것과 서울지역에 지방법원급 행정법원을 설치하자는 것이었다.[93]

---

92) 「사법제도개혁백서(상)」, 60~61면.
93) 건의문 전문은 「사법제도개혁백서(상)」, 99면에 수록되어 있다.

전문법원의 설치에 관해서는 제1분과위원회에서 논의되었다. 연구반에서 제시한 안건은 특정의 전문영역에 속하는 사건을 다루는 특수법원을 설치하는 안(제1안), 항소심의 경우에만 전문법원을 설치하는 안(제2안), 전담재판부를 내실화하는 안(제3안) 등이었다. 위 안건들을 논의한 결과, 제1안에서 거론된 교통법원, 노동법원, 행정법원, 특허법원, 특수경제분야법원 중에서 현대국가의 복지국가적 성격으로 인한 행정권의 확대 및 강화 나아가 그 행정작용에 대한 통일적 기준에 의한 법적 통제 필요성의 급증 등을 고려할 때 사건수를 감안하여 행정법원을 전문법원으로 설치할 필요가 있다고 결론을 내렸다.[94]

행정법원의 심급구조에 관해서는 제3분과위원회에서 논의되었다. 그 해결방안으로서 일반 민사소송과 동일한 심급구조를 취하는 방안(제1안), 행정사건만을 다루는 독립된 행정법원을 설치하는 안(제2안), 조세, 특허, 상사, 해난 등의 전문부를 가진 통합특별법원을 설치하여 통합특별법원-고등법원-대법원의 3심제로 하는 안(제3안)이 제시되었고, "행정소송사건의 제1심을 지방법원의 관할로 하고, 행정소송사건의 제1심 사물관할은 단독관할과 합의관할을 탄력적으로 운용하며, 행정소송사건의 상소심 구조는 일반 민·형사사건과 동일하게 하고, 행정심판은 임의적 전치절차로 한다."는 것을 건의안으로 채택하였다.[95]

나. 행정소송의 구조개혁의 배경

(1) 당시의 행정소송의 현황

1985. 10. 1. 개정 행정소송법이 시행된 이후 10년간의 행정소송의 제1심 접수건수의 추이를 살펴보면, 1986년 2,118건, 1987년 2,106건, 1988년

---

94) 「사법제도개혁백서(상)」, 357~363면 참조.
95) 「사법제도개혁백서(상)」, 1009~1010면 참조.

1,732건, 1989년 2,362건, 1990년 3,116건, 1991년 3,944건, 1992년 5,019
건, 1993년 5,444건, 1994년 6,336건, 1995년 6,614건으로서, 부침은 있었
지만 급격한 증가양상을 보이고 있었다.[96]

그러나 1994년 행정사건의 제1심 심리기간은 판결의 경우 10.1개월,
기타의 경우 5.6개월이 소요되어, 민사사건이나 가사사건보다 더 소요되
고 있었다.[97]

(2) 행정심판의 현황

한편, 행정심판의 인용률은 매우 저조하였다. 1985. 10. 1.부터 1995.
12. 31.까지 국무총리 행정심판위원회의 총 의결건수 4,876건 중에서
1,058건이 인용되어 인용률이 21.7% 정도였고, 1985. 10. 1.부터 1995. 9.
30.까지 15개 시·도 행정심판위원회의 의결건수 16,322건 중 2,785건이
인용되어 인용률이 17.1% 정도였다.[98] 반면에 뒤에서 보는 <행정소송법
개정이후 행정사건의 현황>과 같이, 행정소송의 경우 1986. 1. 1.부터
1995. 12. 31.까지 총 기재건수 35,102건 중에서 13,995건이 인용되어(일
부인용 포함) 인용률이 39.9%에 이른다(1986년 47.0%, 1987년 48.7%,
1988년 49.2%, 1989년 42.6%, 1990년 36.1%, 1991년 31.3%, 1992년
39.9%, 1993년 40.2%, 1994년 37.6%, 1995년 38.4%).

(3) 행정소송 구조개혁의 요인

당시는 점차 증가하는 복지행정 등 행정수요가 증대하여 행정이 국민
의 권리의무에 미치는 영향이 증대되는 시점이었고, 1987년의 민주화운

---

96) [부록2] <우리나라의 행정소송 통계>[표3] 참조.
97) 황환교, "행정소송의 구조개혁", 논문집 19권, 상지대학교(1998), 70면의 [표4] 행정
   소송사건 평균처리기간 참조.
98) 「행정심판 10년사」, 55면.

동의 결과에 의하여 국민의 행정구제에 관한 열망이 고양되었다는 점이 행정사건의 신규건수의 급증으로 나타난 것이라고 볼 수 있겠다.

그럼에도 불구하고, 행정심판의 인용률은 행정소송의 인용률에 크게 미치지 못하였는데, 행정소송의 대다수가 필요적 전치에 따라 행정심판을 거친 후 제기되었을 것이라는 점도 감안하면 국민의 권리구제수단으로서 매우 미흡한 것이었다고 평가될 수밖에 없었다.

그럼에도 불구하고, 행정소송은 서울, 부산, 대구, 광주, 대전 등 5개의 고등법원에만 제기되어야 하기 때문에 행정소송을 제기하는 데 사실상의 제한이 있는 상황이었다. 더구나 당사자소송은 행정심판을 거치지 않는 시심적 소송임에도 불구하고 항고소송과 마찬가지로 2심제로 운용하는 것은 불합리한 것이었다. 아울러, 고등법원 판사가 제1심을 담당하게 되어 이미 7년 내지 9년간 민사사건이나 형사사건에 익숙해진 상태에서 행정사건을 처리하게 되어 신속하고 전문적인 재판을 기대하기도 어려운 구조였다.

위와 같은 배경 하에서 대법원이 내세운 행정소송의 구조개혁의 이유는 다음과 같다. 먼저 행정심판전치주의의 문제점으로서, ① 재결기관의 제3자성의 미흡으로 인한 행정청에 의한 자기심판, ② 심리의 비공개, 서면심리주의, 당사자의 자료요구권의 불인정, 심판청구절차의 복잡 등 심리절차상의 문제점, ③ 심판기간의 장기화, 심판청구의 낮은 인용률 등을 제시하였다. 다음으로, 행정소송의 2심제에 대해서는 법의 지배, 평등원칙, 사법권의 법원귀속 원칙 등에 위반된다는 문제점을 제시하고, 그 논거로서 법 앞에서는 행정기관도 사인과 다르지 않다는 점, 행정심판을 사법절차와 같은 실질적인 권리구제장치로서의 제1심으로 보기 어렵다는 점, 특히 당사자소송은 시심적 소송으로서 행정심판전치주의가 적용되지 않는다는 점 등을 들었다. 마지막으로, 법원에의 접근제한이라는 문제점을 제시하고, 그 논거로서 현대국가의 복지국가적 성격으로 인한 행정권의 확대·강화 나아가 그 행정작용에 대한 법적 통제 필요성의 급증, 국가의 발전에 따라 지방자치제가 실시됨으로 인한 사회여건의 변화, 고등법원이 5개소 뿐이므로 국민의 행정소송에 관한 접근이 곤란하여 국민 편익을 외면하는 결과의 초래, 법관들로서는 고등법원에 가서야 행정소송사건을 처음 접하게 되므로 행정소송사건에 관한 점진적인 전문지식의 육성 내지 업무숙련의 곤란함 등을 들었다.[99]

이러한 당시의 상황적 요구와 맞물려서, 김영삼 정부에 의하여 추진된 개혁의 흐름을 대법원이 적절하게 수용한 사법정책적 의지는 행정심판전치주의의 원칙적 폐지와 행정법원의 신설이라는 행정소송의 커다란 구조개혁을 달성해내었다.[100]

다. 개혁의 내용

(1) 필요적 전치주의의 폐지

1984년의 행정소송법에서는 필요적 전치주의를 완화하여 행정심판을 거치지 않아도 되는 예외를 확대하는 정도로 개정이 되었었다. 그러나 대법원은 이번의 개정을 통하여 국민의 재판청구권에 대한 현실적인 제한으로 받아들여지는 행정심판의 필요적 전치를 임의적 전치로 전환하도록 하였다.

(2) 행정법원의 설치와 심급의 조정

행정심판이 임의적 전치주의로 전환되고 행정법원을 설치하여 행정소송을 3심제로 개편하도록 하였다. 다만 법원조직법 부칙 제2조에서는 행

---

99) 대법원, "사법제도개혁 법률안 설명자료", 172~173면 참조. 이는 사법제도발전위원회가 제시한 문제점과 동일한 것이다(「사법제도개혁백서(상)」, 1007~1008면 참조).
100) 홍준형, "행정법원의 출범의 의의와 행정법원의 과제", 행정판례연구Ⅳ, 서울대학교 출판부(1999), 166면 참조.

정법원이 설치되지 않은 지역에서의 행정법원의 권한에 속하는 사건은 행정법원이 설치될 때까지 해당 지방법원 본원이 관할하도록 규정하였다.101) 행정소송법의 개정이 논의되던 1993년 전국의 행정소송 사건수 5,444건 중 서울고등법원의 사건수는 4,083건으로서 전체의 약 75%를 차지하고 있었던 실정을 감안하여 우선 서울행정법원을 설치하기로 하였는데,102) 아직까지도 서울행정법원 외에는 행정법원이 설치되지 않고 있다.

(3) 재판관할의 변경

행정법원이 신설되고 행정소송이 3심제로 전환됨에 따라, 행정소송의 제1심 관할도 피고의 소재지를 관할하는 행정법원으로 하였다. 다만 중앙행정기관 또는 그 장이 피고인 경우의 관할을 대법원 소재지의 행정법원으로 하여 서울행정법원이 관할하도록 하였다. 그밖에도 토지수용에 관계되는 처분, 부동산에 관계되는 처분, 특정장소에 관계되는 처분 등에 대한 관할을 설정하였다.

(4) 제소기간의 조정

행정심판이 임의적 전치절차로 전환됨에 따라 제소기간도 그에 맞춰 조정하도록 하였다. 즉, 행정심판을 거치지 않고 제1심부터 행정소송을 계속함에 따라 신속한 확정을 위하여, 종전에는 행정심판을 거치지 않은 사건에 대하여 처분이 있음을 안 날로부터 180일 이내이던 것을 90일로 단축하고, 처분 등이 있은 날로부터 1년을 경과하면 정당한 사유가 없는

---

101) 현재는 지방법원 본원 외에 춘천지방법원 강릉지원도 관할하고 있다.
102) 상봉수, "행정소송의 구조개편과 행정법원의 신설", 사법행정 제37권 제1호, 한국사법행정학회(1996. 1), 23면.

한 소송을 제기하지 못하게 하였다.

2. 국회에서의 입법과정

가. 법제사법위원회의 행정소송법 개정법률안의 제안

(1) 제안의 경위

대법원은 사법제도발전위원회의 논의결과를 수렴한 후 1994. 4. 15. 행정소송법에 대한 개정건의안 등을 국회에 송부하였다. 그리하여 1994. 4. 21. 제167회국회 임시회 제1차 법제사법위원회에서는 위 건의안들을 토대로 제정 또는 개정법률안을 기초할 사법제도개혁관련법률안 기초소위원회를 구성하였다.103)

법제사법위원회에서는 대법원의 건의안에 대하여, 경제기획원·법무부·내무부·상공자원부·총무처·법제처 등 관련부처와 대한변호사협회 등 유관단체로부터 의견을 듣고, 위 소위원회의 논의과정에서 제기된 주요쟁점사항에 대하여 1994. 7. 1. 공청회를 개최하여 각계의 의견을 수렴하였다.

한편, 위 소위원회는 4회에 걸친 회의를 열어 심의한 결과 대법원의 건의안을 일부 수정하여 행정소송법 중 개정법률안 등 6건을 성안하였다.

그 후 1994. 7. 12. 제169회 국회 임시회 제4차 법제사법위원회에서 위 소위원회 위원장 이인제로부터 위 법률안들의 성안에 대한 보고를 듣고 위원회안으로 채택하여 제안하기로 하였다.

---

103) 위 소위원회는 위원장으로 이인제, 위원으로 강제섭, 정장현, 강수림, 정기호로 구성되었는데, 제14대 국회 후반기의 위원회 재구성에 따라 정장현, 강수림 위원이 김영일, 장기욱 위원으로 교체되었다.

　　(2) 제안이유

　당시 법제사법위원회의 행정소송법중개정법률안의 제안이유는 다음
과 같다.

　　『현행 행정소송법에 의하면 법령의 규정에 의하여 행정심판을 제기할 수 있
　　는 경우에는 취소소송을 제기하기에 앞서 먼저 행정심판을 받도록 하고(행
　　정심판전치주의), 그 행정심판에 불복이 있는 경우 비로소 행정소송을 고등
　　법원에 제기할 수 있도록 되어 있어 사실상 고등법원과 대법원의 2심제가
　　채택되어 있는 바, 이러한 행정심판전치주의 및 행정소송의 심급제도의 문
　　제점을 개선하여, 당사자의 자유로운 선택에 따라 행정심판을 먼저 제기하
　　거나 이를 거치지 아니하고 직접 행정소송을 제기할 수 있도록 하고(임의적
　　전치주의), 행정소송의 제1심 관할법원을 지방법원급의 행정법원으로 변경
　　하여 행정소송 3심제를 채택함으로써, 국민의 권리구제를 강화하고 국민의
　　편익을 도모하고자 함』

　　(3) 개정의 주요골자

① 행정소송의 제1심 관할법원을 지방법원급의 행정법원으로 변경:
　　취소소송의 제1심 관할법원은 피고의 소재지를 관할하는 행정법
　　원으로 하되, 중앙행정기관 또는 그 장이 피고인 경우의 관할법원
　　은 대법원 소재지의 행정법원으로 하였다(제9조 제1항). 또한, 토
　　지의 수용 기타 부동산 또는 특정의 장소에 관계되는 처분 등에
　　대한 취소소송은 그 부동산 또는 장소의 소재지를 관할하는 행정
　　법원에 이를 제기할 수 있도록 하였다(제9조 제2항).
② 행정심판의 임의적 전치절차화: 행정심판을 원칙적으로 임의적인
　　전치절차로 하되, 다른 법률에 필요적으로 행정심판을 거치도록
　　규정한 경우에는 예외적으로 필요적 전치절차를 인정하였다(제18
　　조 제1항).

③ 제소기간의 변경: 행정심판의 임의적 전치화의 원칙에 따라 취소소송의 제소기간을 처분 등이 있음을 안 날부터 90일 이내, 처분 등이 있은 날부터 1년으로 하였다(제20조 제1항, 제2항). 또한, 필요적으로 전치절차를 거치는 경우와 그밖에 행정심판청구를 할 수 있는 경우 또는 행정청이 행정심판청구를 할 수 있다고 잘못 알린 경우에 행정심판청구가 있은 때의 제소기간은 재결서의 정본을 송달받은 날부터 90일 이내, 재결이 있은 날부터 1년으로 하였다(제20조 제1항 단서).

④ 시행일: 다른 법률의 정비와 추가로 소요되는 법관의 충원을 위하여 필요한 기간을 감안하여 1998. 3. 1.부터 시행하기로 하였다(부칙 제1조).

나. 행정소송법의 개정과 시행

위와 같이 법제사법위원회가 제안한 행정소송법중개정법률안은 1994. 7. 14. 제169회 국회(임시회) 제15차 본회의에 상정되어 별다른 논의없이 일사천리로 가결되어, 1994. 7. 27. 공포되어 법률 제4770호로 개정되고 법원조직법도 같은 날 법률 제4765호로 개정되어, 위 두 법률은 1998. 3. 1.부터 시행되고 있다.

3. 일본의 행정사건소송법과의 비교와 평가

가. 행정법원 출범의 의의

우리나라는 기본적으로 영미나 일본과 같이 행정소송도 일반법원이 관장하고 있다는 점에서 일원적 사법제도를 취하고 있다. 그런데, 행정법원이 출범하면서 행정사건은 행정법원의 전속관할에 속하게 되었다. 따라서 행정사건을 지방법원이나 가정법원에서 처리하면, 전속관할 위반이 되어 절대적 상소이유가 된다. 이렇게 행정사건에 대한 행정법원의 전속성을 인정한 결과, 마치 대륙법의 이원적 사법제도와 같은 효과가 생기게 된다. 이것은 그 전까지 이론적 차원에 머물렀던 공법과 사법의 구별 문제가 실무적 차원의 문제로 전환되었다는 것을 의미한다. 그리고 사법질서와 구별되는 공법원리와 공법질서를 더 깊이 탐구하는 계기가 되었다.

다른 법영역도 마찬가지이지만, 행정법의 발전과 형성은 행정재판제도의 활성화가 전제되어야 한다. 재판과 판례를 통하여 법이론의 축적이 가능하게 되고, 행정법학의 발전에 연구의 소재를 제공하고 연구의욕을 자극하게 된다. 이러한 의미에서 행정법원의 출범과 그 이후의 성과는 한국 행정법의 발전에 초석이 된 것은 분명하고,104) 일본의 행정소송법 체계와 진정으로 달라지게 된 이정표가 되었다고 생각한다.

아울러 행정법원이 출범하고 행정소송이 3심제로 전환됨에 따라 국민의 권리구제의 기회가 확대되고 행정재판의 전문화가 진전되었고, 그로 인하여 행정소송분야의 사법서비스의 질도 개선될 것이라는 출범 당시의 기대105)는 어느 정도 충족되었다고 평가할 수 있다. 행정소송의 제1심이 고등법원에서 지방법원의 차원으로 내려오면서, 행정소송에 대한 국민의 접근 가능성이 개선되었다. 또한 행정법학에 전문성을 갖춘 판사들이 행정법원에 집중적으로 배치되면서 행정재판의 질과 속도가 향상되었다. 그리하여 행정사건의 접수와 처리건수가 비약적으로 증가하고, 그에 따라 획기적인 판례들이 선고되는 결과를 초래하였다.

---

104) 박정훈, 「행정소송의 구조와 기능」, 34면 참조.
105) 홍준형, "행정법원의 출범의 의의와 행정법원의 과제", 168면 참조.

나. 당시 일본의 행정사건소송법과의 비교

이상과 같은 행정소송법의 개정에 의하여, 우리나라의 행정소송법체계는 행정법원이 출범함에 따라 일대 변혁이 이루어졌지만, 행정소송법 자체는 일본의 행정사건소송법과 더 가까워졌다.

1984년의 행정소송법에서는, 행정소송의 제1심 관할이 우리나라의 경우에는 고등법원이었으나(제9조), 일본의 경우에는 지방재판소였다(제12조). 그러나 1994년의 개정에 의하여, 우리나라도 제1심을 지방법원급인 행정법원의 관할로 하고, 토지수용에 관계되는 처분, 부동산에 관계되는 처분, 특정장소에 관계되는 처분 등에 대한 관할을 마련하여, 양법은 거의 유사한 규정을 두게 되었다. 다만 우리나라의 경우에는 일본과 달리 중앙행정기관 또는 그 장이 피고인 경우의 관할을 대법원 소재지의 행정법원으로 하여 서울행정법원이 관할하도록 하는 규정이 있고, 일본의 경우에는 소송의 대상이 되는 처분 또는 재결에 관한 사무를 처리한 하급 행정기관의 소재지의 재판소에도 관할을 인정한다는 점이 다를 뿐이다.

취소소송과 행정심판의 관계에 대해서도, 우리나라가 임의적 전치주의로 전환함에 따라 우리나라 행정소송법 제18조는 일본의 행정사건소송법 제8조와 거의 유사해졌다. 다만 우리나라의 경우에는 개별법령에서 필요적 전치를 규정한 경우에도 바로 취소소송을 제기할 수 있는 예외로, 행정심판의 재결을 거치지 않아도 되는 경우 외에도 행정심판의 제기 자체를 요하지 않는 경우도 법정하고 있고, 일본의 경우에는 재판소가 심사청구 계속 중에는 재결이 있을 때까지 소송절차를 중지할 수 있도록 규정하고 있다.

제소기간에 대해서도, 우리나라가 행정심판을 임의적 전치주의로 전환함에 따라 제소기간을 조정한 결과 이제는 일본의 행정사건소송법 제14조와 거의 유사해졌다.

Ⅲ. 세종특별자치시의 설치와 관할의 조정

1. 행정소송법중일부개정법률안의 제안

박범계 의원외 10인은 2013. 8. 21. 세종특별자치시가 설치됨에 따라 행정소송의 관할을 조정하는 행정소송법중일부개정법률안을 제안하였다. 그 제안이유에 따르면, 세종특별자치시로 행정부처가 이동하기 전에는 중앙행정기관의 소재지가 모두 서울이었기 때문에 대법원소재지인 서울에서 재판을 받도록 하는 것은 큰 문제가 아니었지만, 세종특별자치시로 다수의 행정부처가 이동하였음에도 여전히 서울에서만 재판을 받도록 하는 것은 합리적이지 못하므로, 중앙행정기관 또는 그 장이 피고인 경우에는 대법원소재지 또는 중앙행정기관소재지를 관할하는 행정법원에서 재판을 받을 수 있도록 하자는 것이다.

그에 따라 행정소송법 제9조 제1항 단서 중 "관할법원은 대법원소재지"를 "관할법원은 대법원소재지 또는 중앙행정기관소재지"로 개정하여, 중앙행정기관 또는 그 장이 피고인 경우의 관할법원으로 현행 "대법원소재지의 행정법원" 외에 "중앙행정기관소재지의 행정법원"도 추가하여 선택적 관할을 인정하려고 하였다.

2. 법제사법위원회의 수정가결

위 법률안은 2013. 8. 22. 법제사법위원회에 회부되었고, 2013. 12. 13. 제321회 제19대국회(임시회) 제2차 법제사법위원회 전체회의에 상정되어 대체토론을 마친 후 소위원회에 회부되었다.

그 후 2014. 4. 17. 제323회 제19대국회(임시회) 제1차 법안심사제1소위원회에서는 위 개정법률안이 상정되었다. 여기에서 전문위원 정재룡

은 박범계 의원이 대표발의한 행정소송법중일부개정법률안이 소송수행
자의 업무를 감경시키고 국민의 편의가 증대된다는 점에서 타당한 입법
이라고 평가한 뒤, "중앙행정기관에는 포함되지 않지만 지방에 소재하는
전국 단위의 사무를 처리하는 중앙행정기관의 부속기관과 합의제 행정
기관, 공공단체 등의 경우에도 국민의 불편을 해소하고 서울행정법원의
축적된 경험과 전문성을 활용하기 위해 서울행정법원의 중복 관할을 인
정하는 것이 필요하다."라는 취지로 검토보고를 하였다.[106]

이어서 법무부차관 김현웅, 법원행정처차장 권순일이 모두 법률안의
수정에 대하여 동의하자, 소위원장 권성동은 지역 균형발전과 소득의 재
분배 차원에서 수정안의 가결을 제안하였다.

그리하여, 박범계 의원이 대표로 발의한 행정소송법중일부개정법률안
은 전국단위의 사무를 처리하는 중앙행정기관의 부속기관과 합의제행정
기관, 공공단체 등이 피고인 경우에도 대법원 소재지 또는 해당 기관 소
재지를 관할하는 행정법원에서 재판을 받을 수 있도록 수정의결되었다.

그후 위 수정안은 2014. 4. 28. 제324회 제19대국회(임시회) 제1차 법
제사법위원회와 2014. 4. 29. 제324회 제19대국회 제1차 본회의에서 별다
른 이의 없이 통과되었다.

3. 개정내용

그리하여, 위 법률안은 2014. 5. 20. 개정되어 같은 날부터 시행되고
있다. 그 내용은 행정소송법 제9조 제1항 단서가 삭제되고, 제2항을 다
음과 신설하는 것이다.

---

106) 「국회사무처 회의록」, 제19대국회 제323회 제1차 법안심사제1소위원회(2014. 4.
17.), 10면. 이어서 중앙노동위원회, 근로복지공단 등 각 지방에 소재하는 기관들의
경우에도 서울행정법원에 관할을 인정하는 것이 필요하다는 취지의 발언을 하였다.

제9조 ② 제1항에도 불구하고 다음 각 호의 어느 하나에 해당하는 피고에 대하여 취소소송을 제기하는 경우에는 대법원소재지를 관할하는 행정법원에 제기할 수 있다.

　1. 중앙행정기관, 중앙행정기관의 부속기관과 합의제행정기관 또는 그 장

　2. 국가의 사무를 위임 또는 위탁받은 공공단체 또는 그 장

제5절 현황과 평가

I. 행정소송법 개정 이후 행정소송의 현황

1950년대(1953년부터 1960년까지의 8년간)의 제1심 행정사건 제기건수는 총 2,183건으로서 연평균 273건, 1960년대에는 총 5,470건으로서 연평균 547건, 1970년대에는 총 8,773건으로서 연평균 877건으로, 비록 완만하기는 하였지만 꾸준히 증가하고 있었다. 그러다가 1981년부터 행정소송법이 개정된 해인 1985년까지의 5년간에는 총 8,260건으로서 연평균 1,652건으로 가파르게 상승하였다. 그런데, 제정 행정소송법의 낡은 체계로는 급격하게 증가하는 행정소송의 수요를 감당하지 못하게 되었고, 그것이 행정소송법 개정의 주요 요인 중의 하나가 되었다는 점은 앞에서 살펴보았다.

행정소송법이 개정된 다음 해인 1986년부터 행정법원이 출범하기 전해인 1997년까지의 12년간의 제1심 행정사건 제기건수는 총 56,827건으로서 연평균 4,736건 정도에 이르고, 그 증가세도 매우 가팔랐다. 그러한 증가세는 행정법원이 출범한 이후 더욱 가속화되었는데, 행정법원이 출범한 해인 1998년부터 2010년까지 12년간의 제1심 행정사건 제기건수는 총 166,810건으로서 연평균 13,901건 정도에 이르게 되었다. 행정법원의 출범 전후 12년간을 단순히 비교하면, 출범 이후의 제1심 행정소송 제기건수가 출범 이전보다 약 3배가 많다. 한편, 2010년대에 들어서서도 그 증가세는 멈추지 않아서, 2011년부터 2015년까지 5년간의 제1심 행정사건 제기건수는 총 87,544건으로서 연평균 17,509건 정도에 이른다.

<행정소송법 개정이후 행정사건의 현황>

연도	접수건수	기재건수	판결건수	인용건수	인용률	미제건수
1986년	2,118	1,656	1,253	778	47.0%	1,834
1987년	2,106	2,353	1,848	1,146	48.7%	1,587
1988년	1,732	2,053	1,659	1,011	49.2%	1,266
1989년	2,362	1,714	1,324	730	42.6%	1,914
1990년	3,116	2,263	1,639	818	36.1%	2,767
1991년	3,944	3,247	2,345	1,017	31.3%	3,464
1992년	5,019	4,687	3,617	1,871	39.9%	3,796
1993년	5,444	5,304	4,077	2,131	40.2%	3,936
1994년	6,336	5,454	3,921	2,049	37.6%	4,818
1995년	6,614	6,371	4,917	2,444	38.4%	5,061
1996년	8,384	7,562	5,354	2,700	35.7%	5,883
1997년	9,652	9,213	6,078	2,486	27.0%	6,322
1998년*	9,174 (7,422)	9,877 (3,198)	(2,073)	(744)	(23.3%)	5,619 (4,224)
1999년*	9,202 (8,833)	9,581 (8,174)	(5,818)	(2,153)	(26.3%)	5,240 (4,883)
2000년	9,359	8,593	5,836	1,981	23.1%	6,006
2001년	11,802	10,788	6,722	2,121	19.7%	7,020
2002년	11,312	11,550	6,814	2,159	18.7%	6,782
2003년	11,411	10,864	6,533	2,046	18.8%	7,329
2004년	12,357	12,092	7,552	2,310	19.1%	7,594
2005년	13,600	13,406	8,335	2,201	16.4%	7,788
2006년	14,397	13,431	8,446	2,422	18.0%	8,754
2007년	14,713	14,408	9,074	2,481	17.2%	8,915
2008년	15,388	15,108	9,564	2,394	15.8%	9,196
2009년	16,661	16,054	10,252	2,704	16.8%	9,801
2010년	17,434	17,514	11,434	3,249	18.6%	9,713
2011년	16,924	16,685	11,088	3,132	18.8%	9,944
2012년	16,942	16,184	10,450	3,089	19.1%	10,698
2013년	17,777	16,342	10,268	2,868	17.5%	12,080

연도	접수건수	기재건수	판결건수	인용건수	인용률	미제건수
2014년	17,630	17,565	11,085	3,090	17.6%	12,143
2015년	18,271	18,112	11,556	3,064	16.9%	12,297

* 1998년과 1999년의 괄호안의 수치는 고등법원 제1심사건을 제외한 지방법원의 본안사건에 관한 것임.

<행정소송법 개정 이후 접수건수의 추이>

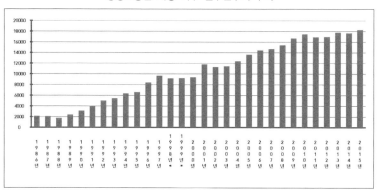

Ⅱ. 행정소송법 개정의 성과

1. 1984년 소송절차 개혁의 성과

1984년의 행정소송법의 개정에 의하여, 최소한의 소송절차만을 형식적으로 규정하고 있었던 제정 행정소송법체계를 완전히 개혁하여 비교적 완비된 형태로 소송절차를 규율하게 되었다. 행정소송의 종류를 비교적 분명하게 나누고 처분의 개념을 부분적으로 개방적인 의미로 정의하였으며, 원고적격에 관한 규정을 두어, 소송의 대상과 범위를 넓히려고 시도하였다. 아울러 재량행위의 취소가능성, 선결문제의 처리, 판결의 효력, 제3자의 소송참가와 재심 등 소송절차에 관한 규정들을 많이 보완하여 행정소송에 관한 해석과 운용상의 문제점들을 상당부분 해소하였다.

또한, 비록 의무이행소송은 도입하지 않아 우회적이기는 하지만, 부작위위법확인소송을 소송유형으로 포함시키고, 항고소송의 인용판결의 기속력을 인정하고 그 실효성을 확보하기 위하여 간접강제제도를 도입함으로써, 급부행정에서 나타나는 분쟁을 해결할 수 있는 기틀을 마련하여, 자유주의적인 행정소송체계를 어느 정도 극복하려고 노력하였다.

2. 공법소송체계의 인프라 구축

가. 의의

1988년 헌법재판소의 출범과 1998년 행정법원의 설치는 공법소송에 고유한 재판기관이라는 인프라를 완전히 새롭게 구성한 일대의 사건으로 평가된다. 이에 덧붙여 행정심판의 경우에도 제5공화국헌법 제108조가 행정심판의 근거를 마련하되 사법절차의 준용을 요구함에 따라 처분청을 피신청인으로 하여 심판청구인과 피청구인의 대심구조를 갖추고, 행정심판위원회라는 제3자적 기관이 심판을 행함으로써 유력한 행정쟁송수단으로 부상하였다.

이렇게 됨으로써, 우리나라는 행정쟁송분야에서 행정법원, 헌법재판소, 행정심판위원회가 서로 경쟁하는 체제가 형성되었고, 이는 우리나라 역사에서 유래가 없는 일일 뿐만 아니라 이로써 일본과 확실히 대비되는 체제가 되었다.[107]

---

107) 일본의 경우에는 비록 도쿄지방재판소에 3개의 행정사건의 전문재판부가 설치되어 있고, 오사카지방재판소에 2개, 요코하마·사이타마·치바·교토·코베·나고야 지방재판소에 각 1개의 집중부가 설치되어 있기는 하지만, 우리나라와 같은 전문법원인 행정법원이 설치되어 있지는 않다{함인선, "한국 행정소송제도와 일본 신행정소송제도의 비교 연구", 법학논총 제28집 제1호, 전남대학교 법학연구소(2008. 6), 134면 참조}.

나. 대법원(행정법원)과 헌법재판소의 경쟁과 갈등

우리나라에서 헌법재판소가 출범함에 따라 이제 분산형 사법제도를 채택한 다른 나라와 마찬가지로 헌법재판소의 강력한 영향력과 그 영향력의 확대 경향으로 인하여, 헌법재판소와 법원 사이의 관할권에 대한 다툼이 제기되는 경우가 많아졌다. 특히 우리나라는 독일처럼 헌법재판소와 법원 사이의 우열이 정해져 있는 것도 아니고, 오스트리아처럼 헌법재판소와 행정법원 사이의 관할을 배분하는 법률이 제정되어 있는 것도 아니다. 그리하여 헌법재판소와 법원 사이의 권한배분을 둘러싸고 경쟁과 갈등이 치열하다. 그 경쟁과 갈등의 순기능과 역기능에 대하여 다음에서 간략히 살펴본다.

행정소송과 헌법소송은 논리적으로 엄격히 구분되나 실제에 있어서는 상당부분 겹치는 영역이 있고, 그 경계가 불분명하기도 하다. 그런데 우리나라에서 기존의 대법원과 같은 지위의 헌법재판소가 출범하면서, 양 최고법원은 경계가 불분명한 영역을 서로 자기들이 차지하려고 치열하게 경쟁하게 된다.

이렇게 양 최고법원은 경쟁적으로 서로 국민에게 가깝게 다가가려고 하고, 권리구제를 용이하게 하려고 노력하는 긍정적인 모습을 보이고 있다. 그 결과 과거에는 각하되었던 사건이 본안으로 넘겨져서 실질적인 판단을 받는 경우가 많아졌다. 예를 들면, 원래 지적공부는 행정사무의 편의와 사실증명을 위한 자료에 불과할 뿐이므로, 어떤 토지의 지적공부상의 지목이 대지에서 임야로 변경되어도 그 토지의 소유자에게 직접적으로 권리의 변동이 생기는 것은 아니다. 그리하여, 대법원의 전통적인 판례는 지적공부상의 지목을 변경해달라는 신청을 반려하더라도, 그 반려행위는 행정처분이 아니라는 이유로, 그 취소소송을 각하하여 왔다.[108] 그런데, 헌법재판소는 1999. 6. 24.의 결정에서 지적공부상의 지목이 과세나 손실보상금의 기준이 되는 등 권리관계에 영향을 미치고, 법

원이 스스로 행정소송의 대상이 아니라고 하였으므로, 헌법소원의 형식
으로라도 권리를 구제하겠다고 선언하였다.109) 그러자 대법원도 2004. 4.
22.의 판결로 판례를 변경하여 처분성을 긍정하고 행정소송에서 다툴 수
있다고 하였다.110) 그 이후 헌법재판소는 2005. 9. 13.의 결정부터 이제
는 보충성 요건 때문에 위와 같은 내용의 헌법소원을 각하하고 있다.111)

또한, 헌법재판소와 대법원이 경쟁적으로 공법 관련 판결을 쏟아냄으
로써 공법학의 발전에 많은 도움을 주고 있다. 이는 한국 공법학을 풍요
롭게 하는 기초자료가 되는 것이다.

그러나, 최고법원이 대법원과 헌법재판소로 나누어지고 양 최고법원
사이의 권한배분이 엄격하지 않음으로 인하여 생기는 가장 큰 문제는,
같은 쟁점의 사안에서 다른 결론이 나올 가능성이 있다는 것이다. 예를
들면, 청구인은 2007년도 사법시험 2차 시험에 불합격하였다. 그는 제1
문 답안지에 제2문에 대한 답안을, 제2문 답안지에 제1문에 대한 답안을
작성하였기 때문에, 사법시험법 시행규칙에 따라 해당 과목이 영점 처리
되었다. 청구인은 행정심판을 제기하였으나 기각되었다. 그런데 청구인
은 불합격처분에 대한 행정소송을 제기하지 않고, 사법시험법 시행규칙
중 영점처리 조항에 대한 헌법소원을 제기하였다. 헌법재판소는 청구인
의 기본권을 직접적으로 침해하는 것은 불합격처분이지 위 시행규칙 해
당조문이 아니라고 하지 않고, 위 시행규칙으로 인하여 불합격처분은 자
동적으로 이루어지는 것이므로, 위 시행규칙도 청구인의 기본권을 직접
적으로 침해하는 것이라고 하였다. 그리하여 위 사건을 각하하지 않고
본안으로 넘겼으나, 결론은 행정심판과 같은 것이었다.112) 이것은 한정
된 범위이긴 하나 당사자가 심판기관을 선택할 수도 있고 중복해서 제

---

108) 대법원 1981. 7. 7. 선고 80누456 판결 등 다수.
109) 헌재 1999. 6. 24. 선고 97헌마315 결정.
110) 대법원 2004. 4. 22. 선고 2003두9015 전원합의체 판결.
111) 헌재 2005. 9. 13. 선고 2005헌마829 결정 등.
112) 헌재 2008. 10. 30. 선고 2007헌마1281 결정.

기할 수도 있다는 것을 의미한다. 또한 경우에 따라서는 같은 사건에서 양 최고법원 사이의 결론이 다를 수도 있다는 것이 된다.

다. 새로운 과제

요약하면, 헌법재판소와 행정법원의 출범으로 인하여, 한국에서의 공법과 관련된 소송이 비약적으로 많아지고 구제범위도 넓어졌으며, 공법학계에도 강한 자극을 준 것은 순기능이다. 반면에 최고법원이 두 개로 나누어지면서 관할을 둘러싼 혼란이 야기되고, 해석의 통일성이 부분적으로 깨졌다는 역기능도 가지고 있다. 그리하여 현재 공법학계에서는 그 해결방안으로 양 최고법원 사이의 관할 획정에 관한 법률을 만들어야 한다는 주장이 제기되기도 하고, 대법원과 헌법재판소를 다시 통합하자는 방안, 독일처럼 재판소원을 도입하여 헌법재판소에 우위를 인정하자는 방안 등이 제시되기도 한다.

III. 미흡한 개혁

1984년 행정소송법의 개정은 이미 1962년에 개정된 행정사건소송법의 20여년간의 시행결과를 바탕으로 행해졌음에도 불구하고 일본에서도 문제로 부각되었던 의무이행소송의 도입이라든지 가구제제도의 확충과 같은 문제점을 개선하지 못하였다. 그리고 1994년의 행정소송법의 개정은 하드웨어적인 의미는 매우 크지만 행정소송의 절차에 관해서는 손을 대지 못하였다는 한계가 있다. 그리하여 행정소송법에 대한 개정 요구는 수그러들지 않고 여전히 유효한 논의대상이 되고 있다.

① 행정소송의 유형과 의무이행소송의 미도입: 행정소송법은 결과적으로 행정소송을 항고소송, 당사자소송, 민중소송, 기관소송으로

나누고 항고소송을 취소소송, 무효등확인소송, 부작위위법확인소
송 분류하는 것으로 입법이 되었지만, 위원회의 논의과정에서는
의무이행소송을 도입하고, 당사자소송을 형성소송, 이행소송, 확인
소송으로 유형화하여 활성화하고 항고소송과 실질적으로 대등한
소송유형으로 지위를 부여하기 위한 대안이 진지하게 논의되기도
하였다. 그러나 의무이행소송의 도입에 관하여 다수안이 이를 지
지하였음에도 불구하고 채택되지 못하였고, 당사자소송의 유형화
에 관해서는 당사자소송의 개념조차 제대로 인식하지 못한 형편에
서 그러한 세분화는 오히려 혼란을 가중시킬 것이라는 우려가 제
기되어 결국 채택되지 못하였다. 또한 당사자소송에 행정상의 손
해배상청구, 손실보상청구, 부당이득반환청구 등을 명시할 것인지
와 단체소송이나 집단소송을 도입할 것인지에 대해서도 논의되었
으나 합의에 이르지 못하고 채택되지 못하였다.113)

② 소송대상의 미흡한 확대: 1984년의 행정소송법의 개정으로 인하여
처분과 부작위의 개념을 정의하고 부분적으로 개방적인 형태를 취
했으나 실무적으로는 그 개정의 의도를 충분히 반영하지 못하고
종래의 엄격한 해석을 고수하였다. 그리하여, 새로운 처분개념을
통하여 행정소송의 대상과 범위를 획기적으로 넓히려고 했던 입법
의도는 실무에서 판례가 기존부터 인정해오던 권력적 사실행위,
구속적 행정계획, 처분적 법규명령 등을 항고소송의 대상으로 포
섭하는 정도에 그치게 되었다.

③ 원고적격과 소의 이익: 원고적격과 소의 이익의 인정기준으로 법
률상 이익이 제시되었으나, 현재의 판례의 해석상 실정법과 연결
고리가 없다고 해석되는 경우에는 항고소송을 제기할 수 없고, 현
대형 분쟁을 해결하기 위한 단체소송이나 집단소송을 포섭하기 어

---

113) 최송화, "현행 행정소송법의 입법경위", 7~8면 참조.

럽다.

④ **가구제제도의 불비**: 집행정지의 요건을 다소 완화하고 절차와 불복방법 등을 명확하게 하였으나, 여전히 구제의 적시성을 확보하는데 미흡하다는 평가를 받고 있고, 판례는 항고소송에서 민사소송법상의 가처분을 인정하지 않음으로써, 거부처분이나 부작위에 대한 임시구제의 길이 봉쇄되어 있다.

이렇게 이 시기의 행정소송법의 개혁은 어느 정도의 성과를 보였으나, 행정소송의 유형 등 여러 부분에서 미흡한 점이 많았기 때문에, 여전히 자유주의적 법치국가적 관점에 머물고 있다고 평가할 수밖에 없다.

제5장

일본에서의 개혁과
한국에서의 개정 논의

제1절 일본의 2004년 행정사건소송법의 개정

Ⅰ. 개정의 배경과 경위

1. 행정사건소송법의 한계

행정사건소송법이 제정된 이후 행정계획을 둘러싼 분쟁에서 보는 것처럼 행정작용이 다양해지고, 다수의 당사자나 이해관계인이 존재하게 되었으며, 과학적·기술적 문제가 쟁점으로 부각되는 현대형 소송이 등장하게 되었다.

그러나 행정사건소송법은 대상적격과 원고적격 등 행정소송의 기본적 골격에 대하여 행정사건소송특례법이 취했던 전후의 행정소송관을 답습하고 있었을 뿐이다. 항고소송의 대상으로서 행정청의 처분개념은 행정사건소송특례법으로부터 받아들였던 것이고, '법률상의 이익'의 개념도 그 당시 통용되던 견해를 명시한 것에 불과한 것이었다.[1]

게다가 판례는 타나카 지로(田中二郎) 박사의 이른바 '행정사건에 대한 사법재판권의 한계'론의 강한 영향을 받았기 때문에 새로운 사회·경제상황에 대한 신속한 대응을 기대할 수 없었다.[2] 행정사건소송법은 항고소송의 대상을 행정청의 처분에 한하지 않고, "그밖에 공권력의 행사에 해당하는 행위"를 넓게 해석할 수도 있었지만, 최고재판소는 이를 '공권력의 행사로서 법적 효과를 발생시키는 법적 행위'(처분)로 한정하였다. 원고적격에 대해서도 이른바 법률상 보호되는 이익설의 입장에 서

---

1) 雄川一郎, "行政事件訴訟法立法の回顧と反省", 139頁.
2) 高地茂世 外 3人, 「戰後の司法制度改革」, 176頁 참조.

서 좁게 해석하였다. 재량에 대해서도 사회통념상 현저히 타당하지 않다
고 인정되지 않으면 사법적인 통제를 할 수 없다는 입장에 있었다.[3]

위와 같은 요인들에 의하여, 행정사건소송법은 새롭게 제기되는 현대
형 행정분쟁에 제도적으로 대응하는 데 한계를 드러내게 되었다. 위법한
행정에 대한 통제를 강화하기 위하여 원고적격에 대한 관념을 다시 세
울 필요가 있고, 처분뿐만 아니라 공권력적 사실행위 등에 대해서도 항
고소송의 대상으로 삼을 수 있어야 하며, 소의 이익에 대한 판단도 소송
의 필요성 내지 소송권능의 관점에서 위법행정을 시정하기 위하여 누구
에게 소송을 수행하게 하는 것이 적정한지가 고려되어야 하고, 재량행위
에 대해서도 한 걸음 더 들어간 통제를 할 수 있어야 하였다.

2. 개정의 경위

1999. 7. 27. 사법제도개혁심의회가 내각에 설치되었고,[4] 위 심의회는
2001. 6. 12. 내각에 의견서(司法制度改革審議會意見書—21世紀の日本
を支える司法制度—)[5]를 제출하였는데, 거기에는 ① 국민의 기대에 따
른 사법제도,[6] ② 사법제도를 뒷받침하는 법조(法曹)의 존재방식,[7] ③

---

3) 南博方·高橋滋, 「條解 行政事件訴訟法」, 8頁. 예를 들면, 행정청의 인가를 얻어 실
   시되는 공공공사 그 밖의 사업의 실시행위 등은 항고소송의 대상이 되는 처분에 해당
   하지 않고, 그에 따라 생명·건강 등에 피해를 받고 있던 사람은 원고적격을 가지지
   않으며, 행정의 정책적, 전문적, 기술적 재량에 속한다는 이유로 이와 관련된 소송은
   각하 또는 기각되었다. 이렇게 취소소송이 제한된 결과 주민소송의 제기가 폭넓게 인
   정되는 경향이 생기게 되었다.
4) 사법제도개혁심의회는 21세기 일본 사회에서 사법의 역할을 밝히고, 국민이 보다 이
   용하기 쉬운 사법제도의 실현, 국민의 사법제도에의 관여, 법조인의 바람직한 모습과
   그 기능의 충실·강화, 그 밖의 사법제도의 개혁과 기반의 정비에 필요한 기본적 시책
   에 대하여 조사·심의하기 위하여 내각에 설치되었고, 2001. 7. 26. 기간만료로 해체
   되었다.
5) http://www.kantei.go.jp/jp/sihouseido/report/ikensyo/index.html

국민적 기반의 확립8) 등 세 가지 개혁과제가 제시되었다. 그런데, ① 국민의 기대에 따른 사법제도의 민사사법제도 개혁과제 중 '사법의 행정에 대한 체크기능의 강화'라는 항목에서 '행정소송제도의 개선 필요성', '사법 및 행정의 역할을 응시한 종합적이고 다각적인 검토' 등이 거론되어 있다.

위 의견서에 따라 2001년에 제정된 사법제도개혁추진법(법률 제119호)에 기하여, 내각총리대신을 장으로 하는 사법제도개혁추진본부가 출범하고 위 본부 사무국장 아래 행정소송검토회가 설치되었다.9) 위 검토회는 2002. 2. 제1회부터 2003. 12. 제27회까지 논의를 거듭한 끝에,10) 2004. 1. 6.「행정소송제도의 개선을 위한 사고」(行政訴訟制度の見直しのための考え方)를 공표하였다.11) 이에 기하여 작성된 「행정사건소송법의 일부를 개정하는 법률안」이 2004. 3. 국회에 제출되어 같은 해 6. 2. 만장일치로 가결되어 2004. 6. 9. 공포되고 2005. 4. 1.부터 시행되었다.

2004년 행정사건소송법의 개정목적은 법의 지배의 이념에 기하여, 국민의 권리이익에 따른 실효적인 구제수단의 정비를 꾀하는 관점에서 국민의 권리이익의 구제확대를 도모하고, 심리의 충실 및 촉진을 꾀하면서 행정소송을 이용하기 쉽고 이해하기 쉽게 하기 위한 조직을 정비하며, 본안판결 전의 가구제제도의 정비를 도모하는 것 등이었다.12)

---

6) 민사사법제도의 개혁, 형사사법제도의 개혁, 국제화에의 대응 등.
7) 법조인구의 확대, 법조양성제도의 개혁, 변호사제도의 개혁, 검찰관제도의 개혁, 재판관제도의 개혁, 법조 등의 상호교류의 존재방식 등.
8) 국민적 기반의 확립, 국민적 기반의 확립을 위한 조건정비 등.
9) 시오노 히로시(塩野宏) 위원(좌장)을 포함하여, 행정법학자 4명, 경제학자 1명, 민간연구소 간부 1명, 변호사 1명, 노동조합간부 1명, 재판관 1명, 법무성과 총무성 공무원 각 1명 등 11명의 위원으로 2002. 1. 발족하였다{최우용, "일본 개정 행정사건소송법의 주요 내용과 논점", 동아법학 제40호, 동아대학교 법학연구소(2007. 8), 37면 각주7) 참조}.
10) 高地茂世 外 3人,「戰後の司法制度改革」, 176頁 참조.
11) 司法制度改革推進本部行政訴訟檢討會가 공표한 '行政訴訟制度の見直しのための考え方'은 NBL 第778号, 株式會社 商事法務(2004. 2), 57~62頁에 수록되어 있다.

Ⅱ. 2004년 개정의 주요내용

일본의 2004년 행정사건소송법의 개정은 1999년 이래 계속되어 온 사법개혁의 일환으로 '국민의 권리이익을 보다 실효적으로 구제'하기 위하여 절차를 정비하는 것을 기본으로 하였다. 이는 1962년 행정사건소송법이 제정된 이래 42년 만에 행해진 실질적인 개정이었다. 그 주요한 개정내용은 구제범위의 확대, 심리의 충실·촉진, 행정소송을 이용하기 쉽고 이해하기 쉽게 하기 위한 시스템 구축, 본안판결 전에서의 구제제도의 정비 등에 관한 것이었다.

1. 구제범위의 확대

가. 취소소송의 원고적격의 확대

개정 전의 행정사건소송법 제9조에서는 원고적격에 대하여 "처분 또는 재결의 취소를 구함에 있어서 법률상의 이익을 갖는 자"라고만 규정하고 있었다. 개정법은 국민의 이익조정이 복잡하고 다양해지고 있는 현대행정에 어울리게 하기 위하여, 취소소송의 원고적격을 판단할 때 당해처분 또는 재결의 근거가 된 법률의 형식·규정이나 행정실무의 운용 등에만 의존하지 않도록 그에 필요한 고려사항을 예시하였다(제9조 제2항).

취소소송의 원고적격을 판단할 때 고려사항으로서, ① 처분의 근거가되는 법령의 취지 및 목적, ② 처분에서 고려되어야 할 이익의 내용 및성질, ③ 처분의 근거가 되는 법령과 목적을 공통으로 하는 관계법령의취지 및 목적, ④ 처분이 위법하게 된 경우에 해할 우려가 있는 이익의

---

12) 南博方·高橋滋, 「條解 行政事件訴訟法」, 9頁.

내용과 성질 및 이를 해하는 태양 및 정도 등을 예시하였다.

위와 같은 고려사항은 이미 최고재판소의 판례에서 명시되었던 요소들을 추인하고 조문화한 것에 불과하다는 비판이 있으나, 법률에 이를 명시함으로써 위 고려사항들이 모든 사안에 적절하게 고려될 수 있도록 담보하는 의미가 있다.13)

나. 소송유형의 창설과 정비

개정 전의 행정사건소송법에서는 항고소송의 유형으로 취소소송, 무효등확인소송, 부작위위법확인소송 등 세 가지 종류를 규정하고 있었다. 2004년의 개정에서는 제3조에 처분·재결이 행해지지 않은 것에 불복하는 경우 재판소가 행정청에게 그것을 명하는 것을 구하는 소송유형(의무이행소송)과 불이익한 처분·재결이 행해지려는 것에 대하여 그것의 금지를 명하는 소송유형(금지소송) 등 사전구제를 목적으로 하는 소송제도가 마련되었다.

(1) 의무이행소송의 법정

급부행정 등의 영역에서 국민의 행정에 대한 권리를 확충하고 현대행정에 따른 사법적 구제의 실효성을 높이기 위하여, 행정청이 처분을 하여야 할 것이 일의적으로 정해진 경우 행정청이 처분을 하여야 할 의무를 명하는 소송유형으로서 의무이행소송이 새롭게 법정되었다. 의무이행소송은 신청에 대한 처분을 구하는 의무이행소송(신청형 의무이행소송)과 그 밖의 의무이행소송(비신청형 의무이행소송)의 두 가지 유형으로 법정되었다.

---

13) 角松生史(유진식 역), "일본행정사건소송법 2004년 개정과 그 영향", 행정판례와 행정소송: 2016년 한국행정판례연구회 세미나 자료집(2016. 6), 87면.

신청형 의무이행소송은 '법령에 기하여 신청을 한 자가 행정청에 대하여 그 신청에 대한 일정한 처분을 하여야 할 의무의 발령을 구하는 의무이행소송'으로서, ① 법령에 기한 신청을 한 자일 것(원고적격), ② 행정청이 일정한 처분을 하여야 할 것이 일의적으로 정해졌을 것(일의성), ③ (a) 당해 신청을 거부하는 처분이 무효이거나 취소되어야 하는 경우 또는 (b) 행정청이 당해 신청에 대하여 상당한 기간 내에 처분을 하여야 할 것임에도 불구하고 이를 하지 않았던 것(구제의 필요성) 등의 요건을 갖추어야 한다. 위와 같은 의무이행소송은 거부처분 취소소송과 동시에 제기하여야 하고 양 소송의 변론 및 재판은 양자를 일체로 하는 것을 원칙으로 한다. 다만 심리의 상황 등을 고려하여 보다 신속한 쟁송의 해결에 기여한다고 인정되는 때에는 재판소는 취소소송에 대해서만 판결을 선고할 수 있고, 이 경우 의무이행소송의 절차는 중지된다.

한편, 비신청형 의무의무이행소송이란 '신청형 의무이행소송에는 해당하지 않지만 행정청이 일정한 처분을 하여야 할 의무의 이행을 구하는 의무이행소송'을 말한다. 그 요건은 ① 처분의 의무이행을 구하는 것에 대하여 법률상 이익을 가진 자일 것(원고적격), ② 행정청이 일정한 처분을 하여야 할 것이 일의적으로 정해질 것(일의성), ③ 처분이 행해지지 않은 것에 의하여 중대한 손해가 생길 우려가 있고, 그 중대한 손해를 피하기 위하여 달리 적절한 방법이 없을 것(구제의 필요성) 등이다.

(2) 금지소송의 법정

행정의 다양화에 대응하고 취소소송에 의한 사후적 구제 외에 행정에 대한 사전적 구제방법을 정하여 구제의 실효성을 높이기 위하여, 행정청이 특정한 처분을 하려는 경우에 그 처분을 하여서는 안 된다는 것이 일의적으로 정해진 때에 행정청이 처분을 하는 것을 사전에 금지하는 소송유형으로서 금지소송이 새롭게 법정되었다.

금지소송을 제기하기 위해서는 ① 처분의 금지를 구하는 것에 대하여 법률상 이익을 가진 자일 것(원고적격), ② 행정청이 특정한 처분을 하여서는 안 된다는 것이 일의적으로 정해질 것(일의성), ③ 처분이 행해지는 것에 의하여 중대한 손해를 생길 우려가 있을 것(구제의 필요성) 등의 요건이 갖추어져야 한다. 다만 개별법에서 특별한 구제수단 등이 정해져 있는 경우 등 위와 같은 중대한 손해를 피하기 위하여 다른 적절한 방법이 있는 때에는 금지를 구할 수 없도록 하였다.

(3) 확인소송의 명시

행정작용이 복잡·다양화함에 따라 전형적인 행정작용을 전제로 한 항고소송만으로는 국민의 권리이익을 실효적으로 구제하는 데에 한계에 봉착하였다. 이를 극복하기 위하여 법률관계의 확인을 통하여 취소소송의 대상이 되는 행정작용뿐만 아니라 국민과 행정 사이의 다양한 관계에 대응하고 실효적인 권리구제를 도모하였다.

그리하여 행정사건소송법 제4조에서 실질적 당사자소송에 관한 규정에 "공법상의 법률관계에 관한 확인의 소"를 삽입하여 당사자소송의 일부로서의 확인소송의 가능성이 법문상 명시되었다. 다만 이것은 새로운 소송유형을 창설한 것이 아니고 종래에도 허용된다고 여겨졌던 확인소송을 명시한 것에 불과하다.[14]

2. 심리의 충실·촉진

2004년 개정에서는 심리의 충실과 촉진의 관점에서 처분이유를 명확하게 하는 자료제출요구제도를 신설하였다. 소송의 초기단계부터 처분

---

14) 角松生史(유진식 역), "일본행정사건소송법 2004년 개정과 그 영향", 86면.

의 이유·근거에 관한 당사자의 주장 및 쟁점을 명확하게 하기 위하여, 재판소가 민사소송법상의 석명처분에 대한 특례로서 행정청에게 재결기록이나 처분이유를 설명하는 자료제출을 요구할 수 있는 제도이다.

재판소는 ① 재결의 취소소송 또는 재결을 거친 처분의 취소소송에서 재결을 한 행정청에게 재결기록의 송부를 구할 수 있도록 하였다(재결기록의 송부). 또한, ② 처분의 취소소송에서 당해 처분에 관한 소송관계를 명료하게 하기 위하여 행정청에게 처분의 내용, 그 근거가 되는 법령의 조항, 그 원인이 되는 사실, 그밖에 처분의 이유를 명확하게 하는 자료의 제출을 구할 수 있도록 하였다(처분의 이유를 명확하게 하는 자료의 제출). 위와 같은 석명처분은 취소소송에 적용될 뿐만 아니라 무효등확인소송 또는 쟁점소송에 대해서도 준용된다.

3. 행정소송을 이용하기 쉽고 이해하기 쉽게 하기 위한 개선

2004년의 개정에서는 행정소송을 보다 이용하기 쉽고 이해하기 쉽게 하기 위한 제도로 정비하고자 하였다. 그 일환으로, ① 항고소송의 피고적격을 행정청에서 행정청이 속한 국가 또는 공공단체로 개정하여 피고적격을 간명하게 하였고, ② 국가를 피고로 한 항고소송을 원고의 보통재판적 소재지의 고등재판소 소재지를 관할하는 재판소에도 제기할 수 있도록 관할재판소를 확대하였으며, ③ 취소소송에 대하여 처분 또는 재결이 있었다는 것을 알았던 날부터 3개월이라는 출소기간을 6개월로 연장하였고, ④ 취소소송을 제기할 수 있는 처분 또는 재결을 하는 경우에는 당해 처분 또는 재결에 관계된 취소소송의 출소기간 등을 서면으로 알려주도록 하였다.

가. 항고소송의 피고적격의 명확화

피고적격을 가진 행정청을 특정하는 원고의 부담을 경감하고 소의 변경 등의 절차를 쉽게 하기 위하여, 항고소송에 대하여 처분을 행한 행정청을 피고로 하는 현행제도를 고쳐서, 처분을 행한 행정청이 소속하는 국가 또는 공공단체를 피고로 삼도록 하였다.

① 국가 또는 공공단체에 소속하는 행정청의 경우에는 처분의 취소소송은 처분을 한 행정청이 소속하는 국가 또는 공공단체를 피고로 한다(처분이 있은 후에 당해 행정청의 권한이 다른 행정청에 승계된 때에는 당해 다른 행정청이 소속한 국가 또는 공공단체를 피고로 한다). 원고는 처분을 한 행정청을 소장에 기재하여야 하지만, 기재하지 않거나 잘못 기재하였다 하더라도 원고에게 불이익은 없고 소장의 기재와는 상관없이 피고가 된 국가 또는 공공단체가 제소 후 일정한 기간 내에 처분을 행한 행정청을 스스로 특정하여야 한다.

② 처분권한을 위임받은 법인 등이 처분을 한 경우와 같이 국가 또는 공공단체에 소속되지 않은 행정청이 처분을 한 경우에는 처분을 한 법인 등을 피고로 한다.

③ ① 및 ②에 의해서도 피고적격자가 정해지지 않은 경우에는 처분에 관계된 사무가 귀속하는 국가 또는 공공단체를 피고로 한다.

이렇게 개정함으로써 항고소송(종래의 피고는 행정청)인지 당사자소송(종래의 피고는 행정주체)인지의 판단이 어려운 사안에서 소를 제기할 때 피고를 잘못 선정하는 위험을 경감시켰다.[15)]

---

15) 角松生史(유진식 역), "일본행정사건소송법 2004년 개정과 그 영향", 88면.

나. 항고소송의 관할재판소의 확대

행정소송에 대한 재판소의 전문성을 확보하면서 소를 제기하는 원고의 편의를 위하여, 국가를 피고로 하는 항고소송의 관할재판소를 확대하였다.

국가를 피고로 하는 항고소송에 대하여, 행정사건소송법 제12조가 정한 종래의 관할재판소에 더하여, 원고의 보통재판적 소재지의 고등재판소 소재지를 관할하는 지방재판소에도 소를 제기할 수 있도록 하였다. 독립행정법인 등 국가에 준하는 공공단체에 대해서도 마찬가지이다. 아울러 판단의 통일을 꾀하기 위하여 필요한 이송규정을 정비하였다.

다. 출소기간의 연장

국민이 소송에 의한 권리이익의 구제를 받을 기회를 적절하게 확보하기 위하여, '처분 또는 재결이 있음을 안 날로부터 3개월'이라고 되어 있던 취소소송의 출소기간을 6개월로 늘렸다(행정사건소송법 제14조 제1항).

한편, 불변기간으로 정한 행정사건소송법 제14조 제2항의 규정을 개정하여, '처분 또는 재결을 한 날'의 출소기간 뿐만 아니라 '처분 또는 재결이 있음을 안 날'과 '처분 또는 재결에 대하여 심사청구를 할 수 있는 경우 또는 행정청이 잘못하여 심사청구를 할 수 있는 뜻을 교시한 경우'의 출소기간에 대해서도 취소소송을 제기할 수 없었던 것에 대하여 정당한 이유가 있는 때에는 출소기간을 경과한 때에도 취소소송을 제기할 수 있게 하였다.

라. 출소기간 등에 대한 정보제공제도의 신설

처분의 상대방에게 취소소송을 제기할 수 있는 적절한 정보를 제공하

고, 권리이익의 구제를 얻을 기회를 충분히 확보하기 위하여, 취소소송
의 피고, 출소기간 등에 관한 정보제공(교시)의 제도를 신설하였다.

따라서 행정청이 처분 또는 재결을 서면으로 하는 경우에는 상대방에
게, ① 당해 처분 또는 재결의 취소소송의 피고로 하여야 할 사람, ②
출소기간, ③ 불복심사전치를 정한 때에는 그 취지, ④ 심사청구에 대한
재결에 대해서만 취소소송을 제기할 수 있다는 취지(재결주의)를 정한
때에는 그 취지 등에 대하여 정보를 제공하도록 하였다.

4. 본안판결 전에서의 구제제도의 정비

2004년 개정에서는 집행정지의 요건을 정비하고 "가의무이행" 및 "가
금지"제도를 새롭게 신설하는 내용으로 본안판결 전의 가구제제도를 개
정하였다.

가. 집행정지요건의 정비

행정사건소송법 제25조 제2항 본문이 정한 집행정지의 요건을 판단할
때, 손해의 성질뿐만 아니라 손해의 정도와 처분의 내용 및 성질이 적절
하게 고려될 수 있도록 "회복이 곤란한 손해"를 "중대한 손해"로 개정하
였다. 그 취지는 행정활동이나 사회의 다양화에 대응하고, 개별사정에
따라 보다 적절한 권리이익의 구제에 기여하는 집행정지결정을 할 수
있게 하기 위한 것이다.

나. 가의무이행·가금지의 제도의 신설

의무이행소송 또는 금지소송의 본안판결을 기다리고 있는 것으로는

보상할 수 없는 손해가 생길 우려가 있는 경우에 신속하고 실효적인 권리구제를 할 수 있도록 하기 위하여, 재판소는 신청에 의하여 결정으로 일정한 요건 아래에서 임시로 의무이행을 명하거나 처분을 하는 것을 금지하는 새로운 가구제제도를 규정하였다.

그 요건은, ① 보상할 수 없는 손해를 피하기 위하여 긴급한 필요가 있는 때(가구제의 필요성), ② 본안에 대하여 이유가 있다고 볼 수 있는 때(본안의 승소가능성), ③ 공공의 복지에 중대한 영향을 미칠 우려가 없을 것 등이다. 그밖에 집행정지절차에 관한 규정은 가의무이행 또는 가금지절차에 대하여 준용한다.

Ⅲ. 2004년 개정에 대한 평가와 그 영향

1. 개정 당시의 평가

행정사건소송법은 점차 다양하고 복잡해지는 행정작용에 대하여 적절하게 대응하지 못하고, 다수의 이해관계를 조정하고 과학적·기술적 문제가 쟁점이 되는 현대형 소송분야에서 한계를 드러냄에 따라, 그 개정을 미룰 수 없었다.

행정소송검토회는 2004년의 행정사건소송법에 대하여 스스로 다음과 같이 평가하고 있다.16) 의무이행소송과 금지소송의 신설과 확인소송의 명시를 통하여 소송유형을 다양화하고 원고적격의 판단에 대한 고려사항을 규정함으로써, 행정소송에 따른 국민의 권리이익의 구제범위가 확대되었다. 또한 심리의 내실화 및 촉진을 도모하기 위하여 행정청에 재

---

16) 行政訴訟檢討會 2004(平成16)年 10月 29日 작성「행정소송검토회 최종정리-검토의 경과와 효과」(行政訴訟檢討會最終まとめ－檢討の経過と結果－).
   (http://www.kantei.go.jp/jp/singi/sihou/kentoukai/gyouseisosyou/041029matome.html)

결기록이나 처분이유를 설명하는 자료제출을 요구할 수 있는 제도가 신설되었다. 이 개혁들은 행정에 대한 사법심사의 기능을 강화하고 국민의 권리이익의 구제를 실효적으로 보장한다는 행정소송제도의 개선목적을 실현하기 위하여 중요한 의의가 있다.

2004년 행정사건소송법의 개정에 의하여, 뒤에서 보는 바와 같이 최고재판소가 행정사건소송법의 개정취지에 맞게 전향적으로 입장을 변경하는 모습을 보여준 것은 부정할 수 없다.[17] 공공사업의 실시에 의하여 환경악화의 불이익을 받을 염려가 있는 주변주민에게 사업인가취소소송의 원고적격을 인정하기도 하고, 토지구획정리사업계획의 결정에 대해서도 처분성을 인정하기도 하였다. 본안에서도 종래의 재량통제의 판단구조를 유지하면서도 개별사정에 입각하여 고려할 사항에 필요한 배려를 했는지 등에 관하여 조금 더 들어간 판단을 보여주고 있다.

그러나 국민의 중대한 이익에 영향을 미치는 긴급사태 등에 대한 대응의 존재방식이나 3권분립과의 관계를 충분히 고려하여야 한다는 명목으로 내각총리대신의 이의제도를 개정하지 않은 것에 비추어 보아도, 당시의 관점에서도 미진한 점이 없었다고는 할 수 없다. 2004년 행정사건소송법의 개정작업을 주도한 행정소송검토회가 2004. 1. 5. 내각에 제출한 「행정소송제도의 개선을 위한 사고」라는 의견서에 의하더라도, 이미 검토과정에서 다음과 같은 반대의견이 있었다.[18]

① 원고적격에 대하여 고려사항을 규정하는 것만으로는 부족하고, '법률상 이익'을 '법적 이해관계'[19]나 '이해관계를 가진 자'[20] 등으로 변경하여야 한다. 개정법에서 명시된 고려사항은 종래의 최

---

17) 南博方·高橋滋, 「條解 行政事件訴訟法」, 10頁 참조.
18) 아래에서는 위 검토회의 위원이었던 후쿠이 히데오(福井秀夫) 교수(政策研究院大學院大學)의 견해를 주로 소개하고, 미즈노 타케오(水野武夫) 변호사의 의견을 보충하기로 한다.
19) 후쿠이 히데오(福井秀夫) 위원의 견해.
20) 미즈노 타케오(水野武夫) 위원의 견해.

고재판소 판례를 정리하여 규정한 것에 불과하다. 따라서 '법률상 이익'이라는 문구를 그대로 유지하는 한 원고적격의 범위가 판례에 의하여 적절하게 확대되리라고 볼 수 없다. 원고적격을 판단할 때 처분과 관련되는 헌법, 관계법령 등도 고려할 수 있어야 하고, 실정법에 의하여 보호되는 이익이라면 '이익의 내용 및 성질'과 관계없이 보호되어야 한다.

② 의무이행소송과 금지소송에 대해서도 소송유형의 다양화라는 목적을 달성을 하기 위해서는 행정청이 일정한 처분을 하여야 한다는 것이 일의적으로 정해지면 족한 것이지, 중대한 손해가 있다거나 다른 구제방법이 가능하지 않은 경우로 한정할 필요가 없다. 비신청형 의무이행소송에서도 처분과정에 간과한 과오가 있으면 선택의 여지가 있는 일정한 효과를 가진 처분의 발동을 명하는 의무이행판결이 허용되어야 한다. 한편 행정계획, 행정지도, 행정계약, 통달 등의 행정활동이나 작용에 대한 위법확인소송은 그 확인이나 시정 등을 구할 필요성이 있는 한 제기할 수 있다는 뜻을 명확히 하여야 한다.

③ 심리의 충실·촉진을 위한 자료제출제도에 대해서는, 처분의 이유를 명확하게 하는 자료에 한정하지 말고, 넓게 행정작용을 할 때 행정청이 이용한 자료는 모두 제출을 요구할 수 있게 하여야 한다.

④ 집행정지 요건의 유무를 판단할 여유가 없는 경우에도, 집행에 의한 전보가 불가능하다면 손해가 생길 것이 예측되는 경우에는 잠정적인 집행정지제도를 도입하여야 한다.[21] 또한 조세 등 금전의 강제징수에 대해서는 집행정지가 패소판결에 따라 취소된 경우에

---

21) 미즈노 타케오(水野武夫) 위원은 그동안 엄격한 요건과 운용 때문에 국민이 집행정지제도의 이용을 꺼리는 경향이 있었고, 집행정지제도의 기능부전 때문에 사정판결이 선고되는 경우가 적지 않았으므로, 집행정지 등의 가구제의 요건을 완화하여 보다 사용하기 쉬운 제도로 법제가 이루어져야 한다고 주장하였다.

부담하는 연체금에 의하여 남소를 방지할 수 있으므로, 압류로 채권을 확보할 수 있는 경우 신청이 있으면 원칙적으로 집행정지를 하여야 한다.

2. 행정사건소송법 개정 이후의 사건현황

2004년의 행정소송법 개정이 실무의 운용에 어떠한 영향을 미쳤는지를 검토하기 위하여, 개정 행정사건소송법이 2005. 4. 1. 시행되기 전의 10년간과 시행 후 10년간 행정소송의 접수건수, 인용률 및 평균 심리기간의 추이를 살펴보겠다.

행정소송(국가배상청구소송 등 제외) 제1심의 접수건수(고등재판소가 제1심인 경우 포함)를 비교해보면, 행정소송법이 시행되기 전인 1995년부터 2004년까지 10년간은 1,500건 내지 2,500건, 평균 1,960건 정도였으나, 시행된 후인 2005년부터 2014년까지 10년간은 2,500건 내지 3,000건, 평균 2,690건 정도였다(2015년은 2,827건).[22] 이렇게 행정사건소송법의 개정 전후를 비교하면 신규 접수건수가 증가한 것은 분명하나, 개정 전의 10년간에도 꾸준히 증가하고 있었기 때문에 그 증가가 행정사건소송법의 개정에 기인하는 것인지는 불분명하다. 한편, 행정사건소송법이 개정된 후 일본에서의 행정소송 제기건수가 증가하였다고 하더라도 다른 나라와 비교해보면 여전히 적다고 할 수 있다. 2012년을 기준으로 일본의 제1심 행정소송 제기건수는 2,950건에 불과하나, 미국의 경우에는 연방법원에 접수된 것만 39,769건이고, 독일의 경우에는 567,195건(행정법

---

22) 위 숫자는 最高裁判所 事務總局 行政局이 매년 공표하여 法曹會 간행 法曹時報에 수록된 「行政事件の槪況」에서 도출한 것이고, 위 접수건수 중에는 지방자치법이 정한 주민소송, 과세처분을 다투는 조세소송이나 지적재산권을 둘러싼 지재소송의 수도 포함되어 있다.

원 132,789건, 사회법원 395,566건, 재정법원 38,840건)일 뿐만 아니라[23] 우리나라의 16,942건과 비교하더라도 매우 적은 수준이다.

나아가 제1심의 인용률(인용건수/기재건수, 일부인용 포함)은 개정 이후에도 10% 남짓에 불과하여(2015년은 10.3%), 개정 전의 10년간보다 오히려 하락하였다.[24]

한편, 같은 기간 사건당 평균 심리기간을 민사소송 제1심의 심리기간과 비교해보면, 2배 가까이 소요하고 있다{민사 제1심 소송에서 과불금(過拂金)반환청구소송을 제외하면 평균 심리기간은 8.9개월(2012년)이 되지만, 이것과 비교해도 행정소송의 평균 심리기간은 50% 이상 길다}.[25]

위와 같이 행정소송의 접수건수가 매우 적고 인용률이 매우 낮은 반면, 원고 측의 소송대리인 선임률은 2012년에 53.5%에 이를 정도로 비교적 높은 것에[26] 비추어보면, 향후에도 행정소송의 건수가 증가하지 않을 것이라고 예측된다.[27]

그럼에도 불구하고 일본의 행정사건소송법의 개정을 긍정적으로 평가할 수 있는 것은 새롭게 법정된 의무이행소송이나 금지소송, 이와 관련된 가구제제도(가의무이행 및 가금지)가 적극적으로 이용되고 있다는 점

---

23) 水野泰孝, "行政訴訟制度-第2次改革の必要性-", 自由と正義 第65卷 第8号, 日本弁護士連合會(2014. 8), 24頁.

24) 위 숫자도「行政事件の槪況」에서 도출한 것이고, 위 수치 중 인용건수는 일부인용도 포함된 것이고, 상소의 유무 및 그 후의 결과가 반영되지 않은 것이어서 실질적인 인용률은 더 낮을 것으로 추측된다.

25) 아래의 표는 水野泰孝, "行政訴訟制度-第2次改革の必要性-", 25頁에서 따온 것이다. 위의 구체적인 수치는 最高裁判所가 2013. 7. 12. 공표한「재판의 신속화에 관계된 검증에 관한 보고서」(裁判の迅速化に係る檢證に關する報告書)(제5회), 26頁의 [그림 9]에서 인용한 것이다. 여기에서 행정소송 제1심은 지방재판소에 제기된 것에 한하고, 민사소송 제1심은 지방재판소를 제1심으로 하는 통상소송사건 및 인사소송사건을 가리킨다.

26) 水野泰孝, "行政訴訟制度-第2次改革の必要性-", 25頁 참조. 最高裁判所의 위 보고서 52頁의 [표 6]. 쌍방 소송대리인 선임률 51.0% + 원고 측만 선임한 소송대리인 선임률 2.5% = 53.5%

27) 水野泰孝, "行政訴訟制度-第2次改革の必要性-", 26頁.

이다. 2012년 지방재판소에서의 신규건수는 의무이행소송 333건, 금지소
송 54건, 가의무이행 및 가금지 합계 52건이었다.[28] 또한 요건이 완화된
집행정지제도도 2003년의 135건에서 2012년의 224건까지 증가했다.[29]

<행정사건소송법 개정 전후 행정사건의 현황>

연도	접수건수	기재건수	판결건수	인용건수	인용률	미제건수
1995년	1,372	1,243	936	142	11.4%	2,380
1996년	1,586	1,345	980	142	10.6%	2,621
1997년	1,711	1,564	1,091	161	10.3%	2,768
1998년	1,748	1,816	1,368	219	12.0%	2,700
1999년	1,795	1,919	1,536	298	15.5%	2,576
2000년	2,014	1,947	1,555	338	17.4%	2,643
2001년	2,110	1,942	1,478	307	15.8%	2,811
2002년	2,328	2,208	1,656	394	17.8%	2,931
2003년	2,494	2,503	1,864	378	15.1%	2,922
2004년	2,441	2,708	2,099	373	13.8%	2,655
2005년	2,540	2,454	1,840	241	9.8%	2,741
2006년	2,693	2,565	1,937	282	11.0%	2,869
2007년	2,728	2,789	2,279	331	11.9%	2,808
2008년	2,730	2,676	2,151	294	11.0%	2,862
2009년	2,548	2,537	2,050	265	10.4%	2,873
2010년	2,682	2,672	2,118	275	10.3%	2,883
2011년	2,780	2,654	2,160	276	10.4%	3,009
2012년	2,950	2,949	2,476	288	9.8%	3,010
2013년	2,793	2,906	2,461	297	10.2%	2,897
2014년	2,451	2,554	2,151	256	10.0%	2,795
2015년	2,827	2,565	2,111	263	10.3%	3,057

---

28) 水野泰孝, "行政訴訟制度-第2次改革の必要性-", 26頁.
29) 水野泰孝, "行政訴訟制度-第2次改革の必要性-", 26頁.

<행정사건소송법 개정 이후 심리기간의 추이>

연도	평균 심리기간	
	행정소송	민사소송
2003년	16.6월	8.2월
2004년	16.4월	8.3월
2005년	16.7월	8.4월
2006년	14.4월	7.8월
2007년	15.0월	6.8월
2008년	13.8월	6.5월
2009년	14.7월	6.5월
2010년	14.6월	6.8월
2011년	15.0월	7.5월
2012년	13.9월	7.8월

3. 개정 이후 판례의 태도

가. 처분성의 확대와 새로운 소송유형의 활용

2004년 개정 이후 최고재판소는 종래에는 처분성을 인정하지 않았을 것으로 보이는 행위에 대하여 처분으로 인정하는 것이 조금씩 나오고 있다.[30] 예를 들면, 최고재판소는 지역의료계획에서 규정하는 필요병상수를 웃도는 병원개설신청에 대하여 의료법에 근거하여 현지사(縣知事)가 행한 병원개설중지권고에 대하여 처분성을 인정하였다.[31] 청사진에 지나지 않아 처분성이 부정되고 있던 토지구획정리사업계획결정에 대해

---

30) 石崎誠也, "司法制度改革と行政訴訟-最高裁の判例動向の檢討を踏まえて", 法の科學 41号, 日本評論社(2010), 36頁.
31) 最判 2005年 7月 15日 民集 59卷 6号 1661頁{角松生史(유진식 역), "일본행정사건소송법 2004년 개정과 그 영향", 91면에서 재인용}.

서도 명시적으로 판례를 변경하여 처분성을 인정하였다.[32] 시립보육소를 민영화하는 요코하마시보육소조례의 개정에 대하여 처분성을 인정하기도 하였다.[33]

그러나 2004년의 개정은 처분성의 개념표지 등과 아무런 관련이 없고, 최고재판소도 처분의 개념요소를 변경한 것은 아니다. 다만 개념요소의 충족 여부에 대하여 종전보다 유연한 해석을 한 결과, 종래에는 처분성을 인정하기 어려웠던 행정지도, 행정계획, 조례 등의 형식에 의한 행정작용에 대하여 처분성을 긍정한 판결이 선고된 것이라고 평가된다.[34]

2004년 개정으로 명시된 확인소송도 사회적으로 커다란 영향을 끼친 사건에 활용되고 있다. 공직선거법이 외국에 주재하는 일본인에게 국정(國政)선거에 관한 선거권 행사의 일부를 인정하고 있지 않은 점을 헌법위반이라고 하였다.[35] 일본인의 부(父)와 외국인의 모(母)와의 사이에서 출생한 후에 부(父)로부터 인지된 자(子)에 대하여 일본국적을 인정하고 있지 않았던 국적법을 위헌이라고 전제하고, 원고들이 일본국적을 보유하고 있다고 확인하였다.[36] 약사법에 근거하여 제정되어 있던 약사법시행규칙(省令)이 인터넷을 이용한 우편 등에 의한 약품의 판매를 일부 의약품(제1류·제2류의약품)에 대하여 일률적으로 금지하고 있었던 것을 위법하다고 하였다.[37]

---

32) 最判 2008年 9月 10日 民集 62卷 8号 2029頁{角松生史(유진식 역), "일본행정사건소송법 2004년 개정과 그 영향", 91면에서 재인용}.

33) 最判 2009年 11月 26日 民集 63卷 9号 2124頁{角松生史(유진식 역), "일본행정사건소송법 2004년 개정과 그 영향", 92면에서 재인용}.

34) 石崎誠也, "司法制度改革と行政訴訟-最高裁の判例動向の檢討を踏まえて", 37頁 참조.

35) 最判 2005年 9月 14日 民集 59卷 7号 2087頁{角松生史(유진식 역), "일본행정사건소송법 2004년 개정과 그 영향", 92면에서 재인용}.

36) 最判 2008年 6月 4日 民集 62卷 6号 1367頁{角松生史(유진식 역), "일본행정사건소송법 2004년 개정과 그 영향", 92면에서 재인용}.

2004년 개정이 새롭게 도입한 사전소송 유형인 의무이행소송·금지소송의 활용에 대하여 살펴본다. 신청형 의무이행소송은 상당히 활용도가 높고 원고의 청구가 인용된 하급심 판결도 적지 않다.38) 처분의 상대방 이외의 제3자가 원고가 되는 비신청형 의무이행소송의 경우에도, 산업폐기물처리시설에 대하여 행정청이 설치허가의 취소처분을 행해야 할 의무의 부여를 구한 주변주민의 청구를 인용하고 있는 하급심 판결이 있으나, 비신청형의무이행소송의 요건으로서 규정하고 있는 '중대한 손해'가 부정되어 각하되고 있는 사례도 적지 않다.39)

한편, 금지소송으로 대표적인 판례로는 국가제창을 둘러싼 소송에 관한 최고재판소 판결이다.40) 또한 역사적으로 중요성이 높은 항만인 도모노우라(鞆の浦)에 다리를 놓을 목적으로 한 매립사업에 대하여 주변주민들이 제기한 공유수면매립면허금지소송의 적법성을 인정하였고 본안에서도 청구를 인용한 하급심 판결이 있다.41)

나. 원고적격의 확대와 그 한계

앞에서 살펴본 것처럼 2004년 행정사건소송법의 개정으로 제9조의2에

---

37) 最判 2013年 1月 11日 民集 67卷 1号 1頁{角松生史(유진식 역), "일본행정사건소송법 2004년 개정과 그 영향", 92면에서 재인용}.
38) 角松生史(유진식 역), "일본행정사건소송법 2004년 개정과 그 영향", 93면.
39) 福島地判 2012年 4月 24日 判例時報 2148号 45頁{角松生史(유진식 역), "일본행정사건소송법 2004년 개정과 그 영향", 93면에서 재인용}.
40) 最判 2012年 2月 9日 民集 66卷 2号 183頁{角松生史(유진식 역), "일본행정사건소송법 2004년 개정과 그 영향", 93면에서 재인용}. 위 판결은 '중대한 손해'에 대하여, "처분이 행해짐으로써 발생할 염려가 있는 손해가 처분이 행해진 후에 취소소송 등을 제기하여 집행정지결정을 받는 등에 의하여 보다 용이하게 구제를 받을 수 있는 것이 아니라 처분이 행해지기 전에 금지를 명하는 방법에 의하지 않으면 구제를 받는 것이 곤란할 것"을 판단기준으로 제시하고 있다.
41) 廣島地判 2009年 10月 1日 判例時報 2060号 3頁{角松生史(유진식 역), "일본행정사건소송법 2004년 개정과 그 영향", 94면에서 재인용}.

서 원고적격 판단의 고려사항이 추가되었다. 최고재판소는 사기업인 오다큐전철(小田急電鐵)의 일부구간을 고가화하는 계획을 포함한 동경도의 도시계획사업에 관한 건설대신의 철도사업인가에 대하여 소음피해 등을 입는다고 주장하는 주변주민의 원고적격을 인정하였는데,[42] 위와 같은 오다큐판결은 오늘날 일본 최고재판소의 원고적격 판단의 도달점이라고 평가된다.[43] 그러나 일본의 공영도박의 하나인 경륜의 장외 차권 발매시설의 설치허가에 대하여 주변주민·의료시설설치자 등이 취소소송을 제기한 사건에 대해서는 주민의 원고적격을 부인하였다(새털라이트오사카판결).[44]

오다큐판결은 주변주민의 '생활환경의 피해'에 착안하여 원고적격을 인정한 반면, 새털라이트 오사카판결은 '생활환경'은 '기본적으로 공익에 속하는 이익'에 속한다는 이유로 원고적격을 인정하지 않았다. 이는 전자가 제시한 원고적격의 확대경향에 후자가 제동을 건 것이라고 이해할 수도 있다.[45]

---

42) 最判 2005年 12月 7日 民集 59卷 10号 2645頁{角松生史(유진식 역), "일본행정사건소송법 2004년 개정과 그 영향", 95면에서 재인용}. 같은 사안에 대하여 원고적격을 부정하였던 판례를 변경한 것이다.

43) 石崎誠也, "司法制度改革と行政訴訟-最高裁の判例動向の檢討を踏まえて", 37頁 참조.

44) 最判 2009年 10月 15日 民集 63卷 8号 1711頁{角松生史(유진식 역), "일본행정사건소송법 2004년 개정과 그 영향", 95면에서 재인용}.

45) 角松生史(유진식 역), "일본행정사건소송법 2004년 개정과 그 영향", 96면. 오다큐판결에서 문제가 되었던 '소음이나 진동 등에 의한 건강피해'는 인격적 이익으로서 민사소송에 의한 금지청구의 근거가 될 수 있는 물권적 청구권 또는 배타성을 지닌 권리에 해당하는 반면, 새털라이트 오사카사건에서 문제가 되었던 '교통, 풍기, 교육 등 넓은 의미에서의 생활환경'은 그렇지 않다고 하면서 위 두 판결이 모순되지 않는다는 견해도 있다고 한다.

다. 재량심사

행정사건소송법 개정 이후 최고재판소는 재량심사에 대하여 종래보다
는 전향적으로 재량의 판단과정에 들어가 심사를 하려는 경향이 나타나
서, 처분 또는 그 전제가 되는 계획결정에 재량권 남용을 인정하고 처분
을 취소하는 판결이 선고되기도 하였다.46) 종래와 같이 '사회통념상 현
저히 불합리하지 않는 한'이라는 문언을 사용하고 있기는 하지만, 고려
하여야 할 사항을 고려했는지, 과대하게 평가하지 않아야 할 사항을 과
대평가한 것은 아닌지를 심사하여, 종래 재량권의 남용에 대한 심사와는
다른 심사방법을 채택하고 있다.

한편, 전문기술적 재량에 관해서도 심사기준의 합리성의 유무와 그
적용에서 간과하기 어려운 과오의 유무를 심사하고 있지만, 그 판례법리
가 행정판단을 충분히 제어하고 있다고 평가받지는 않는 것 같다.47)

라. 집행정지 등 가구제

2004년 개정으로 집행정지의 요건을 '회복하기 곤란한 손해'에서 '중
대한 손해'로 완화함으로써, 재산적인 손해나 사회적 신용의 훼손을 이
유로 한 집행정지를 인정한 사례가 적지 않다.48) 가의무이행처분에 대
해서는 보육원의 입원결정, 가극단공연을 위한 심포니시설의 사용허가,
생활보호개시결정 등에 대한 신청을 인용한 하급심결정이 있다.49) 가금
지처분에 대해서도 주민표소제(消除)처분이나 택시사업자에 대한 운임

---

46) 石崎誠也, "司法制度改革と行政訴訟-最高裁の判例動向の檢討を踏まえて", 38頁
    참조.
47) 石崎誠也, "司法制度改革と行政訴訟-最高裁の判例動向の檢討を踏まえて", 39頁
    참조.
48) 角松生史(유진식 역), "일본행정사건소송법 2004년 개정과 그 영향", 96면 참조.
49) 角松生史(유진식 역), "일본행정사건소송법 2004년 개정과 그 영향", 96면 참조.

변경명령·자동차 등의 사용정지처분·사업허가취소처분에 대한 신청을 인용한 예가 있다.[50]

4. 향후 과제

2004년 행정사건소송법 개정을 주도한 행정소송검토회는 그 최종보고서에서 향후의 논의과제로서, 행정입법과 행정계획에 대한 사법심사, 재량에 대한 사법심사 그리고 단체소송 등을 제시하고 있다.[51]

행정입법과 행정계획은 행정과정의 초기단계에서 행해지는 행정작용이다. 행정입법·행정계획의 사법심사에 관해서는, 행정입법·행정계획의 특징과 국민의 다양한 이해관계에 미치는 폭넓은 영향을 고려하여, 새롭게 법정된 금지소송이나 당사자소송으로 명시된 확인소송의 활용과 관련하여 논의할 필요가 있다고 하였다.

또한, 재량에 대한 사법심사에 관해서는 새로운 소송유형과 신설된 자료제출제도의 활용과 관련하여 논의할 필요가 있다고 하였다.

한편, 단체소송에 관해서는, 처분 등에 의하여 침해되는 이익이 특정한 개인의 이익이 아니라 소비자, 지역 주민 등 일반적으로 공통되는 집단적 이익으로 파악되는 경우에 그러한 다수인의 공통 이익을 법률상 또는 사실상 대표하는 소비자단체, 사업자단체, 환경보호단체, 주민단체 등이 소송을 제기할 수 있게 하느냐가 문제이다. 행정수요가 다양화되고 있는 가운데 특정 개인의 이익으로 환원하기 어려운 집단적 이익에 대하여 어떻게 대처하여야 하는지라는 문제의식 하에, 민사소송제도에서 단체소송의 위치나 행정소송에서 원고적격의 관계에서 더 많은 논의가 필요하다고 하였다.

---

50) 角松生史(유진식 역), "일본행정사건소송법 2004년 개정과 그 영향", 97면 참조.
51) 行政訴訟檢討會 작성「行政訴訟檢討會最終まとめ－檢討の経過と結果－」.

한편, 행정사건소송법 시행상황검증연구회(行政事件訴訟法 施行狀況
檢證硏究會)는 행정사건소송법 부칙 제50조에 근거하여,[52] 2010. 12.부
터 2012. 7.까지 총 13회에 걸쳐 개최되었다.[53] 그러나 위 검증연구회의
보고서에서는 행정사건소송법의 재개정이 필요하다는 방향을 제시하지
않았고, 이에 따라 법무성은 2012. 11. 22. 당장 행정사건소송법의 재개
정 등을 행할 필요는 없다는 뜻을 표명하였다.[54]

이러한 정부의 인식과 달리 일본변호사연합회는 2010. 11. 17.「행정
사건소송법 5년 후 개선에 관한 개정안 골자」(行政事件訴訟法5年後見
直しに關する改正案骨子)를 공표하였다. 그 주요한 논점은 ① 원고적
격의 확대, ② 단체소송제도의 도입, ③ 의무이행소송 및 금지소송의 요
건 완화, ④ 집행정지제도를 포함한 가구제제도의 요건 완화, ⑤ 주장제
한을 정한 행정사건소송법 제10조 제1항의 삭제, ⑥ 재량심사의 존재방
식의 법정, ⑦ 행정계획 및 행정입법에 관련된 소송절차의 법정, ⑧ 소
송비용을 원고 측이 부담하지 않는 제도로의 개정, ⑨ 변호사비용에 대
하여 행정측의 편면적 패소자 부담제도의 도입 등이다.[55] 그중에서도
원고적격의 확대와 단체소송의 도입은 가장 시급하고도 중요한 과제라
고 평가된다.[56]

---

52) 행정사건소송법 부칙 제50조에서는 "정부는 이 법률의 시행 후 5년을 경과한 경우
　　신법의 시행상황에 대하여 검토하고 필요가 있다고 인정되는 때에는 그 결과에 기하
　　여 필요한 조치를 강구하는 것으로 한다."라고 규정하고 있다.
53) 위원은 좌장인 타카하시 시게루(高橋滋) 교수(一橋大學 大學院 法學硏究科)를 비롯한
　　연구자 5명, 변호사 2명, 최고재판소 직원 2명, 법무성 직원 5명으로 구성되어 있다.
54) 水野泰孝, "行政訴訟制度-第2次改革の必要性-", 22頁.
55) 水野泰孝, "行政訴訟制度-第2次改革の必要性-", 26頁.
56) 水野泰孝, "行政訴訟制度-第2次改革の必要性-", 26頁.

제2절 우리나라에서의 행정소송법 개정논의

I. 논의의 배경

현대사회는 더 많은 산업 발전과 더 새로운 기술개발이라는 관점에서 진보를 이루었지만, 환경오염과 같은 기대하지 않은 부수효과가 동반되어 심각한 문제가 야기되고 있다. 따라서, 오늘날 자본주의 경제의 발전과 과학기술의 발달에 따른 증가된 리스크 아래에서 국민의 생명, 신체, 안전을 보호하기 위하여 적절한 개입이 이루어졌는지에 대한 통제가 필요하다. 그러한 관점에서 우리나라의 행정소송 등 공법적 통제수단에 대한 재정립과 개선방안이 논의되고 있다.

1984년의 행정소송법 개혁의 결과물인 현행 행정소송법체계에서도 현대의 사회발전에 발맞춰 유연하고 전향적인 해석론을 전개한다면, 오늘날 미흡하여 보완이 필요하다고 지적되는 문제점들을 상당 부분 해결할 수도 있다. 행정소송법 제2조 제1항 제1호에서는 처분을 "행정청이 행하는 구체적 사실에 관한 법집행으로서의 공권력의 행사 또는 그 거부와 그 밖에 이에 준하는 행정작용"이라고 정의하고 있다. 그런데 위 정의 중 "이에 준하는 행정작용"을 넓게 해석한다면 전통적인 행정행위에 포함될 수 없는 많은 행정작용이 취소소송과 같은 항고소송의 대상이 될 수 있다.

원고적격의 준거가 되는 행정소송법 제12조의 법률상 이익도 그 법률의 의미를 헌법이나 조리와 같은 불문법으로 확대한다거나 아예 보호규범의 관념을 버리고 소송법적 관점에서 재구성한다면, 리스크에 대한 사전대비의 원칙 등으로부터 환경소송에서 나타나는 여러 문제에 있어서 원고적격을 도출해낼 수도 있고 개인의 경제적 이익을 떠나 환경단체나 시민단체의 고유한 이익 등을 매개로 원고적격을 확대할 수 있다.

그러나 현행 행정소송법이 현대형 행정소송에 부합하지 않고 가구제 제도가 미비하다는 점 등의 결함에 대하여, 법원은 유연하고 법창조적인 판결로 극복하지 않고, 법원의 제정법 준거주의와 같은 소극적인 태도를 보이고 있다. 그리하여 법원은 사실행위가 법률상 효과가 발생하지 않고 행정입법이 구체적인 집행행위가 없다는 이유로 처분성을 부인하는57) 사이, 1988년 설립된 헌법재판소가 사실행위와 행정입법에 대한 헌법소 원을 허용함으로써, 행정작용에 대한 재판은 행정법원과 헌법재판소로 이원화하게 되는 결과가 초래되고야 말았다. 그리하여, 행정소송법이 1984년 개정되고 나서 얼마되지도 않아 이를 전면개정하자는 목소리가 터져 나왔다.

김남진 교수는 "처분의 개념을 보다 강학상의 행정행위의 개념과 동 일하게 하되, 독일식으로 행정소송을 취소소송 및 기타의 형성소송, 확 인소송, 이행소송 등으로 구분한 다음 부작위소송을 이행소송의 일종으 로 정비함이 국민의 권리구제에 보탬이 되며 이론적으로도 확연해진다." 고 하면서 독일식 3분론을 주장하고 있었다.58)

서원우 교수는 1984년의 개정은 소송유형의 명확화와 그 선택을 원고 의 부담으로 하는 발상에서 기인한다고 지적하면서, 출소사항에서의 개 괄주의는 소송방법에서의 개괄주의와 곁들여져야 제구실을 발휘할 수 있다고 주장하였다.59) 그러면서 구법이 오히려 행정소송을 "공법상의

---

57) 판례대로라면 구체적 규범통제를 통한 권리구제를 도모할 수밖에 없다. 그러나 당사 자에게 불리한 행정입법에 근거한 개별적 처분이나 제재적 처분 및 행정형벌 부과 등을 당한 후 행정입법에 대하여 다툴 수 있는 기회를 가질 수 있도록 한다는 발상은 기대가능성을 무시한 것이다.

58) 김남진, "행정소송법시안상의 문제점", 50면 참조.

59) 서원우, "행정소송법의 문제점과 개혁방향", 고시계 제39권 제10호, 고시계사(1994.

권리관계에 관한 소송"이라고 정의함으로써 소송방식을 포괄적으로 규정하여 판례를 통한 법창조로서 소송방식의 개방화가 이루어질 여지가 있었다고 하면서, 소송방식을 좀 더 포괄적으로 규정하고 소송방법을 보다 간명하게 하여 그 선택에 혼란을 일으키지 않도록 배려하여야 한다고 주장하였다.60)

위와 같은 논의는 판례의 해석론에 의하여 포괄할 수 없는 행정소송의 유형을 메워서 공백 없는 권리구제를 실현하기 위한 방안의 방향에 대한 견해의 대립이고, 이는 오늘날 행정소송법 개정방향에 대한 논쟁의 맹아가 되었다.

II. 행정소송제도 개선방안에 관한 두 가지 흐름

1. 행정소송을 바라보는 관점

오늘날 한국사회가 직면한 현대적인 과제를 해결하기 위한 행정소송 체계를 어떻게 정립하고 개선할 것인지에 관한 논의는 행정소송을 바라보는 관점에서부터 근본적으로 견해가 대립하고 있다. 주관소송 중심의 현행 행정소송법체계를 유지하면서 개선하자는 견해와 행정소송의 주된 기능을 적법성 통제라는 객관소송으로 보고 공법상 분쟁을 취소소송 중심으로 포괄하여 행정소송법을 개혁하자는 견해가 있다.61) 이러한 논의는 사법권의 본질과 기능에 관한 문제, 사법부와 행정부의 관계에 관한 논의와 연결된다.

---

10), 39면.
60) 서원우, "행정소송법의 문제점과 개혁방향", 46면 참조.
61) 박정훈, 「행정소송의 구조와 기능」, 184면 참조.

이러한 근본적인 인식상의 차이는 행정소송의 대상을 어떻게 설정하고 행정소송의 유형을 어떻게 분류할 것인지의 문제, 원고적격의 인정기준과 소의 이익의 판단방법에 관한 문제 등 구체적인 개별문제에 관한 견해의 차이를 유발한다.

2. 소송유형론과 항고소송의 대상론

가. 항고소송의 성격론

모든 공법상의 분쟁은 행정소송의 대상으로 포섭되어야 한다는 '공백 없는 권리구제'의 요청에 대해서는 이론이 있을 수 없다. 그러나 현행 항고소송의 대상 중 처분으로 포괄되지 못하는 행정작용에 대한 구제수단을 어떻게 마련할 것인지에 관해서는 전통적인 권리구제 중심의 행정소송체계에서의 개혁을 주장하는 견해와 적법성 통제에 중점을 두는 견해 사이에 커다란 간극이 있다.

후자의 대표적인 주장자인 박정훈 교수는 취소소송의 본질이 확인소송에 있다는 해석론을 전제로 논의를 전개하고 있다. 이 견해는 독일과 달리 우리나라 헌법 제107조 제2항, 행정소송법 제4조 제1호는 취소소송에서 처분의 위법성만 판단하도록 규정되어 있을 뿐 권리침해를 요건으로 하지 않고, 법원조직법 제2조 제1항 전단도 법률상 쟁송을 심판하도록 규정하고 있을 뿐 행정소송을 주관소송으로 한정하지 않으며, 취소판결의 대세적 효력, 피고적격, 부제소합의의 무효, 소송비용, 사정판결제도 등 행정소송법 곳곳에 객관소송적 요소가 많이 포함되어 있다는 것을 근거로 한다(항고소송의 객관소송적 성격).[62]

---

62) 박정훈, "행정소송법 개정의 주요쟁점", 공법연구 제31집 제3호, 한국공법학회(2003), 62~65면 참조.

더 나아가 우리나라에서 처분의 공정력은, 위법한 처분이 취소될 때
까지 효력을 발생·유지한다는 취지의 독일 행정절차법 제43조 제2항과
같은 규정이 없어서 실체법적 효력이 없고 단지 프랑스식 예선적 효력
정도만 인정될 수 있으며, 따라서 취소소송의 본질은 위법성을 유권적으
로 확인하고 원래부터 무효였음을 선언하는 것에 있다고 한다(취소소송
의 확인소송적 성격).63)

이에 대하여 전통적인 관점에서는, 위법한 처분이지만 불가쟁력을 가
진 경우 그때의 처분의 효력은 무엇인지에 대하여 의문을 제기하면서,
공정력의 실체법적 효력을 인정하고, 취소소송의 형성소송적 성격을 고
수하는 시각에서 반론을 제기하며, 우리나라는 독일과 달리 권리침해를
본안에서 판단하는 것이 아니라 요건심리단계에서 선취할 뿐 궁극적으
로 독일과 같은 주관소송이라고 주장한다.64)

나. 행정소송의 분류방법론

구체적인 소송유형의 분류에 관해서도, 박정훈 교수는 공권력 행사에
해당하는 행정작용을 그 행위형식 또는 법적 성질상의 차이를 묻지 않
고 "행정청이 행하는 공권력 행사 및 그 거부"라는 새로운 처분 개념으
로 묶고65) 취소의 본질은 무효확인에 있으므로,66) 항고소송이라는 단일

---

63) 박정훈, "행정소송법 개정의 주요쟁점", 65~66면 참조. 그 논거 외에도 처분이 취소
되기 전에도 처분불복종행위에 대하여 무죄를 선고할 수 있고, 행정소송법 제12조
후문에서 규정하는 것처럼 처분의 효과가 소멸된 후에도 취소소송을 제기할 수 있으
며, 무효를 선언하는 의미의 취소소송도 가능하고, 취소소송과 무효확인소송을 함께
항고소송의 유형으로 규정한 것을 들고 있다.
64) 정하중, "행정소송법의 개정방향", 공법연구 제31집 제3호, 한국공법학회(2003), 28
면 참조.
65) 박정훈, "행정소송법 개정의 주요쟁점", 68면.
66) 박정훈, "행정소송법 개정의 주요쟁점", 72면. 사실행위에서의 취소는 금지하는 것이
고, 법률행위의 경우에는 처음부터 효력이 없었던 것으로 무효화하는 것이므로, 결국
취소소송에서의 취소는 무효확인이 본질이라고 한다. 아울러 이 주장을 관철하면 무

한 소송방식으로 행정행위, 사실행위, 법규명령 등 모든 행정작용에 대한 포괄적 일원적 소송체계를 구축하여야 한다고 주장한다. 다만 행정입법의 경우에는 그 특수성을 인정하여 2심제, 보충성, 소급효의 제한 등의 특례를 인정한다.[67]

행정행위, 사실행위, 법규명령 등 모든 행정작용에 대한 포괄적 일원적 소송체계를 구축하자는 위와 같은 제안은 뒤에서 보는 2006년 대법원안에서 대폭적으로 수용되었는데, 그 구체적인 방안에는 다소간의 견해차이가 있다. 즉, 행정행위, 사실행위, 법규명령의 취소의 효과가 모두 '위법성의 확인'이라는 한지붕·대가족론(박정훈안), 취소의 본질이 행정행위의 경우에는 형성적 의미의 취소, 사실행위의 경우에는 위법성의 확인 또는 위법상태의 제거, 법규명령의 경우에는 무효확인이라는 독일식 유형론에 입각하는 한지붕·세가족론(2006년 대법원안), 행정행위와 권력적 사실행위는 취소이나[68] 법규명령은 무효확인이라는 한지붕·두가족론 등이 논의되었다.

그러나 전통적으로 주관소송이 행정소송의 본질이라는 입장에서는, 행정소송의 중점이 객관소송에 있다는 전제 하에서 주장되는 위와 같은 제안에 대하여 극심한 비판을 행하였다. 남소의 위험, 기존의 행정작용론의 이론적 기반이 무너질 수 있다는 우려, 취소소송으로 일원화할 경우 불가쟁력이 확대되어 권리구제가 오히려 축소될 수 있다는 현실적인 문제 등이 제기되었다.

한편, 행정소송의 본질을 주관소송 중심으로 보는 현행 행정소송법체계를 유지하면서 개선하자는 견해에서는, 그 안에서 다소간의 차이는 있지만 행정소송을 민사소송이나 독일의 행정법원법과 대만의 행정소송법

효확인소송은 취소소송과 본질적으로 같은 것이므로 폐지하여야 하고, 그중 기한의 도래, 조건의 성취와 같은 것을 사유로 하는 것은 당사자소송이나 민사소송으로 해소된다.

67) 박정훈, "행정소송법 개정의 주요쟁점", 76~79면 참조.
68) 권력적 사실행위는 수인하명을 내포하고 있다는 것을 전제로 한다.

처럼 이행소송, 확인소송, 형성소송의 3유형으로 나누어, 취소소송의 대
상은 전통적인 행정행위로 한정하되 사실행위에 대해서는 금지소송, 행
정입법에 대해서는 규범폐지소송을 제기할 수 있는 것으로 유형화하고
있다.

이러한 3유형론에 대하여, 행정소송의 유형이 세분화됨에 따라 시민
과 법원에게 소송유형 선택의 부담과 위험을 안겨준다는 문제점을 제기
하면서, 바람직한 개혁방안이 아니라는 반론이 제기된다.[69]

다. 법규명령에 대한 직접적 규범통제

특히 법규명령에 대한 취소소송에 관하여, 박정훈 교수가 제시한 안
에서는 고등법원이 관할하도록 되어 있는데, 동일한 법규명령에 대하여
고등법원 사이에 판단이 다름에도 불구하고 그대로 확정된 경우의 처리
문제 등이 제기되기도 하고,[70] 헌법 제107조 제2항의 해석론과 관련하
여 법규명령에 대한 직접적인 규범통제권의 최종적 권한이 대법원에 있
는 것이 아니라는 반론도 제기되었다.

전자는 원래 판결의 주관적 효력이 당사자 사이에만 미치는 것이 원
칙이므로, 법규명령을 취소하는 판결의 효력범위의 설정에 관한 기술적
인 문제에 그친다. 그러나, 후자는 대법원과 헌법재판소 사이의 심각한
관할권 분쟁과 연결되어 있다. 헌법 제107조 제2항에서는 "명령·규칙 또
는 처분이 헌법이나 법률에 위반되는 여부가 재판의 전제가 된 경우에
는 대법원은 이를 최종적으로 심사할 권한을 가진다."라고 규정하고 있
는데, "최종적"이라는 문구의 해석을 '헌법질서가 예정하는 모든 절차에
서의 최종적'이라는 의미가 아니라 '법원조직 내에서의 최종성'을 의미

---

69) 박정훈, "행정소송법 개혁의 과제", 한국행정학회 학술발표논문집(2002), 10면 참조.
70) 서보국, "행정소송법개정의 주요쟁점에 대한 비교법적 고찰", 공법학연구 제13권 제2
호, 한국비교공법학회(2012. 5), 87면 참조.

한다고 해석한다면, 처분에 관한 재판도 대법원의 최종성이 부인되어 행정재판소나 특별재판소의 설립이 헌법적으로 용인되므로, 이는 사법국가제를 채택하고 있다는 기존의 헌법해석을 뒤엎는 것이 되어서 수용하기 곤란하다.[71] 다만 "재판의 전제가 된 경우"의 해석과 관련하여 처분과 명령·규칙이 병렬적으로 규정되어 있어서 논리적인 문제가 없는 것은 아니지만, 명령·규칙이 재판의 전제가 될 경우에는 대법원의 최종적인 권한을 인정하나 직접적인 규범통제의 경우에는 그렇지 않다는 해석론이 가능하다.[72] 실무적으로도 그동안 법원은 극히 좁은 범위에서의 처분적 명령을 제외하고 법규명령의 직접적인 통제에 소극적이었던 반면 헌법재판소는 권리구제형 헌법소원에서 직접성과 보충성을 너그럽게 해석하여, 법규명령에 대한 직접적인 규범통제가 예외적으로나마 가능한 헌법재판소와 간접적인 규범통제가 원칙인 법원이라는 이원적 구조가 고착화되고 있다.[73]

그러나 앞에서도 살펴본 것처럼 우리나라 헌법을 연혁적으로 해석하여, 법규명령에 대한 폐지 등을 포함한 모든 행정재판권이 법원에 귀속한다는 근거를 사법국가제의 채택과 사법권의 법원에의 귀속에 관한 헌법 제101조에서 찾거나 적어도 헌법 제101조와 제107조에서 함께 찾는다면, 논리적인 모순 없이 법규명령의 직접적인 규범통제권이 법원에 있다고 해석할 수 있다는 점을 지적해둔다.

---

71) 헌법 제107조 제2항에서는 명령·규칙 뿐만 아니라 처분도 대법원이 최종적으로 심사할 권한을 가진다고 규정하고 있으므로, 법원조직 내에서의 최종성으로 이해한다면 행정재판소의 설립이 헌법적으로 용인된다고 해석할 수 있게 된다.

72) 물론 그 해석에 입각하여, 헌법에 직접적 규범통제에 대한 별다른 규정이 없으니, 법률적 차원에서 법규명령에 대한 법원의 부수적 심사와의 균형, 행정법규의 해석·심리에서의 전문성, 심급의 이익을 고려하여 법원의 관할로 하더라도 헌법적인 문제가 없다고 해석할 수도 있다{백윤기, "행정소송법 개정에 관한 소고-대법원과 법무부 개정안의 상호비교를 중심으로-", 행정법연구 제18호, 행정법이론실무학회(2007. 8), 409면 참조}.

73) 서보국, "행정소송법개정의 주요쟁점에 대한 비교법적 고찰", 86면 참조.

한편, 행정소송의 본질을 주관소송 중심으로 보는 현행 행정소송법체계를 유지하면서 개선하자는 견해 중에는, 규범통제소송의 신설을 지지하면서도 이를 헌법재판소로 집중하여 헌법재판소가 법규명령에 대한 심사를 행하는 것도 수용할 수 있다는 입장도 있다.[74)]

3. 원고적격론

오늘날 자본주의 경제의 발전과 현대 산업사회의 고도화로 인하여, 행정의 임무가 사인 상호간의 분쟁에서 이해관계를 조절하고 해결하는 역할까지 확대·강화되고 있다.[75)] 그런데, 전통적인 보호규범론으로는 수익적 행정행위의 제3자로서 불이익을 받는 자는 원고적격을 인정받기 어려운 구조로 되어 있는 등 다극적인 이익의 대립구도에서의 분쟁을 해결하는 데 한계를 드러내고 있다.

한편, 1984년 개정으로 법률상 이익이 원고적격의 판단기준이 되었으나 실무는 법률상 이익을 독일식 권리개념으로 이해하면서, 건축·환경·원자력·소비자보호 등의 문제를 행정소송이라는 법적 영역으로 포괄하지 못하고 여전히 시위와 같은 비공식적인 문제해결수단에 의존하도록 방치하고 있다.[76)]

이러한 문제를 해결하기 위하여, 현행 법률상 이익의 관념을 고수하되 법률의 범위를 헌법상의 기본권까지 확대하는 것으로 대체하자는 견

---

74) 정하중, "행정소송법의 개정방향", 33~34면. 오스트리아와 포르투갈은 법규명령에 대한 본안적 규범통제를 헌법재판소가 행하고 있다고 한다.

75) 이원우, "항고소송의 원고적격과 협의의 소의 이익 확대를 위한 행정소송법 개정방안", 행정법연구 제8호, 행정법이론실무학회(2002. 8), 224면 참조.

76) 오늘날 위와 같은 현대적 분쟁에서 정치적 약자들에게 공론의 장으로서 사법의 기능이 부각되고, 재판 자체를 의사소통의 수단으로 하여 민주주의의 위기에 대한 보완적 기능이 요청된다{정호경, "2012년 행정소송법 개정안에 대한 평가와 전망", 법학논총 제29집 제4호, 한양대학교 법학연구소(2012), 225면 참조}.

해가 있고,[77] '정당한 이익' 또는 '법으로 보호할 가치가 있는 이익'으로 대체하여 사실행위의 경우에는 원고의 법적 지위에 현저한 영향을 미치는 때, 행정입법의 경우에는 시민에게 구체적 행위를 명하거나 금지하는 등 집행행위의 매개 없이 원고의 기본권 등 법적 지위를 직접 침해하는 때에 원고적격을 인정하자는 견해가 있다.[78] 전자의 견해를 취한다면, 단체소송이나 집단소송을 포괄하기 위해서는 별도의 입법이 필요한 반면, 후자의 견해에 따른다면 단체소송이나 집단소송을 특별법으로 규정할 필요 없이 해석으로 행정소송법에서 자연스럽게 해소할 수도 있다.

4. 그 밖의 문제

그밖에 의무이행소송, 예방적 금지소송과 같은 새로운 소송유형의 도입, 당사자소송의 활성화, 기관소송의 개편, 집행정지제도의 개선과 가처분제도의 도입, 화해권고결정의 도입, 집단소송이나 단체소송의 도입 등에 관해서는 구체적인 실행방안에 관하여 견해의 차이가 있기는 하지만 원론적인 입장에서는 이론이 없다.

Ⅲ. 개정안들의 내용과 그 비교

1. 2000년대 이후의 행정소송법 개정안들

2000년대에 들어선 이후 우리나라에서 행정소송의 실효성 확보나 현

---

77) 김해룡, "행정소송법 개정에 있어서의 법적 쟁점", 고시계 제49권 제8호, 고시계사 (2004. 7), 50면 참조.
78) 박정훈, "행정소송법 개정의 주요쟁점", 88면 참조.

대형 행정에 대한 권리구제의 실질화를 기하기 위한 학계의 노력뿐만
아니라 그에 관한 입법적 노력이 본격화되기 시작하였다. 대법원은
2002. 4. 행정소송법 개정위원회를 구성하고 행정소송법 전면개정의견을
마련하여 2006. 9. 8. 국회에 제출하였었다. 아울러 법무부도 2006. 4. 26.
행정소송법개정 특별분과위원회를 구성하고 별도로 행정소송법 개정안
을 마련한 다음 2007. 11.경 국회에 제출하였다. 그러나 위 시도들은 17
대 국회가 임기만료로 해산하면서 자동으로 폐기되었다.

최근 법무부는 국민의 높아진 권리의식을 반영하여 적정하고 실효성
있는 권리구제절차를 마련하기 위한 입법적 노력의 일환으로, 2011. 11.
15. 행정소송법 개정위원회를 구성하고 행정소송법 전부개정법률안(행
정소송법 개정시안)을 마련하였다. 법무부는 위 개정시안의 내용 중 그
내용을 상당히 후퇴시켜 행정소송법 전부개정법률안(행정소송법 개정
안)을 만들어 2013. 3. 20.부터 같은 해 4. 30.까지 입법예고를 거쳐 법제
처의 심사까지 마쳤으나 그마저도 국회에 제출도 못해보고 19대 국회가
임기만료로 해산되었다.

아래에서는 위와 같은 3개의 입법안들의 입안경위와 주요내용을 살펴
보고 일본의 개정법과 비교해보기로 한다.79)

2. 2006년 대법원안

가. 개정안의 입안 경위

대법원은 2002. 4. 1. 법원행정처장의 자문기관으로 행정소송법 개정
위원회를 설치하였는데, 그 위원회는 판사, 검사, 변호사, 교수, 행정부

---

79) 현행 행정소송법과 2000년대 이후 3개의 개정안들과의 조문별 비교에 관해서는, [부
    록3] <현행 행정소송법과 개정안들의 조문대비> 참조.

공무원 등 14인으로 구성되었다.80)

위 위원회는 구성 이후 2005. 2.까지 18차에 걸쳐 회의를 개최하여 각계의 개정의견, 개정착안사항, 국내·외의 자료 등을 토대로 논의를 하였고, 수차례 별도의 소위원회를 개최하여 주요 쟁점에 관한 심도 있는 검토를 행하였다. 그후 2002. 6. 30. 각급법원 및 관련 기관과 단체의 제안사항을 취합하고, 2002. 7. 2.과 그 다음날 행정소송법 개정방향에 관한 법관세미나를 개최하였으며, 2002. 11. 행정소송법 개정에 대한 착안사항을 정리한 다음 2004. 6. 한국공법학회로부터 행정소송법 개정안에 대한 검토의견을 취합하였다. 2004. 10. 29.에는 행정소송법 개정 공청회를 개최하고, 2004. 10.경부터 같은 해 12.경까지 헌법재판소 등 관련 기관으로부터 의견을 수렴하였다. 대법원은 이러한 과정을 거쳐서 행정소송법 전면개정의견을 마련하여 법원의 업무와 관련된 법률의 제정 또는 개정에 관하여 국회에 의견을 제출할 수 있다는 법원조직법 제9조 제3항을 근거로 2006. 9. 8. 국회에 제출하였다.

나. 입안에 이르게 된 배경

대법원이 내세우는 개정안의 입안배경은 1984년의 행정소송법 개정 이후 학계와 재야법조계에서 행정소송의 실효성 확보나 현대형 행정에

---

80) 아래의 입안경위에 대한 자세한 사항은 「행정소송법 개정자료집 I」, 법원행정처, 2007., 5~6면 참조. 위원장은 법원행정처 차장 김용담(후에 양승태, 이공현, 김황식, 장윤기, 목영준 순으로 변경되었다), 주무위원은 사법정책실장 차한성(후에 이인재, 박병대, 이광범 순으로 변경되었다), 법원 소속 위원은 이홍훈 서울고법 부장판사, 조용호 특허법원 부장판사, 서기석 서울행정법원 부장판사(법원 소속 위원들은 후에 유남석 서울행정법원 부장판사, 조해현 서울행정법원 부장판사, 박해식 대법원 재판연구관으로 변경되었다), 학계 소속 위원은 최송화 교수, 류지태 교수, 박균성 교수, 박정훈 교수, 홍정선 교수, 검찰 소속 위원은 김동찬 서울고검 송무부검사(후에 조우현 서울고등검찰청 검사로 변경되었다), 재야법조위원으로 김학세 변호사, 백윤기 변호사, 법제처 소속 위원으로 윤장근 행정법제국장 등이었다.

대한 권리구제의 실질화를 기하기 위하여 소송형태의 다양화, 가구제제도의 실효화, 변론주의의 개선, 사정판결제도의 보완 내지 폐지 등에 관한 주장이 꾸준히 제기되어 왔고, 서울행정법원도 행정소송에서의 재정단독제도 및 조정·화해제도의 실시, 소송구조의 확충 등 제도개선에 관하여 건의하여, 대법원이 위와 같은 각계의 요구를 받아들이고 사회의 발전에 부응하고 국민의 권리구제를 확대함과 아울러 행정의 적법성 보장을 강화하기 위하여 행정소송법 개정안의 입안작업에 착수하였다는 것이다.[81]

원래 대법원은 행정소송에 국선변호인제도를 도입하고 행정소송의 대상을 확대하며 공정거래법상의 처분에 대한 항고소송을 2심제에서 3심제로 전환하는 정도의 부분적인 개선을 의도하였는데, 개정위원회가 이에 그치지 않고 행정소송제도에 관한 전반적이고 적극적인 검토를 행하였다고 한다.[82]

다. 개정의견의 주요내용

아래에서는 대법원이 마련한 개정의견의 주요내용을 대법원이 2006. 9. 배포한 행정소송법 개정의견 설명자료를 기초로 간략히 설명하기로 한다.[83]

(1) 항고소송의 대상 확대

점차 다양화되고 있는 행정의 행위형식을 항고소송의 대상으로 포착

---

81) 「행정소송법 개정자료집 I」, 4~5면 참조.
82) 최영규, "2000년대의 행정소송제도 개혁 노력-대법원 및 법무부의 행정소송법 개정안의 내용과 향방-", 경남법학 제25집, 경남대학교 법학연구소(2010), 77~78면 참조.
83) 행정소송법 개정의견 설명자료는 「행정소송법 개정자료집 I」, 71~93면에 수록되어 있다.

하여 권익구제의 폭을 넓히고 행정의 적법성 보장을 강화할 필요가 있
다는 것을 명분으로 강학상의 행정행위뿐만 아니라 권력적 사실행위, 법
규명령 등도 모두 항고소송(취소소송·무효등확인소송·의무이행소송·예
방적금지소송)의 대상이 될 수 있도록 하였다.

이를 위하여, "처분"에 권력적 사실행위가 포함된다는 점을 명백히 하
기 위하여 처분을 "행정청이 행하는 구체적 사실에 관한 공권력의 행사
그 밖에 이에 준하는 행정작용"이라고 정의하고, "처분"과는 별도로 국
가기관의 명령·규칙 및 지방자치단체의 조례·규칙을 지칭하는 "명령
등"이라는 용어를 사용하였다.84) 주목할 점은 법규명령에 대해서도 취
소소송의 대상으로 하되 그 특성을 고려하여 특례를 두기로 한 것이다.

(2) 의무이행소송의 신설

현행법상의 부작위위법확인소송을 폐지하고, 행정청의 거부처분 등
또는 부작위에 대하여 처분이나 명령 등을 하도록 하는 소송인 의무이
행소송을 도입하였다. 2006년 대법원안에 따르면, 처분이나 명령 등을
구하는 국민의 신청에 대하여 행정청이 상당한 기간이 지나도록 일정한
처분이나 명령 등을 하지 않고 부작위로 방치하거나 그 신청을 거부하
는 경우 신청인은 의무이행소송을 제기할 수 있고 그것이 이유 있다고
인정될 경우 법원이 내려야 할 판결은 두 가지로 나뉘는데, ① 당사자의
신청에 따른 처분이나 명령 등을 할 의무가 명확하고 그 의무를 이행하
게 하는 것이 상당하다고 인정하는 경우에는 그 처분이나 명령 등을 하
도록 선고하고, ② 재량행위 등과 같은 그밖의 경우에는 판결의 취지에

---

84) 행정소송법 개정 공청회에서는 "처분"과 "명령 등"을 포괄하는 용어로서 "행정행위"
라는 개념을 사용하였으나 행정행위의 개념을 최협의로 이해하는 우리나라에서의 용
어례에 맞지 않는다는 비판을 받아들여 최종적으로 제출된 개정의견에는 반영되지
않았다(최영규, "2000년대의 행정소송제도 개혁 노력-대법원 및 법무부의 행정소송
법 개정안의 내용과 향방-", 79면 주 19) 참조).

따라 처분이나 명령 등을 하도록 선고한다. 이때 거부처분의 경우에는 이를 함께 취소하여야 한다. 의무이행판결이 확정되면 그 사건에 관하여 당사자인 행정청과 관계행정청을 기속하고, 행정청이 법원의 확정판결에 따른 처분을 하지 않으면 당사자의 신청에 따라 결정으로써 간접강제를 명할 수 있다.

(3) 예방적 금지소송의 신설

행정청이 장래에 일정한 처분이나 명령 등을 할 것이 임박한 경우에 그 처분이나 명령 등의 금지를 구할 법적으로 정당한 이익이 있는 자가 사후에 그 처분이나 명령 등의 효력을 다투는 방법으로는 회복하기 어려운 손해를 입을 우려가 있는 때에는 그 처분이나 명령 등의 금지를 구하도록 하는 예방적 금지청구제도를 신설하였다.

(4) 원고적격의 확대

2006년 대법원안에서는 항고소송의 원고적격의 범위를 확대하기 위하여 현행법의 "법률상 이익" 대신 "법적으로 정당한 이익"이 있는 경우에 항고소송의 원고적격을 인정하는 새로운 기준을 설정함으로써 원고적격의 범위를 넓히는 계기를 마련하였다. 그리하여, 처분 등의 근거법규에 의하여 보호되는 직접적·구체적 이익이 아니더라도 명예·신용의 회복, 헌법상 기본권 등 일반적 법규에 의하여 보호되는 정당한 이익이 있는 경우 등에도 원고적격이 있다고 해석할 수 있게 된다. 그리고 사실상 이익이나 반사적 이익이 포함되지 않는다는 것을 명확히 하기 위하여 '정당한 이익' 앞에 '법적으로'라는 수식어를 사용하였다.

한편, 처분 등의 효과가 기간의 경과 그 밖의 사유로 소멸한 뒤에도 "취소를 구할 법적으로 정당한 이익"이 있으면 취소소송의 원고적격을 인정할 있도록 하였다. 그 결과 구체적 반복위험의 방지로 인한 정당한 이익이 있는 경우 등에도 원고적격이 있다고 해석할 수 있게 된다.

(5) 효과가 소멸한 처분 등에 대한 취소판결 인정

처분 등의 효과가 소멸하였지만 외형상의 존재를 제거하여야 할 필요가 있는 경우에도 취소판결을 선고할 수 있도록 하였다. 이때의 취소는 위법성을 확인하는 의미의 취소라고 한다. 대법원의 행정소송법 개정의견 설명자료에 의하면, 취소소송에서의 취소는 공정력을 소급적으로 소멸시키는 효력을 가지는 것 이외에 위법성을 확인하는 성질을 가지는 것으로 파악하는 견해를 취하였다고 밝히고 있다.

(6) 행정소송과 민사소송 사이의 소의 변경 및 이송제도의 보완

현행법은 행정소송 내에서의 소의 변경에 관해서만 규정하고 있으나, 2006년 대법원안에서는 원고의 신청에 따라 청구의 기초에 변경이 없는 한 사실심 변론종결시까지 항고소송을 당해 처분 등에 관계되는 사무가 귀속되는 국가 또는 공공단체에 대한 민사소송으로, 국가 또는 공공단체에 대한 민사소송을 당사자소송 또는 당해 청구에 관계되는 처분 등에 대한 항고소송으로 변경하는 것을 허가할 수 있도록 하였다.

한편, 사건의 이송에 관한 현행법 제7조를 삭제하여 행정소송이 관할권이 없는 법원에 심급을 달리하여 잘못 제기된 경우에도 민사소송법을 준용하여 수소법원이 원고의 귀책사유를 불문하고 사건을 이송할 수 있도록 하였다.

(7) 집행정지제도의 보완

현행법에서 인정하고 있는 집행정지사유인 "회복하기 어려운 손해를 예방하기 위하여 긴급한 필요가 있다고 인정할 때" 이외에 "처분 등이 위법하다는 현저한 의심이 있을 때"를 집행정지사유의 하나로 추가하여 그 요건을 완화하였다.

그리고 집행정지결정에 따라 국가·공공단체 또는 소송의 대상이 된 처분 등의 상대방에게 생길 수 있는 손해가 상당히 큰 경우 그 손해에 대한 담보를 제공하게 하고 집행정지결정을 할 수 있는 제도를 도입함으로써 적정한 집행정지가 가능하게 하였다(담보제공부 집행정지제도의 신설).

(8) 항고소송에서 가처분에 관한 규정의 신설

2006년 대법원안에 따르면, 처분 등이 위법하다는 상당한 의심이 있는 경우 본안의 관할법원은 다툼의 대상에 관한 가처분과 임시의 지위를 정하는 가처분을 할 수 있도록 하되, 집행정지로써 목적을 달성할 수 없는 경우에 한하여 허용되는 것으로 보충적으로 규정하였다.

(9) 자료제출요구에 관한 규정의 신설

민사소송법상 문서제출명령은 문서의 표시·문서의 취지 및 문서소지인 등을 특정하여 신청하여야 하고 문서소지인이 제출의무를 부담하는 경우로 한정되어 있는데, 이것만으로는 행정소송의 심리에 필요한 자료를 현출시키는데 한계가 있었다.

그리하여 대법원에서는 포괄적인 자료제출요구제도를 신설하였다. 이에 따르면, 법원은 사건의 심리를 위하여 필요하다고 인정하는 경우 직권에 의한 결정으로 당사자인 행정청이나 관계 행정청에게 보관중인 관련 문서, 장부 기타 자료의 제출을 요구할 수 있고, 이 요구를 받은 당사자인 행정청이나 관계 행정청은 요구받은 자료를 지체 없이 제출하도록 하였다. 다만 공공의 안전과 이익을 해할 우려가 있는 경우나 법률상 또는 그 자료의 성질상 비밀로 유지할 필요가 있는 경우에는 자료제출을 거부할 수 있고, 법원은 당사자의 신청에 의하여 자료제출거부의 적법 여부를 결정한다.

(10) 항고소송에서의 화해권고결정에 관한 규정의 신설

2006년 대법원안에서는 실무상 행해지는 사실상의 화해를 정비하고 명시하기 위하여 화해권고결정에 관한 규정을 신설하였다. 이에 의하면, 법원은 공공복리에 적합하지 않거나 당해 처분 등의 성질에 반하지 않는 한 당사자의 권리 및 권한의 범위 내에서 직권으로 화해권고결정을 할 수 있다. 다만 화해권고결정에 의하여 직접 권리 또는 이익의 침해를 받을 제3자 또는 화해의 대상인 처분 등에 관하여 동의·승인·협의 등의 법령상 권한을 가진 행정청이 있는 경우 법원은 그 제3자 또는 행정청의 동의를 받아야 하고, 만일 동의를 받지 않고 한 화해권고결정이 확정된 경우 그 제3자 또는 행정청은 재심을 청구할 수 있도록 하였다.

(11) 취소판결의 기속력으로서의 결과제거의무 규정의 신설

2006년 대법원안에서는 판결에 의하여 취소되는 처분 등이 이미 집행된 경우에도 당사자인 행정청과 그 밖의 관계행정청은 그 집행으로 인하여 직접 원고에게 발생한 위법한 결과를 제거할 의무를 부담하고, 법원은 원고의 신청에 따라 결과제거의무를 취소판결 등과 함께 선고할 수 있으며, 그 판결에 따른 조치의무의 이행에 관해서는 간접강제를 할 수 있도록 결과제거의무를 명시하고 있다.

(12) 명령 등을 대상으로 한 항고소송에 관한 특칙의 신설

앞에서 본 것처럼 2006년 대법원안에서는 법규명령 등도 항고소송의 대상이 되므로, 법규명령 등에 대해서도 취소소송·무효등확인소송·의무이행소송·예방적 금지소송 등에 관한 조항들이 원칙적으로 그대로 적용된다. 그러나 법규명령이라는 특수성을 감안해서 다음과 같은 특례규정을 두었다.

① 명령 등에 대한 취소소송의 관할은 피고의 소재지를 관할하는 고등법원으로 하고, 2심제로 하였다.

② 명령 등의 취소소송과 명령 등을 집행하는 처분에 대한 취소소송이 모두 제기된 경우 명령 등의 취소소송의 종결을 기다려 처분에 대한 취소소송의 결론을 도출할 수 있도록 처분의 취소소송이 계속 중인 법원은 소송절차를 중지할 수 있다.

③ 명령 등에 대한 취소소송과 그 명령 등의 헌법 또는 법률 위반 여부가 선결문제로 되어 있는 민사소송, 형사소송 등이 법원에 동시에 계속 중인 경우에도 위와 같다.

④ 명령 등에 대한 취소소송은 그 취소를 구할 법적으로 정당한 이익이 있음을 안 날로부터 90일 이내에, 그 이익이 생긴 날로부터 1년 이내에 제기하도록 하였다.

⑤ 명령 등에 대한 취소판결은 제3자에게도 효력이 있고, 원칙적으로 소급효가 있으나, 그 명령 등에 근거한 재판 또는 처분이 이미 확정된 경우에는 그 효력에 영향을 미치지 않되, 그 명령 등에 근거한 유죄판결에 대해서는 재심을 청구할 수 있도록 하였다.

(13) 당사자소송의 구체화

2006년 대법원안에서는 당사자소송의 구체적인 소송형태로 행정상 손실보상·처분 등의 위법으로 인한 손해배상·부당이득반환 등을 구체적으로 예시함으로써 당사자소송의 활성화를 도모하고 있었다.

이에 따르면, 위법한 처분 등으로 인한 국가배상 청구소송이나 조세부과처분이 무효임을 전제로 하는 부당이득반환청구소송, 산업재해보상보험법상의 보험료부과처분이 무효임을 전제로 하는 부당이득반환청구소송 등은 당사자소송으로 취급된다.

(14) 기관소송 법정주의의 일부 폐지

현행법은 명시적으로 법률로 규정되어 있는 경우에만 기관소송을 허용하고 있으므로, 2006년 대법원안은 헌법재판소법상의 권한쟁의와 중첩되지 않는 "동일한 공공단체의 기관 상호간에 있어서의 권한분쟁"에 대해서 법정주의를 폐지하는 취지로 개정하자는 의견을 제시하였다.

즉, 동일한 공공단체의 기관 상호간에 권한분쟁이 있는 경우 별도의 법률규정이 없더라도 기관소송의 대상이 된다고 보고, 다만 일반적 요건으로 "어느 기관의 처분 등 또는 부작위가 다른 기관의 법령상의 독자적 권한을 침해하였거나 침해할 현저한 위험이 있는 때"라는 규정을 두었다. 한편, 기관소송은 일반사건에 비하여 신중하고도 신속하게 처리할 필요성이 있기 때문에, 기관소송의 제1심 관할법원을 피고의 소재지를 관할하는 고등법원으로 규정하였다.

(15) 그 밖의 개정내용

① 부작위에 대한 정의: 신청에 대하여 처분 또는 명령 등을 하여야

할 의무가 있는지 여부는 본안에서 판단될 문제이므로, 현행법의 부작위의 정의규정에서 "처분을 하여야 할 법률상 의무가 있음에도 불구하고"라는 부분을 삭제하였다.

② 행정소송 및 항고소송의 종류: "행정소송의 종류는 다음과 같다." (제3조), "항고소송의 종류는 다음과 같다."(제4조) 라는 표현을 사용하여 행정소송과 항고소송의 종류가 개방적이라는 해석이 가능하도록 규정하였다.

③ 명령 등의 위헌판결 등의 공고: 대법원 판결에 의하여 선결문제로서 국가기관의 명령·규칙이 헌법 또는 법률에 위반되는 것이 확정된 경우에는 대법원은 행정자치부장관에게 그 사유를 통보하여 관보에 그 사유를 게재하도록 하고, 지방자치단체의 조례·규칙이 헌법 또는 법률에 위반되는 것이 확정된 경우에는 당해 지방자치단체의 장에게 통보하여 지방자치단체의 공보에 게재하도록 하였다. 그리고 법규명령에 대한 취소소송 또는 무효등확인소송이 제기되어 취소판결 또는 무효등확인판결이 확정된 경우에는 그 확정판결을 한 고등법원 또는 대법원이 직접 통보하도록 하였다.

④ 지방법원과 행정법원 사이의 관할지정: 사건이 행정법원과 지방법원 중 어느 법원의 관할에 속하는지 명백하지 않은 경우, 관계된 법원과 공통되는 고등법원이 관계법원 또는 당사자의 신청에 의하여 결정으로 관할법원을 정하도록 하였다.

⑤ 재결취소소송에 처분 등 취소소송의 추가적 병합: 처분 등에 대한 행정심판청구를 기각한 재결의 취소소송에 당해 처분 등의 취소소송을 추가하여 병합하는 경우에는 그 처분 등의 취소소송은 재결취소소송을 제기한 때에 제기된 것으로 본다는 조항을 신설하였다.

⑥ 소제기 사실의 통지: 법원은 피고가 아닌 다른 행정청 및 이해관계 있는 제3자에게 소제기 사실을 통지할 수 있고, 그 통지를 받은 행정청 및 제3자는 법원에 의견서를 제출할 수 있도록 하였다.

⑦ 행정청이 제소기간을 잘못 고지한 경우 제소기간의 특례: 행정청이 제소기간을 법정기간 90일보다 긴 기간으로 잘못 알린 경우에는 그 잘못 알린 기간 내에 소를 제기하면 되도록 하였다.

⑧ 처분 등의 변경으로 인한 소 변경기간의 연장: 항고소송 제기 후 행정청이 소송대상인 처분 등을 변경한 경우 소 변경기간을 현행 60일에서 90일로 연장하였다.

⑨ 사정판결에서의 중간판결: 법원은 상당하다고 인정하는 때에는 종국판결 전에 중간판결로써 처분 등이 위법함을 선언할 수 있고, 이 경우 종국판결에 사실 및 이유를 기재할 때 중간판결을 인용할 수 있도록 하였다.

⑩ 당사자소송에서 가집행제한 조항의 삭제: 국가를 상대로 하는 당사자소송에서 가집행선고를 할 수 없도록 한 현행법 제43조는 소송당사자인 개인과 국가를 합리적 이유 없이 차별하면서 신속한 권리실현 등을 제한하는 것이므로 이를 삭제하였다.

3. 2007년 법무부안

가. 개정안의 입안 경위

법무부도 행정소송법 개정의 필요성을 인식하고 2006. 4. 26. 행정소송법개정 특별분과위원회를 설치하였는데, 그 위원회는 김동희 위원장을 비롯한 14인의 위원으로 구성하였다.[85]

위 분과위는 ① 항고소송의 원고적격, ② 항소소송의 대상, ③ 당사자

---

85) 위원장은 김동희 명예교수, 부위원장은 석종현 교수, 위원은 김연태 교수, 이원우 교수, 김종보 교수, 이희정 교수, 김용 서울고검 행정소송담당 검사, 정태용 법제처 행정심판관리국장, 배병호 변호사, 홍기태 법원행정처 사법정책실 부장판사, 김하열 헌법재판소 연구관 등이었다.

소송의 구체화(활성화), ④ 의무이행소송의 도입 여부, ⑤ 예방적 금지
소송의 도입 여부, ⑥ 집행정지 신청요건의 완화 여부, ⑦ 항고소송에서
의 가처분에 관한 규정의 신설 여부, ⑧ 취소판결의 기속력으로서의 결
과제거의무, ⑨ 효과가 소멸한 행정행위 등에 대한 취소판결의 인정 여
부, ⑩ 행정소송과 민사소송 사이의 소의 변경 및 이송제도의 보완 여
부, ⑪ 기관소송 법정주의의 일부 폐지 여부, ⑫ 자료제출요구에 관한
규정의 신설 여부, ⑬ 항고소송에서의 화해권고결정에 관한 규정의 신
설 여부, ⑭ 법규명령에 대한 항고소송 특례의 인정 여부 등 14개 항목
을 쟁점으로 선정하고, 2006. 11. 28.까지 위원들이 돌아가면서 주제를
발표하고 토론하는 방식으로 10차례에 걸친 회의를 진행하여 그간에 논
의되었던 행정소송법 개정사항을 검토하였다.[86]

위 분과위에서 어느 정도 쟁점이 정리된 후 위원 6명으로 실무위원회
를 구성하여, 2006. 12.부터 2007. 1.까지 4회에 걸쳐 실무회의를 개최하
여 논의한 이후 2007. 4. 18.까지 3회에 걸쳐 전체 분과위를 다시 개최하
여 법무부에서 마련한 개정시안을 검토하여 행정소송법 개정안을 작성
하였다. 그리고 2007. 5. 23. 행정소송법 개정 공청회를 거쳐 2007. 11.경
국회에 제출하였다.

나. 개정안의 주요내용

(1) 의무이행소송과 예방적 금지소송의 도입

법무부의 개정안에서도 대법원의 개정의견과 같이 의무이행소송을 도
입하고 있다. 개정안에 의하면, 의무이행소송은 처분을 신청한 자로서
행정청의 거부처분 또는 부작위에 대하여 처분을 할 것을 구할 법률상

---

86) 이러한 입안경위에 대해서는 배병호, "행정소송법 개정 논의경과", 행정소송법 개정
   공청회 자료집, 법무부(2007. 5), 5~6면 참조.

이익이 있는 자가 제기할 수 있다. 심리 결과 의무이행소송과 병합제기된 거부처분의 취소청구 또는 무효등확인청구가 이유 있는 경우이거나 행정청의 부작위가 위법하다고 판단된 경우에 법원이 내려야 할 판결은 두 가지로 나뉜다. ① 당사자의 신청에 따른 처분을 할 의무가 있음이 명백하고 그 의무를 이행하도록 하는 것이 상당하다고 인정하는 경우에는 행정청이 그 처분을 하도록 선고하고, ② 그 밖의 경우에는 행정청이 당사자의 신청에 대하여 판결의 취지에 따라 처분을 하도록 선고한다. 의무이행판결이 내려지면 이는 그 사건에 관하여 당사자인 행정청과 관계행정청을 기속하는데, 그럼에도 불구하고 행정청이 법원의 확정판결에 따른 처분이나 명령 등을 하지 아니하는 때에는 당사자의 신청에 따라 결정으로 간접강제를 명한다.

2006년 대법원안과 결정적으로 다른 점은 원고가 거부처분에 대하여 의무이행소송을 제기하는 경우에는 거부처분의 취소소송 또는 무효등확인소송을 병합하여 제기하도록 하였다는 점이다. 이러한 거부처분 취소소송의 필요적 병합제기의 입법취지는 처분시에 적법하였으나 사정변경으로 인하여 판결선고시에 위법하게 된 경우에 의무이행판결을 선고할 수 있다면 사정변경의 여부에 대한 행정의 선결권을 침해하기 때문이라고 한다.[87)

또한, 2007년 법무부안에서는 부작위위법확인소송을 폐지하였다. 부작위에 관한 의무이행소송에서는 거부처분에 관한 의무이행소송에서와는 달리 선결권을 침해하지 않기 때문이라고 한다.[88)

한편, 2007년 법무부안에서도 예방적 금지소송을 도입하고 있었다. 다만 그 요건을 ① 일정한 처분의 발급의 임박성, ② 사후에 효력을 다투

---

87) 김연태, "의무이행소송·예방적 금지소송", 행정소송법 개정 공청회 자료집, 법무부 (2007. 5), 39면. 김연태 교수 개인적으로는 원고의 권리보호에 중점을 두어 이에 반대하였다고 한다.
88) 김연태, "의무이행소송·예방적 금지소송", 43면.

는 방법으로는 회복하기 어려운 중대한 손해가 발생할 것이 명백할 것으로 설정하고 있다. 위 ②의 요건은 2006년 대법원안이 '회복하기 어려운 중대한 손해의 발생이 우려되는 때'라고 규정한 것에 비하여 엄격하게 정해진 것이다. 아울러 예방적 금지소송에 별도로 소의 변경에 관한 규정을 두고 있지 않는데, 이는 행정청의 처분발령을 지연시킬 목적으로 제기하는 남소를 방지하고자 하는 데에 있다고 한다.[89)]

(2) 행정상 가구제 제도의 보완

집행정지의 요건으로 현행법에서 설정한 요건인 "처분집행 등으로 생길 회복하기 어려운 손해를 예방하기 위하여 긴급한 필요가 있다고 인정할 때"에서 '회복하기 어려운 손해'를 '중대한 손해'로 변경하여 완화를 시도하고 있다. 그러나 대법원안에서 신설하기로 한 담보제공부 집행정지제도는 도입하지 않기로 하였다.

가처분에 관해서는 2006년 대법원안의 "처분 등이 위법하다는 상당한 의심이 있는 경우로서 …… 필요가 있는 경우"보다 요건을 강화하여 "긴급한 필요가 있는 경우"를 요건으로 하여 도입하기로 하되, 집행정지로써 목적을 달성할 수 없는 경우에 한하여 허용되는 것으로 보충적으로 규정하였다.

(3) 소의 변경 및 관할의 지정

국민이 권리구제를 받기 위하여 민사소송을 제기하여야 하는지 행정

---

89) 이희정, "가처분제도·당사자소송 활성화·제소기간 연장 등", 행정소송법 개정 공청회 자료집, 법무부(2007. 5), 98면. 예방적 금지소송이 다른 항고소송으로 변경이 허용된다면, 처분이 있기 전에 일단 예방적 금지소송을 제기해두고 처분이 있은 후에는 취소소송으로 변경하는 관행이 형성되어 남용될 우려가 있다는 것이다.

소송을 제기하여야 하는지 여부를 판단하기 쉽지 않고 행정의 행위형식이 다양화됨에 따라 그 판단이 더욱 어려워질 것을 대비하여 2006년 대법원안과 마찬가지로 민사소송과 행정소송 사이의 소변경을 허용하기로 하였다. 아울러 2006년 대법원안과 마찬가지로 사건의 이송에 관한 현행법 제7조를 삭제하고, 관할지정제도를 도입하기로 하였다.

(4) 당사자소송의 활성화

2007년 법무부안에서는 당사자소송을 구체화하기 위하여 2006년 대법원안과 같이 당사자소송으로 처리하여야 할 사건유형을 구체적으로 열거하는 방안(소송례 열거형)과 구체적인 기준을 정립하는 방안(기준 명시형)을 검토하고 양자를 결합하여, 「행정상 손실보상, 처분 등의 위법으로 인한 손해배상·부당이득반환, 그밖의 '공법상 원인에 의하여 발생하는' 법률관계에 관한 소송」으로 규정하였다.[90]

(5) 결과제거의무의 명시

2006년 대법원안과 마찬가지로 판결에 의하여 취소되는 처분 등이 이미 집행된 경우에도 당사자인 행정청과 그 밖의 관계행정청은 그 집행으로 인하여 직접 원고에게 발생한 위법한 결과를 제거할 의무를 부담하게 하였다. 다만 2006년 대법원안과 달리 원고의 신청에 따라 결과제거의무를 취소판결 등과 함께 선고할 수 있다는 점과 그 판결에 따른 조치의무의 이행에 관하여 간접강제를 할 수 있도록 하는 등의 실효성 확보수단에 대해서는 규정하지 않았다.[91]

---

90) 이희정, "가처분제도·당사자소송 활성화·제소기간 연장 등", 94면.
91) 이는 행정부에 대한 사법부의 개입의 강도를 고려한 외에 결과제거를 위한 필요한 조치에는 사실행위에 속하는 것도 있을 것인데 이 경우 법원이 행정청에게 사실행위

(6) 행정청에 대한 자료제출요구권의 신설

민사소송법상 문서제출명령제도와 달리 행정소송에서 처분 관련 문서의 구체적인 표제 등에 구애받지 않는 포괄적인 자료제출요구제도의 신설을 검토하였다. 다만 행정청이 자료제출을 할 수 없는 예외사유에 해당한다고 하면서 이를 거부할 경우 법원이 그 적법 여부를 결정하는 것은 받아들이지 않아,[92] 2006년 대법원안의 자료제출요구제도보다는 완화된 형태로 제도를 설계하였다.

(7) 제소기간의 연장

현행법상의 제소기간 90일을 180일로 연장하여, 소송의 준비기간을 충분히 확보할 수 있도록 하여 권리구제에 충실하도록 하였다.[93]

(8) 소제기사실의 통지제도

2006년 대법원안과 같이 법원은 피고가 아닌 다른 행정청 및 이해관계 있는 제3자에게 소제기 사실을 통지할 수 있고, 그 통지를 받은 행정청 및 제3자는 법원에 의견서를 제출할 수 있도록 하였다.

를 명하는 경우도 생길 수 있기 때문에 이를 방지하기 위한 것이라고 한다(이희정, "가처분제도·당사자소송 활성화·제소기간 연장 등", 96면).

92) 만일 이를 허용한다면 증거로 제출되지 않은 자료를 법원이 열람하게 되어 부당하다는 것이다(이희정, "가처분제도·당사자소송 활성화·제소기간 연장 등", 102면 참조).

93) 원래 쟁점사항이 아니었으나 심의과정에서 추가되었다고 한다(배병호, "행정소송법 개정 논의경과", 10면).

다. 도입이 유보된 사항

(1) 원고적격의 확대 문제

분과위의 논의과정에서는 현재 인정되고 있는 법률상 이익의 범위를 넘어 헌법상 기본권 등 일반적 법규에 의하여 보호되는 이익의 침해까지 원고적격을 인정하자는 견해가 다수를 차지하였고, 그 표현에 대해서는 '법적 이익'이라는 용어를 사용하자는 것이 다수의견이었으나, 단일한 결론에 이를 정도로 합의에 이르지 못하여 개정을 유보하였다.94)

(2) 효과가 소멸한 처분 등에 대한 취소판결 인정 여부

현행법 제12조의 전문과 후문을 분리하자는 견해, 현행 규정 중 "처분 등의 취소로 인하여 회복되는 법률상 이익"이라는 문구에서 '회복되는'이라는 표현을 삭제하여 "처분 등의 취소를 구할 법률상 이익"으로 규정하자는 견해, 소의 이익을 인정하는 사유를 구체적으로 분류하여 규정하자는 견해, 현행법 제12조 후문을 독일의 계속적 확인소송과 같이 위법성의 확인이라는 의미를 분명히 하자는 견해 등이 논의되었으나, 합의에 이르지 못하여 개정을 유보하였다.95)

(3) 항고소송의 대상 확대 및 법규명령의 항고소송의 특례 인정 여부

권력적 사실행위 이외의 비권력적 사실행위에 대해서는 국가배상청구소송 등으로 권리구제를 받으면 되고, 법규명령에 대한 항고소송을 인정

---

94) 배병호, "행정소송법 개정 논의경과", 11면 참조.
95) 배병호, "행정소송법 개정 논의경과", 12면 참조.

할 경우 입법부작위에 대한 의무이행소송이 허용되는 등 현행 법령과
체계정합성에 문제가 많다는 데 의견이 일치되었다.

아울러 별도의 규범통제소송의 도입에 대해서도 기왕에 헌법재판소에
서 법규명령에 대한 규범통제를 하고 있는 마당에 별도의 제도를 강구
할 필요가 없다는 견해, 규범통제소송을 도입하기에는 쟁점사항이 많은
데 그 논의 및 검토가 부족하므로 다음으로 미루자는 견해 등이 있어서
개정을 유보하였다.[96]

(4) 항고소송에서 화해권고결정의 도입 여부

현행 실무상 사실상의 화해를 제도화하자는 의견에 대하여, 법원의
지나친 영향력의 행사로 행정권이 위축될 우려가 있고, 화해는 본질적으
로 행정소송과 친하지 않으며, 전국적으로 통일적인 기준이 없어 행정의
불공평이 초래될 것이라는 견해가 제기되어 합의에 이르지 못하고 제도
의 도입에 의한 개선효과도 명확하지 않다는 점도 고려되어 개정이 유
보되었다.[97]

(5) 기관소송 법정주의의 폐지 여부

대다수 위원들이 기관소송 법정주의가 폐지될 경우 적용될 수 있는
분쟁유형을 찾기가 쉽지 않다는 점을 지적하였고, 만일 도입된다면 오히
려 법원의 부담이 가중될 것이라는 견해도 있어서, 개정의 필요성 자체
에 대하여 합의에 이르지 못하였고, 행정소송법이 아닌 지방자치법의 개
정이 바람직하다는 견해가 제기되어 개정이 유보되었다.[98]

---

96) 배병호, "행정소송법 개정 논의경과", 12~13면 참조.
97) 배병호, "행정소송법 개정 논의경과", 13~14면 참조.
98) 배병호, "행정소송법 개정 논의경과", 14면 참조.

4. 2012년 개정시안

가. 개정시안의 입안경위

앞에서 본 것처럼 우리나라에서 행정소송법의 개정시도는 비교적 일찍 시작되었지만 입법적 결실을 맺지 못하고 있는 사이, 일본은 의무이행소송과 예방적 금지소송의 도입을 포함하는 개정 행정사건소송법이 2005. 4. 1.부터 시행되고 있었고, 대만도 독일식으로 취소소송 외에 의무이행소송, 일반적 이행소송, 확인소송 등으로 행정소송을 유형화하는 것 등을 내용으로 하는 행정소송법의 개혁을 단행하여 2000. 7. 1.부터 시행하고 있었다.99)

그리하여, 법무부는 현행 행정소송법이 1984년 이후 별다른 개정이 없어서 고양된 국민의 권리의식과 급변하는 행정현실을 반영하지 못한다는 점을 인식하고 국민의 높아진 권리의식을 반영하고, 적정하고 실효성 있는 권리구제절차를 마련하는 등 선진화된 행정소송제도를 마련한다는 목표를 세우고, 2011. 11. 15. 학계와 실무계에서 14명의 위원을 위촉하여 행정소송법 개정위원회를 구성하였다.100)

개정위원회는 기왕의 대법원과 법무부의 행정소송법 개정작업에서 논의되었던 개선과제에 추가적인 개선사항을 포함하여, (1) 행정소송의 체계 - 이원적 체계 유지 여부, (2) 의무이행소송과 예방적금지소송의 도입 여부, (3) 기관소송 법정주의의 폐지 여부, (4) 항고소송에서 가처분에 관

---

99) 그리하여 9편 308조에 이르는 방대한 행정소송법을 가지게 되었는데, 사법현실과 전통에 맞지 않는 등 개정법 시행과정에서의 문제점을 반영하여 2007년과 2011년에 행정소송법이 다시 개정되었다{김광수, "행정소송법 개정안의 명암", 행정법연구 제37호, 행정법이론실무학회(2013. 11), 16면 참조}.

100) 위원장은 최송화 교수, 부위원장은 정하중 교수, 개정위원은 홍준형 교수, 한견우 교수, 박정훈 교수, 김성수 교수, 김연태 교수, 김중권 교수, 이희정 교수, 박윤해 검사, 노경필 판사, 박순성 변호사, 배보윤 헌법연구관(2012. 3. 김경목 연구관으로 교체), 김재규 법제처 국장 등이었다.

한 규정 신설, (5) 집행정지제도의 보완, (6) 당사자소송에서의 가집행제
한 조항의 삭제, (7) 항고소송의 대상 - 처분의 정의, (8) 부작위의 정의
규정, (9) 행정청의 개념규정, (10) 행정소송과 민사소송 사이의 소의 변
경 및 이송제도 보완, (11) 지방법원과 행정법원 사이의 관할 지정, (12)
재결취소소송에 행정행위 취소소송의 추가적 병합, (13) 행정청이 제소
기간을 잘못 고지한 경우 제소기간의 연장(특례), (14) 행정행위 변경으
로 인한 소변경 기간의 연장, (15) 소제기 사실의 통지, (16) 항고소송의
원고적격 - 원고적격 규정의 개정여부, (17) 항고소송의 피고적격 - 피고
적격을 행정청에서 대한민국으로 변경 여부, (18) 항고소송에서 화해권
고결정에 관한 규정 신설 여부, (19) 행정소송에서 국선대리인 제도 도
입 여부, (20) 당사자소송의 구체화 여부, (21) 효과가 소멸한 행정행위등
에 대한 취소판결의 인정 여부, (22) 취소판결의 기속력으로서의 결과제
거의무규정 등의 신설 여부, (23) 사정판결에서의 중간판결, (24) 행정
청에 대한 자료제출요구에 관한 규정 신설 여부, (25) 자백 및 자백간
주규정 적용배제 규정 신설 여부, (26) 행정입법에 대한 별도의 규범통
제절차 신설 여부, (27) 소송명칭의 변경 여부 등 27개의 쟁점을 선정
하였다.

위 개정위원회는 매월 평균 2회의 회의를 진행하여 2012. 5. 11.까지
11회의 회의를 진행하면서 쟁점별로 개정방안을 논의하고, 2012. 4. 10.
부터 같은 달 24.까지 행정법학자, 행정소송 담당 판사, 헌법연구관, 행
정청 송무담당자, 송무담당 검사 등을 대상으로 주요 쟁점에 대한 설문
조사를 실시하였으며, 2012. 4. 20.에는 한국행정법학회와 대한변호사협
회가 공동으로 「행정소송법 개정방향」을 주제로 학술대회를 개최하여
학계와 실무계의 의견을 수렴한 다음, 조문을 축조하고 2012. 5. 24. 「행
정소송법 개정 공청회」를 거쳐 행정소송법 전부개정법률안(행정소송법
개정시안)을 마련하였다.[101]

나. 2012년 개정시안의 주요내용

(1) 의무이행소송의 도입

기왕의 2006년 대법원안과 2007년 법무부안과 마찬가지로 의무이행소송을 도입하기로 하였다. 다만 2007년 법무부안과 달리 원고가 거부처분에 대하여 의무이행소송을 제기하는 경우에는 거부처분의 취소소송 또는 무효등확인소송을 병합하여 제기할 필요가 없다고 하였고, 2006년 대법원안과 달리 의무이행판결을 인용할 때 거부처분의 경우에는 이를 함께 취소하도록 하는 것을 채택하지 않았다. 한편, 부작위위법확인소송은 폐지하기로 하였으나 거부처분 취소소송은 그대로 존속시키기로 하였다.

(2) 예방적 금지소송의 도입

2012년 개정시안도 예방적 금지소송을 도입하고, 2007년 법무부안과 같이 일정한 처분의 발급의 임박성 외에도 "사후에 효력을 다투는 방법으로는 회복하기 어려운 중대한 손해가 발생할 것이 명백할 경우"라는 엄격한 요건을 설정하는 한편, 2006년 대법원안과 같이 소의 변경을 허용하였다.

(3) 항고소송의 원고적격과 소의 이익의 확대

취소소송의 원고적격의 표지에 관하여 "법률상 이익"을 "법적 이익"으로 변경하였다. 이는 해석하기에 따라서는 기본권 등 헌법과 관계 법령에서 그 법적 이익을 찾을 수 있도록 원고적격에서 '법률과의 연결고

---

101) 정하중, "행정소송법 개정 논의경과", 행정소송법 개정 공청회 자료집, 법무부(2012. 5), 5~6면 참조.

리'를 끊을 수 있는 근거가 될 수 있다.[102] 참고로 이는 2007년 법무부안의 개정논의에서 채택되지는 않았지만 다수의견이었다.

한편, 소의 이익과 관련하여 2012년 개정시안 제12조 후문은 "처분 등의 취소로 인하여 회복되는 법률상 이익이 있는 자"에서 같은 조 전단과 마찬가지로 '법률상 이익' 대신 '법적 이익'으로 변경하고 '회복되는'이라는 표현을 삭제하여 "그 처분 등의 취소를 구할 법적 이익이 있는 자"로 변경하였다. 아울러 위 조항이 원고적격에 관한 것이 아니라 "권리보호의 필요"에 관한 규정이라는 다수 견해를 받아들여 제12조의 제목을 "원고적격"에서 "원고적격등"으로 변경하였다.

(4) 당사자소송의 대상 확대와 활성화

2012년 개정시안에서는 당사자소송을 "행정청의 처분 등을 원인으로 하는 법률관계에 관한 소송 그 밖에 공법상 법률관계에 관한 소송으로서 그 법률관계의 한쪽 당사자를 피고로 하는 소송"이라고 정의한 다음 그 소송례를 ① 공법상 신분·지위 등 그 법률관계의 존부에 관한 확인소송, ② 행정상 손해배상청구소송(자동차손해배상보장법의 적용을 받는 것은 제외), ③ 행정상 손실보상·부당이득반환·원상회복등 청구소송, ④ 기타 행정상 급부이행청구소송 등으로 구체적으로 명시하였다.

(5) 기관소송 법정주의의 부분적 폐지

오늘날 기관소송에 관해서는 지방자치단체장과 지방의회 사이, 지방의회와 의원 사이, 지방의회 의장과 의원 사이의 권한분쟁 뿐만 아니라 공공조합, 학교법인이나 방송법인과 같은 영조물법인의 기관 상호간의

---

102) 박정훈, "원고적격·의무이행소송·화해권고결정", 행정소송법 개정 공청회 자료집, 법무부(2012. 5), 18면.

분쟁해결에 대한 요구도 높아지고 있다.

이러한 실정을 반영하고 기관소송 법정주의를 부분적으로 폐지하여, 동일한 공공단체의 기관 상호간에 권한의 존부 또는 그 행사에 관한 다툼이 있는 경우에는 법률의 규정이 없어도 기관소송을 제기할 수 있도록 하되, 어느 기관의 처분 등 또는 부작위가 다른 기관의 법령상의 독자적 권한을 침해하였거나 침해할 현저한 위험이 있는 때에 한하여 제기할 수 있도록 하고, 기관소송의 제1심 관할법원을 피고의 소재지를 관할하는 고등법원으로 하였다.

(6) 행정상 가구제 제도의 보완

우선 2007년 법무부안과 같이 집행정지의 요건 중 "회복하기 어려운 손해"를 "중대한 손해"로 변경하고, 2006년 대법원안에서 신설하기로 한 담보제공부 집행정지제도를 도입하기로 하였다. 다만 판례에서 인정하고 있는 소극적 요건인 "본안 청구가 이유 없음이 명백한 경우"를 명문화하였다.

가처분에 관해서는 2006년 대법원안 및 2007년 법무부안과 마찬가지로 집행정지로써 목적을 달성할 수 없는 경우에 한하여 허용되는 것으로 도입하였다. 다만 위 양안이 "처분 등이나 부작위가 위법하다는 상당한 의심이 있는 경우"를 요건으로 하였던 것에 비하여, 2012년 개정시안에서는 "현저한 의심이 있는 경우"로 그 요건을 강화하고, 나머지는 2007년 법무부안을 따랐다.

(7) 소변경 허용범위의 확대 및 관할지정제도의 도입

2006년 대법원안 및 2007년 법무부안과 마찬가지로 행정소송과 민사소송 사이의 소의 변경에 관한 규정을 신설하고, 사건이 행정법원과 지방법원 중 어느 법원의 관할에 속하는지 명백하지 않은 때 고등법원이 관할법원을 지정해줄 수 있는 제도를 도입하기로 하였다.

(8) 행정청에 대한 자료제출요구제도의 신설

2012년 개정시안은 2006년 대법원안 및 2007년 법무부안과 같이 행정청에 대한 자료제출요구제도를 신설하였다. 2006년 대법원안과 같이 행정청이 자료제출을 할 수 없는 예외사유에 해당한다고 하면서 거부할 경우 법원이 그 적법 여부를 결정할 수 있도록 하였다. 이는 2007년 법무부안과 다른 점이다.

(9) 화해권고결정의 제한적 신설

2012년 개정시안은 그 논의과정에서 화해권고결정의 도입에 관하여 찬반양론이 있었으나, 다수의견에 따라 2006년 대법원안과 같이 공공복리에 적합하지 않거나 당해 처분 등의 성질에 반하지 않는다는 제한 하에 화해권고결정제도를 도입하기로 하였다.

(10) 결과제거의무규정의 신설

2007년 법무부안과 같이 기속력의 한 내용으로 결과제거의무를 명시하되, 2006년 대법원안에서 채택하였던 것과 달리 취소판결 등과 함께 원고의 신청에 따라 결과제거의무를 선고할 수 있다는 점과 그 판결에 따른 조치의무의 이행에 관하여 간접강제를 할 수 있도록 하는 등의 실효성 확보수단에 대해서는 규정하지 않기로 하였다.

(11) 그 밖의 개정사항

① 소제기 사실 통지제도: 법원은 피고가 아닌 다른 행정청 및 이해관계 있는 제3자에게 소제기 사실을 통지할 수 있고, 그 통지를 받은 행정청 및 제3자는 법원에 의견서를 제출할 수 있도록 하였다.

② 현행법 제7조에 의한 사건의 이송제도 삭제: 사건의 이송에 관한 현행법 제7조를 삭제하여 행정소송이 관할권이 없는 법원에 심급을 달리하여 잘못 제기된 경우에도 민사소송법을 준용하여 수소법원이 원고의 귀책사유를 불문하고 사건을 이송할 수 있도록 하였다.

③ 처분변경으로 인한 소 변경에서 기간 연장: 항고소송 제기 후 행정청이 소송대상인 처분 등을 변경한 경우 소 변경기간을 현행 60일에서 90일로 연장하였다.

④ 명령·규칙의 위헌판결 등 통보대상의 개정: 현행법 제6조에서 정한 행정자치부장관 이외에 해당 공공단체의 장도 포함하여 부수적 규범통제의 실효성을 보완하였다.

⑤ 국가를 상대로 한 당사자소송에서 가집행금지조항 삭제: 국가를 상대로 하는 당사자소송의 경우 가집행선고를 할 수 없도록 한 현행법 제43조는 소송당사자인 개인과 국가를 합리적 이유 없이 차별하면서 신속한 권리실현 등을 제한하는 것이므로 이를 삭제하였다.

⑥ 민중소송을 공익소송으로 명칭 변경: 행정소송법의 용어를 국민에게 보다 친숙하고 이해하기 쉽게 변경한다는 취지에서 민중소송을 공익소송으로 변경하였다.

다. 2012년 개정시안에서 도입이 유보된 사항[103]

(1) 규범통제제도의 도입 여부

위원회의 논의과정에서 명령·규칙 등 행정입법에 관한 직접적인 규범통제를 항고소송의 대상적격의 확대 또는 별도의 규범통제절차의 마련을 통하여 도입할 것을 주장하는 견해가 있었다. 그러나 현재 헌법재판소에서 법규명령에 대하여 헌법소원의 형태로 직접적 규범통제를 시행하고 있으므로 그 실익이 없다는 점, 헌법 제107조 제2항의 해석과 관련하여 위헌 여부에 관한 논란이 있으므로 행정소송법의 개정의 범주를 넘어 헌법정책적인 판단이 필요하다는 점, 직접적 규범통제의 전면적 도입에 따른 파급효과의 불확실성, 규범통제절차를 도입할 경우의 고려사항에 대한 논의 및 검토가 성숙되지 않았다는 점 등을 이유로 도입이 유보되었다.

(2) 항고소송의 대상적격의 확대

위원회에서는 처분개념을 확대하여 국민의 권익구제를 확대하자는 주장이 있었으나, 규범통제절차에 대해서는 위와 같은 이유로 채택되지 않았고, 사실행위는 그 법적 성격과 효과가 행정행위와 다르다는 반대가 있어서 현행법상 처분개념을 그대로 유지하기로 하였다.

(3) 피고적격의 개정

원고의 피고지정에 대한 부담을 줄이고 당사자능력이 있는 행정주체를 피고로 삼아야 한다는 전제 하에서 항고소송에서의 피고를 "행정청"

---

103) 이하의 자세한 설명은 정하중, "행정소송법 개정 논의경과", 12~13면 참조.

에서 "국가 또는 공공단체"로 변경하자는 견해가 있었으나, 변경할 경우 법적인 혼란이 발생할 소지가 있으므로 제도개선에 대한 기대효과를 분석한 후 개정을 검토하기로 하였다.

(4) 국선대리인제도의 도입

행정소송에서도 국선대리인제도를 도입하자는 견해가 있었으나 변호사의 보수에 대한 소송구조, 법률구조공단에 의한 법률구조를 보다 적극적으로 활용함으로써 동일한 효과를 기대할 수 있다는 이유로 그 도입을 유보하였다.

(5) 제소기간의 연장

제소기간의 연장과 관련하여, ① 주관적 제소기간을 현행 90일에서 120일 또는 180일로 연장하는 안, ② 주관적 제소기간을 현행과 같이 90일로 하되 불변기간 조항을 삭제하고 객관적 제소기간과 동일하게 "정당한 사유"를 추가시키는 안 등이 거론되었으나, 행정법관계의 조속한 확정 및 비교법적 관점에서 현행 제소기간이 적정하다는 이유에서 현행 규정을 유지하기로 하였다.

(6) 항고소송과 당사자소송의 명칭 변경

행정소송의 명칭을 개념에 충실하게 하고 국민들이 이해하기 쉽게 하기 위하여 "항고소송"을 "처분소송" 또는 "처분에 관한 소송"으로, "당사자소송"을 "공법관계소송" 또는 "공법관계에 관한 소송"으로 변경하자는 안이 있었으나, 명칭이 변경될 경우 혼란이 야기될 우려가 있을 뿐만 아니라 국민의 권리구제 측면에서 실익이 별로 없다는 이유로 개정이 유보되었다.

라. 개정안의 마련과 그 이후의 경과

2012년 개정시안은 2013. 3. 20.부터 같은 해 4. 30.까지 입법예고까지 거쳤으나, 행정소송법 개정안에서는 위 개정시안에서 도입을 권고한 사항 중 핵심적이라고 평가되는 예방적 금지소송의 도입, 기관소송 법정주의의 부분적 폐지, 행정청에 대한 자료제출요구제도의 도입, 화해권고결정제도의 도입 등을 채택하지 않았다.

그렇게 대폭적으로 후퇴한 행정소송법 개정안마저도 국회에 제출도 못해보고 19대국회가 임기만료로 해산되었다.

제3절 2000년대 개정안들과 일본 현행법과의 비교

I. 총설

2006년 대법원안이 현대적인 행정소송체계를 설계하는 두 가지 흐름 중에서 행정소송의 주된 목적을 적법성 통제에 두고 공법상 분쟁을 취소소송 중심으로 포괄하여 행정소송법을 개혁하자는 견해에 입각한 것임은 분명하다.[104) 일본에서도 행정사건소송법을 개정할 때 이처럼 항고소송 중심의 일원적 소송체계로 행정소송체계를 전면적으로 개혁하자는 주장이 없었던 것은 아니었다. 일본변호사연합회는 취소소송을 실체적 청구권의 존부가 소송물이 아니라 행정행위의 위법성의 유무를 심사하고 위법한 경우 그 효력을 부인하는 시정소송이 본질이라고 보는 행정소송체계로 개혁하자는 제안을 한 적이 있었다.[105)

한편, 행정소송의 본질을 주관소송 중심으로 보는 현행 행정소송법체계를 유지하면서 개선하자는 견해 중에서도 독일이나 대만처럼 행정소송을 형성소송, 이행소송, 확인소송으로 구성하자는 삼원주의적 입장이 있었으나, 이러한 주장은 입법적으로 시도된 적이 없다.

어쨌든 위와 같은 행정소송체계에 대한 전면적인 개혁은 기존의 이론체계에 익숙한 학계에서 선뜻 받아들일 수 있는 주장이 아니었고 종전보다 사법부의 영향력이 확대되는 것을 우려하는 행정부에서도 쉽게 수

---

104) 대법원이 행정소송법의 개혁에 적극적이었던 것은 그동안의 실무적 경험에 비추어 행정소송의 성패가 사법부의 위상과 사법부에 대한 국민의 신뢰문제에 직결되었다고 인식하였기 때문이다(박정훈, "행정소송법의 주요쟁점", 43면 참조).

105) 원본 출처: https://www.nichibenren.or.jp/library/ja/opinion/report/data/2003_18.pdf

용할 수 있는 것이 아니었다.

결국은 "제도의 실효성과 적실성을 확보하기 위해서는 국민의 권리구제 강화 외에 적극적인 공익실현행정도 고려되어야 한다."106)라는 현실적인 명분에 밀려서 행정소송체계의 전면적인 개정보다는 계속성을 가진 부분적인 개선을 모색하게 되었고, 그것이 2007년 법무부안과 2012년 개정시안이라고 생각된다. 이하에서는 2006년 대법원안, 2007년 법무부안, 2012년 개정시안을 일본의 행정사건소송법을 곁들여서 항목별로 비교하기로 한다.107)

Ⅱ. 항고소송의 체계와 유형

1. 항고소송의 대상

현행 행정소송법은 처분을 대상으로 하는 항고소송과 공법상 법률관계를 대상으로 하는 당사자소송을 근간으로 하는 이원적 소송체계를 가지고 있는데, 현실적으로는 취소소송을 중심으로 운영이 되고 당사자소송은 보조적 역할만 하고 있다.

이에 대하여 2006년 대법원안은 행정소송법을 항고소송 중심의 일원적 소송체계로 개편하기 위하여 강학상의 행정행위뿐만 아니라 권력적 사실행위, 법규명령 등도 모두 항고소송의 대상이 될 수 있도록 하였다. 그리하여, "처분"의 개념을 "행정청이 행하는 구체적 사실에 관한 공권력의 행사 그밖에 이에 준하는 행정작용"이라고 정의하여 권력적 사실행위를 포괄하도록 하고, 위와 같은 "처분"과 별도로 "명령 등"이라는 개념을 정의하고 그것도 항고소송의 대상으로 하되 그 특성을 고려하여

---

106) 배병호, "행정소송법 개정 논의경과", 5면.
107) 1994년 개정 행정소송법과 개정안들의 조문대비표는 [부록3]에 수록하였다.

특례를 두기로 하였다.

그런데, 2007년 법무부안과 2012년 개정시안은 현행 이원적 구조를 유지하면서 개정을 도모하였고, 위와 같은 항고소송 중심의 행정소송의 개혁이나 삼원주의에 입각한 행정소송의 개편과는 거리가 멀었기 때문에, 처분의 개념이나 항고소송의 대상에 변동이 없었다.

일본의 경우에도 항고소송의 대상을 "행정청의 처분 그밖의 공권력 행사에 해당하는 행위"라고 정의하고 처분에 관한 구체적인 정의규정을 두지 않은 입장은 개정 전후에 변동이 없고, 주류적인 판례는 "행정청에 의한 공권력의 행사로서 이루어지는 국민의 권리의무를 형성하거나 그 범위를 구체적으로 확정하는 행위"라고 해석하고, 아울러 처분성의 유무는 정형적으로 판정하여야 하는 것으로 개별사건의 상황 등을 감안하여 판단해서는 안 된다는 입장을 취하고 있다.[108]

현행법은 부작위의 개념을 "행정청이 당사자의 신청에 대하여 상당한 기간 내에 일정한 처분을 하여야 할 법률상 의무가 있음에도 불구하고 이를 하지 아니하는 것"이라고 정의하고 있다.

이에 대하여, 2006년 대법원안은 "처분을 하여야 할 법률상 의무가 있음에도 불구하고" 부분을 삭제하고 "행정청이 당사자의 신청에 대하여 상당한 기간 내에 일정한 처분 또는 명령 등을 하지 아니하는 것"이라고 정의하여, 신청에 대하여 처분을 하여야 할 의무가 있는지 여부는 본안에서 심리할 사항이라는 점을 명확히 하였다. 반면에 2007년 법무부안과 2012년 개정시안은 현행법상의 부작위의 개념을 그대로 유지하고 있다.

한편, 일본의 경우에는 부작위위법확인소송을 "행정청이 법령에 근거한 신청에 대하여 상당한 기간 내에 일정한 처분 또는 재결을 하여야 함에도 불구하고 이를 하지 아니하는 것이 위법하다는 확인을 구하는 소송"이라고 규정하여(제3조 제5항), 부작위의 개념을 법령에 근거한 신청

---

108) 함인선, "한국 행정소송제도와 일본 신행정소송제도의 비교 연구", 156면. 다만 근래에는 처분성을 다소 완화하여 유연하게 해석하는 경향이 나타나고 있다고 한다.

으로 한정하고 있다.

2. 의무이행소송

우리나라의 행정소송법 개정안들과 일본의 행정사건소송법은 모두 의
무이행소송을 항고소송의 유형으로 도입하고 있다. 다만 그 구체적인 도
입형태는 다소간의 차이가 있다.[109)]

의무이행소송을 도입하면서 부작위위법확인소송을 폐지할 것인지의
여부에 관하여, 우리나라의 개정안들은 모두 부작위위법확인소송을 폐
지하고 있으나, 일본의 행정사건소송법은 부작위위법확인소송을 존치시
키고 있다.

다음으로 의무이행소송을 제기할 경우 반드시 거부처분 취소소송을
병합하여 제기하여야 하는지에 대하여,[110)] 2007년 법무부안과 일본의
행정사건소송법은 필요적 병합제기를 요건으로 하나, 2006년 대법원안
과 2012년 개정시안은 그러한 제한이 없다. 다만 2006년 대법원안은 의
무이행판결을 선고할 때 거부처분 취소판결을 함께 선고하도록 규정하
고 있다.

일본의 행정사건소송법은 의무이행소송을 신청형과 비신청형으로 나
누어 규정하고 있다. 신청형은 "법령에 근거한 신청"을 요건으로 하고,
비신청형형에 대해서는 "일정한 처분을 해야 함에도 불구하고"라는 요
건을 충족하여야 하고 "일정한 처분이 없음으로 인하여 중대한 손해가
생길 우려가 있고 그 손해를 회피하기 위하여 달리 적당한 방법이 없는

---

109) 의무이행소송의 도입에 따른 쟁점과 해석론에 관한 자세한 사항은, 『오에스더·하명
　　　호, "의무이행소송의 도입과 그 방향", 안암법학 제38호, 안암법학회(2012. 5)』 참조
110) 이는 의무이행소송의 위법성 판단시점과 행정권의 선결적 판단권에 관한 입장의 차
　　　이와 연관되어 있다.

경우에 한하여" 제기할 수 있다는 제한을 두고 있다. 그러나 우리나라의 개정안들은 위와 같이 의무이행소송을 나누지도 않았고 위와 같은 제한을 두지도 않았다.

3. 예방적 금지소송

우리나라의 개정안들이나 일본의 행정사건소송법은 모두 예방적 금지소송을 도입하고 있다. 다만 2006년 대법원안은 그 요건을 ① 일정한 처분 발급의 임박성과 ② "사후에 효력을 다투는 방법으로는 회복하기 어려운 손해를 입을 우려가 있는 때"라고 설정하였고, 2007년 법무부안과 2012년 개정시안은 ②의 요건에 관하여 "사후에 효력을 다투는 방법으로는 회복하기 어려운 중대한 손해가 발생할 것이 명백할 경우"라고 보다 엄격하게 규정하였으며, 일본의 경우에는 "처분이 행해지는 것에 의하여 중대한 손해를 생길 우려가 있을 것"이라고 하고 있다.

한편, 2006년 대법원안과 2012년 개정시안은 예방적 금지소송의 경우에도 소의 변경을 허용하고 있으나, 2007년 법무부안에서는 행정청의 처분발령을 지연시키고자 하는 남소를 방지한다는 이유로 이를 허용하지 않고 있다.

III. 항고소송의 당사자

1. 원고적격

원고적격에 관한 현행법 제12조상의 "법률상 이익"의 개념에 대하여 우리나라나 일본은 모두 전통적인 보호규범론에 입각한 법률상 보호되는 이익설에 서서 좁게 해석하여 왔다. 그러나 이것만으로는 오늘날 빈발하는 다극적인 이익의 대립구도에서의 분쟁을 해결하기 곤란하고, 건축·환경·원자력·소비자보호 등 현대형 소송에 대비하기 어렵다.

그리하여, "법률상 이익"을 2006년 대법원안은 "법적으로 정당한 이익"으로, 2012년 개정시안은 "법적 이익"으로 개정하여 원고적격의 확대를 도모하고 있었다.

그러나, 2007년 법무부안과 일본의 행정사건소송법은 현행법상의 "법률상 이익"을 그대로 고수하고 그 해석을 통하여 원고적격을 넓힐 것을 기대하고 있다. 다만 일본의 경우에는 원고적격을 판단할 때 당해 처분 또는 재결의 근거가 된 법률의 형식·규정이나 행정실무의 운용 등에만 의존하지 않도록 그에 필요한 고려사항을 예시하였다(제9조 제2항).

2. 협의의 소의 이익

협의의 소의 이익과 관련하여 2007년 법무부안은 현행법 제12조 후문을 그대로 고수하고 일본의 행정사건소송법도 종전의 규정을 개정하지 않았다.

그러나, 2006년 대법원안과 2012년 개정시안은 제12조 후문의 "처분 등의 취소로 인하여 회복되는 법률상 이익이 있는 자"를, 같은 조 전단과 마찬가지로 '법률상 이익'을 '법적 이익'으로 변경하고 '회복되는'이라는 표현을 삭제하여 "그 처분 등의 취소를 구할 법적 이익이 있는 자"로 변경하였다.

한편, 2012년 개정시안은 위 조항이 원고적격에 관한 것이 아니라 "권리보호의 필요"에 관한 규정이라는 다수 견해를 받아들여 제12조의 제목을 "원고적격"에서 "원고적격등"으로 변경하였다.

3. 피고적격

현행 행정소송법 제13조는 피고적격을 "처분을 행한 행정청"이라고 규정하고 있으나, 이에 대해서는 상당수의 국민들은 처분의 위법성을 다투면서 '국가' 또는 '정부'를 상대로 다툰다는 인식이 강한데다가 행정청을 정확히 특정하기 곤란한 경우도 많다는 지적이 있었다.

그리하여, 일본의 경우에는 국민이 이용하기 쉬운 행정소송 제도를 마련하기 위하여 제11조 제1항에서 "처분의 취소소송은 처분을 한 행정청을, 재결의 취소소송은 재결을 한 행정청을 피고로 하여야 한다."라고 규정하였던 것에서 피고를 위 처분 등을 행한 행정청이 속한 "국가 또는 공공단체"로 개정하였다. 그러나 우리나라의 개정안들은 모두 이를 받아들이지 않았다.

Ⅳ. 항고소송에서 가구제제도의 개선

1. 집행정지요건의 완화

우리나라의 개정안들과 일본의 행정사건소송법은 모두 집행정지의 요건을 완화하여 권리구제의 적시성과 실효성을 확보하려고 하였다. 다만 그 요건을 완화하는 구체적인 방법에서는 다음과 같은 차이가 있다.

집행정지의 요건에 관한 문구의 수정에 관하여, 2006년 대법원안에서는 현행법에서 인정하고 있는 집행정지사유인 "회복하기 어려운 손해를 예방하기 위하여 긴급한 필요가 있다고 인정할 때" 이외에 "처분 등이 위법하다는 현저한 의심이 있을 때"를 집행정지사유의 하나로 추가하여 그 요건을 완화하였다. 이에 대하여 2007년 법무부안과 2012년 개정시안은 일본의 행정사건소송법과 마찬가지로 "회복하기 어려운 손해"를 "중

대한 손해"로 변경하여 완화를 시도하고 있다. 다만 2012년 개정시안에
서는 집행정지의 소극적 요건인 "본안 청구가 이유 없음이 명백한 경우"
를 명문화하였고, 일본의 경우에는 집행정지의 요건을 판단할 때 손해의
성질뿐만 아니라 손해의 정도나 처분의 내용 및 성질을 적절히 고려하
게 하였다.

한편, 2006년 대법원안과 2012년 개정시안에서는 담보제공부 집행정
지제도를 도입하기로 하였으나, 2007년 법무부안에서는 이를 도입하지
않았고 일본의 경우에도 그러한 제도는 규정되어 있지 않다.

2. 가처분제도의 신설

우리나라의 개정안들과 일본의 행정사건소송법은 모두 본안의 관할법
원은 다툼의 대상에 관한 가처분과 임시의 지위를 정하는 가처분을 할
수 있도록 하되, 집행정지로써 목적을 달성할 수 없는 경우에 한하여 허
용하는 것으로 보충적으로 규정하였다.

다만 그 요건에 관하여, 2006년 대법원안은 "처분 등이 위법하다는 상
당한 의심이 있는 경우로서 …… 필요가 있는 경우"라고 규정하였는데,
2007년 법무부안은 이를 보다 강화하여 "긴급한 필요가 있는 경우"로 하
였고, 여기에다가 2012년 개정시안은 위 양안이 요건으로 한 "처분 등이
나 부작위가 위법하다는 상당한 의심이 있는 경우"를 더욱 강화하여 "현
저한 의심이 있는 경우"로 하고, "공공복리에 중대한 영향을 미칠 우려
가 있거나 신청인의 본안 청구가 이유 없음이 명백한 경우"라는 집행정
지의 소극적 요건을 함께 규정하였다.

일본의 경우에는 2007년 법무부안과 2012년 개정시안과 마찬가지로
"회복할 수 없는 손해를 피하기 위하여 긴급한 필요가 있는 때"를 요건
으로 하되, 2012년의 개정시안과는 다소 다르게 집행정지에서 소극적으

로 규정한 본안의 승소가능성을 적극적으로 규정하여 엄격하게 정하였다.

V. 항고소송에서 심리와 판결의 개선

1. 소제기의 통지와 제소기간의 연장과 관련된 사항

개정안들은 모두 법원이 피고가 아닌 다른 행정청 및 이해관계 있는 제3자에게 소제기 사실을 통지할 수 있고, 그 통지를 받은 행정청 및 제3자는 법원에 의견서를 제출할 수 있도록 하였다.

한편, 제소기간의 연장과 관련하여, 2012년 개정시안은 현행법을 유지하기로 하였다. 이에 대하여 2006년 대법원안은 행정청이 제소기간을 법정기간 90일보다 긴 기간으로 잘못 알린 경우에는 그 잘못 알린 기간 내에 소를 제기하면 되도록 하였고, 2007년 법무부안은 일본의 행정사건소송법과 유사하게 주관적 제소기간을 현행 90일에서 180일로 연장하였다.

또한, 2006년 대법원안에서는 일본의 행정사건소송법 제20조와 마찬가지로 처분 등에 대한 행정심판청구를 기각한 재결의 취소소송에 당해 처분 등의 취소소송을 추가하여 병합하는 경우에는 그 처분 등의 취소소송은 재결취소소송을 제기한 때에 제기된 것으로 본다는 조항을 신설하였으나, 다른 개정안에는 그러한 규정이 없다.

2. 이송제도 보완과 관할지정제도에 관한 사항

개정안들은 모두 사건의 이송에 관한 현행법 제7조를 삭제하고, 사건이 행정법원과 지방법원 중 어느 법원의 관할에 속하는지 명백하지 않은 때 고등법원이 관할법원을 지정해줄 수 있는 제도를 도입하기로 하였다.

3. 소의 변경과 관련된 개선 사항

개정안들은 모두 행정소송과 민사소송 사이의 소의 변경에 관한 규정을 신설하고, 처분변경으로 인한 소 변경에서 그 변경기간을 현행 60일에서 90일로 연장하였다.

4. 자료제출요구에 관한 사항

개정안들은 모두 민사소송법상 문서제출명령제도에서 더 나아가 행정소송에서 처분 관련 문서의 구체적인 표제 등에 구애받지 않는 포괄적인 자료제출요구제도를 신설하였다. 다만 2006년 대법원안과 2012년 개정시안은 행정청이 자료제출을 할 수 없는 예외사유에 해당한다고 하면서 거부할 경우 법원이 그 적법 여부를 결정할 수 있도록 한 반면, 2007년 법무부안은 법원이 그 적법 여부를 결정하는 것은 받아들이지 않는 완화된 형태로 제도를 설계하였다. 이는 일본의 행정사건소송법에는 없는 제도이다.

5. 항고소송에서 화해권고결정에 관한 사항

2006년 대법원안과 2012년 개정시안에서는 화해권고결정에 관한 규정을 신설하였다.111) 이에 의하면, 법원은 공공복리에 적합하지 않거나 당

---

111) 참고로 민사소송법은 2002년의 개정으로 화해권고결정제도를 도입하였다.

해 처분 등의 성질에 반하지 않는 한 당사자의 권리 및 권한의 범위 내에서 직권으로 화해권고결정을 할 수 있고, 화해권고결정에 의하여 이해관계를 가지는 제3자나 행정청의 동의를 받아야 하며, 만일 동의를 받지 않고 한 화해권고결정이 확정된 경우 그 제3자 또는 행정청은 재심을 청구할 수 있도록 하였다. 그러나 이는 2007년 법무부안에서는 도입하지 않기로 하였고, 일본의 행정사건소송법에는 없는 제도이다.

6. 취소판결의 기속력으로서의 결과제거의무규정에 관한 사항

개정안들은 모두 기속력의 한 내용으로 결과제거의무를 명시하고 있다. 이는 일본의 행정사건소송법에는 없는 제도이다.

다만 2006년 대법원안에서는 원고의 신청에 따라 취소판결 등과 함께 결과제거의무를 선고할 수 있고 그 판결에 따른 조치의무의 이행에 관하여 간접강제를 할 수 있도록 하는 등의 실효성 확보수단을 마련하고 있었다. 그러나 2007년 법무부안과 2012년 개정시안은 이를 규정하지 않았다.

7. 사정판결에서의 중간판결에 관한 사항

2006년 대법원안에서는 사정판결에서의 중간판결제도를 신설하였으나, 2007년 법무부안과 2012년 개정시안에는 이에 대한 언급이 없다.

8. 명령 등의 위헌판결 등의 공고에 관한 사항

2006년 대법원안과 2012년 개정시안은 현행법 제6조의 행정자치부장관 이외에 해당 공공단체의 장도 포함하여 부수적 규범통제의 실효성을 보완하였다. 그러나 2007년 법무부안에는 이에 대하여 아무런 언급이 없다.

한편, 2006년 대법원안에서는 법규명령에 대한 직접적인 규범통제절차를 마련하였기 때문에 그 취소판결 또는 무효등확인판결이 확정된 경우에는 그 확정판결을 한 고등법원 또는 대법원이 직접 통보하도록 하였다.

VI. 당사자소송

1. 당사자소송의 구체화

개정안들은 모두 당사자소송의 유형을 구체화하여 이를 활성화하자는데에 대해서는 공감하였으나, 그 구체적 규정방안에 대해서는 다음과 같은 차이가 있다.

2006년 대법원안은 당사자소송을 "행정상 손실보상, 처분 등의 위법으로 인한 손해배상·부당이득반환, 그 밖의 공법상 법률관계에 관한 소송"으로 정의하였다. 2007년 법무부안은 "행정상 손실보상, 처분 등의 위법으로 인한 손해배상·부당이득반환, 그밖의 공법상 원인에 의하여 발생하는 법률관계에 관한 소송"으로 규정하였다. 2012년 개정시안은 "행정청의 처분 등을 원인으로 하는 법률관계에 관한 소송 그 밖에 공법상 법률관계에 관한 소송"이라고 정의한 다음 그 소송례를 ① 공법상 신분·지위 등 그 법률관계의 존부에 관한 확인소송, ② 행정상 손해배상 청구소송(자동차손해배상보장법의 적용을 받는 것은 제외), ③ 행정상 손실보상·부당이득반환·원상회복등 청구소송, ④ 기타 행정상 급부이행 청구소송 등으로 구체적으로 명시하였다.

한편 일본의 경우에는 당사자소송을 "당사자간의 법률관계를 확인하거나 형성하는 처분 또는 재결에 관한 소송으로 법령의 규정에 의하여 그 법률관계의 당사자의 일방을 피고로 하는 소송, 공법상의 법률관계에 관한 확인소송 그 외 공법상의 법률관계에 관한 소송"이라고 정의하고, 2004년 행정사건소송법의 개정을 통하여 '확인소송'을 명시하여 당사자소송의 활성화를 모색하고 있다.

2. 당사자소송에서의 가집행제한 조항의 삭제 여부

2006년 대법원안과 2012년 개정시안은 국가를 상대로 하는 당사자소송의 경우에는 가집행선고를 할 수 없도록 한 현행법 제43조를 삭제하였다. 그러나 2007년 법무부안에서는 이에 대한 언급이 없다.

Ⅶ. 기관소송 법정주의

2006년 대법원안과 2012년 개정시안은 "동일한 공공단체의 기관 상호간에 있어서의 권한분쟁"에 대하여 법정주의를 폐지하기로 하되, "어느 기관의 처분 등 또는 부작위가 다른 기관의 법령상의 독자적 권한을 침해하였거나 침해할 현저한 위험이 있는 때"라는 제한을 두고, 기관소송의 제1심 관할법원을 피고의 소재지를 관할하는 고등법원으로 규정하였다.

Ⅷ. 규범통제절차

2006년 대법원안에서는 법규명령 등도 항고소송의 대상이 되므로 법규명령 등에 대해서도 취소소송·무효등확인소송·의무이행소송·예방적 금지소송 등에 관한 조항들이 원칙적으로 그대로 적용된다. 그러나 법규명령이라는 특수성을 감안하여 그 관할을 고등법원으로 하고 2심제로 운영하는 등의 특례규정을 두었다.

그러나, 2007년 법무부안이나 2012년 개정시안은 모두 현행 체제를 유지하기로 하여, 행정입법에 대한 별도의 규범통제소송 등을 신설하지 않기로 하였다.

제6장

행정소송체계의 근대화를 위한 성찰

제1절 근대화의 의의와 유형

근대, 근대성, 근대화의 개념을 어떻게 규정할 것인지에 관하여 두 가지의 태도가 있다. 근대의 징후들을 역사적 경험 속에서 추출하여 나열하는 '징후나열적' 개념규정과 근대의 본질적인 모습을 몇 가지로 특정하고 근대화를 그러한 본질의 실현으로 보는 '본질주의적' 개념규정이 그것이다. 그런데, 징후나열적 개념규정의 입장에서도 근대의 원형을 상정한다는 점에서 본질주의적 측면이 있고, 그러한 원형의 실현을 역사의 보편적 흐름으로 인식한다면 본질주의적 입장으로 전환되기도 하므로, 양자는 반드시 대립하는 태도는 아니다.[1]

오늘날 근대화가 서구화와 동일어가 아니라는 점에 대해서는 거의 이견이 없는 것 같다. 서구마저도 각 나라의 역사·문화적 차이로 인하여 서로 다른 차원과 유형의 근대를 경험하였기 때문이다. 따라서 우리나라나 일본과 같은 동아시아에서도 서구를 추종하기는 하였지만 그와는 다른 역사적 발전과정을 거쳤다고 하더라도, 그것을 근대화가 아니라고 할 수는 없다. 그러나 근대화가 서구에서 시작되었고, 서구적인 속성을 지니고 있다는 점도 부인할 수 없다.[2]

그 주된 서구적 속성으로 우리나라에서 거론되는 근대의 징표는 정치적으로는 "독립한 국가가 전제군주제에서 입헌대의국가로 근대국가로의

---

1) 이철우, "법에 있어서 「근대」개념-얼마나 유용한가", 법과사회 제16권 제1호, 법과사회이론연구회(1999), 253면. 이철우 교수는 위 논문에서 근대의 원형을 찾으려는 시도를 포기하고 근대개념을 해체하거나 폐기하여 '현재적'이라는 정도의 의미로 통용시키는 것을 제안하고 있다(위의 논문, 269면 참조).
2) 김성돈 외 4인, 「한국사법의 근대성과 근대화를 생각한다: 신화와 우상을 넘어선 성찰적 법의 역사를 위하여」, 32면.

체제변환을 하는 것", 경제적으로는 "중세적 경제조직과 생산방식으로부터 산업자본주의의 공업화를 달성하는 것", 사회적으로는 "전근대 신분사회로부터 시민권을 가진 국민들의 근대시민사회로 변화하는 것", 문화적으로는 "특권귀족층 중심의 귀족문화로부터 일반평민·국민 중심의 근대 민족문화로의 변혁적 발전을 성취하는 것" 등이다.3)

---

3) 신용하, "'식민지근대화론' 재정립 시도에 대한 비판", 창작과 비평 통권 제98호, 창비(1997. 12), 10면.

제2절 일본의 근대화와 행정소송체계

Ⅰ. 일본에서의 근대화의 모습

위에서 본 것처럼 서구에서의 근대는 중세적인 집단적 자아에서 근대적인 개인을 발견하고 그 개인의 기본적 인권을 보장하기 위한 국가권력의 통제된 구성을 지향하는 입헌주의와 산업자본주의의 구축을 속성으로 한다. 일본과 우리나라를 포함한 동아시아 국가들도 서구와의 접촉을 통하여 근대화를 지향했다는 점은 역사가 이를 증명한다. 다만 서구에서도 근대의 유형이 각 나라의 역사나 정치·경제적 상황에 따라 다르듯이, 우리나라와 일본도 서구의 근대화를 수용했으나 그와는 다른 변용이었다.

그렇다면, 일본에서의 근대화의 지향점은 무엇이었을까? 1853년의 페리호사건에 의한 개국을 계기로 250여년간 지속된 막번체제의 모순이 폭발한 소용돌이 속에서, 1868. 1. 3. 왕정복고의 쿠데타에 의하여 천황을 정점으로 하는 유신정부가 수립되었다. 이렇게 일본이 메이지유신을 단행하였던 시점은 세계사적으로 제국주의가 지배하였던 시대였다. 제국주의적 질서 하에서 유럽의 '문명국'만 국제법상의 주체가 될 수 있었고 그 밖의 국가나 지역은 '야만'으로서 발견의 대상에 불과하였다. 이러한 상황 아래에서 메이지유신의 주역들은 불평등조약을 개정하고 치외법권을 격파하여 위와 같은 국제질서의 고리를 끊고 '문명국'으로 발돋움하기 위해서는 일본을 서구의 국가처럼 서양화하여야 한다고 생각하였다. 일본의 근대화의 지향점은 서구열강과 같은 부강한 국가건설이었던 것이다.

부국강병을 위해서는 천황을 중심으로 관민일체가 될 필요가 있었고 그러기 위해서는 국회개설을 포함한 입헌정체의 수립이 필수적이라고 생각하였다. 대일본제국헌법은 이토 히로부미를 정점으로 하는 메이지 번벌정부가 중심이 되어 19세기 프로이센의 헌법과 그 사상을 기반으로 자유민권파와 궁중보수파의 헌법사상을 물리치고 상당한 준비과정과 숙고를 거쳐서 제정되었다. 이토 히로부미는 1882년부터 1883년까지 스스로 유럽 특히 독일과 오스트리아에서 입헌제도조사에 나서면서, 프랑스식 민주주의헌법사상과 영국식 의회주의헌법사상 등만 서구의 근대화가 아니라는 점을 인식하고, 독일식 군권주의적인 헌법사상을 발견해내었다.

이토 히로부미를 비롯한 메이지헌법제정자들의 헌법사상은 군권주의와 입헌주의로 요약될 수 있다. 이토 히로부미는 서양의 기독교에 비견되는 국가의 기축으로서 천황을 중심으로 하는 기본방침 하에 헌법을 기초하였다. 반대로 입헌정치의 가장 중요한 의의가 군권의 제한과 민권의 보호에 있다고도 하였다. 이렇게 이토 히로부미는 근대적인 입헌주의에 대하여 나름대로의 이해가 있었다고 볼 수 있으나, 그 입헌제는 군권주의를 건드리지 않는 한도 내에서 헌법을 성립시키기 위한 최소한도로 첨가된 것이었다. 이렇게 하여 대일본제국헌법은 1889. 2. 11. 공포되었다.

위와 같이 메이지시대 일본의 근대화과정에 천착하는 이유는 메이지유신 이후 일본이 아시아에서 유일하게 서양화를 통한 근대화를 달성하고 청일전쟁과 러일전쟁에서 잇따라 승리함으로써 서구 국가와 동등한 문명국의 반열에 올라섰고, 우리나라를 비롯한 일본의 주변국가들은 일본의 이러한 성공의 주요요인을 입헌국가제의 도입에서 찾았으며, 그러한 일본식 입헌국가제적 사고는 오늘날의 우리나라에도 영향을 미치고 있다고 생각되기 때문이다.

Ⅱ. 일본 행정소송법제의 형성과 발전

이렇게 일본의 입헌체제는 부국강병을 위한 근대화의 산물이라고 할 수 있다. 그런데 부국강병을 추동하기 위해서는 '행정의 자립성'이 중요하다고 생각되었다. 이토 히로부미는 입헌제도조사과정에서 슈타인으로부터 유럽각국의 정치에서 행정의 자립성이 보장되지 않았다는 점과 그것을 확보하는 일의 중요성을 배웠다. 슈타인은 행정부가 프랑스에서는 국회, 영국에서는 정당, 독일에서는 군주에게 장악되어 '자운자동(自運自動)'하지 못했다고 진단하고, 행정권이 자운자동의 활기를 가질 수 있는 독립된 체제가 이루어져야 한다고 하였다. 이러한 인식 하에서는 행정의 우위에 입각하여 행정권을 사법권의 통제 밖에 두고 행정의 자유로운 활동을 보장하려는 의도에 따라 행정소송법체계가 구축될 수밖에 없다.

메이지시대의 행정재판법은 "사법권의 독립이 요구되는 것과 같이 행정권도 사법권에 대해서 동등하게 독립이 요구된다."라는 왜곡된 권력분립론에 입각하여, 행정에 대한 통제는 자율적인 행정감독이 원칙이고 행정소송은 출소사항이 한정된 은혜적인 것에 불과한 것으로 취급되었다. 행정재판소는 행정계통의 감독기관 중 하나로서, 행정재판소에 의한 구제는 행정내부의 자제작용에 불과하였다. 아울러 ① 행정소송사항의 제한, ② 출소요건으로서의 권리훼손, ③ 상소 및 재심의 배제 등 국민의 출소기회를 가능한 한 좁게 설정하기 위한 제도적 장치를 마련하였다.

전후 연합국군 총사령부는 행정사건도 일반 민사소송법에 의하여 처리하는 것을 원칙으로 하여 「일본국헌법의 시행에 따른 민사소송법의 응급적 조치에 관한 법률」의 제정을 주도하였다. 그렇지만, 히라노(平野)사건 이후 행정사건의 특수성을 강하게 의식하게 되었고, 일본정부에게 행정권의 우월성을 확보하기 위한 방편으로 행정사건소송특례법을 조속히 제정할 것을 촉구하였다. 그렇게 제정된 행정사건소송특례법은 행정사건의 관할을 행정재판소에서 통상의 사법재판소로 바꾸고 행정소송의 주된 기능이 권리구제라는 사고에 입각하는 등 「행정국가에서 사법국가로의 전환」이라는 일대 변혁을 일으켰지만, 소원전치주의의 존속, 가처분의 배제와 엄격한 집행정지요건, 내각총리대신의 이의 등이 규정되었다.

오늘날의 행정사건소송법은 여러 가지 개선에도 불구하고 항고소송의 소송요건으로 가장 중요한 대상적격과 원고적격 등 행정소송의 기본적 골격에 대하여 행정사건소송특례법이 취했던 전후의 행정소송관을 답습하고 있을 뿐이다. 이는 행정사건의 공익관련성으로 인한 행정소송의 특수성을 인정하는 관점에서, 그 공익을 추구하는 행정권의 자립성과 그 반면으로서의 '사법권의 한계'를 강조하는 사고가 행정사건소송법의 입법자나 실무적 해석에 암묵적으로 자리잡고 있기 때문이라고 평가할 수 있다.

행정사건소송법이 제정된 이후 행정계획에서 보는 것처럼 행정작용이 다양화되고, 다수 당사자나 이해관계인이 존재하게 되었으며, 과학적·기술적 문제가 쟁점으로 부각되는 현대형 소송이 등장하게 되었다. 그러나 일본의 실무는 위와 같은 '행정사건에 대한 사법재판권의 한계'론의 강한 영향을 받았기 때문에 새로운 사회·경제상황에 대한 신속한 대응을 기대할 수 없었다.

그리하여, 취소소송의 원고적격 확대, 의무이행소송과 예방적 금지소송의 신설과 확인소송의 명시 등을 내용으로 하는 2004년 행정사건소송법의 개정이 단행되었다. 이러한 개정은 어느 정도의 성과를 거두었다고 평가되고 있으나 여전히 미흡한 것이라는 비판도 병존한다.

제3절 우리나라에서의 근대화와 행정소송법제

Ⅰ. 우리나라의 근대화의 특수성

우리나라의 근대화는 서구를 직접 수용한 것이 아니라 일본을 통해 변용된 서구가 식민지적 상황에 맞게 강제로 이식되었다는 점에서 그 특수성을 더한다.

우리나라의 근대적 사법제도는 1894년의 갑오경장에 의한 개혁에서 시작되었다고 보는 것이 일반적이다. 형조를 폐지하고 법무아문을 설치하여, 행정기관의 법인체포를 금하고 사법관이 형벌을 부과하도록 하였다. 근대적 재판제도는 1895. 3. 25. '재판소구성법'이 제정되면서 시행되었다. 그러나 재판과정에서 고문을 비롯한 전근대적 관행이 여전하였고 평리원과 한성재판소를 제외하고 관찰사 또는 부윤·군수가 재판관을 겸임하였으며, 법무대신이 평리원의 재판장을 겸직하고 있었고, 한성재판소와 경기재판소만 독자적인 건물을 사용하다가 그마저도 얼마되지 않아 폐지되었다. 그러다가 1897년의 광무개혁으로 갑오개혁의 산물인 재판소구성법을 전면적으로 개정하여 모든 재판소를 행정기관과 합설하고 재판절차나 형의 집행을 종래의 봉건적인 방식으로 퇴행시켰다.

따라서, 외형상 근대법의 모습을 한 법들이 한반도에서 전면적으로 시행된 것은 일제강점기 때의 일임을 부인할 수 없다. 그러나, 일제가 1910. 6. 3. 각의에서 정한 「한국에 대한 시정방침」에 의하면, 조선에서 헌법을 시행하지 않고 대권에 의하여 통치하며, 총독은 천황에게 직예하고, 조선에서 일체 정무를 통할할 권한을 가지며, 대권을 위임받아 법률사항에 관한 명령을 발할 권한을 부여받았다. 이렇게 식민지 조선에서는 그 전시대의 군주보다 더 집중된 권력을 가진 총독에 의한 독재를 경험하게 된다.

해방 이후 이승만 정권 하에서는 친일 관료와 법학자의 영향에 의하여 법학과 실무에서 근대화가 진행되었다. 일제강점기에 일본의 근대법학을 배우고 일본의 경찰조직과 검찰, 법원을 통하여 근대적 실무를 익힌 법학자와 실무가들이 일본을 참조하여 해방 후 이승만정권에서 일본의 군국주의적 법문화와 법학을 계승·발전시켰다.

한편, 박정희정권은 오직 경제적 근대화 정확히 말하면 경제성장에만 매진하였다. 경제성장을 위하여 정치적·사회적·문화적 근대화는 배제되었고 부차화되었다. 따라서 사회와 국가가 국민의 기본권을 보장하기 위하여 존재한다는 측면보다 개인이 국가에 몸과 마음을 바쳐 충성을 다하도록 강요되었다.

II. 우리나라 행정소송법제의 형성과 발전

일제는 '원활한 통치를 위해서는 총독의 강한 권한이 설정될 필요가 있고, 개인의 권리를 강화하는 행정구제의 도입은 통치의 저해요인'이라는 인식 하에서 식민지조선에서 행정쟁송제도를 시행하지 않았다. 잠시 '내선일체'의 차원에서 조선소원령의 기초작업이 진행되었으나 여러 가지 사정으로 인하여 좌절되었다.

해방 후 우리나라는 제헌헌법 이래 현행헌법까지 한결같이 사법국가제를 채택하고 있다. 그 이유는 먼저 전전의 일제가 행정국가제를 채택함과 아울러 행정소송에서 열기주의를 취하여 국민들이 행정소송을 제기할 기회가 원천적으로 봉쇄되고 있었던 점을 반면교사로 삼아, 처분에 관한 소송을 행정권 자신에게 맡기는 것은 국민의 자유와 권리를 보장하는 데에 적당치 않다고 생각하여, 사법국가제를 채택함과 아울러 행정소송에서 개괄주의를 취한 것이라고 할 수 있다.

한편, 우리나라 행정소송법은 헌법이 제정된 이후 약 3년이라는 상당한 시간이 경과한 1951. 8. 24.에야 비로소 법률 제213호로 제정되어 1951. 9. 14.부터 시행되었다. 우리나라 행정소송법은 그 제정시점이 한국전쟁이 한창이었기 때문에 새로운 조국에서 시행될 행정소송제도의 바람직한 방향에 대한 논의와 연구가 충분하지 않은 상태에서, 단지 일제강점기 하에서의 행정쟁송제도의 현황을 극복하고자 그 당시 일본에서 시행 중이던 행정사건소송특례법을 참조하여 급하게 제정되었을 것으로 강하게 추정된다.

우리나라의 행정소송법은 1984년의 개정에 의하여 비로소 근대적인 형태를 갖추게 되었다. 최소한의 소송절차만을 형식적으로 규정하고 있었던 제정 행정소송법체계를 완전히 개혁하여 비교적 완비된 형태의 소송절차를 규율하게 되었던 것이다. 그러나 1984년의 행정소송법의 개정은 이미 1962년에 개정된 행정사건소송법의 20여년간의 시행결과를 바탕으로 행해졌음에도 불구하고 일본에서 문제로 부각되었던 의무이행소송의 도입이라든지 가구제제도의 확충과 같은 문제점을 개선하지 않았다. 그 뿐만 아니라 1984년의 행정소송법은 2심제와 필요적 전치주의를 여전히 유지하고 있었으므로, 이러한 측면에서는 1962년의 행정사건소송법보다도 지체된 것이라고 평가할 수도 있는데, 이러한 미비점은 1994년의 행정소송법의 개정으로 비로소 보완되었다.

그런데, 1988년 헌법재판소가 출범하고 1998년 행정법원이 설치됨으로써 우리나라 행정소송체계는 일반법원에서 전담되던 행정사건을 독자적이고 전문적인 재판기관에게 전담시킨다. 이는 행정소송체계의 인프라를 완전히 뒤바꾼 일대의 변혁을 일으킨다. 그리하여 행정쟁송분야에서 행정법원, 헌법재판소, 행정심판위원회가 서로 경쟁하는 체제가 형성이 되었다. 이는 적어도 행정소송체계의 재판기관이라는 인프라의 측면에서는 일본의 영향에서 완전히 벗어난 독자적인 발전이라고 평가하지 않을 수 없다. 그렇지만 1994년의 행정소송법의 개정은 행정소송의 절차에 대해서는 별다른 개정사항이 없었다. 따라서 행정소송절차의 개혁과제는 여전히 우리나라 행정법학계의 숙제가 되고 있다.

제4절 행정소송체계에 대한 성찰과 근대화를 위하여

우리나라의 근대화는 일제에 의하여 강제로 이식되면서 시작되었고, 서구의 근대를 중첩적으로 왜곡된 채로 받아들이게 되었다. 프로이센의 헌법체제는 국민주권, 대의제, 시민권을 보장한 영국과 프랑스의 입헌주의를 왜곡한 절대군주제였고, 일본은 프로이센의 사이비 입헌주의 헌법을 다시 천황의 신정체제로 왜곡하였으며, 일제는 일본사회에서도 미약한 입헌주의의 시혜마저 식민지 조선에서 배제하고 총독독재제를 시행하였다.[4]

해방 이후 이승만 정권 하에서는 친일 관료와 법학자의 영향에 의하여 법학과 실무에서 근대화가 진행되었다. 따라서 일제에 의하여 이식된 법률과 체계가 식민지적 지배의 수단으로 왜곡된 근대화의 형태로 계수되었다는 사실에도 불구하고, 일본의 근대법제를 전범으로 삼을 수밖에 없었다는 것은 어쩌면 당연한 일이다.

한편 박정희정권은 오로지 경제성장에만 매달렸기 때문에 위와 같이 불완전한 행정소송법제를 방치하였다. 행정소송법제의 개혁은 경제근대화의 부차적인 것에 불과할 뿐만 아니라 '통치의 저해요인'이었기 때문일 것이다.

이상에서 살펴본 것처럼 일제와 해방 후 이승만·박정희 정권 하에서의 부국강병·경제성장만을 위한 근대화는, 개인을 발견해내고 국가가 개인의 기본권을 보장하기 위하여 존재한다는 서구적 근대의 다른 속성을 도외시하였다. 이는 왜곡된 권력분립론에 의한 사법권의 한계만 강조하는 행정소송체계를 낳았다. 이제 우리나라의 행정소송체계는 시민의

---

4) 이를 삼중왜곡론이라고 부르기도 한다(이재승, "식민주의와 법학", 30면).

자유와 권리를 지향하는 행정소송법을 건설하여 왜곡된 근대화의 과정을 뛰어넘어야 한다.

일본의 행정소송법을 전범으로 삼아 모방하고 그 해석론을 수입하였던 것을 독일이나 프랑스와 같은 서구로부터 직접 수입하여 일본의 고리를 끊으려고 한 최근까지의 시도는 평가할 만하다. 그러나 일본의 렌즈를 통해 투사된 서구를 육안으로 직접 바라본다고 해서 우리의 왜곡된 근대화가 교정되는 것은 아니다. 일본의 왜곡된 근대화의 영향 아래에 만들어지고 발전되어 온 우리나라의 행정소송법체계를 반성적 차원에서 성찰하고 행정소송법의 현재적 존재의의를 직시하여, 그에 맞게 작동할 수 있는 시스템을 구축하는 것이 우리의 과제라 하지 않을 수 없다.

오늘날 한국사회가 직면한 현대적인 과제를 해결하기 위한 행정소송체계를 어떻게 정립하고 개선할 것인지에 관한 논의는 행정소송을 바라보는 근본적인 관점에서부터 견해가 대립하고 있다. 행정소송의 본질을 주관소송 중심의 현행 행정소송법체계를 유지하면서 개선하자는 견해와 행정소송의 기능이 적법성 통제라는 객관소송이어야 한다는 점에 중심을 두고 공법상 분쟁을 취소소송 중심으로 포괄하여 행정소송법을 개혁하자는 견해가 있다. 이러한 논의는 사법권의 본질과 기능에 관한 문제, 사법부와 행정부의 관계에 대한 논의와 연결된다.

이러한 행정소송법의 개정방향에 관한 양자의 견해는 행정소송의 기능의 중심을 주관소송에 두느냐 객관소송에 두느냐는 출발점에서는 매우 첨예하나, 그간의 논의를 거듭한 끝에 현실적인 개선안에서는 어느 정도 접근해 있다. 처분성과 소송유형론에 관해서는 양 진영의 차이가 매우 크게 느껴지나 공백 없는 권리구제라는 관점에서는 일치하고, 원고적격과 관련해서도 양 진영이 현행 대법원의 태도를 뛰어넘어 획기적으로 넓히자는 데에 동의하고 있다. 주류적인 견해가 법률상 이익을 형식적 의미의 법률개념으로 한정시키지 않고 행정법의 일반원칙과 헌법상 기본권으로 확대를 도모하고 있기 때문에 양 진영의 차이는 현대형 소

송에서 단체소송을 별도의 입법을 통해 해결할 것인지 아니면 행정소송
법의 일반논리로 해결할 것인지의 문제 정도의 차이 밖에는 없다고 생
각된다. 한편, 예방적 금지소송이나 의무이행소송 등을 도입하고 집행정
지를 손질하고 가처분을 도입하는 등 가구제제도를 정비하자는 데에는
이견이 없다.

　이러한 합의점을 바탕으로 행정소송법 개정논의를 진행하는 것은 불
필요한 논쟁을 해소하는 측면에서 유용하다. 다양한 근대화과정이 존재
하듯이 근대화된 행정소송법제도 여러 나라의 모델이 있으므로 어느 한
나라의 유형이 더 선진적이라고 말할 수 없다. 오늘날 객관소송 중심의
행정소송의 개혁이 우리나라의 행정소송법의 발전을 가져온다고 주장하
는 견해가 힘을 얻고 있다. 이는 어느 정도 일리 있는 주장이라고 생각
되지만, 전전의 일본이 객관소송 중심의 행정소송체계를 가지고 있었다
는 점을 돌이켜 본다면, 행정소송을 객관소송화하더라도 우리나라의 행
정소송체계가 가지고 있는 문제점이 모두 해결될 것이라고 기대할 수는
없다. 그것보다는 행정소송체계를 개혁하는 근본적인 이유가 국민의 기
본권을 보장하려는데 있다는 점을 재인식하고, 행정과 사법의 관계에 대
한 관점과 인식의 전환에 대하여 검토할 필요가 있다.

　아울러 분쟁의 공정한 해결 못지않게 분쟁해결의 적시성도 오늘날 우
리나라 행정쟁송의 현실에서 매우 중요하다고 생각된다. 분쟁의 신속하
고 일회적인 해결이라는 목표 아래 소송물이론, 심리의 원칙과 범위, 처
분사유의 추가와 변경, 기속력, 절차적 하자의 독자적 취소가능성 등의
문제를 일괄하여 재검토해 볼 시점이 되었다고 생각된다. 또한 최근 대
두되고 있는 공권력 주체 사이의 쟁송제기 가능성과 형식문제는 여전히
과제로 남아 있다.

　이상과 같은 행정소송법제의 장래에 관한 구상은 행정소송법제의 과
거를 논하고 있는 이 책의 논의범위를 벗어난 것이다. 이는 추후의 과제
로 남겨두기로 한다.

부 록

일본의 행정소송 관련 규정

대일본제국헌법(大日本帝國憲法)의 사법 관련 조항

제5장 사법

제57조 사법권은 천황의 이름으로 법률에 의하여 재판소가 이를 행한다.
  재판소의 구성은 법률에 의하여 이를 정한다.

제58조 재판관은 법률에서 정한 자격을 갖춘 자로서 임한다.
  재판관은 형법의 선고 또는 징계의 처분에 의한 것 외에는 직을 면하지 아니한다.
  징계의 규정은 법률에 의하여 정한다.

제59조 재판의 대심판결은 공개한다. 다만, 안녕질서 또는 풍속을 해할 우려가 있을 때에는 법률에 의하거나 재판소의 결의에 의하여 대심의 공개를 정지할 수 있다.

제60조 특별재판소의 관할에 속하여야 할 것은 별도로 법률에 의하여 정한다.

제61조 행정관청의 위법처분에 의하여 권리를 상해당하였다고 하는 소송으로서 법률에 의하여 별도로 정해진 행정재판소의 재판에 속하여야 할 것은 사법재판소에서 수리할 수 없다.

일본국헌법(日本國憲法)의 사법 관련 조항

제6장 사법

제76조 ① 모든 사법권은 최고 재판소 및 법률이 정하는 바에 따라 설치된 하급재판소에 속한다.

② 특별 재판소는 이를 설치할 수 없다. 행정기관은 종심으로서 재판을 할 수 없다.

③ 모든 재판관은 그 양심에 따라 독립하여 그 직권을 행사하고, 이 헌법 및 법률에만 구속된다.

제77조 ① 최고재판소는, 소송에 관한 절차, 변호사, 재판소의 내부규율 및 사법사무처리에 관한 사항에 대하여 규칙을 정할 권한을 가진다.

② 검찰관은 최고재판소가 정하는 규칙에 따라야 한다.

③ 최고재판소는 하급재판소에 관한 규칙을 정할 권한을 하급재판소에 위임할 수 있다.

제78조 재판관은 재판에 의하여 심신의 고장(故障) 때문에 직무를 집행할 수 없다고 결정되는 경우를 제외하고는 공적인 탄핵에 의하지 아니하면 파면되지 않는다. 재판관의 징계처분은 행정기관이 할 수 없다.

제79조 ① 최고재판소는 그 장인 재판관 및 법률이 정한 원수의 그 밖의 재판관으로 구성하고, 그 장인 재판관 이외의 재판관은 내각에서 임명한다.

② 최고 재판소 재판관의 임명은 그 임명 후 처음으로 행하여지는 중의원 의원 총선거 때 국민의 심사에 붙이고, 그 후 10년을 경과한 후 처음으로 행하여지는 중의원 의원 총선거 때 다시 심사에 붙이며, 그 후에도 마찬가지이다.

③ 전항의 경우에 투표자의 다수가 재판관의 파면을 가할 때에는 그 재판관은 파면된다.

④ 심사에 관한 사항은 법률로 이를 정한다.

⑤ 최고재판소의 재판관은 법률이 정한 연령에 도달하였을 때에 퇴관한다.

⑥ 최고재판소의 재판관은 모든 정해진 시기에 상당액의 보수를 받는다. 이 보수는 재임 중 이를 감액할 수 없다.

제80조 ① 하급재판소의 재판관은 최고재판소가 지명한 자의 명부에 의하여, 내각에서 이를 임명한다. 그 재판관은 임기를 10년으로 하고 재임할 수 있다. 다만, 법률이 정한 연령에 도달하였을 때에는 퇴관한다.

② 하급재판소의 재판관은 모든 정해진 시기에 상당액의 보수를 받는다. 이 보수는 재임 중 이를 감액할 수 없다.

제81조 최고재판소는 일체의 법률, 명령, 규칙 또는 처분이 헌법에 적합한지 여부를 결정할 권한을 가지는 종심재판소이다.

제82조 ① 재판의 대심 및 판결은 공개법정에서 이를 한다.

② 재판소가 재판관의 전원일치로 공공질서 또는 선량한 풍속을 해할 우려가 있다고 결정한 경우에는 대심은 공개하지 않을 수 있다. 다만, 정치범죄, 출판에 관한 범죄 또는 이 헌법 제3장에서 보장하는 국민의 권리가 문제가 된 사건의 대심은 항상 이를 공개하여야 한다.

행정재판법(行政裁判法)

1890(明治23)년 6월 30일 법률 제48호

제1장 행정재판소 조직

제1조 행정재판소는 이를 동경에 둔다.
제2조 행정재판소에 장관 1인 및 평정관을 두고, 평정관의 인원수는 칙령에서 이를 정한다.
　행정재판소에 서기를 두고, 그 인원수 및 직무는 칙령에서 이를 정한다.
제3조 장관은 친임(親任)으로 하고, 평정관은 칙임(勅任) 또는 주임(奏任)으로 한다.
　장관 및 평정관은 30세 이상이면서 5년 이상 고등행정관의 직에 있던 자 또는 재판관의 직에 있던 자로서, 내각총리대신의 상주에 의하여 임명될 수 있다.
　서기는 장관 이를 판임(判任)한다.
제4조 장관 및 평정관은 재직 중 아래의 사항들을 행할 수 없다.
　1. 공연정사(公然政事)에 관계하는 것.
　2. 정당의 당원 또는 정사(政社)의 사원이 되거나 중의원의원·부현군시정촌회(府縣郡市町村會)의 의원 혹은 참사회원이 되는 것.
　3. 겸관의 경우를 제외하고는 봉급이 있거나 금전적 이익을 목적으로 하는 공무에 종사하는 것.
　4. 상업을 영위하거나 그밖에 행정상 명령으로 금지되는 업무를 영위하는 것.
제5조 제6조의 경우를 제외하고는 장관 및 평정관은 형법의 선고 또는 징계처분에 의한 것이 아니면 그 의사에 반하여 퇴관·전관 또는 비직(非職)을 명받

지 아니한다.

행정재판소의 장관 또는 평정관을 겸임하는 자는 그 본관 재직 중에 전항을 적용한다.

징계처분의 법은 별도로 칙령에서 이를 정한다.

제6조 장관 및 평정관 신체 혹은 정신쇠약으로 인하여 직무를 집행할 수 없을 때에는 내각총리대신은 행정재판소의 총회 결의에 의하여 그 퇴직을 상주할 수 있다.

제7조 장관은 행정재판소의 사무를 총리한다.

장관이 고장(故障)이 있을 경우에는 평정관 중에서 관등이 가장 높은 자가 이를 대리하고 관등이 같을 경우에는 임관의 순서에 의하여 가장 선임자가 이를 대리한다.

제8조 장관은 스스로 재판장이 되거나 평정관에게 재판장을 명할 수 있다.

부(部)를 구분할 필요가 있을 경우에는 그 조직 및 사무분배는 칙령이 정하는 바에 따른다.

제9조 행정재판소의 재판은 재판장 및 평정관을 합하여 5인 이상의 참석·합의를 요한다. 다만, 참석 인원은 홀수로 하고, 만일 궐석으로 인하여 짝수가 되는 경우에는 관등이 가장 낮은 평정관을 의결에서 제외하고 관등이 같은 경우에는 임관의 순서에 의하여 가장 후임자를 제외한다.

결의는 과반수에 의한다.

제10조 장관 또는 평정관은 아래의 경우에는 평의 및 의결에 참가할 수 없다.

1. 재판을 하여야 할 사건이 자기 또는 부모·형제자매 혹은 처자의 신상에 관계되는 때.

2. 재판을 하여야 할 사건이 사인(私人)의 자격으로서 의견을 진술했었던 것 또는 이사자(理事者)·대리자 혹은 직무 외의 지위에서 취급한 것에 관계되는 때.

3. 재판을 하여야 할 사건이 행정관인 자격에서 그 사건의 처분 또는 재결에 참여한 것에 관계되는 때.

제11조 전조의 경우에 원고 또는 피고는 원인을 소명하여 문서 또는 구두로 장관 또는 평정관을 기피할 수 있다.

전항의 경우에 행정재판소는 본인을 회피하게 하도록 이를 의결한다.

제12조 기피 또는 제척의 원인인 사정에 대하여 장관 또는 평정관에 의하여 신

청이 있을 경우 또는 그 밖의 사유에 의하여 장관 또는 평정관이 법률에 의
하여 평의 및 결의에 참가할 수 없다는 의심이 있을 경우에는 행정재판소는
본인을 회피하게 하도록 이를 의결한다.

제13조 행정재판소의 처무규정은 칙령에서 이를 정한다.

제14조 행정소송의 변호인이 되기 위해서는 행정재판소의 인허를 받은 변호사
에 한한다.

제2장 행정재판소 권한

제15조 행정재판소는 법률칙령에 의하여 행정재판소에 출소를 허용하는 사건
을 심판한다.

제16조 행정재판소는 손해요상의 소송을 수리하지 않는다.

제17조 행정소송은 법률칙령에 특별한 규정이 있는 것을 제외하고는 지방 상급
행정청에 소원하여 그 재결을 경과한 후가 아니면 이를 제기할 수 없다.

각성의 대신의 처분 또는 내각 직할관청 또는 지방 상급행정청의 처분에 대
해서는 직접 행정소송을 제기할 수 있다.

각성 또는 내각에 소원을 행한 경우에는 행정소송을 제기할 수 없다.

제18조 행정재판소의 판결은 그 사건에 대하여 관계되는 행정청을 기속한다.

제19조 행정재판소의 재판에 대해서는 재심을 구할 수 없다.

제20조 행정재판소는 그 권한에 관해서는 스스로 이를 결정한다.

행정재판소와 통상 재판소 또는 특별재판소와의 사이에 일어나는 권한의 쟁
의는 권한재판소에서 이를 재판한다.

제21조 행정재판소의 판결의 집행은 통상 재판소에 촉탁할 수 있다.

제3장 행정소송절차

제22조 행정소송은 행정청에서 처분서 또는 재결서를 교부하거나 고지된 날부
터 60일 이내에 제기하여야 하고, 60일이 경과된 경우에는 행정소송을 행할
수 없다. 다만, 법률칙령에 특별한 규정이 있으면 그러하지 아니하다.

소송제기의 기일, 그 밖의 이 법률에 따라 행정재판소가 지정하는 기일의 계
산 및 재해사변의 이유로 인하여 지연되는 기한에 관해서는 민사소송의 규

정을 적용한다.

제23조 행정소송은 법률칙령에 특별한 규정이 있는 것을 제외하고는 행정청의
처분 또는 재결의 집행은 정지되지 않는다. 다만, 행정청 및 행정재판소는 그
직권에 의하거나 원고의 신청에 의하여 필요하다고 인정하는 경우에는 그 처
분 또는 재결의 집행을 정지할 수 있다.

제24조 행정소송은 문서로 행정재판소에 제기하여야 한다.

법률에 의하여 법인으로 인정된 자는 그 명의로 행정소송을 제기 할 수 있다.

제25조 소장에는 아래의 사항을 기재하고, 원고가 서명날인하여야 한다.

  1. 원고의 신분, 직업, 주소, 연령

  2. 피고 행정청 또는 그 밖의 피고

  3. 요구하는 사건 및 그 이유

  4. 입증

  5. 년, 월, 일

소장에는 원고의 경력이 되는 소원서·재결서 및 증거서류를 첨부하여야 한다.

제26조 소장에는 피고에게 송부하기 위한 필요문서의 부본을 첨부하여야 한다.

제27조 행정재판소는 원고의 소장에 대하여 심사하고 만약 법률칙령에 의하여
행정소송을 제기할 수 없게 되어 있거나 적법한 절차에 위배되는 경우에는
그 이유를 붙인 재결서로 이를 각하하여야 한다.

그 소장의 방식에 결함에 그치는 것은 이를 개정시키기 위하여 기한을 지정
하여 환부하여야 한다.

제28조 행정재판소에서 소장이 수리되는 경우에는 그 부본을 피고에게 송부하
고, 상당한 기한을 지정하여 답변서를 제출하게 하여야 한다.

답변서에는 원고에게 송부하기 위한 필요문서의 부본을 첨부하여야 한다.

제29조 행정재판소는 필요하다고 인정하는 경우에는 그 기한을 지정하여 원고
와 피고 양쪽에게 변박서(辯駁書) 및 재차의 답변서를 제출하게 하여야 한다.

제30조 행정재판소는 소장 및 답변서의 부속문서의 부본을 원고와 피고 양쪽에
게 송부하는 대신에 그 곳에서 이를 열람하게 할 수 있다.

제31조 행정재판소는 소송심문 중 그 사건의 이해에 관계되는 제3자를 소송에
참가하게 하거나 제3자가 원하는 경우 소송에 참가하는 것을 허가할 수 있다.

전항의 경우에는 행정재판소의 판결은 제3자에 대해서도 그 효력이 있다.

제32조 행정관청은 그 관리 또는 그 신청에 의하여 주무대신으로부터 명받은

위원으로 하여금 소송대리를 하게 할 수 있다.

대리자는 위임장에서 대리인인 것을 증명하여야 한다.

제33조 행정재판소는 미리 지정한 기일에 원고와 피고 및 제3자를 소환하여 심정(審廷)을 열어 구두심문을 하여야 한다.

원고와 피고 및 제3자로부터 구두심문을 하는 것을 바라지 않는 취지의 신청이 있는 경우에서는 행정재판소는 문서에 대하여 직접 판결을 할 수 있다.

제34조 심정에서는 원고와 피고 및 제3자의 변명을 들어야 한다.

심정에서는 재판장의 허가를 받은 자부터 순차적으로 발언을 하여야 한다.

원고와 피고 및 제3자는 사실상 및 법률상의 쟁점에 대하여 문서로 할 수 없는 부분을 보충하거나 오류를 경정하거나 새롭게 증빙을 제출하거나 증서를 제출 할 수 있다.

제35조 주무대신은 필요하다고 인정하는 경우에는 공익을 변호하기 위하여 위원에게 명하여 심정에 출석하게 할 수 있다.

행정재판소는 판결을 하기 전에 위원에게 의견을 진술하게 하여야 한다.

제36조 행정재판소의 대심결은 이를 공개한다.

안녕질서 또는 풍속을 침해할 우려가 있거나 행정청의 요구가 있을 경우에는 행정재판소의 결의에서 대심공개를 정지할 수 있다.

제37조 공개를 정지하는 결의를 하는 경우에는 공중을 물러나게 하기 전에 이를 선고한다.

제38조 행정재판소는 원고와 피고 및 제3자에게 출정을 명하거나 필요하다고 인정되는 증빙을 구하고 증인 및 감정인을 소환하여 심문에 따라 증명 및 감정을 하게 할 수 있다.

증인 또는 감정인으로서 심문에 따라 증명 및 감정을 하여야 하는 의무에 관해서는 민사소송의 규정을 적용하여 그 의무를 이행하지 않는 경우에 처분하여야 하는 과벌은 행정재판소가 스스로 이를 판결한다.

행정재판소는 구두심문에서 거증의 절차를 행하거나 평정관에게 위임하거나 혹은 통상재판소 또는 행정청에 촉탁하여 이를 조사하게 할 수 있다.

제39조 행정재판소에 심문 중의 사건에 관하여 민사상의 소송이 제기되고 통상재판의 확정을 기다릴 필요가 있다고 인정할 경우에는 그 심판을 중지할 수 있다.

제40조 심문절차에 관한 고장(故障)의 신청은 행정재판소 스스로 이를 판결한다.

제41조 소환의 기일에 원고 또는 피고 혹은 제3자가 출정하지 않는 경우가 있
　　더라도 행정재판소는 그 심판을 중지시킨다.

　　원고와 피고 및 제3자가 동시에 출정할 수 없을 경우에는 행정재판소는 심문
　　을 하지 않고 직접 판결을 할 수 있다.

제42조 재판선고서는 이유를 붙여 재판장·평정관 및 서기가 이에 서명날인하
　　고, 그 등본에 행정재판소의 인장을 찍어 이를 원고와 피고 및 제3자에게 교
　　부하여야 한다.

　　행정소송의 문서에는 소송용 인지를 붙이는 것을 요한다.

제43조 행정소송절차에 관하여 이 법률에 규정이 없는 것은 행정재판소가 정하
　　는 바에 의하여 민사소송에 관계되는 규정을 적용할 수 있다.

제4장 부칙

제44조 이 법률은 1890년 10월 1일부터 시행한다.

제45조 제20조 제2항의 권한쟁의는 권한재판소를 설치하기까지는 추밀원에서
　　이를 재정한다.

　　재정절차는 칙령이 정하는 바에 의한다.

제46조 종전의 법령이 이 법률과 저촉하는 것은 이 법률이 시행하는 날부터 폐
　　지한다.

제47조 이 법률 시행 전에 이미 행정소송으로 수리하여 심리 중에 관계되는 것
　　은 이에 따라 종전의 법규에 의하여 처분하여야 한다.

일본국헌법의 시행에 따른 민사소송법의 응급적 조치에 관한 법률
(日本國憲法の施行に伴う民事訴訟法の応急的措置に關する法律)

1947(昭和22년) 4월 19일 법률 제75호

제1조 이 법률은 일본국헌법의 시행에 따라 민사소송법에 대하여 응급적 조치
　　를 강구하는 것을 목적으로 한다.

제2조 민사소송법은 일본국헌법 및 재판소법 제정의 취지에 적합하게 이를 해석하여야 한다.

제3조 판결 이외의 재판은 판사보가 혼자서 이를 할 수 있다.

제4조 ① 상고는 고등재판소가 한 제2심 또는 제1심의 종국판결에 대해서는 최고재판소에, 지방재판소가 한 제2심의 종국판결에 대해서는 고등재판소에 이를 할 수 있다.

② 제1심의 종국판결에 대하여 상고를 할 권리를 유보하고 항소를 하지 않겠다는 취지의 합의를 한 경우에는, 간이재판소의 판결에 대해서는 고등재판소에, 지방재판소의 판결에 대해서는 최고재판소에 직접 상고할 수 있다.

제5조 고등재판소가 상고재판소인 경우에 최고재판소가 정하는 사유가 있는 때에는 결정으로 사건을 최고재판소에 이송하여야 한다.

제6조 ① 고등재판소가 상고심으로서 한 종국판결에 대해서는 그 판결에 법률, 명령, 규칙 또는 처분이 헌법에 적합한지 여부에 대하여 한 판단이 부당하다는 것을 이유로 할 때에 한하여 최고재판소에 다시 상고를 할 수 있다.

② 전항의 상고는 판결의 확정을 가로막는 효력을 가지지 않는다. 다만, 최고재판소는 같은 항의 상고가 있을 때에는 결정으로 강제집행의 정지를 명할 수 있다.

제7조 ① 민사소송법의 규정에 의하여 불복을 제기할 수 없는 결정 또는 명령에 대해서는 그 결정 또는 명령에 법률, 명령, 규칙 또는 처분이 헌법에 적합한지 여부에 대하여 한 판단이 부당하다는 것을 이유로 할 때에 한하여 최고재판소에 특별히 항고를 할 수 있다.

② 전항의 항고의 제기기간은 5일로 한다.

제8조 행정청의 위법한 처분의 취소 또는 변경을 구하는 소는 다른 법률(1947년 3월 1일 전에 제정된 것을 제외한다)에 특별히 정한 것을 제외하고, 당사자가 그 처분이 있었다는 것을 안 날로부터 6개월 이내에 이를 제기하여야 한다. 다만, 처분을 한 날로부터 3년을 경과한 때에는 소를 제기할 수 없다.

부칙

1. 이 법률은 일본 헌법 시행일로부터 이를 시행한다.

2. 이 법률은 1948년 1월 1일부터 그 효력을 잃는다.

3. 동경고등재판소가 재판소법 시행법의 규정에 의거하여 심리 및 재판을 하

여야 할 것으로 되어진 사건(같은 법이 시행될 때 동경항소원에서 계속하고 있던 것을 제외한다)에 대하여 한 종국 판결에 대해서는 그 판결에 법률, 명령, 규칙 또는 처분이 헌법에 적합한지 여부에 대하여 한 판단이 부당하다는 것을 이유로 할 때에 한하여 최고재판소에 상고를 할 수 있다.

4. 전항의 상고에 대해서는 제6조 제2항의 규정을 준용한다.

행정사건소송특례법(行政事件訴訟特例法)

1948(昭和23년) 7월 1일 법률 제81호

제1조 행정청의 위법한 처분의 취소 또는 변경에 관련된 소송 그밖에 공법상의 권리관계에 관한 소송에 대해서는 이 법률에 의한 것 외에는 민사소송법에 정하는 바에 의한다.

제2조 행정청의 위법한 처분의 취소 또는 변경을 구하는 소는 그 처분에 대한 법령의 규정에 의하여 소원, 심사청구, 이의신청, 그밖에 행정청에 대한 불복신청(이하 소원이라고만 한다)을 할 수 있는 경우에는, 이에 대한 재결, 결정 그 밖의 처분(이하 재결이라고만 한다)을 거친 후가 아니면 이를 제기할 수 없다. 다만, 소원의 제기가 있은 날로부터 3개월을 경과한 때 또는 소원의 재결을 거치는 것에 의하여 손해가 현저하게 발생할 우려가 있을 때 그밖에 정당한 사유가 있는 때에는 소원의 재결을 거치지 않고 소를 제기할 수 있다.

제3조 전조의 소는 다른 법률에 특별히 정하고 있는 경우를 제외하고 처분을 행한 행정청을 피고로 하여 이를 제기하여야 한다.

제4조 제2조의 소는 피고인 행정청의 소재지 재판소의 전속관할로 한다.

제5조 ① 제2조의 소는 처분이 있었다는 것을 안 날로부터 6개월 이내에 이를 제기하여야 한다.

② 전항의 기간은 이를 불변기간으로 한다.

③ 처분을 한 날로부터 1년을 경과한 때에는 제2조의 소를 제기할 수 없다. 다만, 정당한 사유에 의하여 이 기간 내에 소를 제기할 수 없었던 것을 소명한 때에는 그러하지 아니하다.

④ 제1항 및 전항의 기간은 처분에 대하여 소원의 재결을 거친 경우에는 소원의 재결이 있었던 것을 안 날 또는 소원의 재결일로부터 이를 기산한다.

⑤ 제1항 및 제3항의 규정은 다른 법률에 특별히 정하고 있는 경우에는 이를 적용하지 않는다.

제6조 ① 제2조의 소에는 그 청구와 관련한 원상회복, 손해배상, 그 밖의 청구 (이하 관련청구라 한다)에 관련된 소에 이를 병합할 수 있다.

② 제2조의 소의 제1심 재판소가 고등재판소인 경우에 전항의 규정에 의한 소의 병합을 하기 위해서는 관련청구에 관련된 소의 피고의 동의를 얻어야 한다. 피고가 이의를 하지 않고 본안에서 변론을 하거나 준비절차에서 진술한 때에는 소의 병합에 동의한 것으로 본다.

제7조 ① 제2조의 소에서 원고는 피고로 하여야 할 행정청을 잘못하였던 때에는 소송 계속 중 피고를 변경할 수 있다. 다만, 원고에게 고의 또는 중대한 과실이 있는 때에는 그러하지 아니하다.

② 전항의 규정에 의하여 피고를 변경한 때에는 기간의 준수에 대해서는 새로운 피고에 대한 소는 처음에 소를 제기한 때에 이를 제기한 것으로 본다.

③ 제1항의 규정에 의하여 피고를 변경한 때에는 종전의 피고에 대해서는 소를 취하한 것으로 본다.

제8조 ① 재판소는 필요하다고 인정할 때에는 직권으로 결정에 의하여 소송의 결과에 대하여 이해관계가 있는 행정청, 그 밖의 제3자를 소송에 참가시킬 수 있다.

② 재판소는 전항의 결정을 하기 위해서는 당사자 및 제3자의 의견을 들어야 한다.

제9조 재판소는 공공의 복지를 유지하기 위하여 필요가 있다고 인정하는 때에는 직권으로 증거조사를 할 수 있다. 다만, 그 증거조사의 결과에 대하여 당사자의 의견을 들어야 한다.

제10조 ① 제2조의 소의 제기는 처분의 집행을 정지하지 않는다.

② 제2조의 소의 제기가 있었던 경우에, 처분의 집행으로 생길 보상할 수 없는 손해를 피하기 위한 긴급한 필요가 있다고 인정될 때에는, 재판소는 신청에 의하거나 직권으로 결정에 의하여 처분의 집행을 정지할 것을 명할 수 있다. 다만, 집행의 정지가 공공복지에 중대한 영향을 미칠 우려가 있을 때 및 내각총리대신이 이의를 제기한 때에는 그러하지 아니하다.

③ 전항 단서의 이의는 그 이유를 명시하고 이를 제기하여야 한다.

④ 제2항의 결정은 구두변론을 거치지 않고 이를 할 수 있다. 다만, 미리 당사자의 의견을 들어야 한다.

⑤ 제2항의 결정에 대해서는 불복을 신청할 수 없다.

⑥ 재판소는 언제든지 제2항의 결정을 취소할 수 있다.

⑦ 행정청의 처분에 대해서는 가처분에 관한 민사소송법의 규정은 적용하지 않는다.

제11조 ① 제2조의 소의 제기가 있는 경우 처분은 위법하지만 일체의 사정을 고려하여 처분을 취소하거나 변경하는 것이 공공의 복지에 적합하지 않다고 인정하는 때에는 재판소는 청구를 기각할 수 있다.

② 전항의 규정에 의한 재판에는 처분이 위법하다는 것 및 청구를 기각하는 이유를 명시하여야 한다.

③ 제1항의 규정은 손해배상의 청구를 방해하지 않는다.

제12조 확정판결은 그 사건에 대하여 관계 행정청을 구속하다.

부칙

1. 이 법률은 1948년 7월 15일부터 이를 시행한다.

2. 이 법률은 이 법 시행 전에 발생한 사항에도 이를 적용한다. 다만, 민사소송법과 1947년 법률 제75호에 의하여 생긴 효력을 방해하지 않는다.

3. 1947년 3월 1일 전에 제정된 법률은 제5조 제5항의 규정의 적용에 대해서는 이를 같은 조 같은 항의 다른 법률이 아닌 것으로 본다.

4. 이 법률 시행 전부터 진행되기 시작한 1947년 법률 제75호 제8조 단서의 기간에 대해서는 같은 법을 적용한다.

제정 행정사건소송법(行政事件訴訟法)

1962(昭和37년) 5월 16일 법률 제139호

제1장 총칙

제1조(이 법률의 취지) 행정사건소송에 대해서는 다른 법률에 특별한 규정이 있는 경우를 제외하고는 이 법률의 정하는 바에 의한다.

제2조(행정사건소송) 이 법률에서 "행정사건소송"이라 함은 항고소송·당사자소송·민중소송 및 기관소송을 말한다.

제3조(항고소송) ① 이 법률에서 "항고소송"이라 함은 행정청의 공권력 행사에 관한 불복의 소송을 말한다.

② 이 법률에서 "처분의 취소의 소"라 함은 행정청의 처분 그 밖의 공권력의 행사에 해당하는 행위(다음 항에 규정한 재결·결정 그 밖의 행위를 제외한다. 이하 "처분"이라 한다) 의 취소를 구하는 소송을 말한다.

③ 이 법률에서 "재결의 취소의 소"라 함은 심사청구·이의신청 그 밖의 불복신청(이하 "심사청구"라 한다)에 대한 행정청의 재결·결정 그 밖의 행위(이하 "재결"이라 한다)의 취소를 구하는 소송을 말한다.

④ 이 법률에서 "무효등확인의 소"라 함은 처분이나 재결의 존부 또는 그 효력의 유무의 확인을 구하는 소송을 말한다.

⑤ 이 법률에서 "부작위의 위법확인의 소"라 함은 행정청이 법령에 기한 신청에 대하여 상당한 기간 내에 어떠한 처분 또는 재결을 하여야 함에도 불구하고 이를 하지 아니한 것에 대한 위법의 확인을 구하는 소를 말한다.

제4조(당사자소송) 이 법률에서 "당사자소송"이라 함은 당사자 사이의 법률관계를 확인하거나 형성하는 처분 또는 재결에 관한 소송으로서 법령의 규정에 의하여 그 법률관계 당사자의 일방을 피고로 한 것 및 공법상 법률관계에 관한 소송을 말한다.

제5조(민중소송) 이 법률에서 "민중소송"이라 함은 국가 또는 공공단체의 기관의 법령에 적합하지 아니한 행위의 시정을 구하는 소송으로서 선거인인 자격 그 밖의 자기의 법률상 이익에 관계가 없는 자격으로 제기하는 것을 말한다.

제6조(기관소송) 이 법률에서 "기관소송"이라 함은 국가 또는 공공단체의 기관

상호간에 있어서 권한의 존부 또는 그 행사에 관한 분쟁에 대한 소송을 말한다.

제7조(이 법률에 규정이 없는 사항) 행정사건소송에 관하여 이 법률에 규정이 없는 사항에 대해서는 민사소송의 예에 의한다.

제2장 항고소송

제1절 취소소송

제8조(처분의 취소의 소와 심사청구와의 관계) ① 처분의 취소의 소는 해당 처분에 대하여 법령의 규정에 의한 심사청구를 할 수 있는 경우에도 직접 제기하는 것을 방해하지 않는다. 다만, 법률에 해당 처분의 심사청구에 대한 재결을 거친 후가 아니면 처분의 취소의 소를 제기할 수 없다는 뜻을 정한 경우에는 그러하지 아니하다.

② 전항 단서의 경우에도 다음 각 호의 1에 해당하는 경우에는 재결을 거치지 아니하고 처분의 취소의 소를 제기할 수 있다.

 1. 심사청구가 있은 날로부터 3개월을 경과하여도 재결이 없는 때.

 2. 처분·처분의 집행 또는 절차의 계속으로부터 생기는 현저한 손해를 피하기 위하여 긴급한 필요가 있는 때.

 3. 그밖에 재결을 거치지 아니하는 것에 대하여 정당한 이유가 있는 때.

③ 제1항 본문의 경우에 해당 처분에 대하여 심사청구가 행하여진 경우에는 재판소는 그 심사청구에 대한 재결이 있을 때까지(심사청구가 있은 날로부터 3개월을 경과하여도 재결이 없는 때에는 그 기간을 경과할 때까지) 소송절차를 중지할 수 있다.

제9조(원고적격) 처분의 취소의 소 및 재결의 취소의 소(이하 "취소소송"이라 한다)는 해당 처분 또는 재결의 취소를 구함에 있어서 법률상 이익을 가지는 자(처분 또는 재결의 효력이 기간의 경과 그 밖의 이유로 상실된 후에도 처분 또는 재결의 취소에 의하여 회복하여야 할 법률상 이익을 가진 자를 포함한다)에 한하여 제기할 수 있다.

제10조(취소이유의 제한) ① 취소소송에서는 자기의 법률상 이익에 관계가 없는 위법을 이유로 취소를 구할 수 없다.

② 처분의 취소의 소와 그 처분에 대한 심사청구를 기각한 재결의 취소의 소

를 제기할 수 있는 경우에 재결의 취소의 소에서는 처분의 위법을 이유로 취소를 구할 수 없다.

제11조(피고적격) ① 처분의 취소의 소는 처분을 행한 행정청을, 재결의 취소의 소는 재결을 행한 행정청을 피고로 하여 제기하여야 한다. 다만, 처분 또는 재결이 있은 후에 그 행정청의 권한이 다른 행정청에 의하여 승계된 때에는 그 행정청을 피고로 하여 제기하여야 한다.

② 전항의 규정에 의하여 피고로 될 행정청이 없는 경우에는 취소소송은 해당 처분 또는 재결에 관계되는 사무가 속하는 국가 또는 공공단체를 피고로 하여 제기하여야 한다.

제12조(관할) ① 행정청을 피고로 한 취소소송은 그 행정청의 소재지의 재판소의 관할에 속한다.

② 토지의 수용, 광업권의 설정, 그 밖의 부동산 또는 특정한 장소에 관한 처분 또는 재결에 대한 취소소송은 그 부동산 또는 장소의 소재지의 재판소에도 제기할 수 있다.

③ 취소소송은 그 처분 또는 재결에 관한 사무의 처리에서 하급행정기관의 소재지의 재판소에도 제기할 수 있다.

제13조(관련청구에 관한 소송의 이송) 취소소송과 다음 각 호의 1에 해당하는 청구(이하 "관련청구"라 한다)에 관계되는 소송이 서로 다른 재판소에 계속하는 경우에 상당하다고 인정하는 때에는 관련청구에 관한 소송이 계속된 재판소는 신청에 의하거나 직권으로 그 소송을 취소소송이 계속된 법원에 이송할 수 있다. 다만, 취소소송 또는 관련청구에 관계되는 소송이 계속된 재판소가 고등재판소인 때에는 그러하지 아니하다.

 1. 해당 처분 또는 재결에 관련된 원상회복이나 손해배상의 청구.
 2. 해당 처분과 하나의 절차를 이룬 다른 처분의 취소의 청구.
 3. 해당 처분에 관한 재결의 취소의 청구.
 4. 재결에 관한 처분의 취소의 청구.
 5. 해당 처분 또는 재결의 취소를 구하는 다른 청구.
 6. 그밖에 해당 처분 또는 재결의 취소의 청구에 관한 청구.

제14조(출소기간) ① 취소소송은 처분 또는 재결이 있음을 안 날로부터 3개월 이내에 제기하여야 한다.

② 전항의 기간은 불변기간으로 한다.

③ 취소소송은 처분 또는 재결을 한 날로부터 1년을 경과한 때에는 제기할 수 없다. 다만, 정당한 이유가 있는 때에는 그러하지 아니하다.

④ 제1항 및 전항의 기간은 처분 또는 재결에 대하여 심사청구를 할 수 있는 경우 또는 행정청이 잘못하여 심사청구를 할 수 있는 뜻을 교시한 경우에 심사청구가 있는 때에는 그 심사청구를 한 자에 대해서는 이에 대한 재결이 있음을 안 날 또는 재결을 한 날로부터 기산한다.

제15조(피고를 오인한 소의 구제) ① 취소소송에서 원고가 고의 또는 중대한 과실 없이 피고로 될 자를 오인한 때에는 재판소는 원고의 신청에 의하여 결정으로 피고의 변경을 허가할 수 있다.

② 전항의 결정은 서면으로 하고, 그 정본을 새로운 피고에게 송달하여야 한다.

③ 제1항의 결정이 있을 경우에는 출소기간의 준수에 대해서는 새로운 피고에 대한 소는 최초로 소를 제기한 때에 제기한 것으로 본다.

④ 제1항의 결정이 있을 경우에는 종래의 피고에 대해서는 소의 취하가 있은 것으로 본다.

⑤ 제1항의 결정에 대해서는 불복신청을 할 수 없다.

⑥ 제1항의 신청을 각하하는 결정에 대해서는 즉시항고를 할 수 있다.

⑦ 상소심에서 제1항의 결정을 한 경우에는 재판소는 그 소송을 관할법원에 이송하여야 한다.

제16조(청구의 객관적 병합) ① 취소소송에는 관련청구에 관계되는 소를 병합할 수 있다.

② 전항의 규정에 의하여 소를 병합한 경우에 취소소송의 제1심 재판소가 고등재판소인 때에는 관련청구에 관한 소의 피고의 동의를 얻어야 한다. 피고가 이의없이 본안에 대하여 변론을 하거나 준비절차에서 진술을 한 때에는 동의한 것으로 본다.

제17조(공동소송) ① 수인은 그 수인의 청구 또는 그 수인에 대한 청구가 처분 또는 재결의 취소의 청구와 관련청구인 경우에 한하여, 공동소송인으로서 소를 제기하거나 소를 제기당할 수 있다.

② 전항의 경우에는 전조 제2항의 규정을 준용한다.

제18조(제3자에 의한 청구의 추가적 병합) 제3자는 취소소송의 구두변론이 종결될 때까지 그 소송의 당사자 일방을 피고로 하여 관련청구에 관한 소를 그 소에 병합하여 제기할 수 있다. 이 경우에 그 취소소송이 고등재판소에 계속

하는 때에는 제16조 제2항의 규정을 준용한다.

제19조(원고에 의한 청구의 추가적 병합) ① 원고는 취소소송의 구두변론이 종결될 때까지 관련청구에 관한 소를 그 소에 병합하여 제기할 수 있다. 이 경우에 그 취소소송이 고등재판소에 계속하는 때에는 제16조 제2항의 규정을 준용한다.

② 전항의 규정은 취소소송에 대하여 민사소송법 제232조의 규정의 예에 의한다는 것을 방해하지 아니한다.

제20조 전조 제1항 전단의 규정에 의하여 처분의 취소의 소를 그 처분에 대한 심사청구를 기각한 재결의 취소의 소에 병합하여 제기한 경우에는, 동항 후단에서 준용하는 제16조 제2항의 규정에도 불구하고 처분의 취소의 소의 피고의 동의를 요하지 아니하며, 그 소의 제기가 있을 때에는 출소기간의 준수에 대해서는 처분의 취소의 소는 재결의 취소의 소를 제기한 경우에 제기된 것으로 본다.

제21조(국가 또는 공공단체에 대한 청구로의 소의 변경) ① 재판소는 취소소송의 목적인 청구를 해당 처분 또는 재결에 관한 사무가 귀속하는 국가 또는 공공단체에 대한 손해배상, 그 밖의 청구로 변경하는 것이 상당하다고 인정되는 때에는 청구의 기초에 변경이 없는 한, 구두변론이 종결될 때까지 원고의 신청에 의하여 결정으로 소의 변경을 허가할 수 있다.

② 전항의 결정에는 제15조 제2항의 규정을 준용한다.

③ 재판소는 제1항의 규정에 의하여 소의 변경을 허가하는 결정을 하기 위해서는 미리 당사자 및 손해배상, 그 밖의 청구에 관한 소의 피고의 의견을 들어야 한다.

④ 소의 변경을 허가하는 결정에 대해서는 즉시항고를 할 수 있다.

⑤ 소의 변경을 허가하지 아니한 결정에 대해서는 불복을 신청할 수 없다.

제22조(제3자의 소송참가) ① 재판소는 소송의 결과에 의하여 권리를 침해당할 제3자가 있는 때에는, 당사자 또는 그 제3자의 신청에 의하거나 직권으로 결정으로 그 제3자를 참가시킬 수 있다.

② 재판소는 전항의 결정을 하기 위해서는 미리 당사자 및 제3자의 의견을 들어야 한다.

③ 제1항의 신청을 한 제3자는 그 신청을 각하하는 결정에 대하여 즉시항고를 할 수 있다.

④ 제1항의 규정에 의하여 소송에 참가한 제3자에 대해서는 민사소송법 제62조의 규정을 준용한다.

⑤ 제1항의 규정에 의하여 제3자가 소송참가를 신청한 때에는 민사소송법 제68조의 규정을 준용한다.

제23조(행정청의 소송참가) ① 재판소는 다른 행정청을 소송에 참가시킬 필요가 있다고 인정 하는 때에는 당사자 또는 그 행정청의 신청에 의하거나 직권으로 결정으로 그 행정청을 소송에 참가시킬 수 있다.

② 재판소는 전항의 결정을 하기 위해서는 미리 당사자 및 그 행정청의 의견을 들어야 한다.

③ 제1항의 결정에 의하여 소송에 참가한 행정청에 대해서는 민사소송법 제69조의 규정을 준용한다.

제24조(직권증거조사) 재판소는 필요하다고 인정하는 때에는 직권으로 증거조사를 할 수 있다. 다만, 그 증거조사의 결과에 대하여 당사자의 의견을 들어야 한다.

제25조(집행정지) ① 처분의 취소의 소의 제기는 처분의 효력, 처분의 집행 또는 절차의 계속을 방해하지 아니한다.

② 처분의 취소의 소의 제기가 있는 경우에, 처분, 처분의 집행 또는 절차의 계속에 의하여 생길 회복하기 곤란한 손해를 피하기 위하여 긴급한 필요가 있는 때에는 재판소는 신청에 의하여 결정으로 처분의 효력, 처분의 집행 또는 절차의 계속의 전부 또는 일부의 정지(이하 "집행정지"라 한다)를 할 수 있다. 다만, 처분의 효력의 정지는 처분의 집행 또는 절차의 계속의 정지에 의하여 목적을 달성할 수 있는 경우에는 할 수 없다.

③ 집행정지는 공공복리에 중대한 영향을 미칠 우려가 있는 때 또는 본안에 대한 이유가 없는 것으로 보인 때에는 할 수 없다.

④ 제2항의 결정은 소명에 근거하여 한다.

⑤ 제2항의 결정은 구두변론을 거치지 아니하고 할 수 있다. 다만, 미리 당사자의 의견을 들어야 한다.

⑥ 제2항의 신청에 대한 결정에 대해서는 즉시항고를 할 수 있다.

⑦ 제2항의 결정에 대한 즉시항고는 그 결정의 집행을 정지하는 효력을 가지지 아니한다.

제26조(사정변경에 의한 집행정지의 취소) ① 집행정지의 결정이 확정된 후 그

이유가 소멸되거나 그밖에 사정이 변경된 때에는 재판소는 상대방의 신청에 의하여 결정으로 집행정지의 결정을 취소할 수 있다.

② 전항의 신청에 대한 결정 및 이에 대한 불복에 대해서는 전조 제4항 내지 제7항의 규정을 준용한다.

제27조(내각총리대신의 이의) ① 제25조 제2항의 신청이 있는 때에는 내각총리대신은 재판소에 대하여 이의할 수 있다. 집행정지의 결정이 있은 후에도 같다.

② 전항의 이의에는 이유를 붙여야 한다.

③ 전항의 이의의 이유에는 내각총리대신은 처분의 효력을 존속하거나, 처분을 집행하거나, 절차를 계속하지 아니하면 공공복리에 중대한 영향을 미칠 우려가 있다는 사정을 나타내도록 한다.

④ 제1항의 이의가 있는 때에는 재판소는 집행정지를 할 수 없고 집행정지의 결정을 한 때에는 이를 취소하여야 한다.

⑤ 제1항 후단의 이의는 집행정지의 결정을 한 재판소에 대하여 하여야 한다. 다만, 결정에 대한 항고가 항고재판소에 계속 중인 때에는 항고재판소에 대하여 하여야 한다.

⑥ 내각총리대신은 부득이한 경우가 아니면 제1항의 이의를 할 수 없으며, 이의를 한 때에는 다음 정기국회에서 이를 보고하여야 한다.

제28조(집행정지 등의 관할재판소) 집행정지 또는 그 결정의 취소신청의 관할재판소는 본안이 계속된 재판소로 한다.

제29조(집행정지에 관한 규정의 준용) 전4조의 규정은 재결의 취소의 소의 제기가 있는 경우에서의 집행정지에 관한 사항에 준용한다.

제30조(재량처분의 취소) 행정청의 재량처분에 대해서는 재량권의 범위를 넘거나 재량권을 남용한 경우에 한하여 재판소는 그 처분을 취소할 수 있다.

제31조(특별사정에 의한 청구의 기각) ① 취소소송에 대해서는 처분 또는 재결이 위법이나 그 처분 또는 재결을 취소하는 것에 의하여 공공의 이익에 현저한 장해를 생기게 할 경우에, 원고가 받을 손해의 정도, 그 손해의 배상 또는 방지의 정도 및 방법, 그 밖의 모든 사정을 고려하여 처분 또는 재결을 취소하는 것이 공공복리에 적합하지 아니하다고 인정할 때에는 재판소는 청구를 기각할 수 있다. 이 경우에는 그 판결의 주문에 처분 또는 재결이 위법하다는 것을 선언하여야 한다.

② 재판소는 상당하다고 인정한 때에는 종국판결 전에 판결로 처분 또는 재

결이 위법하다고 선언할 수 있다.

③ 종국판결에 사실 및 이유를 기재함에는 전항의 판결을 인용할 수 있다.

제32조(취소판결 등의 효력) ① 처분 또는 재결을 취소하는 판결은 제3자에게도 효력이 있다.

② 전항의 규정은 집행정지의 결정 또는 그 취소의 결정에 준용한다.

제33조 ① 처분 또는 재결을 취소하는 판결은 그 사건에 대하여 당사자인 행정청, 그 밖의 관계 행정청을 구속한다.

② 신청을 각하하거나 기각한 처분 또는 심사청구를 각하하거나 기각한 재결이 판결에 의하여 취소된 때에는, 그 처분 또는 재결을 한 행정청은 판결의 취지에 따라 다시 신청에 대한 처분 또는 심사청구에 대한 재결을 하여야 한다.

③ 전항의 규정은 신청에 기하여 한 처분 또는 심사청구를 인용한 재결이 판결에 의하여 절차에 위법이 있다는 이유로 취소된 경우에 준용한다.

④ 제1항의 규정은 집행정지의 결정에 준용한다.

제34조(제3자의 재심의 소) ① 처분 또는 재결을 취소하는 판결에 의하여 권리를 침해당한 제3자로서, 자기의 책임으로 돌릴 수 없는 이유로 소송에 참가할 수 없었기 때문에 판결에 영향을 미칠 수 있는 공격 또는 방어의 방법을 제출할 수 없었던 자는, 이를 이유로 확정의 종국판결에 대한 재심의 소로 불복을 신청할 수 있다.

② 전항의 소는 확정판결을 안 날로부터 30일 이내에 제기하여야 한다.

③ 전항의 기간은 불변기간으로 한다.

④ 제1항의 소는 판결이 확정된 날로부터 1년의 경과한 때에는 제기할 수 없다.

제35조(소송비용의 재판의 효력) 국가 또는 공공단체에 소속한 행정청이 당사자 또는 참가인인 소송에서, 확정된 소송비용의 재판은 해당 행정청이 소속하는 국가 또는 공공단체에 대하여 또한 그들을 위하여 효력이 있다.

제2절 그 밖의 항고소송

제36조(무효등확인의 소의 원고적격) 무효등확인의 소는 해당 처분 또는 재결에 따르는 처분에 의하여 손해를 받을 우려가 있는 자, 그밖에 해당 처분 또는 재결의 무효등의 확인을 구하는 것에 법률상 이익을 가진 자로서, 그 처분이나 재결의 존부 또는 그 효력의 유무를 전제로 한 현재의 법률관계에 관한

소에 의하여 목적을 달성할 수 없는 것에 한하여 제기할 수 있다.

제37조(부작위의 위법확인의 소의 원고적격) 부작위의 위법확인의 소는 처분 또는 재결에 대한 신청을 한 자에 한하여 제기할 수 있다.

제38조(취소소송에 관한 규정의 준용) ① 제11조 내지 제13조, 제16조 내지 제19조, 제21조 내지 제24조, 제33조 내지 제35조의 규정은 취소소송 이외의 항고소송에 준용한다.

② 제10조 제2항의 규정은 처분의 무효등확인의 소와 그 처분에 대한 심사청구를 기각한 재결에 관한 항고소송을 제기할 수 있는 경우에, 제20조의 규정은 처분의 무효등확인의 소를 그 처분에 대한 심사청구를 기각한 재결에 관한 항고소송에 병합하여 제기하는 경우에 준용한다.

③ 제25조 내지 제29조 및 제32조 제2항의 규정은 무효등확인의 소에 준용한다.

④ 제8조 및 제10조 제2항의 규정은 부작위의 위법확인의 소에 준용한다.

제3장 당사자소송

제39조(출소의 통지) 당사자의 법률관계를 확인하거나 형성하는 처분 또는 재결에 관한 소송으로 법령의 규정에 의하여 그 법률관계의 당사자 일방을 피고로 하는 소가 제기된 때에는, 재판소는 그 처분 또는 재결을 한 행정청에 그 뜻을 통지한다.

제40조(출소기간의 정함이 있는 당사자소송) ① 당사자소송에 대하여 법령에 출소기간의 정함이 있는 때에는, 그 기간은 불변기간으로 한다.

② 제15조의 규정은 출소기간의 정함이 있는 당사자소송에 준용한다.

제41조(항고소송에 관한 규정의 준용) ① 제23조, 제24조, 제33조 제1항 및 제35조의 규정은 당사자소송에 준용한다.

② 제13조의 규정은 당사자소송과 그 목적인 청구와 관련청구의 관계가 있는 청구에 관한 소송이 다른 재판소에 계속된 경우 그 이송에, 제16조 내지 제19조의 규정은 이 소들의 병합에 대하여 준용한다.

제4장 민중소송 및 기관소송

제42조(소의 제기) 민중소송 및 기관소송은 법률이 정하는 경우에 법률이 정하

는 자에 한하여 제기할 수 있다.

제43조(항고소송 또는 당사자소송에 관한 규정의 준용) ① 민중소송 또는 기관 소송으로 처분 또는 재결의 취소를 구하는 것에 대해서는, 제9조 및 제10조 제1항의 규정을 제외하고 취소소송에 관한 규정을 준용한다.

② 민중소송 및 기관소송으로 처분 또는 재결의 무효확인을 구하는 것에 대해서는, 제36조의 규정을 제외하고 무효등확인의 소에 관한 규정을 준용한다.

③ 민중소송 또는 기관소송으로 전2항에 규정한 소송 이외의 것에 대해서는, 제39조 및 제40조 제1항의 규정을 제외하고 당사자소송에 관한 규정을 준용한다.

제5장 보칙

제44조(가처분의 배제) 행정청의 처분 그 밖의 공권력의 행사에 해당하는 행위에 대해서는 민사소송법에 규정한 가처분을 할 수 없다.

제45조(처분의 효력 등을 쟁점으로 하는 소송) ① 사법상 법률관계에 관한 소송에서, 처분이나 재결의 존부 또는 그 효력의 유무가 다투어진 경우에는, 제23조 제1항 및 제2항과 제39조의 규정을 준용한다.

② 전항의 규정에 의하여 행정청이 참가한 경우에는 민사소송법 제69조의 규정을 준용한다. 다만, 공격 또는 방어의 방법은 해당 처분이나 재결의 존부 또는 그 효력의 유무에 관한 것에 한하여 제출할 수 있다.

③ 제1항의 규정에 의하여 행정청이 소송에 참가한 후에 처분이나 재결의 존부 또는 그 효력의 유무에 관한 다툼이 없어진 때에는 재판소는 참가의 결정을 취소할 수 있다.

④ 제1항의 경우에는 그 쟁점에 관하여 제24조의 규정을, 소송비용의 재판에 관하여 제35조의 규정을 준용한다.

부칙

제1조(시행기일) 이 법률은 1962(昭和37)년 10월 1일부터 시행한다.

제2조(행정사건소송특례법의 폐지) 행정사건소송특례법(이하 "구법"이라 한다)을 폐지한다.

제3조(경과조치에 관한 원칙) 이 법률은 특별한 정함이 있는 경우를 제외하고 이 법률의 시행 전에 생긴 사항에 대해서도 준용한다. 다만, 구법에 의하여 생긴 효력을 방해하지 아니한다.

제4조(소원전치에 관한 경과조치) 법령의 규정에 의하여 소원을 할 수 있는 처분 또는 재결로서 소원을 제기하지 아니하고 이 법률의 시행 전에 그 제기할 수 있는 기간을 경과한 것에 대한 취소소송의 제기에 관해서는, 이 법률의 시행 후에도 구법 제2조의 예에 의한다.

제5조(취소의 이유제한에 관한 경과조치) 이 법률의 시행 당시에 계속되어 있는 재결의 취소의 소에 대해서는 제10조 제2항의 규정을 적용하지 아니한다.

제6조(피고적격에 관한 경과조치) 이 법률의 시행 당시 계속되어 있는 취소소송의 피고적격에 대해서는 종전의 예에 의한다.

제7조(출소기간에 관한 경과조치) ① 이 법률의 시행 당시 구법 제5조 제1항의 기간이 진행되고 있는 처분 또는 재결의 취소의 소의 출소기간으로서, 처분 또는 재결이 있었음을 안 날을 기준으로 한 것에 대해서는 종전의 예에 의한다. 다만, 그 기간은 이 법률의 시행일로부터 기산하여 3개월을 초과할 수 없다.

② 이 법률의 시행 당시 구법 제5조 제3항의 기간이 진행되고 있는 처분 또는 재결의 취소의 소의 출소기간으로서, 처분 또는 재결이 있는 날을 기준으로 한 것에 대해서는 종전의 예에 의한다.

③ 전2항의 규정은 이 법률의 시행 후에 심사청구가 된 경우에 제14조 제4항의 규정의 적용을 방해하지 아니한다.

제8조(취소소송 이외의 항고소송에 관한 경과조치) ① 취소소송 이외의 항고소송으로, 이 법률의 시행 당시 계속되어 있는 것의 원고적격 및 피고적격에 대해서는 종전의 예에 의한다.

② 부칙 제5조의 규정은 처분의 무효등확인의 소와 그 처분에 대한 심사청구를 기각한 재결에 관한 항고소송을 제기할 수 있는 경우에 준용한다.

제9조(당사자소송에 관한 경과조치) 제39조의 규정은 이 법률의 시행 후에 제기하는 당사자소송에 대해서만 적용한다.

제10조(민중소송 및 기관소송에 관한 경과조치) 민중소송 및 기관소송 중 처분 또는 재결의 취소를 구하는 것에 대해서는 취소소송의 경과조치에 관한 규정을, 처분 또는 재결의 무효확인을 구하는 것에 대해서는 무효등확인의 소에 관한 경과조치에 관한 규정을 준용한다.

제11조(처분 등의 효력을 쟁점으로 하는 소송에 관한 경과조치) 제39조의 규정
은, 이 법률 시행 당시 계속하고 있는 사법상 법률관계에 관한 소송에 대해서
는, 이 법률의 시행 후에 새롭게 처분이나 재결의 존부 또는 효력의 유무가
다투어지게 된 경우에만 준용한다.

현행 행정사건소송법(行政事件訴訟法)

제1장 총칙

제1조(이 법률의 취지) 행정사건소송에 대해서는 다른 법률에 특별한 규정이 있
  는 경우를 제외하고는 이 법률의 정하는 바에 의한다.
제2조(행정사건소송) 이 법률에서 "행정사건소송"이라 함은 항고소송·당사자소
  송·민중소송 및 기관소송을 말한다.
제3조(항고소송) ① 이 법률에서 "항고소송"이라 함은 행정청의 공권력 행사에
  관한 불복의 소송을 말한다.
  ② 이 법률에서 "처분의 취소의 소"라 함은 행정청의 처분 그 밖의 공권력의
  행사에 해당하는 행위(다음 항에 규정한 재결·결정 그 밖의 행위를 제외한다.
  이하 "처분"이라 한다) 의 취소를 구하는 소송을 말한다.
  ③ 이 법률에서 "재결의 취소의 소"라 함은 심사청구·이의신청 그 밖의 불복
  신청(이하 "심사청구"라 한다)에 대한 행정청의 재결·결정 그 밖의 행위(이하
  "재결"이라 한다)의 취소를 구하는 소송을 말한다.
  ④ 이 법률에서 "무효등확인의 소"라 함은 처분이나 재결의 존부 또는 그 효
  력의 유무의 확인을 구하는 소송을 말한다.
  ⑤ 이 법률에서 "부작위의 위법확인의 소"라 함은 행정청이 법령에 기한 신
  청에 대하여 상당한 기간 내에 어떠한 처분 또는 재결을 하여야 함에도 불구
  하고 이를 하지 아니한 것에 대한 위법의 확인을 구하는 소를 말한다.
  ⑥ 이 법률에서 "의무이행의 소"라 함은 다음에 기재된 경우에 행정청이 그
  처분 또는 재결을 하여야 한다는 뜻을 명할 것을 구하는 소송을 말한다.
    1. 행정청이 일정한 처분 또는 재결을 하여야 함에도 불구하고 이를 하지
    않을 때(다음 호에 기재된 경우를 제외한다).

2. 행정청에 대하여 일정한 처분 또는 재결을 구하는 뜻의 법령에 기한 신청 또는 심사청구가 행하여진 경우에 해당 행정청이 그 처분 또는 재결을 하여야 함에도 불구하고 이를 하지 않은 때.

⑦ 이 법률에서 "예방적 금지의 소"라 함은 행정청이 일정한 처분 또는 재결을 하지 않아야 함에도 불구하고 이를 하려고 하는 경우에 행정청이 그 처분 또는 재결을 하여서는 안 된다는 뜻을 명할 것을 구하는 소송을 말한다.

제4조(당사자소송) 이 법률에서 "당사자소송"이라 함은 당사자 사이의 법률관계를 확인하거나 형성하는 처분 또는 재결에 관한 소송으로서 법령의 규정에 의하여 그 법률관계의 당사자 일방을 피고로 한 것 및 공법상 법률관계에 관한 확인의 소, 그 밖의 공법상 법률관계에 관한 소송을 말한다.

제5조(민중소송) 이 법률에서 "민중소송"이라 함은 국가 또는 공공단체의 기관의 법령에 적합하지 아니한 행위의 시정을 구하는 소송으로서 선거인인 자격 그 밖의 자기의 법률상 이익에 관계가 없는 자격으로 제기하는 것을 말한다.

제6조(기관소송) 이 법률에서 "기관소송"이라 함은 국가 또는 공공단체의 기관 상호간에 있어서 권한의 존부 또는 그 행사에 관한 분쟁에 대한 소송을 말한다.

제7조(이 법률에 규정이 없는 사항) 행정사건소송에 관하여 이 법률에 규정이 없는 사항에 대하여는 민사소송의 예에 의한다.

제2장 항고소송

제1절 취소소송

제8조(처분의 취소의 소와 심사청구와의 관계) ① 처분의 취소의 소는 해당 처분에 대하여 법령의 규정에 의한 심사청구를 할 수 있는 경우에도 직접 제기하는 것을 방해하지 않는다. 다만, 법률에 해당 처분의 심사청구에 대한 재결을 거친 후가 아니면 처분의 취소의 소를 제기할 수 없다는 뜻을 정한 경우에는 그러하지 아니하다.

② 전항 단서의 경우에도 다음 각 호의 1에 해당하는 경우에는 재결을 거치지 아니하고 처분의 취소의 소를 제기할 수 있다.

1. 심사청구가 있은 날로부터 3개월을 경과하여도 재결이 없는 때.
2. 처분, 처분의 집행 또는 절차의 계속으로부터 생기는 현저한 손해를 피하

기 위하여 긴급한 필요가 있는 때.

　3. 그밖에 재결을 거치지 아니하는 것에 대하여 정당한 이유가 있는 때.

　③ 제1항 본문의 경우에 해당 처분에 대하여 심사청구가 행하여진 경우에는 재판소는 그 심사청구에 대한 재결이 있을 때까지(심사청구가 있은 날로부터 3개월을 경과하여도 재결이 없는 때에는 그 기간을 경과할 때까지) 소송절차를 중지할 수 있다.

제9조(원고적격) ① 처분의 취소의 소 및 재결의 취소의 소(이하 "취소소송"이라 한다)는 해당 처분 또는 재결의 취소를 구함에 있어서 법률상 이익을 가지는 자(처분 또는 재결의 효력이 기간의 경과 그 밖의 이유로 상실된 후에도 처분 또는 재결의 취소에 의하여 회복하여야 할 법률상 이익을 가진 자를 포함한다)에 한하여 제기할 수 있다.

　② 재판소는 처분 또는 재결의 상대방 이외의 자에 대하여 전항에서 규정한 법률상 이익의 유무를 판단할 때, 해당 처분 또는 재결의 근거가 되는 법령의 규정의 문언만에 의할 것이 아니고, 해당 법령의 취지, 목적 및 해당 처분에서 고려되어야 할 이익의 내용 및 성질을 고려하도록 한다. 이 경우에 해당 법령의 취지 및 목적을 고려할 때에는 해당 법령과 목적을 공통으로 하는 관계법령이 있는 경우 그 취지 및 목적도 참작하도록 하고, 해당 이익의 내용 및 성질을 고려할 때에는 해당 처분 또는 재결이 그 근거가 되는 법령에 위반하여 행하여진 경우에 침해되는 이익의 내용, 성질 및 이것이 침해되는 태양 및 정도도 감안하도록 한다.

제10조(취소이유의 제한) ① 취소소송에서는 자기의 법률상 이익에 관계가 없는 위법을 이유로 취소를 구할 수 없다.

　② 처분의 취소의 소와 그 처분에 대한 심사청구를 기각한 재결의 취소의 소를 제기할 수 있는 경우에 재결의 취소의 소에서는 처분의 위법을 이유로 취소를 구할 수 없다.

제11조(피고적격 등) ① 처분 또는 재결을 한 행정청(처분 또는 재결이 있은 후에 해당 행정청의 권한이 다른 행정청에 승계된 때에는 해당 다른 행정청, 이하 같다)이 국가 또는 공공단체에 소속된 경우에는, 취소소송은 다음의 각 호에 기대된 소의 구분에 따라 해당 각 호에서 정한 자를 피고로 하여 제기하여야 한다.

　1. 처분의 취소의 소는 해당 처분을 한 행정청이 소속된 국가 또는 공공

단체

2. 재결의 취소의 소는 해당 재결을 한 행정청이 소속된 국가 또는 공공
단체

② 처분 또는 재결을 한 행정청이 국가 또는 공공단체에 소속되지 않은 경우
에는 취소소송은 해당 행정청을 피고로 하여 제기하여야 한다.

③ 전2항의 규정에 의하여 피고로 될 국가나 공공단체 또는 행정청이 없는
경우에는 취소소송은 해당 처분 또는 재결에 관한 사무가 속하는 국가 또는
공공단체를 피고로 하여 제기하여야 한다.

④ 제1항 또는 전항의 규정에 의하여 국가 또는 공공단체를 피고로 하여 취
소소송이 제기하는 경우에는, 소장에 민사소송의 예에 의하여 기재하여야 할
사항 이외에, 다음 각 호에 기재된 소의 구분에 따라 해당 각 호에서 정한
행정청을 기재하도록 한다.

1. 처분의 취소의 소 해당 처분을 한 행정청

2. 재결의 취소의 소 해당 재결을 한 행정청

⑤ 제1항 또는 전항의 규정에 의하여 국가 또는 공공단체를 피고로 하여 취
소소송이 제기된 경우에는, 피고는 지체 없이 재판소에 전항 각 호에 기재된
소의 구분에 따라 해당 각 호에서 정한 행정청을 명확하게 하여야 한다.

⑥ 처분 또는 재결을 한 행정청은 해당 처분 또는 재결에 관한 제1항의 규정
에 따른 국가 또는 공공단체를 피고로 한 소송에서 재판상의 일체의 행위를
할 권한을 갖는다.

제12조(관할) ① 취소소송은 피고의 보통재판적 소재지를 관할하는 재판소 또는
처분이나 재결을 한 행정청의 소재지를 관할하는 재판소의 관할에 속한다.

② 토지의 수용, 광업권의 설정, 그 밖의 부동산 또는 특정한 장소에 관한 처
분 또는 재결에 대한 취소소송은 그 부동산 또는 장소의 소재지의 재판소에
도 제기할 수 있다.

③ 취소소송은 그 처분 또는 재결에 관한 사무의 처리에서 하급행정기관의
소재지의 재판소에도 제기할 수 있다.

④ 국가 또는 독립행정법인통칙법(1999년 법률 제103호) 제2조 제1항에 규정
된 독립행정법인이나 별표에 기재된 법인을 피고로 하는 취소소송은, 원고의
보통재판적 소재지를 관할하는 고등재판소의 소재지를 관할하는 지방재판소
(다음 항에서 "특정관할재판소"라고 한다)에도 제기할 수 있다.

⑤ 전항의 규정에 의하여 특정관할재판소에 같은 항의 취소소송이 제기된 경우로서, 다른 재판소에 사실상 및 법률상 동일한 원인에 의하여 행하여진 처분 또는 재결에 관한 행정소송이 계속되고 있는 경우에는, 해당 특정관할재판소는 당사자의 주소 또는 소재지, 심문을 받아야 할 증인의 주소, 쟁점 또는 증거의 공통성, 그 밖의 사정을 고려하여 상당하다고 인정하는 때에는 신청에 의하거나 직권으로 소송의 전부 또는 일부를 해당 다른 재판소 또는 제1항 내지 제3항에서 정한 재판소로 이송할 수 있다.

제13조(관련청구에 관한 소송의 이송) 취소소송과 다음 각 호의 1에 해당하는 청구(이하 "관련청구"라 한다)에 관계되는 소송이 서로 다른 재판소에 계속하는 경우에 상당하다고 인정하는 때에는 관련청구에 관한 소송이 계속된 재판소는 신청에 의하거나 직권으로 그 소송을 취소소송이 계속된 법원에 이송할 수 있다. 다만, 취소소송 또는 관련청구에 관계되는 소송이 계속된 재판소가 고등재판소인 때에는 그러하지 아니하다.

1. 해당 처분 또는 재결에 관련된 원상회복이나 손해배상의 청구.
2. 해당 처분과 하나의 절차를 이룬 다른 처분의 취소의 청구.
3. 해당 처분에 관한 재결의 취소의 청구.
4. 재결에 관한 처분의 취소의 청구.
5. 해당 처분 또는 재결의 취소를 구하는 다른 청구.
6. 그밖에 해당 처분 또는 재결의 취소의 청구에 관한 청구.

제14조(출소기간) ① 취소소송은 처분 또는 재결이 있음을 안 날로부터 6개월을 경과한 때에는 제기할 수 없다. 다만, 정당한 이유가 있는 때에는 그러하지 아니하다.

② 취소소송은 처분 또는 재결을 한 날로부터 1년을 경과한 때에는 제기할 수 없다. 다만, 정당한 이유가 있는 때에는 그러하지 아니하다.

③ 처분 또는 재결에 대하여 심사청구를 할 수 있는 경우 또는 행정청이 잘못하여 심사청구를 할 수 있는 뜻을 교시한 경우에 심사청구가 있는 때에는, 처분 또는 재결에 관한 취소소송은 그 심사청구를 한 자에 대해서는 전2항의 규정에도 불구하고 이에 대한 재결이 있음을 안 날 또는 재결을 한 날로부터 6개월이 경과한 때 또는 해당 재결을 한 날로부터 1년을 경과한 때에는 제기할 수 없다. 다만, 정당한 이유가 있는 때에는 그러하지 아니하다.

제15조(피고를 오인한 소의 구제) ① 취소소송에서 원고가 고의 또는 중대한 과

실 없이 피고로 될 자를 오인한 때에는 재판소는 원고의 신청에 의하여 결정
으로 피고의 변경을 허가할 수 있다.

② 전항의 결정은 서면으로 하고, 그 정본을 새로운 피고에게 송달하여야 한다.

③ 제1항의 결정이 있을 경우에는 출소기간의 준수에 대해서는 새로운 피고
에 대한 소는 최초로 소를 제기한 때에 제기한 것으로 본다.

④ 제1항의 결정이 있을 경우에는 종래의 피고에 대해서는 소의 취하가 있은
것으로 본다.

⑤ 제1항의 결정에 대해서는 불복신청을 할 수 없다.

⑥ 제1항의 신청을 각하하는 결정에 대해서는 즉시항고를 할 수 있다.

⑦ 상소심에서 제1항의 결정을 한 경우에는 재판소는 그 소송을 관할법원에
이송하여야 한다.

제16조(청구의 객관적 병합) ① 취소소송에는 관련청구에 관계되는 소를 병합
할 수 있다.

② 전항의 규정에 의하여 소를 병합한 경우에 취소소송의 제1심 재판소가 고
등재판소인 때에는 관련청구에 관한 소의 피고의 동의를 얻어야 한다. 피고
가 이의없이 본안에 대하여 변론을 하거나 준비절차에서 진술을 한 때에는
동의한 것으로 본다.

제17조(공동소송) ① 수인은 그 수인의 청구 또는 그 수인에 대한 청구가 처분
또는 재결의 취소의 청구와 관련청구인 경우에 한하여, 공동소송인으로서 소
를 제기하거나 소를 제기당할 수 있다.

② 전항의 경우에는 전조 제2항의 규정을 준용한다.

제18조(제3자에 의한 청구의 추가적 병합) 제3자는 취소소송의 구두변론이 종결
될 때까지 그 소송의 당사자 일방을 피고로 하여 관련청구에 관한 소를 그
소에 병합하여 제기할 수 있다. 이 경우에 그 취소소송이 고등재판소에 계속
하는 때에는 제16조 제2항의 규정을 준용한다.

제19조(원고에 의한 청구의 추가적 병합) ① 원고는 취소소송의 구두변론이 종
결될 때까지 관련청구에 관한 소를 그 소에 병합하여 제기할 수 있다. 이 경
우에 그 취소소송이 고등재판소에 계속하는 때에는 제16조 제2항의 규정을
준용한다.

② 전항의 규정은 취소소송에 대하여 민사소송법(1996년 법률 제109호) 제
143조의 규정의 예에 의한다는 것을 방해하지 아니한다.

제20조 전조 제1항 전단의 규정에 의하여 처분의 취소의 소를 그 처분에 대한 심사청구를 기각한 재결의 취소의 소에 병합하여 제기한 경우에는, 동항 후단에서 준용하는 제16조 제2항의 규정에도 불구하고 처분의 취소의 소의 피고의 동의를 요하지 아니하며, 그 소의 제기가 있을 때에는 출소기간의 준수에 대해서는 처분의 취소의 소는 재결의 취소의 소를 제기한 경우에 제기된 것으로 본다.

제21조(국가 또는 공공단체에 대한 청구로의 소의 변경) ① 재판소는 취소소송의 목적인 청구를 해당 처분 또는 재결에 관한 사무가 귀속하는 국가 또는 공공단체에 대한 손해배상, 그 밖의 청구로 변경하는 것이 상당하다고 인정되는 때에는 청구의 기초에 변경이 없는 한, 구두변론이 종결될 때까지 원고의 신청에 의하여 결정으로 소의 변경을 허가할 수 있다.

② 전항의 결정에는 제15조 제2항의 규정을 준용한다.

③ 재판소는 제1항의 규정에 의하여 소의 변경을 허가하는 결정을 하기 위해서는 미리 당사자 및 손해배상, 그 밖의 청구에 관한 소의 피고의 의견을 들어야 한다.

④ 소의 변경을 허가하는 결정에 대해서는 즉시항고를 할 수 있다.

⑤ 소의 변경을 허가하지 아니한 결정에 대해서는 불복을 신청할 수 없다.

제22조(제3자의 소송참가) ① 재판소는 소송의 결과에 의하여 권리를 침해당할 제3자가 있는 때에는, 당사자 또는 그 제3자의 신청에 의하거나 직권으로 결정으로 그 제3자를 참가시킬 수 있다.

② 재판소는 전항의 결정을 하기 위해서는 미리 당사자 및 제3자의 의견을 들어야 한다.

③ 제1항의 신청을 한 제3자는 그 신청을 각하하는 결정에 대하여 즉시항고를 할 수 있다.

④ 제1항의 규정에 의하여 소송에 참가한 제3자에 대해서는 민사소송법 제40조 제1항 내지 제3항의 규정을 준용한다.

⑤ 제1항의 규정에 의하여 제3자가 소송참가를 신청한 때에는 민사소송법 제45조 제3항 및 제4항의 규정을 준용한다.

제23조(행정청의 소송참가) ① 재판소는 다른 행정청을 소송에 참가시킬 필요가 있다고 인정 하는 때에는 당사자 또는 그 행정청의 신청에 의하거나 직권으로 결정으로 그 행정청을 소송에 참가시킬 수 있다.

② 재판소는 전항의 결정을 하기 위해서는 미리 당사자 및 그 행정청의 의견을 들어야 한다.

③ 제1항의 결정에 의하여 소송에 참가한 행정청에 대해서는 민사소송법 제45조 제1항 및 제2항의 규정을 준용한다.

제23조의2(행정청의 소송참가) ① 재판소는 소송관계를 명료하게 하기 위하여 필요하다고 인정하는 때에는 다음과 같은 처분을 할 수 있다.

　1. 피고인 국가나 공공단체에 소속한 행정청 또는 피고인 행정청에 대하여, 처분 또는 재결의 내용, 처분 또는 재결의 근거가 된 법령의 조항, 처분 또는 재결의 원인이 된 사실, 그 밖의 처분 또는 재결의 이유를 명백하게 하는 자료(다음 항에 규정하는 심사청구에 관한 사건기록을 제외한다)로서 해당 행정청이 보유하고 있는 것의 전부 또는 일부의 제출을 구하는 것.

　2. 전 호에서 규정한 행정청 이외의 행정청에 대하여, 같은 호에서 규정한 자료로서 해당 행정청이 보유하고 있는 것의 전부 또는 일부의 송부를 촉탁하는 것.

② 재판소는 처분에 관한 심사청구에 대하여 재결을 거친 후에 취소소송이 제기된 때에는 다음과 같은 처분을 할 수 있다.

　1. 피고인 국가나 공공단체에 소속한 행정청 또는 피고인 행정청에 대하여, 해당 심사청구에 관한 사건기록으로서 해당 행정청이 보유하고 있는 것의 전부 또는 일부의 제출을 구하는 것.

　2. 전 호에서 규정한 행정청 이외의 행정청에 대하여, 같은 호에서 규정한 사건기록으로서 해당 행정청이 보유하고 있는 것의 전부 또는 일부의 송부를 촉탁하는 것.

제24조(직권증거조사) 재판소는 필요하다고 인정하는 때에는 직권으로 증거조사를 할 수 있다. 다만, 그 증거조사의 결과에 대하여 당사자의 의견을 들어야 한다.

제25조(집행정지) ① 처분의 취소의 소의 제기는 처분의 효력, 처분의 집행 또는 절차의 계속을 방해하지 아니한다.

② 처분의 취소의 소의 제기가 있는 경우에, 처분, 처분의 집행 또는 절차의 계속에 의하여 생길 중대한 손해를 피하기 위하여 긴급한 필요가 있는 때에는 재판소는 신청에 의하여 결정으로 처분의 효력, 처분의 집행 또는 절차의 계속의 전부 또는 일부의 정지(이하 "집행정지"라 한다)를 할 수 있다. 다만,

처분의 효력의 정지는 처분의 집행 또는 절차의 계속의 정지에 의하여 목적을 달성할 수 있는 경우에는 할 수 없다.

③ 재판소는 전항에서 규정한 중대한 손해가 생길지 여부를 판단할 때에는 손해회복의 곤란의 정도를 고려하는 것으로서 손해의 성질 및 정도, 처분의 내용 및 성질도 감안하도록 한다.

④ 집행정지는 공공복리에 중대한 영향을 미칠 우려가 있는 때 또는 본안에 대한 이유가 없는 것으로 보인 때에는 할 수 없다.

⑤ 제2항의 결정은 소명에 근거하여 한다.

⑥ 제2항의 결정은 구두변론을 거치지 아니하고 할 수 있다. 다만, 미리 당사자의 의견을 들어야 한다.

⑦ 제2항의 신청에 대한 결정에 대해서는 즉시항고를 할 수 있다.

⑧ 제2항의 결정에 대한 즉시항고는 그 결정의 집행을 정지하는 효력을 가지지 아니한다.

제26조(사정변경에 의한 집행정지의 취소) ① 집행정지의 결정이 확정된 후 그 이유가 소멸되거나 그밖에 사정이 변경된 때에는 재판소는 상대방의 신청에 의하여 결정으로 집행정지의 결정을 취소할 수 있다.

② 전항의 신청에 대한 결정 및 이에 대한 불복에 대해서는 전조 제4항 내지 제7항의 규정을 준용한다.

제27조(내각총리대신의 이의) ① 제25조 제2항의 신청이 있는 때에는 내각총리대신은 재판소에 대하여 이의할 수 있다. 집행정지의 결정이 있은 후에도 같다.

② 전항의 이의에는 이유를 붙여야 한다.

③ 전항의 이의의 이유에는 내각총리대신은 처분의 효력을 존속하거나, 처분을 집행하거나, 절차를 계속하지 아니하면 공공복리에 중대한 영향을 미칠 우려가 있다는 사정을 나타내도록 한다.

④ 제1항의 이의가 있는 때에는 재판소는 집행정지를 할 수 없고 집행정지의 결정을 한 때에는 이를 취소하여야 한다.

⑤ 제1항 후단의 이의는 집행정지의 결정을 한 재판소에 대하여 하여야 한다. 다만, 결정에 대한 항고가 항고재판소에 계속 중인 때에는 항고재판소에 대하여 하여야 한다.

⑥ 내각총리대신은 부득이한 경우가 아니면 제1항의 이의를 할 수 없으며, 이의를 한 때에는 다음 정기국회에서 이를 보고하여야 한다.

제28조(집행정지 등의 관할재판소) 집행정지 또는 그 결정의 취소신청의 관할재판소는 본안이 계속된 재판소로 한다.

제29조(집행정지에 관한 규정의 준용) 전4조의 규정은 재결의 취소의 소의 제기가 있는 경우에서의 집행정지에 관한 사항에 준용한다.

제30조(재량처분의 취소) 행정청의 재량처분에 대해서는 재량권의 범위를 넘거나 재량권을 남용한 경우에 한하여 재판소는 그 처분을 취소할 수 있다.

제31조(특별사정에 의한 청구의 기각) ① 취소소송에 대해서는 처분 또는 재결이 위법이나 그 처분 또는 재결을 취소하는 것에 의하여 공공의 이익에 현저한 장해를 생기게 할 경우에, 원고가 받을 손해의 정도, 그 손해의 배상 또는 방지의 정도 및 방법, 그 밖의 모든 사정을 고려하여 처분 또는 재결을 취소하는 것이 공공복리에 적합하지 아니하다고 인정할 때에는 재판소는 청구를 기각할 수 있다. 이 경우에는 그 판결의 주문에 처분 또는 재결이 위법하다는 것을 선언하여야 한다.

② 재판소는 상당하다고 인정한 때에는 종국판결 전에 판결로 처분 또는 재결이 위법하다고 선언할 수 있다.

③ 종국판결에 사실 및 이유를 기재함에는 전항의 판결을 인용할 수 있다.

제32조(취소판결 등의 효력) ① 처분 또는 재결을 취소하는 판결은 제3자에게도 효력이 있다.

② 전항의 규정은 집행정지의 결정 또는 그 취소의 결정에 준용한다.

제33조 ① 처분 또는 재결을 취소하는 판결은 그 사건에 대하여 당사자인 행정청, 그 밖의 관계 행정청을 구속한다.

② 신청을 각하하거나 기각한 처분 또는 심사청구를 각하하거나 기각한 재결이 판결에 의하여 취소된 때에는, 그 처분 또는 재결을 한 행정청은 판결의 취지에 따라 다시 신청에 대한 처분 또는 심사청구에 대한 재결을 하여야 한다.

③ 전항의 규정은 신청에 기하여 한 처분 또는 심사청구를 인용한 재결이 판결에 의하여 절차에 위법이 있다는 이유로 취소된 경우에 준용한다.

④ 제1항의 규정은 집행정지의 결정에 준용한다.

제34조(제3자의 재심의 소) ① 처분 또는 재결을 취소하는 판결에 의하여 권리를 침해당한 제3자로서, 자기의 책임으로 돌릴 수 없는 이유로 소송에 참가할 수 없었기 때문에 판결에 영향을 미칠 수 있는 공격 또는 방어의 방법을 제출할 수 없었던 자는, 이를 이유로 확정의 종국판결에 대한 재심의 소로 불

복을 신청할 수 있다.

② 전항의 소는 확정판결을 안 날로부터 30일 이내에 제기하여야 한다.

③ 전항의 기간은 불변기간으로 한다.

④ 제1항의 소는 판결이 확정된 날로부터 1년의 경과한 때에는 제기할 수 없다.

제35조(소송비용의 재판의 효력) 국가 또는 공공단체에 소속한 행정청이 당사자 또는 참가인인 소송에서, 확정된 소송비용의 재판은 해당 행정청이 소속하는 국가 또는 공공단체에 대하여 또한 그들을 위하여 효력이 있다.

제2절 그 밖의 항고소송

제36조(무효등확인의 소의 원고적격) 무효등확인의 소는 해당 처분 또는 재결에 따르는 처분에 의하여 손해를 받을 우려가 있는 자, 그밖에 해당 처분 또는 재결의 무효등의 확인을 구하는 것에 법률상 이익을 가진 자로서, 그 처분이나 재결의 존부 또는 그 효력의 유무를 전제로 한 현재의 법률관계에 관한 소에 의하여 목적을 달성할 수 없는 것에 한하여 제기할 수 있다.

제37조(부작위의 위법확인의 소의 원고적격) 부작위의 위법확인의 소는 처분 또는 재결에 대한 신청을 한 자에 한하여 제기할 수 있다.

제37조의2(의무이행의 소의 요건 등) ① 제3조 제6항 제1호에 기재된 경우에 의무이행의 소는 일정한 처분이 행하여지지 않는 것에 의하여 중대한 손해가 생길 우려가 있고, 그 손해를 피하기 위하여 달리 적당한 방법이 없는 때에 한하여 제기할 수 있다.

② 재판소는 전항에 규정한 중대한 손해의 발생 여부를 판단할 때에는 손해 회복의 곤란의 정도를 고려하는 것으로서 손해의 성질 및 정도, 처분의 내용 및 성질도 감안하도록 한다.

③ 제1항의 의무이행의 소는 행정청이 일정한 처분을 하여야 한다는 뜻을 명할 것을 구하는 것에 대하여 법률상 이익을 갖는 자에 한하여 제기할 수 있다.

④ 전항에 규정한 법률상 이익의 유무를 판단할 때에는 제9조 제2항의 규정을 준용한다.

⑤ 의무이행의 소가 제1항 및 제3항의 요건에 해당하는 경우에 그 의무이행의 소에 관한 처분에 대하여, 행정청이 그 처분을 하여야 할 것이 그 처분의 근거가 된 법령의 규정으로부터 명백하다고 인정되거나 행정청이 그 처분을

하지 않는 것이 그 재량권의 범위를 일탈하였거나 그 남용이라고 인정되는 때에는 재판소는 행정청이 그 처분을 하여야 한다는 뜻을 명하는 판결을 한다.

제37조의3 ① 제3조 제6항 제2호에 기재된 경우에 의무이행의 소는 다음에 기재된 요건 중 하나에 해당하는 때에 한하여 제기할 수 있다.

1. 해당 법령에 기한 신청 또는 심사청구에 대하여 상당한 기간 내에 어떠한 처분 또는 재결이 행하여지지 않은 때.

2. 해당 법령에 기한 신청 또는 심사청구를 각하하거나 기각한다는 뜻의 처분 또는 재결이 행하여진 경우에 해당 처분 또는 재결이 취소되어야 할 것이거나 무효나 부존재일 것.

② 전항의 의무이행의 소는 같은 항 각 호에 규정한 법령에 기한 신청 또는 심사청구를 한 자에 한하여 제기할 수 있다.

③ 제1항의 의무이행의 소를 제기한 때에는 다음 각 호에 기재된 구분에 따라 해당 각 호에서 정한 소를 그 의무이행의 소에 병합하여 제기하여야 한다. 이 경우 해당 각 호에 정한 소에 관한 소송의 관할에 관하여 다른 법률에 특별한 규정이 있는 때에는 해당 의무이행의 소에 관한 소송의 관할은 제38조 제1항에서 준용하는 제12조의 규정에도 불구하고 그 규정에 따른다.

1. 제1항 제1호에 기재된 요건에 해당하는 경우 같은 호에 규정한 처분 또는 재결에 관한 부작위의 위법확인의 소.

2. 제1항 제2호에 기재된 요건에 해당하는 경우 같은 호에 규정한 처분 또는 재결에 관한 취소소송 또는 무효등확인의 소

④ 전항의 규정에 의하여 병합하여 제기된 의무이행의 소 및 같은 항 각 호에서 정한 소에 관한 변론 및 재판은 분리하지 않고 하여야 한다.

⑤ 의무이행의 소가 제1항 내지 제3항의 요건에 해당하는 경우에 같은 항 각 호에 정한 소에 관한 청구에 이유가 있다고 인정되고, 그 의무이행의 소에 관한 처분 또는 재결에 대하여 행정청이 그 처분 또는 재결을 하여야 하는 것이 그 처분의 근거가 된 법령의 규정으로부터 명백하다고 인정되거나 행정청이 그 처분 또는 재결을 하지 않는 것이 그 재량권의 범위를 일탈하였거나 남용이라고 인정되는 때에는, 재판소는 그 의무이행의 소에 관한 처분 또는 재결을 하여야 할 뜻을 명하는 판결을 한다.

⑥ 제4항의 규정에도 불구하고 재판소는 심리의 상황 그 밖의 사정을 고려하여, 제3항 각 호에서 정한 소에 관해서만 종국판결을 하는 것이 보다 신속한

쟁송의 해결에 도움이 된다고 인정하는 때에는 해당 소에 관해서만 종국판결을 할 수 있다. 이 경우 재판소는 해당 소에 관해서만 종국판결을 한 때에는 당사자의 의견을 듣고 해당 소에 관한 소송절차가 완결될 때까지 사이에 의무이행의 소에 관한 소송절차를 중지할 수 있다.

⑦ 제1항의 의무이행의 소 중 행정청이 일정한 재결을 하여야 할 뜻을 명하는 것을 구하는 것은 처분에 관한 심사청구가 행하여진 경우에 해당 처분에 관한 처분의 취소의 소 또는 무효등확인의 소 등을 제기할 수 없는 때에 한하여 제기할 수 있다.

제37조의4(예방적 금지의 소의 요건) ① 예방적 금지의 소는 일정한 처분 또는 재결이 행하여지는 것에 의하여 중대한 손해가 생길 우려가 있는 경우에 한하여 제기할 수 있다. 다만, 그 손해를 피하기 위하여 다른 적당한 방법이 있는 때에는 그러하지 아니하다.

② 재판소는 전항에 규정한 중대한 손해의 발생 여부를 판단할 때에는 손해 회복의 곤란의 정도를 고려하는 것으로서 손해의 성질 및 정도, 처분의 내용 및 성질도 감안하도록 한다.

③ 예방적 금지의 소는 행정청이 일정한 처분 또는 재결을 하여서는 안 된다는 뜻을 명할 것을 구하는 것에 대하여 법률상 이익을 갖는 자에 한하여 제기할 수 있다.

④ 전항에 규정한 법률상 이익의 유무를 판단할 때에는 제9조 제2항의 규정을 준용한다.

⑤ 예방적 금지의 소가 제1항 및 제3항의 요건에 해당하는 경우에 그 예방적 금지의 소에 관한 처분 또는 재결에 대하여, 행정청이 그 처분이나 재결을 하여서는 안 된다는 것이 그 처분이나 재결의 근거가 된 법령의 규정으로부터 명백하다고 인정되거나 행정청이 그 처분이나 재결을 하는 것이 그 재량권의 범위를 일탈하였거나 그 남용이라고 인정되는 때에는, 재판소는 행정청이 그 처분 또는 재결을 하여서는 안 된다는 뜻을 명하는 판결을 한다.

제37조의5(가의무이행 및 가금지) ① 의무이행의 소가 제기된 경우에 그 의무이행의 소에 관한 처분 또는 재결이 행하여지지 않는 것에 의하여 생길 보상할 수 없는 손해를 피하기 위하여 긴급한 필요가 있고 본안에 관하여 이유가 있다고 보이는 때에는, 재판소는 신청에 의하여 결정으로 임시로 행정청이 그 처분 또는 재결을 하여야 한다는 뜻(이하 "가의무이행"이라 한다)을 명할 수

있다.

② 예방적 금지의 소가 제기된 경우에 그 예방적 금지의 소에 관한 처분 또는 재결이 행하여지는 것에 의하여 생길 보상할 수 없는 손해를 피하기 위하여 긴급한 필요가 있고 본안에 관하여 이유가 있다고 보이는 때에는 재판소는 신청에 의하여 결정으로 임시로 행정청이 그 처분 또는 재결을 하여서는 안 된다는 뜻(이하 "가금지"이라 한다)을 명할 수 있다.

③ 가의무이행 또는 가금지는 공공의 복지에 중대한 영향을 미칠 우려가 있는 때에는 할 수 없다.

④ 제25조 제5항 내지 제8항과 제26조 내지 제28조 및 제33조 제1항의 규정을 가의무이행 또는 가금지에 관한 사항에 준용한다.

⑤ 전항에서 준용된 제25조 제7항의 즉시항고에 관한 재판 또는 전항에서 준용된 제26조 제1항의 결정에 의하여 가의무이행결정이 취소된 때에는, 해당 행정청은 해당 가의무이행의 결정에 기하여 한 처분 또는 재결을 취소하여야 한다.

제38조(취소소송에 관한 규정의 준용) ① 제11조 내지 제13조, 제16조 내지 제19조, 제21조 내지 제23조, 제24조, 제33조 내지 제35조의 규정은 취소소송 이외의 항고소송에 준용한다.

② 제10조 제2항의 규정은 처분의 무효등확인의 소와 그 처분에 대한 심사청구를 기각한 재결에 관한 항고소송을 제기할 수 있는 경우에, 제20조의 규정은 처분의 무효등확인의 소를 그 처분에 대한 심사청구를 기각한 재결에 관한 항고소송에 병합하여 제기하는 경우에 준용한다.

③ 제23조의2, 제25조 내지 제29조 및 제32조 제2항의 규정은 무효등확인의 소에 준용한다.

④ 제8조 및 제10조 제2항의 규정은 부작위의 위법확인의 소에 준용한다.

제3장 당사자소송

제39조(출소의 통지) 당사자의 법률관계를 확인하거나 형성하는 처분 또는 재결에 관한 소송으로 법령의 규정에 의하여 그 법률관계의 당사자 일방을 피고로 하는 소가 제기된 때에는, 재판소는 그 처분 또는 재결을 한 행정청에 그 뜻을 통지한다.

제40조(출소기간의 정함이 있는 당사자소송) ① 법령에 출소기간의 정함이 있는
　　당사자소송은 그 법령에 별도로 정한 경우를 제외하고 정당한 이유가 있는 때
　　에는 그 기간을 경과한 후에도 이를 제기할 수 있다.
　　② 제15조의 규정은 법령에 출소기간의 정함이 있는 당사자소송에 준용한다.
제41조(항고소송에 관한 규정의 준용) ① 제23조, 제24조, 제33조 제1항 및 제35
　　조의 규정은 당사자소송에, 제23조의2의 규정은 당사자소송에서 처분 또는
　　재결의 이유를 명확하게 하는 자료의 제출에 준용한다.
　　② 제13조의 규정은 당사자소송과 그 목적인 청구와 관련청구의 관계가 있는
　　청구에 관한 소송이 다른 재판소에 계속된 경우 그 이송에, 제16조 내지 제19
　　조의 규정은 이 소들의 병합에 대하여 준용한다.

제4장 민중소송 및 기관소송

제42조(소의 제기) 민중소송 및 기관소송은 법률이 정하는 경우에 법률이 정하
　　는 자에 한하여 제기할 수 있다.
제43조(항고소송 또는 당사자소송에 관한 규정의 준용) ① 민중소송 또는 기관
　　소송으로 처분 또는 재결의 취소를 구하는 것에 대해서는, 제9조 및 제10조
　　제1항의 규정을 제외하고 취소소송에 관한 규정을 준용한다.
　　② 민중소송 및 기관소송으로 처분 또는 재결의 무효확인을 구하는 것에 대
　　해서는, 제36조의 규정을 제외하고 무효등확인의 소에 관한 규정을 준용한다.
　　③ 민중소송 또는 기관소송으로 전2항에 규정한 소송 이외의 것에 대해서는,
　　제39조 및 제40조 제1항의 규정을 제외하고 당사자소송에 관한 규정을 준용
　　한다.

제5장 보칙

제44조(가처분의 배제) 행정청의 처분 그 밖의 공권력의 행사에 해당하는 행위에
　　대해서는 민사보전법(1989년 법률 제91호)에 규정한 가처분을 할 수 없다.
제45조(처분의 효력 등을 쟁점으로 하는 소송) ① 사법상 법률관계에 관한 소송
　　에서, 처분이나 재결의 존부 또는 그 효력의 유무가 다투어진 경우에는, 제23
　　조 제1항 및 제2항과 제39조의 규정을 준용한다.

② 전항의 규정에 의하여 행정청이 참가한 경우에는 민사소송법 제45조 제1항 및 제2항의 규정을 준용한다. 다만, 공격 또는 방어의 방법은 해당 처분이나 재결의 존부 또는 그 효력의 유무에 관한 것에 한하여 제출할 수 있다.

③ 제1항의 규정에 의하여 행정청이 소송에 참가한 후에 처분이나 재결의 존부 또는 그 효력의 유무에 관한 다툼이 없어진 때에는 재판소는 참가의 결정을 취소할 수 있다.

④ 제1항의 경우에는 그 쟁점에 관하여 제23조의2 및 제24조의 규정을, 소송비용이 재판에 관하여 제35조의 규정을 준용한다.

제46조(취소소송 등의 제기에 관한 사항의 교시) ① 행정청은 취소소송을 제기할 수 있는 처분 또는 재결을 하는 경우에는, 해당 처분 또는 재결의 상대방에 대하여 다음과 같은 사항을 서면으로 교시하여야 한다. 다만, 해당 처분을 구두로 하는 경우에는 그러하지 아니하다.

 1. 해당 처분 또는 재결에 관한 취소소송에서 피고로 되어야 할 자.
 2. 해당 처분 또는 재결에 관한 취소소송의 출소기간.
 3. 법률에서 해당 처분의 심사청구에 대한 재결을 거치 후가 아니면 처분의 취소의 소를 제기할 수 없다는 취지의 정함이 있는 때에는 그 취지.

② 행정청은 법률에서 처분의 심사청구에 대한 재결에 대해서만 취소소송을 제기할 수 있다는 취지의 정함이 있는 경우에, 해당 처분을 할 때에는 해당 처분의 상대방에 대하여 법률에 그 정함이 있다는 취지를 서면으로 교시하여야 한다. 다만, 해당 처분을 구두로 하는 경우에는 그러하지 아니하다.

③ 행정청은 당사자 사이의 법률관계를 확인하거나 형성하는 처분 또는 재결에 관한 소송으로서 법령의 규정에 의하여 그 법률관계의 당사자 일방을 피고로 하여 제기할 수 있는 처분 또는 재결을 하는 경우에는, 해당 처분 또는 재결의 상대방에 대하여 다음과 같은 사항을 서면으로 교시하여야 한다. 다만, 해당 처분을 구두로 하는 경우에는 그러하지 아니하다.

 1. 해당 소송의 피고로 되어야 할 자.
 2. 해당 소송의 출소기간.

행정소송 관련 통계자료

전전 일본의 행정재판 통계 [표 1]

※ 明治: 1868. 10. 23.~1912. 7. 30. (明治23년 = 1890년)
　大正: 1912. 7. 30.~1926. 12. 25. (大正원년 = 1912년)
　昭和: 1926. 12. 25.~1989. 1. 7. (昭和원년 = 1926년)
　平成: 1989. 1. 8.~현재 (平成원년 = 1989년)
※ 아래의 통계는 『行政裁判所五十年史, 行政裁判所, 1941., 509~512頁(行政訴訟事件數　一覽表)』와 『明治以降　裁判統計要覽, 最高裁判所　事務總局, 1969., 184頁』에서 발췌한 것임
※ 아래의 통계에서 재결은 각하판결과 각하결정 등 각하된 경우를 말함

연도	접수건수	기재건수					미제건수
		총수	판결	재결	취하	소멸	
1890년	36	15	4	11	0	0	21
1891년	89	72	41	21	6	4	38
1892년	147	129	70	33	24	2	56
1893년	128	155	98	36	16	5	29
1894년	86	83	55	16	8	4	32
1895년	114	99	66	20	12	1	47
1896년	126	132	84	34	13	1	41
1897년	125	104	59	29	16	0	62
1898년	150	141	101	31	7	2	71
1899년	236	153	94	37	20	2	154
1900년	273	288	215	39	31	3	139
1901년	295	240	198	25	15	2	194
1902년	378	247	171	37	34	5	325

연도	접수건수	기재건수					미제건수
		총수	판결	재결	취하	소멸	
1903년	618	354	275	36	41	2	589
1904년	1,290	338	234	47	55	2	1,541
1905년	391	302	239	15	47	1	1,630
1906년	179	295	222	32	41	0	1,514
1907년	173	519	343	37	117	22	1,168
1908년	219	488	387	27	72	2	899
1909년	726	500	409	27	64	0	1,125
1910년	295	423	288	91	44	0	997
1911년	217	343	266	31	46	0	871
1912년	257	370	293	31	46	0	758
1913년	257	300	219	24	57	0	715
1914년	222	348	291	25	32	0	589
1915년	173	228	180	20	28	0	534
1916년	238	294	214	28	52	0	478
1917년	186	213	158	20	35	0	451
1918년	247	222	166	24	32	0	476
1919년	657	286	160	36	90	0	847
1920년	226	259	165	21	73	0	814
1921년	249	236	144	30	61	1	827
1922년	267	324	235	32	55	2	770
1923년	196	268	194	12	61	1	698
1924년	198	224	134	33	57	0	672
1925년	222	219	127	27	65	0	675
1926년	545	283	167	49	67	0	937
1927년	325	421	258	34	128	1	841
1928년	357	406	249	36	121	0	792
1929년	551	406	234	60	111	1	937
1930년	352	433	270	36	127	0	856
1931년	389	318	173	49	96	0	927
1932년	321	340	205	39	96	0	908

연도	접수건수	기재건수					미제건수
		총수	판결	재결	취하	소멸	
1933년	506	447	217	85	144	1	967
1934년	365	367	208	35	123	1	965
1935년	318	393	175	51	167	0	890
1936년	289	265	120	48	97	0	914
1937년	350	362	125	42	194	1	902
1938년	208	290	134	44	108	4	820
1939년	167	285	183	35	67	0	702
1940년	109	212	124	28	60	0	
1941년	90	136	44	23	69	0	
1942년	84	133	44	15	74	0	
1943년	57	124	47	17	60	0	
1944년	23	81	30	12	39	0	
1945년	11	22	5	5	12	0	
1946년	16	30	9	8	13	0	
1947년	2	41	21	3	16	1	

전후 일본의 행정소송 통계 [표 2]

※ 일본의 전후 행정소송(국가배상청구소송 등 제외) 제1심의 접수건수(고등재
　판소가 제1심인 경우, 지방자치법상 주민소송, 과세처분을 다투는 조세소송,
　지적재산권을 둘러싼 지재소송 포함), 기재건수, 미제건수, 인용건수(일부인
　용 포함), 인용률(인용건수/기재건수)

※ 1947년은 5. 3.~12. 31.임

※ 1962년 이후의 통계는 정확하지만, 그 이전의 것은 접수건수와 기재건수, 미
　제건수에 수정이 가해졌으나 판결·결정건수는 그에 따라 수정이 되지 않았
　고 별도로 통계를 잡지 않아 필자가 판결건수에 결정건수를 더하였으며, 따
　라서 인용률은 수정전의 수치를 기준으로 계산한 것임(괄호안의 숫자는 수
　정전의 수치임)

※ 행정사건소송특례법 시행기간: 1948. 7. 15.~1962. 9. 30.

※ 제정 행정사건소송법: 1962. 10. 1.~2005. 9. 30.

※ 2004년 개정 행정사건소송법: 2005. 4. 1.~현재

연도	접수건수	기재건수	판결건수	인용건수	인용률	미제건수
1947년	478	44	5	2	4.5%	434
1948년	2,503 (2,504)	989 (966)	310	53	5.5%	1,948
1949년	2,514 (2,511)	1,875 (1,993)	705	171	8.6%	2,587
1950년	1,744 (1,746)	1,704 (2,103)	577	175	8.3%	2,627
1951년	1,206 (1,218)	1,528 (1,928)	564	212	10.1%	2,305
1952년	1,184 (1,187)	1,271 (1,705)	346	118	6.9%	2,218
1953년	933 (935)	1,045 (1,035)	418	147	14.2%	2,106
1954년	1,122 (1,119)	905 (875)	380	140	16.0%	2,323
1955년	981 (979)	1,007 (982)	382	114	11.6%	2,297

연도	접수건수	기재건수	판결건수	인용건수	인용률	미제건수
1956년	843 (838)	927 (918)	430	122	13.3%	2,213
1957년	897 (894)	939 (927)	358	82	8.8%	2,171
1958년	921 (919)	827 (811)	378	94	11.6%	2,265
1959년	896	750 (744)	357	83	11.2%	2,411
1960년	846 (845)	875 (874)	413	91	10.4%	2,382
1961년	811 (810)	796 (776)	354	89	11.5%	2,397
1962년	783	830	375	92	11.1%	2,350
1963년	793	746	380	86	11.5%	2,397
1964년	948	854	398	93	10.9%	2,491
1965년	968	839	376	110	13.1%	2,620
1966년	1,097	813	417	110	13.5%	2,904
1967년	1,235	787	362	92	11.7%	3,352
1968년	2,568	1,570	975	99	6.3%	4,350
1969년	1,233	987	444	116	11.8%	4,596
1970년	1,156	1,065	495	130	12.2%	4,687
1971년	1,070	1,048	481	126	12.0%	4,709
1972년	3,377	1,207	554	150	12.4%	6,879
1973년	941	1,531	486	117	7.6%	6,289
1974년	938	2,997	553	123	4.1%	4,230
1975년	820	1,945	520	107	5.5%	3,105
1976년	2,009	1,051	581	130	12.4%	4,063
1977년	1,244	1,079	548	118	10.9%	4,228
1978년	1,040	1,205	609	114	9.4%	4,063
1979년	1,015	1,162	703	140	12.0%	3,916
1980년	1,122	1,223	752	121	9.9%	3,815
1981년	1,097	1,154	724	130	11.3%	3,758
1982년	1,101	1,236	848	122	9.9%	3,623
1983년	1,081	2,167	726	90	4.2%	2,537

연도	접수건수	기재건수	판결건수	인용건수	인용률	미제건수
1984년	1,174	1,120	762	133	11.9%	2,591
1985년	1,092	1,252	832	144	11.5%	2,431
1986년	1,018	1,152	787	144	12.5%	2,297
1987년	1,020	1,103	711	130	11.7%	2,214
1988년	1,134	1,121	771	103	9.2%	2,227
1989년	1,131	1,205	893	175	14.5%	2,153
1990년	1,198	1,305	941	141	10.8%	2,046
1991년	1,292	1,192	854	120	10.6%	2,146
1992년	1,145	1,098	794	112	10.2%	2,193
1993년	1,310	1,297	981	111	8.5%	2,206
1994년	1,457	1,412	1,076	93	6.6%	2,251
1995년	1,372	1,243	936	142	11.4%	2,380
1996년	1,586	1,345	980	142	10.6%	2,621
1997년	1,711	1,564	1,091	161	10.3%	2,768
1998년	1,748	1,816	1,368	219	12.0%	2,700
1999년	1,795	1,919	1,536	298	15.5%	2,576
2000년	2,014	1,947	1,555	338	17.4%	2,643
2001년	2,110	1,942	1,478	307	15.8%	2,811
2002년	2,328	2,208	1,656	394	17.8%	2,931
2003년	2,494	2,503	1,864	378	15.1%	2,922
2004년	2,441	2,708	2,099	373	13.8%	2,655
2005년	2,540	2,454	1,840	241	9.8%	2,741
2006년	2,693	2,565	1,937	282	11.0%	2,869
2007년	2,728	2,789	2,279	331	11.9%	2,808
2008년	2,730	2,676	2,151	294	11.0%	2,862
2009년	2,548	2,537	2,050	265	10.4%	2,873
2010년	2,682	2,672	2,118	275	10.3%	2,883
2011년	2,780	2,654	2,160	276	10.4%	3,009
2012년	2,950	2,949	2,476	288	9.8%	3,010
2013년	2,793	2,906	2,461	297	10.2%	2,897
2014년	2,451	2,554	2,151	256	10.0%	2,795
2015년	2,827	2,565	2,111	263	10.3%	3,057

우리나라의 행정소송 통계 [표 3]

※ 우리나라의 행정소송(국가배상청구사건, 특허사건 등 제외) 제1심 본안의 접
   수건수, 기재건수, 미제건수, 판결건수(각하명령 제외), 인용건수(일부인용
   포함), 인용률(인용건수/기재건수)

※ 1998년의 통계 중 괄호 안의 수치는 1998. 1. 1.~2. 28.의 고등법원의 제1심
   사건과 1998. 3. 1.~12. 31.의 고등법원 제1심 사건을 제외한 지방법원의 본
   안사건에 관한 통계수치임

※ 1999년의 통계 중 괄호 안의 수치는 고등법원의 제1심 사건을 제외한 지방
   법원의 본안사건에 관한 통계수치임

※ 우리나라에서의 사법통계는 1953. 11. 14. 법원통계보고례(대법원규칙 제17
   호)가 제정되고 같은 날 시행됨으로써 비로소 대한민국 사법통계가 시작되
   었으므로{법원통계연보(1964), 법원행정처, 1965., 2면 참조}, 아래에서는
   1953년부터 2017년까지의 통계자료를 올린 것임

※ 아래의 통계자료는 1964년~1974년의 법원통계연보, 1976년~2016년 사법연
   감, 2017년 법원통계월보 중 행정사건의 통계부분을 발췌한 것임

※ 제정 행정소송법 시행기간: 1951. 9. 14.~1985. 9. 30.

※ 1984년 개정 행정소송법 시행기간: 1985. 10. 1.~1998. 2. 28.

※ 1994년 개정 행정소송법 시행기간: 1998. 3. 1.~현재

연도	접수건수	기재건수	판결건수	인용건수	인용률	미제건수
1953년	157	104	59			101
1954년	283	213	145			171
1955년	326	294	204			203
1956년	343	368	254			178
1957년	312	358	257			132
1958년	266	256	172			142
1959년	249	260	147			131
1960년	247	170	109			208
1961년	340	322	229			227
1962년	508	488	320			247

연도	접수건수	기재건수	판결건수	인용건수	인용률	미제건수
1963년	409	456	303			200
1964년	391	364	227			225
1965년	531	495	248			261
1966년	488	543	292			206
1967년	985	408	265			783
1968년	684	1,027	746			440
1969년	470	508	313			412
1970년	664	537	257	111	20.7%	539
1971년	725	694	394	131	18.9%	570
1972년	864	667	334	95	14.2%	767
1973년	617	838	384	157	18.7%	546
1974년	546	730	502	167	22.9%	362
1975년	647	574	342	108	18.8%	435
1976년	1,186	802	489	151	18.8%	819
1977년	937	814	448	216	26.5%	942
1978년	940	1,003	680	350	34.9%	879
1979년	1,093	1,057	725	429	40.6%	915
1980년	1,218	1,220	862	464	38.0%	913
1981년	1,127	1,111	796	394	35.5%	929
1982년	1,582	1,190	813	475	39.9%	1,321
1983년	1,756	1,764	1,244	676	38.3%	1,313
1984년	1,882	1,726	1,281	730	42.3%	1,469
1985년	1,913	2,010	1,594	986	49.1%	1,372
1986년	2,118	1,656	1,253	778	47.0%	1,834
1987년	2,106	2,353	1,848	1,146	48.7%	1,587
1988년	1,732	2,053	1,659	1,011	49.2%	1,266
1989년	2,362	1,714	1,324	730	42.6%	1,914
1990년	3,116	2,263	1,639	818	36.1%	2,767
1991년	3,944	3,247	2,345	1,017	31.3%	3,464
1992년	5,019	4,687	3,617	1,871	39.9%	3,796
1993년	5,444	5,304	4,077	2,131	40.2%	3,936

연도	접수건수	기재건수	판결건수	인용건수	인용률	미제건수
1994년	6,336	5,454	3,921	2,049	37.6%	4,818
1995년	6,614	6,371	4,917	2,444	38.4%	5,061
1996년	8,384	7,562	5,354	2,700	35.7%	5,883
1997년	9,652	9,213	6,078	2,486	27.0%	6,322
1998년*	9,174 (7,422)	9,877 (3,198)	(2,073)	(744)	(23.3%)	5,619 (4,224)
1999년*	9,202 (8,833)	9,581 (8,174)	(5,818)	(2,153)	(26.3%)	5,240 (4,883)
2000년	9,359	8,593	5,836	1,981	23.1%	6,006
2001년	11,802	10,788	6,722	2,121	19.7%	7,020
2002년	11,312	11,550	6,814	2,159	18.7%	6,782
2003년	11,411	10,864	6,533	2,046	18.8%	7,329
2004년	12,357	12,092	7,552	2,310	19.1%	7,594
2005년	13,600	13,406	8,335	2,201	16.4%	7,788
2006년	14,397	13,431	8,446	2,422	18.0%	8,754
2007년	14,713	14,408	9,074	2,481	17.2%	8,915
2008년	15,388	15,108	9,564	2,394	15.8%	9,196
2009년	16,661	16,054	10,252	2,704	16.8%	9,801
2010년	17,434	17,514	11,434	3,249	18.6%	9,713
2011년	16,924	16,685	11,088	3,132	18.8%	9,944
2012년	16,942	16,184	10,450	3,089	19.1%	10,698
2013년	17,777	16,342	10,268	2,868	17.5%	12,080
2014년	17,630	17,565	11,085	3,090	17.6%	12,143
2015년	18,271	18,112	11,556	3,064	16.9%	12,297
2016년	19,541	19,883	12,964	2,823	14.2%	11,954
2017년	21,743	21,343	13,967	3,015	14.1%	12,344

[부록 3]

<1994년 개정 행정소송법과 개정안들의 조문대비>

1994년 개정 행정소송법	2006년 대법원안	2007년 법무부안	2012년 개정시안
제1장 총 칙	제1장 총 칙	제1장 총 칙	제1장 총 칙
제1조 (목적) 이 법은 행정소송절차를 통하여 행정청의 위법한 처분 그 밖에 공권력의 행사·불행사등으로 인한 국민의 권리 또는 이익의 침해를 구제하고, 공법상의 권리관계 또는 법적용에 관한 다툼을 적정하게 해결함을 목적으로 한다.	**제1조 (목적)** 이 법은 행정소송절차를 통하여 행정청의 위법한 공권력의 행사·불행사 등으로 인한 국민의 권리 또는 이익의 침해를 구제하고, 공법상의 권리관계 또는 법적용에 관한 다툼을 적정하게 해결하며, 아울러 적법한 행정을 보장함을 목적으로 한다.	**제1조 (목적)** <현행과 같음>	**제1조 (목적)** 이 법은 행정소송절차를 통하여 행정청의 위법한 처분 그 밖에 공권력의 행사·불행사등으로 인한 국민의 권리 또는 이익의 침해를 구제하고, 공법상의 법률관계 또는 법적용에 관한 다툼을 적정하게 해결함과 아울러 행정의 적법성 보장에 기여함을 목적으로 한다.
제2조 (정의) ① 이 법에서 사용하는 용어의 정의는 다음과 같다. 1. "처분등"이라 함은 행정청이 행하는 구체적 사실에 관한 법집행으로서의 공권력의 행사 또는 그 거부와 그 밖에 이에 준하는 행정작용(이하 "처분"이라 한다) 및 행정심판에 대한 재결을 말한다. 2. "부작위"라 함은 행정청이 당사자의 신청에 대하여 상당한 기간내에 일정한 처분을 하여야 할 법률상 의무가 있음에도 불구하고 이를 하지 아니하는 것을 말한다.	**제2조 (정의)** ① 이 법에서 사용하는 용어의 정의는 다음과 같다. 1. "처분"이라 함은 행정청이 행하는 구체적 사실에 관한 공권력의 행사 그 밖에 이에 준하는 행정작용을 말한다. 2. "명령 등"이라 함은 국가기관의 명령·규칙 및 지방자치단체의 조례·규칙을 말한다. 3. "처분 등"이라 함은 처분 및 명령 등 또는 그 거부와 행정심판에 대한 재결을 말한다. 4. "부작위"라 함은 행정청이 당사자의 신청에 대하여 상당한 기간 내에 일정한 처분 또는 명령 등을 하지 아니하는 것을 말한다. <신설>	**제2조 (정의)** <현행과 같음>	**제2조 (정의)** ① 이 법에서 사용하는 용어의 정의는 다음과 같다. 1. "처분"이라 함은 행정청이 행하는 구체적 사실에 관한 법집행으로서의 공권력의 행사 또는 그 거부와 그 밖에 이에 준하는 행정작용을 말하며, "처분등"이라 함은 처분과 행정심판에 대한 재결을 말한다. 2. "부작위"라 함은 행정청이 당사자의 신청에 대하여 상당한 기간내에 일정한 처분을 하지 아니하는 것을 말한다.

1994년 개정 행정소송법	2006년 대법원안	2007년 법무부안	2012년 개정시안
② 이 법을 적용함에 있어서 행정청에는 법령에 의하여 행정권한의 위임 또는 위탁을 받은 행정기관, 공공단체 및 그 기관 또는 사인이 포함된다.	② <현행과 같음>		② <현행과 같음>
제3조 (행정소송의 종류) 행정소송은 다음의 네가지로 구분한다. 1. 항고소송: 행정청의 처분등이나 부작위에 대하여 제기하는 소송 2. 당사자소송: 행정청의 처분등을 원인으로 하는 법률관계에 관한 소송 그 밖에 공법상의 법률관계에 관한 소송으로서 그 법률관계의 한쪽 당사자를 피고로 하는 소송	**제3조 (행정소송의 종류)** <u>행정소송의 종류는 다음과 같다.</u> 1. 항고소송: <현행과 같음> 2. 당사자소송: <u>행정상 손실보상, 행정행위등의 위법으로 인한 손해배상·부당이득반환, 그 밖의 공법상 법률관계에 관한 소송으로서 그 법률관계의 한쪽 당사자를 피고로 하는 소송</u>	**제3조 (행정소송의 종류)** 행정소송은 다음의 네가지로 구분한다. 1. 항고소송: <현행과 같음> 2. 당사자소송: <u>행정상 손실보상, 처분 등의 위법으로 인한 손해배상·부당이득반환, 그 밖의 공법상 원인에 의해 발생하는 법률관계에 관한 소송으로서 그 법률관계의 한쪽 당사자를 피고로 하는 소송</u>	**제3조 (행정소송의 종류)** 행정소송은 다음의 네가지로 구분한다. 1. <현행과 같음> 2. 당사자소송: 행정청의 처분등을 원인으로 하는 법률관계에 관한 소송 그 밖에 공법상의 법률관계에 관한 소송으로서 그 법률관계의 한쪽 당사자를 피고로 하는 <u>소송으로 다음 각 목에 규정된 것을 포함한다.</u> <u>가. 공법상 신분·지위 등 그 법률관계의 존부에 관한 확인소송</u> <u>나. 행정상 손해배상청구소송(단, 자동차손해배상보장법의 적용을 받는 것은 제외한다)</u> <u>다. 행정상 손실보상·부당이득반환·원상회복등청구소송</u> <u>라. 기타 행정상 급부이행청구소송</u>
3. 민중소송: 국가 또는 공공단체의 기관이 법률에 위반되는 행위를 한 때에 직접 자기의 법률상 이익과 관계없이 그 시정을 구하기 위하여 제기하는 소송	3. 민중소송: 국가 또는 공공단체의 기관이 법률에 위반되는 행위를 한 때에 자기의 <u>법적으로 정당한</u> 이익과 관계없이 그 시정을 구하기 위하여 제기하는 소송	3. 민중소송: <현행과 같음>	3. <u>공익소송</u>: 국가 또는 공공단체의 기관이 법률에 위반되는 행위를 한 때에 직접 자기의 <u>법적 이익</u>과 관계없이 그 시정을 구하기 위하여 제기하는 소송
4. 기관소송: 국가 또는 공공단체의 기관상호간에 있어서의 권한의 존부 또는 그 행사에 관한 다툼이 있을 때에 이에 대하여 제기하는 소송. 다	4. 기관소송: <현행과 같음>	4. 기관소송: <현행과 같음>	4. 기관소송: 국가 또는 공공단체의 <u>기관상호간에</u> 권한의 존부 또는 그 행사에 관한 다툼이 있을 때에 이에 대하여 제기하는 소송. 다만,

1994년 개정 행정소송법	2006년 대법원안	2007년 법무부안	2012년 개정시안
만, 헌법재판소법 제2조의 규정에 의하여 헌법재판소의 관장사항으로 되는 소송은 제외한다.			헌법재판소법 제2조의 규정에 의하여 헌법재판소의 관장사항으로 되는 소송은 제외한다.
제4조 (항고소송) 항고소송은 다음과 같이 구분한다. 1. 취소소송: 행정청의 위법한 처분등을 취소 또는 변경하는 소송 2. 무효등 확인소송: 행정청의 처분등의 효력 유무 또는 존재여부를 확인하는 소송 3. 부작위법확인소송: 행정청의 부작위가 위법하다는 것을 확인하는 소송	**제4조 (항고소송)** 항고소송의 종류는 다음과 같다. 1. 취소소송: 행정청의 처분등을 취소 또는 변경하는 소송 2. 무효등확인소송 : <현행과 같음> <삭제> 3. 의무이행소송: 당사자의 신청에 대한 행정청의 처분이나 명령 등의 거부(이하 "거부처분등"이라 한다) 또는 부작위에 대하여 처분이나 명령 등을 하도록하는 소송 <신설> 4. 예방적 금지소송: 행정청이 장래에 일정한 처분이나 명령 등을 할 것이 임박한 경우에 그 처분이나 명령 등을 금지하는 소송 <신설>	**제4조 (항고소송)** 항고소송은 다음과 같이 구분한다. 1. 취소소송: <현행과 같음> 2. 무효등확인소송: <현행과 같음> <삭제> 3. 의무이행소송: 당사자의 신청에 대한 행정청의 위법한 거부처분 또는 부작위에 대하여 처분을 하도록 하는 소송 <신설> 4. 예방적금지소송: 행정청이 장래에 위법한 처분을 할 것이 임박한 경우에 그 처분을 금지하는 소송 <신설>	**제4조 (항고소송)** 항고소송은 다음과 같이 구분한다. 1. 취소소송: <현행과 같음> 2. 무효등 확인소송: <현행과 같음> <삭제> 3. 의무이행소송: 당사자의 신청에 대한 행정청의 위법한 거부처분 또는 부작위에 대하여 처분을 하도록 하는 소송 <신설> 4. 예방적 금지소송: 행정청이 장래에 위법한 처분을 할 것이 임박한 경우에 그 처분을 금지하는 소송 <신설>
제5조 (국외에서의 기간) 이 법에 의한 기간의 계산에 있어서 국외에서의 소송행위추완에 있어서는 그 기간을 14일에서 30일로, 제3자에 의한 재심청구에 있어서는 그 기간을 30일에서 60일로, 소의 제기에 있어서는 그 기간을 60일에서 90일로 한다.	**제5조 (국외에서의 기간)** <현행과 같음>	**제5조 (국외에서의 기간)** 이 법에 의한 기간의 계산에 있어서 국외에서의 소송행위추완에 있어서는 그 기간을 14일에서 30일로, 제3자에 의한 재심청구에 있어서는 그 기간을 30일에서 60일로 한다.	**제5조 (국외에서의 기간)** 이 법에 의한 기간의 계산에 있어서 국외에서의 소송행위 추완에 있어서는 그 기간을 14일에서 30일로, 제3자에 의한 재심청구에 있어서는 그 기간을 30일에서 60일로, 소의 제기에 있어서는 그 기간을 90일에서 120일로 한다.
제6조 (명령·규칙의 위헌판결등 공고) ① 행정소송에 대한 대법원판결에 의하여 명령·규칙이 헌법 또는 법률에 위반된다는 것이 확정된 경우에는 대법원은 지체없이 그 사유를 총무처장	**제6조 (명령등의 위헌판결등 공고)** ① 대법원판결에 의하여 명령등이 헌법 또는 법률에 위반된다는 것이 확정된 경우에는 대법원은 지체없이 그 사유를 국가기관의 명령·규칙의 경우	**제6조 (명령·규칙의 위헌판결등 공고)** ① 행정소송에 대한 대법원판결에 의하여 명령·규칙이 헌법 또는 법률에 위반된다는 것이 확정된 경우에는 대법원은 지체없이 그 사유를 국가	**제6조 (명령·규칙의 위헌판결등 공고)** ① 행정소송에 대한 대법원 판결에 의하여 명령·규칙이 헌법 또는 법률에 위반된다는 것이 확정된 경우에는 대법원은 지체없이 그 사유를 행정

1994년 개정 행정소송법	2006년 대법원안	2007년 법무부안	2012년 개정시안
관에게 통보하여야 한다.	에는 행정자치부장관에게, 지방자치단체의 조례·규칙의 경우에는 당해 지방자치단체의 장에게 각각 통보하여야 한다. 다만, 명령등에 대한 취소판결 또는 무효등확인판결이 확정된 경우에는 그 확정판결을 한 법원이 통보하여야 한다. <단서신설>	기관의 명령·규칙의 경우에는 행정자치부장관에게, 지방자치단체의 조례·규칙의 경우에는 당해 지방자치단체의 장에게 각각 통보하여야 한다.	안전부장관 또는 해당 공공단체의 장에게 통보하여야 한다.
② 제1항의 규정에 의한 통보를 받은 총무처장관은 지체없이 이를 관보에 게재하여야 한다.	② 제1항의 규정에 의한 통보를 받은 행정자치부장관 또는 지방자치단체의 장은 지체없이 이를 관보 또는 당해 지방자치단체의 공보에 각각 게재하여야 한다.	② 제1항의 규정에 의한 통보를 받은 행정자치부장관 또는 지방자치단체의 장은 지체없이 이를 관보 또는 당해 지방자치단체의 공보에 각각 게재하여야 한다.	② 제1항의 규정에 의한 통보를 받은 행정안전부장관 또는 해당 공공단체의 장은 이를 지체없이 관보 등에 게재하여야 한다.
제7조 (사건의 이송) 민사소송법 제34조 제1항의 규정은 원고의 고의 또는 중대한 과실없이 행정소송이 심급을 달리하는 법원에 잘못 제기된 경우에도 적용한다.	<삭제>	<삭제>	<삭제>
제8조 (법적용례) ① 행정소송에 대하여는 다른 법률에 특별한 규정이 있는 경우를 제외하고는 이 법이 정하는 바에 의한다. ② 행정소송에 관하여 이 법에 특별한 규정이 없는 사항에 대하여는 법원조직법과 민사소송법 및 민사집행법의 규정을 준용한다.	제7조 (법적용례) <현행과 같음>	제7조 (법적용례) <현행과 같음>	제7조 (법적용례) ① 행정소송에 관하여 다른 법률에 특별한 규정이 있는 경우를 제외하고는 이 법이 정하는 바에 의한다. ② 행정소송에 관하여 이 법에 규정이 없는 사항에 대하여는 법원조직법과 민사소송법 및 민사집행법의 규정을 준용한다.
제2장 취소소송 제1절 재판관할	제2장 취소소송 제1절 재판관할	제2장 취소소송 제1절 재판관할	제2장 취소소송 제1절 재판관할
제9조 (재판관할) ① 취소소송의 제1심관할법원은 피고의 소재지를 관할하는 행정법원으로 한다. 다만, 중앙행정기관 또는 그 장이 피고인 경우의 관할법원은 대법원소재지의 행정법원으로 한다. ② 토지의 수용 기타 부동산 또는 특정의 장소에 관	제8조 (재판관할) <현행과 같음>	제8조 (재판관할) <현행과 같음>	제8조 (재판관할) ① 취소소송의 제1심 관할법원은 피고의 소재지를 관할하는 행정법원으로 한다. <단서 삭제> ② <현행과 같음>

1994년 개정 행정소송법	2006년 대법원안	2007년 법무부안	2012년 개정시안
계되는 처분등에 대한 취소소송은 그 부동산 또는 장소의 소재지를 관할하는 행정법원에 이를 제기할 수 있다.			
	제9조(지방법원과 행정법원 사이의 관할의 지정) ① 사건이 행정법원과 지방법원 중 어느 법원의 관할에 속하는지 명백하지 아니한 때에는 관계된 법원과 공통되는 고등법원이 그 관계된 법원 또는 당사자의 신청에 따라 결정으로 관할법원을 정한다. ② 제1항의 결정에 대하여는 즉시항고를 할 수 있다. ③ 제1항의 규정에 의하여 행정법원의 관할로 정하여진 사건은 이 법에서 정하는 절차에 따라, 지방법원의 관할로 정하여진 사건은 민사소송절차에 따라 각각 처리한다. <조문신설>	**제9조 (지방법원과 행정법원 사이의 관할의 지정)** ① 사건이 행정법원과 지방법원 중 어느 법원의 관할에 속하는지 명백하지 아니한 때에는 관계된 법원과 공통되는 고등법원이 그 관계된 법원 또는 당사자의 신청에 따라 결정으로 관할법원을 정한다. ② 제1항의 결정에 대하여는 즉시항고를 할 수 있다. ③ 제1항의 규정에 의하여 행정법원의 관할로 정하여진 사건은 이 법에서 정하는 절차에 따라, 지방법원의 관할로 정하여진 사건은 민사소송절차에 따라 각각 처리한다. <조문신설>	**제9조 (행정법원과 지방법원 사이의 관할의 지정)** ① 사건이 행정법원과 지방법원 중 어느 법원의 관할에 속하는지 명백하지 아니한 때에는 관계된 법원과 공통되는 고등법원이 그 관계된 법원 또는 당사자의 신청에 따라 결정으로 관할법원을 정한다. ② 제1항의 결정에 대하여는 즉시항고를 할 수 있다. ③ 제1항의 규정에 의하여 행정법원의 관할로 정하여진 사건은 이 법에서 정하는 절차에 따라 처리한다. <조문신설>
제10조 (관련청구소송의 이송 및 병합) ① 취소소송과 다음 각호의 1에 해당하는 소송(이하 "관련청구소송"이라 한다)이 각각 다른 법원에 계속되고 있는 경우에 관련청구소송이 계속된 법원이 상당하다고 인정하는 때에는 당사자의 신청 또는 직권에 의하여 이를 취소소송이 계속된 법원으로 이송할 수 있다. 1. 당해 처분등과 관련되는 손해배상·부당이득반환·원상회복등 청구소송 2. 당해 처분등과 관련되는 취소소송 ② 취소소송에는 사실심의 변론종결시까지 관련청구소송을 병합하거나 피고외의 자를 상대로 한 관련청구소	**제10조 (관련청구소송의 이송 및 병합)** ① <현행과 같음> ② <현행과 같음>	**제10조 (관련청구소송의 이송 및 병합)** <현행과 같음>	**제10조 (관련청구소송의 이송 및 병합)** ① 취소소송과 다음 각 호의 어느 하나에 해당하는 소송(이하 "관련청구소송"이라 한다)이 각 다른 법원에 계속되고 있는 경우에 관련청구소송이 계속된 법원이 상당하다고 인정하는 때에는 당사자의 신청 또는 직권에 의하여 이를 취소소송이 계속된 법원으로 이송할 수 있다. 1. <현행과 같음> 2. <현행과 같음> ② <현행과 같음>

1994년 개정 행정소송법	2006년 대법원안	2007년 법무부안	2012년 개정시안
송을 취소소송이 계속된 법원에 병합하여 제기할 수 있다.			
	③ 제2항의 규정에 의하여 처분등에 대한 행정심판청구를 기각한 재결의 취소소송에 그 처분등의 취소소송을 병합하여 제기하는 경우에는 그 처분등의 취소소송은 재결취소소송을 제기한 때에 제기된 것으로 본다. <신설>		
제11조 (선결문제) ① 처분등의 효력 유무 또는 존재 여부가 민사소송의 선결문제로 되어 당해 민사소송의 수소법원이 이를 심리·판단하는 경우에는 제17조, 제25조, 제26조 및 제33조의 규정을 준용한다. ② 제1항의 경우 당해 수소법원은 그 처분등을 행한 행정청에게 그 선결문제로 된 사실을 통지하여야 한다.	제11조 (선결문제) ① 처분등의 효력 유무 또는 존재 여부가 민사소송의 선결문제로 되어 당해 민사소송의 수소법원이 이를 심리·판단하는 경우에는 제18조, 제27조 내지 제29조 및 제43조의 규정을 준용한다. ② <현행과 같음>	제11조 (선결문제) ① 처분등의 효력 유무 또는 존재 여부가 민사소송의 선결문제로 되어 당해 민사소송의 수소법원이 이를 심리·판단하는 경우에는 제18조, 제27조 내지 제29조 및 제37조의 규정을 준용한다. ② <현행과 같음>	제11조 (선결문제) ① 처분등의 효력 유무 또는 존재 여부가 민사소송의 선결문제로 되어 당해 민사소송의 수소법원이 이를 심리·판단하는 경우에는 제18조, 제27조부터 제29조까지 및 제38조의 규정을 준용한다. ② <현행과 같음>
제2절 당사자	제2절 당사자	제2절 당사자	제2절 당사자
제12조 (원고적격) 취소소송은 처분등의 취소를 구할 법률상 이익이 있는 자가 제기할 수 있다. 처분등의 효과가 기간의 경과, 처분등의 집행 그 밖의 사유로 인하여 소멸된 뒤에도 그 처분등의 취소로 인하여 회복되는 법률상 이익이 있는 자의 경우에는 또한 같다.	제12조 (원고적격) 취소소송은 처분등의 취소를 구할 법적으로 정당한 이익이 있는 자가 제기할 수 있다. 처분등의 효과가 기간의 경과 그 밖의 사유로 인하여 소멸된 뒤에도 또한 같다.	제12조 (원고적격) <현행과 같음>	제12조 (원고적격 등) 취소소송은 처분등의 취소를 구할 법적 이익이 있는 자가 제기할 수 있다. 처분등의 효과가 기간의 경과, 처분등의 집행 그 밖의 사유로 인하여 소멸된 뒤에도 그 처분등의 취소를 구할 법적 이익이 있는 자의 경우에도 같다.
제13조 (피고적격) ① 취소소송은 다른 법률에 특별한 규정이 없는 한 그 처분등을 행한 행정청을 피고로 한다. 다만, 처분등이 있은 뒤에 그 처분등에 관계되는 권한이 다른 행정청에 승계된 때에는 이를	제13조 (피고적격) <현행과 같음>	제13조 (피고적격) <현행과 같음>	제13조 (피고적격) <현행과 같음>

1994년 개정 행정소송법	2006년 대법원안	2007년 법무부안	2012년 개정시안
승계한 행정청을 피고로 한다. ② 제1항의 규정에 의한 행정청이 없게 된 때에는 그 처분등에 관한 사무가 귀속되는 국가 또는 공공단체를 피고로 한다.			
제14조 (피고경정) ① 원고가 피고를 잘못 지정한 때에는 법원은 원고의 신청에 의하여 결정으로써 피고의 경정을 허가할 수 있다. ② 법원은 제1항의 규정에 의한 결정의 정본을 새로운 피고에게 송달하여야 한다. ③ 제1항의 규정에 의한 신청을 각하하는 결정에 대하여는 즉시항고할 수 있다. ④ 제1항의 규정에 의한 결정이 있은 때에는 새로운 피고에 대한 소송은 처음에 소를 제기한 때에 제기된 것으로 본다. ⑤ 제1항의 규정에 의한 결정이 있은 때에는 종전의 피고에 대한 소송은 취하된 것으로 본다. ⑥ 취소소송이 제기된 후에 제13조 제1항 단서 또는 제13조 제2항에 해당하는 사유가 생긴 때에는 법원은 당사자의 신청 또는 직권에 의하여 피고를 경정한다. 이 경우에는 제4항 및 제5항의 규정을 준용한다.	제14조 (피고경정) <현행과 같음>	제14조 (피고경정) <현행과 같음>	제14조 (피고경정) ① <현행과 같음> ② <현행과 같음> ③ 제1항의 규정에 의한 신청을 각하하는 결정에 대하여는 <u>즉시항고를 할 수 있다.</u> ④ 제1항의 규정에 의한 결정이 <u>있는</u> 때에는 새로운 피고에 대한 소송은 처음에 소를 제기한 때에 제기된 것으로 본다. ⑤ 제1항의 규정에 의한 결정이 <u>있는</u> 때에는 종전의 피고에 대한 소송은 취하된 것으로 본다. ⑥ <현행과 같음>
제15조 (공동소송) 수인의 청구 또는 수인에 대한 청구가 처분등의 취소청구와 관련되는 청구인 경우에 한하여 그 수인은 공동소송인이 될 수 있다.	제15조 (공동소송) <현행과 같음>	제15조 (공동소송) <현행과 같음>	제15조 (공동소송) <현행과 같음>
	제16조 (행정청 및 제3자에 대한 소송통지등) ① 법원은 다른 행정청 또는 소송결과에 이해관계가 있는	제16조 (관계행정청 및 제3자에 대한 소송통지 등) ① 법원은 당사자 이외의 관계행정청 또는 소송결과에	제16조 (행정청 및 제3자에 대한 소송통지 등) ① 법원은 당사자 외의 관계 행정청 또는 소송결과에 이

1994년 개정 행정소송법	2006년 대법원안	2007년 법무부안	2012년 개정시안
	제3자에게 소 제기 사실을 통지할 수 있다.	이해관계가 있는 제3자에게 소 제기 사실을 통지할 수 있다.	해관계가 있는 제3자에게 소 제기 사실을 통지하거나, 관보·공보·인터넷 홈페이지 또는 일간신문 등에 공고할 수 있다.
	② 제1항의 규정에 의하여 소제기 사실을 통지받은 행정청 또는 제3자는 법원에 의견서를 제출할 수 있다. <조문신설>	② 제1항의 규정에 의하여 소제기 사실을 통지받은 행정청 또는 제3자는 법원에 의견서를 제출할 수 있다. <조문신설>	② 제1항에 따른 행정청 또는 제3자는 법원에 의견서를 제출할 수 있다. <조문신설>
제16조 (제3자의 소송참가) ① 법원은 소송의 결과에 따라 권리 또는 이익의 침해를 받을 제3자가 있는 경우에는 당사자 또는 제3자의 신청 또는 직권에 의하여 결정으로써 그 제3자를 소송에 참가시킬 수 있다. ② 법원이 제1항의 규정에 의한 결정을 하고자 할 때에는 미리 당사자 및 제3자의 의견을 들어야 한다. ③ 제1항의 규정에 의한 신청을 한 제3자는 그 신청을 각하한 결정에 대하여 즉시항고할 수 있다. ④ 제1항의 규정에 의하여 소송에 참가한 제3자에 대하여는 민사소송법 제67조의 규정을 준용한다.	제17조 (제3자의 소송참가) <현행과 같음>	제17조 (제3자의 소송참가) <현행과 같음>	제17조 (제3자의 소송참가) ① <현행과 같음> ② <현행과 같음> ③ 제1항의 규정에 의한 신청을 한 제3자는 그 신청을 각하한 결정에 대하여 즉시항고를 할 수 있다. ④ <현행과 같음>
제17조 (행정청의 소송참가) ① 법원은 다른 행정청을 소송에 참가시킬 필요가 있다고 인정할 때에는 당사자 또는 당해 행정청의 신청 또는 직권에 의하여 결정으로써 그 행정청을 소송에 참가시킬 수 있다. ② 법원은 제1항의 규정에 의한 결정을 하고자 할 때에는 당사자 및 당해 행정청의 의견을 들어야 한다. ③ 제1항의 규정에 의하여 소송에 참가한 행정청에 대하여는 민사소송법 제76조의 규정을 준용한다.	제18조 (행정청의 소송참가) <현행과 같음>	제18조 (행정청의 소송참가) <현행과 같음>	제18조 (행정청의 소송참가) <현행과 같음>

1994년 개정 행정소송법	2006년 대법원안	2007년 법무부안	2012년 개정시안
제3절 소의 제기	제3절 소의 제기	제3절 소의 제기	제3절 소의 제기
제18조 (행정심판과의 관계) ① 취소소송은 법령의 규정에 의하여 당해 처분에 대한 행정심판을 제기할 수 있는 경우에도 이를 거치지 아니하고 제기할 수 있다. 다만, 다른 법률에 당해 처분에 대한 행정심판의 재결을 거치지 아니하면 취소소송을 제기할 수 없다는 규정이 있는 때에는 그러하지 아니하다. ② 제1항 단서의 경우에도 다음 각호의 1에 해당하는 사유가 있는 때에는 행정심판의 재결을 거치지 아니하고 취소소송을 제기할 수 있다.	제19조 (행정심판과의 관계) ① 취소소송은 법령의 규정에 의하여 당해 <u>처분등</u>에 대한 행정심판을 제기할 수 있는 경우에도 이를 거치지 아니하고 제기할 수 있다. 다만, 다른 법률에 당해 <u>처분등</u>에 대한 행정심판의 재결을 거치지 아니하면 취소소송을 제기할 수 없다는 규정이 있는 때에는 그러하지 아니하다. ② 제1항 단서의 경우에도 다음 각호의 1에 해당하는 사유가 있는 때에는 행정심판의 재결을 거치지 아니하고 취소소송을 제기할 수 있다.	제19조 (행정심판과의 관계) <현행과 같음>	제19조 (행정심판과의 관계) ① 취소소송은 법령의 규정에 의하여 당해 처분에 대한 행정심판을 제기할 수 있는 경우에도 이를 거치지 아니하고 제기할 수 있다. 다만, 다른 법률에 당해 처분에 대한 행정심판의 재결을 거치지 아니하면 취소소송을 제기할 수 없다는 규정이 있는 때에는 그러하지 <u>아니한다.</u> ② 제1항 단서의 경우에도 다음 각호의 <u>어느 하나에</u> 해당하는 사유가 있는 때에는 행정심판의 재결을 거치지 아니하고 취소소송을 제기할 수 있다.
1. 행정심판청구가 있은 날로부터 60일이 지나도 재결이 없는 때	1. <현행과 같음>		1. <현행과 같음>
2. 처분의 집행 또는 절차의 속행으로 생길 중대한 손해를 예방하여야 할 긴급한 필요가 있는 때	2. <u>처분등</u>의 집행 또는 절차의 속행으로 생길 중대한 손해를 예방하여야 할 긴급한 필요가 있는 때		2. <현행과 같음>
3. 법령의 규정에 의한 행정심판기관이 의결 또는 재결을 하지 못할 사유가 있는 때	3. <현행과 같음>		3. <현행과 같음>
4. 그 밖의 정당한 사유가 있는 때	4. <현행과 같음>		4. <현행과 같음>
③ 제1항 단서의 경우에 다음 각호의 1에 해당하는 사유가 있는 때에는 행정심판을 제기함이 없이 취소소송을 제기할 수 있다.	③ 제1항 단서의 경우에 다음 각호의 1에 해당하는 사유가 있는 때에는 행정심판을 제기함이 없이 취소소송을 제기할 수 있다.		③ 제1항 단서의 경우에 다음 각 호의 <u>어느 하나에</u> 해당하는 사유가 있는 때에는 행정심판을 제기함이 없이 취소소송을 제기할 수 있다.
1. 동종사건에 관하여 이미 행정심판의 기각재결이 있은 때	1. <현행과 같음>		1. <현행과 같음>
2. 서로 내용상 관련되는 처분 또는 같은 목적을 위하여 단계적으로 진행되는 처분중 어느 하	2. 서로 내용상 관련되는 <u>처분등</u> 또는 같은 목적을 위하여 단계적으로 진행되는 <u>처분등</u> 중 어		2. <현행과 같음>

1994년 개정 행정소송법	2006년 대법원안	2007년 법무부안	2012년 개정시안
나가 이미 행정심판의 재결을 거친 때 3. 행정청이 사실심의 변론종결후 소송의 대상인 처분을 변경하여 당해 변경된 처분에 관하여 소를 제기하는 때 4. 처분을 행한 행정청이 행정심판을 거칠 필요가 없다고 잘못 알린 때 ④ 제2항 및 제3항의 규정에 의한 사유는 이를 소명하여야 한다.	느 하나가 이미 행정심판의 재결을 거친 때 3. 행정청이 사실심의 변론종결 후 소송의 대상인 처분등을 변경하여 당해 변경된 처분등에 관하여 소를 제기하는 때 4. 처분등을 행한 행정청이 행정심판을 거칠 필요가 없다고 잘못 알린 때 ④ <현행과 같음>		3. <현행과 같음> 4. <현행과 같음> ④ <현행과 같음>
제19조 (취소소송의 대상) 취소소송은 처분등을 대상으로 한다. 다만, 재결취소소송의 경우에는 재결 자체에 고유한 위법이 있음을 이유로 하는 경우에 한한다.	제20조 (취소소송의 대상) <현행과 같음>	제20조 (취소소송의 대상) <현행과 같음>	제20조 (취소소송의 대상) <현행과 같음>
제20조 (제소기간) ① 취소소송은 처분등이 있음을 안 날부터 90일 이내에 제기하여야 한다. 다만, 제18조 제1항 단서에 규정한 경우와 그 밖에 행정심판청구를 할 수 있는 경우 또는 행정심판청구를 할 수 있다고 잘못 알린 경우에 행정심판청구가 있은 때의 기간은 재결서의 정본을 송달받은 날부터 기산한다. ② 취소소송은 처분등이 있은 날부터 1년(제1항 단서의 경우는 재결이 있은 날부터 1년)을 경과하면 이를 제기하지 못한다. 다만, 정당한 사유가 있는 때에는 그러하지 아니하다.	제21조 (제소기간) ① 취소소송은 처분등이 있음을 안 날부터 90일이내에 제기하여야 한다. 다만, 제19조 제1항 단서에 규정한 경우와 그 밖에 행정심판청구를 할 수 있는 경우 또는 행정심판청구를 할 수 있다고 잘못 알린 경우에 행정심판청구가 있은 때의 기간은 재결서의 정본을 송달받은 날부터 기산한다. ② <현행과 같음> ③ 행정청이 제소기간을 제1항의 규정에 의한 기간보다 긴 기간으로 잘못 알린 경우에 그 잘못 알린 기간 내에 소 제기가 있으면 그 소송은 제1항의 규정에 의	제21조 (제소기간) ① 취소소송은 처분등이 있음을 안 날부터 180일내에 제기하여야 한다. 다만, 제19조 제1항 단서에 규정한 경우와 그 밖에 행정심판청구를 할 수 있는 경우 또는 행정심판청구를 할 수 있다고 잘못 알린 경우에 행정심판청구가 있은 때의 기간은 재결서의 정본을 송달받은 날부터 기산한다. ② <현행과 같음> ③ 행정청이 제소기간을 제1항의 규정에 의한 기간보다 긴 기간으로 잘못 알린 경우에 그 잘못 알린 기간 내에 소 제기가 있으면 그 소송은 제1항의 규정에 의	제21조 (제소기간) ① 취소소송은 처분등이 있음을 안 날부터 90일 이내에 제기하여야 한다. 다만, 제19조 제1항 단서에 규정한 경우와 그 밖에 행정심판청구를 할 수 있는 경우 또는 행정심판청구를 할 수 있다고 잘못 알린 경우에 행정심판청구가 있은 때의 기간은 재결서의 정본을 송달받은 날부터 기산한다. ② <현행과 같음> ③ 행정청이 제소기간을 제1항에 따른 기간보다 긴 기간으로 잘못 알린 경우에 그 잘못 알린 기간 내에 소 제기가 있는 경우에는 그 소송은 제1항에 따른 기간

1994년 개정 행정소송법	2006년 대법원안	2007년 법무부안	2012년 개정시안
③ 제1항의 규정에 의한 기간은 불변기간으로 한다.	한 기간 내에 제기된 것으로 본다. <신설> ④ <현행 제3항과 같음>	한 기간 내에 제기된 것으로 본다. <신설> ④ <현행 제3항과 같음>	내에 제기된 것으로 본다. <신설> ④ <현행 제3항과 같음>
제21조 (소의 변경) ① 법원은 취소소송을 당해 처분등에 관계되는 사무가 귀속하는 국가 또는 공공단체에 대한 당사자소송 또는 취소소송외의 항고소송으로 변경하는 것이 상당하다고 인정할 때에는 청구의 기초에 변경이 없는 한 사실심의 변론종결시까지 원고의 신청에 의하여 결정으로써 소의 변경을 허가할 수 있다.	**제22조 (소의 변경)** ① 법원은 취소소송을 당해 처분등에 관계되는 사무가 귀속하는 국가 또는 공공단체에 대한 당사자소송이나 민사소송 또는 취소소송외의 항고소송으로 변경하는 것이 상당하다고 인정할 때에는 청구의 기초에 변경이 없는 한 사실심의 변론종결시까지 원고의 신청에 따라 결정으로 소의 변경을 허가할 수 있다.	**제22조 (소의 변경)** ① 법원은 취소소송을 <u>취소소송외의 항고소송이나 당해 처분등에 관계되는 사무가 귀속하는 국가 또는 공공단체에 대한 당사자소송 또는 민사소송으로 변경</u>하는 것이 상당하다고 인정할 때에는 청구의 기초에 변경이 없는 한 사실심의 변론종결시까지 원고의 신청에 따라 결정으로 소의 변경을 허가할 수 있다.	**제22조 (소의 변경)** ① 법원은 <u>취소소송을 취소소송 외의 항고소송이나 해당 처분등에 관계되는 사무가 귀속하는 국가 또는 공공단체에 대한 당사자소송 또는 민사소송으로 변경</u>하는 것이 상당하다고 인정할 때에는, 청구의 기초에 변경이 없는 한 사실심의 변론종결시까지 원고의 신청에 따라 결정으로써 소의 변경을 허가할 수 있다.
	② 법원은 국가 또는 공공단체에 대한 민사소송을 당해 청구에 관계되는 처분등에 대한 취소소송으로 변경하는 것이 상당하다고 인정할 때에는 청구의 기초에 변경이 없는 한 사실심의 변론종결시까지 원고의 신청에 따라 결정으로 소의 변경을 허가할 수 있다. <신설>	② 법원은 국가 또는 공공단체에 대한 민사소송을 당해 청구에 관계되는 처분등에 대한 취소소송으로 변경하는 것이 상당하다고 인정할 때에는 청구의 기초에 변경이 없는 한 사실심의 변론종결시까지 원고의 신청에 따라 결정으로 소의 변경을 허가할 수 있다. <신설>	② 법원은 국가 또는 공공단체에 대한 민사소송을 해당 청구에 관계되는 처분등에 대한 취소소송으로 변경하는 것이 상당하다고 인정할 때에는, 청구의 기초에 변경이 없는 한 사실심의 변론종결시까지 원고의 신청에 따라 결정으로 소의 변경을 허가할 수 있다. <신설>
② 제1항의 규정에 의한 허가를 하는 경우 피고를 달리하게 될 때에는 법원은 새로이 피고로 될 자의 의견을 들어야 한다.	③ 제1항 또는 제2항의 규정에 의한 허가를 하는 경우 피고를 달리하게 될 때에는 법원은 새로이 피고로 될 자의 의견을 들어야 한다.	③ 제1항 또는 제2항의 규정에 의한 허가를 하는 경우 피고를 달리하게 될 때에는 법원은 새로이 피고로 될 자의 의견을 들어야 한다.	③ 제1항 또는 제2항에 따른 결정을 하는 경우 피고를 달리하게 될 때에는 법원은 다음과 같은 조치를 취하여야 한다. 1. 새로이 피고로 될 자의 의견을 들어야 한다. 2. 결정의 정본을 새로운 피고에게 송달하여야 한다. ④ 제1항 또는 제2항에 따른 결정이 있는 때에는 새로운 피고에 대한 소송은 처음에 소를 제기한 때에 제기된 것으로 본다. <신설> ⑤ 소의 교환적 변경에 관하여, 제1항 또는 제2항에 따른 결정이 있는 때에는

1994년 개정 행정소송법	2006년 대법원안	2007년 법무부안	2012년 개정시안
			종전의 피고에 대한 소송은 취하된 것으로 본다. <신설>
③ 제1항의 규정에 의한 허가결정에 대하여는 즉시항고할 수 있다.	④ 제1항 또는 제2항의 규정에 의한 허가결정에 대하여는 즉시항고할 수 있다.	④ 제1항 또는 제2항의 규정에 의한 허가결정에 대하여는 즉시항고할 수 있다.	⑥ 제1항 또는 제2항의 규정에 의한 결정에 대하여는 즉시항고를 할 수 있다.
④ 제1항의 규정에 의한 허가결정에 대하여는 제14조 제2항·제4항 및 제5항의 규정을 준용한다.	⑤ 제1항 또는 제2항의 규정에 의한 허가결정에 대하여는 제14조 제2항·제4항 및 제5항의 규정을 준용한다.	⑤ 제1항 또는 제2항의 규정에 의한 허가결정에 대하여는 제14조 제2항·제4항 및 제5항의 규정을 준용한다.	<삭제>
제22조 (처분변경으로 인한 소의 변경) ① 법원은 행정청이 소송의 대상인 처분을 소가 제기된 후 변경한 때에는 원고의 신청에 의하여 결정으로써 청구의 취지 또는 원인의 변경을 허가할 수 있다.	**제23조 (처분등의 변경으로 인한 소의 변경)** ① 법원은 행정청이 소송의 대상인 처분등을 소가 제기된 후 변경한 때에는 원고의 신청에 의하여 결정으로써 청구의 취지 또는 원인의 변경을 허가할 수 있다.	**제23조 (처분변경으로 인한 소의 변경)** ① 법원은 행정청이 소송의 대상인 처분을 소가 제기된 후 변경한 때에는 원고의 신청에 따라 결정으로 청구의 취지 또는 원인의 변경을 허가할 수 있다.	**제23조 (처분변경으로 인한 소의 변경)** ① <현행과 같음>
② 제1항의 규정에 의한 신청은 처분의 변경이 있음을 안 날로부터 60일 이내에 하여야 한다.	② 제1항의 규정에 의한 신청은 처분등의 변경이 있음을 안 날로부터 90일 이내에 하여야 한다.	② 제1항의 규정에 의한 신청은 처분의 변경이 있음을 안 날로부터 180일 이내에 하여야 한다.	② 제1항의 규정에 의한 신청은 처분의 변경이 있음을 안 날로부터 90일 이내에 하여야 한다.
③ 제1항의 규정에 의하여 변경되는 청구는 제18조 제1항 단서의 규정에 의한 요건을 갖춘 것으로 본다.	③ 제1항의 규정에 의하여 변경되는 청구는 제19조 제1항 단서의 규정에 의한 요건을 갖춘 것으로 본다.	③ 제1항의 규정에 의하여 변경되는 청구는 제19조 제1항 단서의 규정에 의한 요건을 갖춘 것으로 본다.	③ 제1항의 규정에 의하여 변경되는 청구는 제19조 제1항 단서의 규정에 의한 요건을 갖춘 것으로 본다.
제23조 (집행정지) ① 취소소송의 제기는 처분등의 효력이나 그 집행 또는 절차의 속행에 영향을 주지 아니한다.	**제24조 (집행정지)** ① <현행과 같음>	**제24조 (집행정지)** ① <현행과 같음>	**제24조 (집행정지)** ① 취소소송의 제기는 다른 법률에 특별한 규정이 없는 한 처분등의 효력이나 그 집행 또는 절차의 속행에 영향을 주지 아니한다.
② 취소소송이 제기된 경우에 처분등이나 그 집행 또는 절차의 속행으로 인하여 생길 회복하기 어려운 손해를 예방하기 위하여 긴급한 필요가 있다고 인정할 때에는 본안이 계속되고 있는 법원은 당사자의 신청 또는 직권에 의하여 처분등의 효력이나 그 집행 또는 절차의 속행의 전부 또는 일부의 정지(이하 "집행정지"라 한다)를 결정할 수 있다. 다만, 처분의 효력정지는 처분	② 취소소송이 제기된 경우에 처분등이 위법하다는 현저한 의심이 있거나 처분등이나 그 집행 또는 절차의 속행으로 인하여 생길 회복하기 어려운 손해를 예방하기 위하여 긴급한 필요가 있다고 인정할 때에는 본안이 계속되고 있는 법원은 당사자의 신청 또는 직권에 의하여 처분등의 효력이나 그 집행 또는 절차의 속행의 전부 또는 일부의 정지(이하 "집행정지"	② 취소소송이 제기된 경우에 처분등이나 그 집행 또는 절차의 속행으로 인하여 생길 중대한 손해를 예방하기 위하여 긴급한 필요가 있다고 인정할 때에는 본안이 계속되고 있는 법원은 당사자의 신청 또는 직권에 따라 처분 등의 효력이나 그 집행 또는 절차의 속행의 전부 또는 일부의 정지(이하 "집행정지"라 한다)를 결정할 수 있다. 다만, 처분의 효력정지는 처분 등	② 취소소송이 제기된 경우에 처분등이나 그 집행 또는 절차의 속행으로 인하여 생길 중대한 손해를 예방하기 위하여 긴급한 필요가 있다고 인정할 때에는 본안이 계속되고 있는 법원은 당사자의 신청 또는 직권에 의하여 처분등의 효력이나 그 집행 또는 절차의 속행의 전부 또는 일부의 정지(이하 "집행정지"라 한다)를 결정할 수 있다. 다만, 처분의 효력정지는 처분등

1994년 개정 행정소송법	2006년 대법원안	2007년 법무부안	2012년 개정시안
등의 집행 또는 절차의 속행을 정지함으로써 목적을 달성할 수 있는 경우에는 허용되지 아니한다.	라 한다)를 할 수 있다. 다만, 처분등의 효력정지는 처분등의 집행 또는 절차의 속행을 정지함으로써 목적을 달성할 수 있는 경우에는 허용되지 아니한다. ③ 법원은 제2항의 규정에 의한 집행정지결정을 함에 있어서 국가·공공단체 또는 소송의 대상이 된 처분등의 상대방에게 손해가 생길 우려가 있는 때에는 권리자를 지정하여 그 손해에 대한 담보를 제공하게 할 수 있다. 이 경우 권리자로 지정된 자는 그 담보물에 대하여 질권자와 동일한 권리를 가진다. <신설>	의 집행 또는 절차의 속행을 정지함으로써 목적을 달성할 수 있는 경우에는 허용되지 아니한다.	의 집행 또는 절차의 속행을 정지함으로써 목적을 달성할 수 있는 경우에는 허용되지 아니한다.
③ 집행정지는 공공복리에 중대한 영향을 미칠 우려가 있을 때에는 허용되지 아니한다.	④ <현행 제3항과 같음>	③ <현행과 같음>	③ 집행정지는 공공복리에 중대한 영향을 미칠 우려가 있거나 신청인의 본안 청구가 이유 없음이 명백한 경우에는 허용되지 아니한다. ④ 법원은 제2항의 규정에 의한 집행정지결정을 함에 있어서 소송의 대상이 된 처분 등의 상대방에게 재산상 손해가 생길 우려가 있는 때에는 권리자를 지정하여 그 손해에 대한 담보를 제공하게 할 수 있다. 이 경우 권리자로 지정된 자는 그 담보물에 대하여 질권자와 동일한 권리를 가진다. <신설> ⑤ 제4항의 규정에 의한 담보에 대하여는 민사소송법 제122조, 제124조부터 제126조까지의 규정을 준용한다. <신설>
④ 제2항의 규정에 의한 집행정지의 결정을 신청함에 있어서는 그 이유에 대한 소명이 있어야 한다.	⑤ <현행 제4항과 같음>	④ <현행과 같음>	⑥ <현행 제4항과 같음>
⑤ 제2항의 규정에 의한 집행정지의 결정 또는 기각의	⑥ <현행 제5항과 같음>	⑤ <현행과 같음>	⑦ 제2항의 규정에 의한 집행정지의 결정 또는 기각의

1994년 개정 행정소송법	2006년 대법원안	2007년 법무부안	2012년 개정시안
결정에 대하여는 즉시항고 할 수 있다. 이 경우 집행정지의 결정에 대한 즉시항고에는 결정의 집행을 정지하는 효력이 없다. ⑥ 제30조 제1항의 규정은 제2항의 규정에 의한 집행정지의 결정에 이를 준용한다.	⑦ 제33조 및 제34조 제1항의 규정은 제2항의 규정에 의한 집행정지의 결정에 이를 준용한다. ⑧ 제3항의 규정에 의한 담보에 대하여는 민사소송법 제122조, 제124조, 제125조 및 제126조의 규정을 준용한다.<신설>	⑥ 제33조 및 제34조 제1항의 규정은 제2항의 규정에 의한 집행정지의 결정에 이를 준용한다.	결정에 대하여는 즉시항고를 할 수 있다. 이 경우 집행정지의 결정에 대한 즉시항고에는 결정의 집행을 정지하는 효력이 없다. ⑧ 제33조 및 제34조 제1항의 규정은 제2항의 규정에 의한 집행정지의 결정에 이를 준용한다.
제24조 (집행정지의 취소) ① 집행정지의 결정이 확정된 후 집행정지가 공공복리에 중대한 영향을 미치거나 그 정지사유가 없어진 때에는 당사자의 신청 또는 직권에 의하여 결정으로써 집행정지의 결정을 취소할 수 있다. ② 제1항의 규정에 의한 집행정지결정의 취소결정과 이에 대한 불복의 경우에는 제23조 제4항 및 제5항의 규정을 준용한다.	**제25조 (집행정지의 취소)** ① <현행과 같음> ② 제1항의 규정에 의한 집행정지결정의 취소결정의 경우에는 제24조 제5항 및 제33조의 규정을, 그 취소결정 또는 기각결정에 대한 불복의 경우에는 제24조 제6항의 규정을 각각 준용한다.	**제25조 (집행정지의 취소)** ① <현행과 같음> ② 제1항의 규정에 의한 집행정지결정의 취소결정의 경우에는 제24조 제4항 및 제33조의 규정을, 그 취소결정 또는 기각결정에 대한 불복의 경우에는 제24조 제5항의 규정을 각각 준용한다.	**제25조 (집행정지의 취소)** ① <현행과 같음> ② 제1항의 규정에 의한 집행정지결정의 취소결정의 경우에는 제24조 제6항 및 제33조를 준용하고, 그 취소결정 또는 기각결정에 대한 불복의 경우에는 제24조 제6항 및 제7항의 규정을 준용한다.
	제26조 (가처분) ① 처분 등이 위법하다는 상당한 의심이 있는 경우로서 다음 각호의 1에 해당하는 때에는 본안의 관할법원은 당사자의 신청에 따라 결정으로 가처분을 할 수 있다. 1. 다툼의 대상에 관하여 현상이 바뀌면 당사자가 권리를 실행하지 못하거나 이를 실행하는 것이 매우 곤란할 염려가 있어 다툼의 대상에 관한 현상을 유지할 필	**제26조 (가처분)** ① 처분이나 부작위가 위법하다는 상당한 의심이 있는 경우로서 다음 각호의 어느 하나에 해당하는 때에는 본안의 관할법원은 당사자의 신청에 따라 결정으로 가처분을 할 수 있다. 1. 다툼의 대상에 관하여 현상이 바뀌면 당사자가 권리를 실행하지 못하거나 이를 실행하는 것이 매우 곤란할 염려가 있어 다툼의 대상에 관한 현상을 유지할 긴	**제26조 (가처분)** ① 처분이나 부작위가 위법하다는 현저한 의심이 있는 경우로서 다음 각 호의 어느 하나에 해당하는 때에는 본안이 계속되고 있는 법원은 당사자의 신청에 따라 결정으로써 가처분을 할 수 있다. 1. 다툼의 대상에 관하여 현상이 바뀌면 당사자가 권리를 실행하지 못하거나 그 권리를 실행하는 것이 매우 곤란할 염려가 있어 다툼의 대상에 관한 현상을 유지

1994년 개정 행정소송법	2006년 대법원안	2007년 법무부안	2012년 개정시안
	요가 있는 경우	급한 필요가 있는 경우	할 긴급한 필요가 있는 경우
	2. 다툼이 있는 법률관계에 관하여 당사자의 중대한 불이익을 피하거나 급박한 위험을 막기 위하여 임시의 지위를 정하여야 할 필요가 있는 경우	2. 다툼이 있는 법률관계에 관하여 당사자의 중대한 손해를 피하거나, 급박한 위험을 피하기 위하여 임시의 지위를 정하여야 할 긴급한 필요가 있는 경우	2. 다툼이 있는 법률관계에 관하여 당사자의 중대한 손해를 피하거나 급박한 위험을 피하기 위하여 임시의 지위를 정하여야할 긴급한 필요가 있는 경우
	② 제1항의 규정에 의한 가처분에 대하여는 제24조 제3항 내지 제6항, 제25조, 제34조 제1항, 제52조 및 제53조의 규정을 준용한다.	② 제1항의 규정에 의한 가처분에 대하여는 제24조 제3항 내지 제6항, 제25조 및 제38조의 규정을 준용한다.	② 제1항에 따른 가처분에 대하여는 제24조 제3항부터 제7항까지, 제25조, 제33조, 제34조 제1항을 준용한다.
	③ 제1항의 규정에 의한 가처분은 제24조 제2항의 규정에 의한 집행정지에 의하여 목적을 달성할 수 있는 경우에는 허용되지 아니한다. <조문신설>	③ 제1항의 규정에 의한 가처분은 제24조 제2항의 규정에 의한 집행정지에 의하여 목적을 달성할 수 있는 경우에는 허용되지 아니한다. <조문신설>	③ 제1항에 따른 가처분은 제24조 제2항에 따른 집행정지로 목적을 달성할 수 있는 경우에는 허용되지 아니한다. <조문신설>
제4절 심리	제4절 심리	제4절 심리	제4절 심리
제25조 (행정심판기록의 제출명령) ① 법원은 당사자의 신청이 있는 때에는 결정으로써 재결을 행한 행정청에 대하여 행정심판에 관한 기록의 제출을 명할 수 있다. ② 제1항의 규정에 의한 제출명령을 받은 행정청은 지체없이 당해 행정심판에 관한 기록을 법원에 제출하여야 한다.	제27조 (행정심판기록의 제출명령) <현행과 같음>	제27조 (행정심판기록의 제출명령) <현행과 같음>	제27조 (행정심판기록의 제출명령) <현행과 같음>
	제28조 (자료제출요구) ① 법원은 사건의 심리를 위하여 필요하다고 인정하는 경우에는 결정으로 당사자 또는 관계행정청이 보관중인 관련문서, 장부 기타 자료의 제출을 요구할 수 있다.	제28조 (자료제출요구) ① 법원은 사건의 심리를 위하여 필요하다고 인정하는 경우에는 결정으로 당사자인 행정청 또는 관계행정청에 대하여 당해 처분과 관련된 자료의 제출을 요구할 수 있다.	제28조 (자료제출요구) ① 법원은 사건의 심리를 위하여 필요하다고 인정하는 경우에는 결정으로써 당사자인 행정청이나 관계 행정청에 대하여 해당 처분과 관련된 자료를 제출하도록 요구할 수 있다.
	② 당사자 또는 관계행정청은 제1항의 규정에 의하여 요구받은 자료를 지체없이 제출하여야 한다. 다만, 그 자료의 공개가 공공의 안전	② 당사자인 행정청 또는 관계행정청은 그 자료의 공개가 공공의 안전과 이익을 해할 우려가 있는 경우나 법률상 또는 그 자료의 성	② 당사자인 행정청이나 관계행정청은 제1항의 규정에 의하여 요구받은 자료를 지체없이 제출하여야 한다. 다만, 그 자료를 공개하는 것

1994년 개정 행정소송법	2006년 대법원안	2007년 법무부안	2012년 개정시안
	과 이익을 현저히 해할 우려가 있는 경우나 법률상 또는 그 자료의 성질상 이를 비밀로 유지할 필요가 있는 경우에는 자료제출을 거부할 수 있다.	질상 이를 비밀로 유지할 필요가 있는 경우를 제외하고 제1항의 규정에 의하여 요구받은 자료를 제출하여야 한다. <조문신설>	이 공공의 안전과 이익을 해할 우려가 있는 경우나 법률상 또는 그 자료의 성질상 비밀로 유지할 필요가 있는 경우에는 자료제출을 요구받은 당사자인 행정청이나 관계행정청은 자료제출을 거부할 수 있다.
	③ 법원은 당사자의 신청에 따라 제2항 단서의 규정에 의한 자료제출거부의 적법 여부를 결정한다. ④ 법원은 제3항의 규정에 의한 결정을 함에 있어서 필요하다고 인정하는 때에는 자료제출을 요구받은 당사자 또는 관계행정청에게 그 자료를 제시하도록 요구할 수 있다. 이 경우 법원은 그 자료를 다른 사람이 보도록 하여서는 아니된다.		③ 법원은 당사자의 신청에 따라 제2항 단서의 규정에 의한 자료제출거부의 적법 여부를 결정한다. ④ 법원은 제3항의 규정에 의한 결정을 함에 있어서 필요하다고 인정하는 때에는 자료제출을 요구받은 당사자인 행정청 또는 관계행정청에게 그 자료를 제시하도록 요구할 수 있다. 이 경우 법원은 그 자료를 다른 사람이 보도록 하여서는 아니된다.
	⑤ 당사자 또는 관계행정청은 제3항의 규정에 의한 결정에 대하여 즉시항고할 수 있다. <조문신설>		⑤ 당사자인 행정청 또는 관계행정청은 제3항의 규정에 의한 결정에 대하여 즉시항고를 할 수 있다. <조문신설>
제26조 (직권심리) 법원은 필요하다고 인정할 때에는 직권으로 증거조사를 할 수 있고, 당사자가 주장하지 아니한 사실에 대하여도 판단할 수 있다.	제29조 (직권심리) <현행과 같음>	제29조 (직권심리) <현행과 같음>	제29조 (직권심리) <현행과 같음>
제5절 재판	제5절 재판	제5절 재판	제5절 재판
	제30조 (취소판결) 처분등이 위법한 경우에는 법원은 그 행정행위등을 취소한다. 처분등의 효과가 소멸된 뒤에도 또한 같다. <조문신설>	제30조 (취소판결) 처분등이 위법한 경우에는 법원은 그 처분등을 취소한다. <조문신설>	제30조 (취소판결) 법원은 처분등이 위법한 경우에는 그 처분등을 취소한다. <조문신설>
제27조 (재량처분의 취소) 행정청의 재량에 속하는 처분이라도 재량권의 한계를 넘거나 그 남용이 있는 때에는 법원은 이를 취소할 수 있다.	제31조 (재량처분등의 취소) 행정청의 재량에 속하는 처분등이라도 재량권의 한계를 넘거나 그 남용이 있는 때에는 법원은 이를 취소할 수 있다.	제31조 (재량처분의 취소) <현행과 같음>	제31조 (재량처분의 취소) <현행과 같음>

1994년 개정 행정소송법	2006년 대법원안	2007년 법무부안	2012년 개정시안
제28조 (사정판결) ① 원고의 청구가 이유있다고 인정하는 경우에도 처분등을 취소하는 것이 현저히 공공복리에 적합하지 아니하다고 인정하는 때에는 법원은 원고의 청구를 기각할 수 있다. 이 경우 법원은 그 판결의 주문에서 그 처분등이 위법함을 명시하여야 한다. ② 법원이 제1항의 규정에 의한 판결을 함에 있어서는 미리 원고가 그로 인하여 입게 될 손해의 정도와 배상방법 그 밖의 사정을 조사하여야 한다.	**제32조 (사정판결)** ① 처분등이 위법하다고 인정하는 경우에도 처분등을 취소하는 것이 현저히 공공복리에 적합하지 아니하다고 인정하는 때에는 법원은 원고의 청구를 기각할 수 있다. 이 경우 법원은 그 판결의 주문에서 그 처분등이 위법함을 명시하여야 한다. ② <현행과 같음>	**제32조 (사정판결)** ① 처분등이 위법하다고 인정하는 경우에도 처분 등을 취소하는 것이 현저히 공공복리에 적합하지 아니하다고 인정하는 때에는 법원은 원고의 청구를 기각할 수 있다. 이 경우 법원은 그 판결의 주문에서 그 처분등이 위법함을 명시하여야 한다. ② <현행과 같음>	**제32조 (사정판결)** ① 처분등이 위법하다고 인정하는 경우에도 처분등을 취소하는 것이 현저히 공공복리에 적합하지 아니하다고 인정하는 때에는 법원은 원고의 청구를 기각할 수 있다. 이 경우 법원은 그 판결의 주문에서 그 처분등이 위법함을 명시하여야 한다. ② <현행과 같음>
	③ 법원은 상당하다고 인정하는 때에는 종국판결전에 중간판결로써 처분등이 위법하다는 것을 선언할 수 있다. <신설> ④ 종국판결에 사실 및 이유를 기재함에 있어서는 제3항의 중간판결을 인용할 수 있다. <신설>		
③ 원고는 피고인 행정청이 속하는 국가 또는 공공단체를 상대로 손해배상, 제해시설의 설치 그 밖에 적당한 구제방법의 청구를 당해 취소소송등이 계속된 법원에 병합하여 제기할 수 있다.	⑤ <현행 제3항과 같음>	③ <현행과 같음>	③ <현행과 같음>
제29조 (취소판결등의 효력) ① 처분등을 취소하는 확정판결은 제3자에 대하여도 효력이 있다.	**제33조 (취소판결의 효력)** 처분등을 취소하는 확정판결은 제3자에 대하여도 효력이 있다.	**제33조 (취소판결의 효력)** 처분등을 취소하는 확정판결은 제3자에 대하여도 효력이 있다.	**제33조 (취소판결의 효력)** 처분등을 취소하는 확정판결은 제3자에 대하여도 효력이 있다.
② 제1항의 규정은 제23조의 규정에 의한 집행정지의 결정 또는 제24조의 규정에 의한 그 집행정지결정의 취소결정에 준용한다.	<삭제>	<삭제>	<삭제>
제30조 (취소판결등의 기속력) ① 처분등을 취소하는 확정판결은 그 사건에 관하여 당사자인 행정청과	**제34조 (취소판결의 기속력)** ① <현행과 같음>	**제34조 (취소판결의 기속력)** ① <현행과 같음>	**제34조 (취소판결의 기속력)** ① 처분등을 취소하는 확정판결은 그 사건에 관하여 당사자인 행정청과 그

1994년 개정 행정소송법	2006년 대법원안	2007년 법무부안	2012년 개정시안
그 밖의 관계행정청을 기속한다.			밖의 관계행정청을 기속한다.
② 판결에 의하여 취소되는 처분이 당사자의 신청을 거부하는 것을 내용으로 하는 경우에는 그 처분을 행한 행정청은 판결의 취지에 따라 다시 이전의 신청에 대한 처분을 하여야 한다.	<삭제>	② <현행과 같음>	② <현행과 같음>
③ 제2항의 규정은 신청에 따른 처분이 절차의 위법을 이유로 취소되는 경우에 준용한다.	② 판결에 의하여 신청에 따른 처분등이 절차의 위법을 이유로 취소되는 경우에는 그 처분등을 행한 행정청은 다시 이전의 신청에 대하여 판결의 취지에 따라 결정을 하여야 한다.	③ <현행과 같음>	③ <현행과 같음>
	③ 판결에 의하여 취소되는 처분등이 이미 집행된 경우에는 당사자인 행정청과 그 밖의 관계행정청은 그 집행으로 인하여 직접 원고에게 발생한 위법한 결과를 제거하기 위하여 필요한 조치를 하여야 한다. <신설>	④ 판결에 의하여 취소되는 처분등이 이미 집행된 경우에는 당사자인 행정청과 그 밖의 관계행정청은 그 집행으로 인하여 직접 원고에게 발생한 위법한 결과를 제거하기 위하여 필요한 조치를 하여야 한다. <신설>	④ 판결에 따라 취소되는 처분등이 이미 집행된 경우에는 당사자인 행정청과 그 밖의 관계행정청은 그 집행으로 인하여 직접 원고에게 발생한 위법한 결과를 제거하기 위하여 필요한 조치를 하여야 한다. <신설>
	④ 제3항의 규정에 의하여 당사자인 행정청이 조치하여야 할 내용이 명백하고 그 행정청이 이를 이행할 수 있을 때에는 법원은 원고의 신청에 따라 판결로 이를 이행할 것을 행정행위의 취소와 함께 선고할 수 있다. <신설>		
	⑤ 제4항의 규정에 의한 판결에 따른 의무의 이행에 관하여는 제53조의 규정을 준용한다. <신설>		
	제35조 (법원의 권고결정에 의한 소송상 화해) ① 법원은 소송에 계속중인 사건에 대하여 법적·사실적 상태, 당사자의 이익 그 밖의 모든 사정을 참작하여 적정하다고 판단하는 경우에는 당사자의 권리 및 권한의 범위 내에서 직권으		**제35조 (법원의 권고결정에 의한 소송상 화해)** ① 법원은 당사자의 권리 및 권한의 범위 내에서 직권으로 소송계속 중인 사건에 대하여 화해권고결정을 할 수 있다. 다만, 그 화해권고결정이 공공복리에 적합하지 아니하거나 당해 처

1994년 개정 행정소송법	2006년 대법원안	2007년 법무부안	2012년 개정시안
	로 사건의 해결을 위한 화해권고결정을 할 수 있다. 다만, 화해에 의하여 직접 권리 또는 이익의 침해를 받을 제3자가 있거나 화해의 대상인 처분등에 관하여 동의·승인·협의등의 법령상 권한을 가진 행정청이 있는 경우에는 그 제3자 또는 행정청의 동의가 있어야 한다.		분등의 성질에 반하는 경우에는 허용되지 아니한다.
	② 제1항의 규정에 의한 화해권고결정에는 민사소송법 제225조 제2항 및 제226조 내지 제232조의 규정을 준용한다. 다만, 민사소송법 제226조 제1항에 정한 이의신청기간은 조서 또는 결정서의 정본을 송달받은 날부터 30일로 한다.		② 확정된 화해권고결정은 확정판결과 동일한 효력을 갖는다.
	③ 제1항 단서의 제3자 또는 행정청이 화해권고결정에 동의를 하지 아니한 때에는 이를 이유로 확정된 화해권고결정에 대하여 재심의 청구를 할 수 있다.		③ 법원은 제1항의 화해권고결정을 함에 있어서 소송계속 중인 사건의 법적·사실적 상태와 당사자의 이익 등 그 밖의 모든 사정을 참작하고, 화해권고결정 이유의 취지를 설시하여야 한다.
	④ 제3항의 규정에 의한 청구는 화해권고결정이 확정되었음을 안 날부터 30일 이내에, 화해권고결정이 확정된 날부터 1년 이내에 제기하여야 한다.		④ 법원의 화해권고결정에 의하여 직접 권리 또는 이익의 침해를 받을 제3자 또는 화해의 대상인 처분등에 관하여 동의·승인·협의 등의 법령상 권한을 가진 행정청이 있는 경우에, 법원은 그 제3자 또는 행정청의 동의를 받아야 한다. 다만, 제3자 또는 행정청이 화해권고결정에 동의를 하지 아니한 때에는 이를 이유로 확정된 화해권고결정에 대하여 재심을 청구할 수 있다.
	⑤ 제4항의 규정에 의한 기간은 불변기간으로 한다. <조문신설>		⑤ 제4항 단서의 재심청구는 화해권고결정이 확정되었음을 안 날로부터 90일 이내에, 화해권고결정이 확정된 날부터 1년 이내에 제기하여야 한다.

1994년 개정 행정소송법	2006년 대법원안	2007년 법무부안	2012년 개정시안
			⑥ 제5항의 규정에 의한 기간은 불변기간으로 한다.
			⑦ 제1항의 규정에 의한 화해권고결정에는 민사소송법 제225조 제2항 및 제226조부터 제232조까지의 규정을 준용한다. 다만, 민사소송법 제226조 제1항에 정한 이의신청기간은 조서 또는 결정서의 정본을 송달받은 날부터 30일로 한다. <조문신설>
	제6절 명령등의 취소소송의 특례 <신설> **제36조 (재판관할)** 명령등의 취소소송의 제1심관할법원은 피고의 소재지를 관할하는 고등법원으로 한다.		
	제37조 (소송절차의 중지) ① 명령등에 대한 취소소송과 그 명령등을 집행하는 처분에 대한 항고소송이 법원에 동시에 계속중일 때에는 명령등을 집행하는 처분에 대한 항고소송이 계속 중인 법원은 결정으로 명령등에 대한 취소소송이 종결될 때까지 소송절차를 중지하도록 명할 수 있다. ② 법원은 제1항의 결정을 취소할 수 있다. ③ 제1항, 제2항의 규정은 명령 등에 대한 취소소송과 그 명령 등의 헌법 또는 법률 위반 여부가 선결문제로 되어 있는 민사소송, 형사소송 그 밖의 소송이 법원에 동시에 계속 중인 경우에 준용한다. ④ 제3항의 규정에 의한 소송절차 중지기간은 형사소송법 제92조 제1항·제2항 및 군사법원법 제132조 제1항·제2항의 구속기간과 민사소송법 제199조의 판결선고기간에 이를 산입하지 아니한다.		
	제38조 (제소기간) ① 명령등의 취소소송은 명령등의		

1994년 개정 행정소송법	2006년 대법원안	2007년 법무부안	2012년 개정시안
	취소를 구할 법적으로 정당한 이익이 있음을 안 날부터 90일 이내에, 그 이익이 생긴 날부터 1년 이내에 제기하여야 한다. ② 제1항의 규정에 의한 기간은 불변기간으로 한다.		
	제39조 (관계기관의 의견제출) 법무부장관, 법제처장 및 관계행정청은 법원에 의견서를 제출할 수 있다.		
	제40조 (취소판결의 효력) ① 확정판결에 의하여 명령등이 취소된 때에도 그 명령등에 근거한 재판 또는 처분이 이미 확정된 경우에는 그 효력에 영향을 미치지 아니한다. 다만, 그 재판 또는 처분을 집행할 수 없다. ② 확정판결에 의하여 명령등이 취소된 때에는 그 명령등에 근거한 유죄의 확정판결에 대하여 형사소송법의 규정에 따라 재심을 청구할 수 있다.		
제6절 보칙	**제7절 보칙**	**제6절 보칙**	**제6절 보칙**
제31조 (제3자에 의한 재심청구) ① 처분등을 취소하는 판결에 의하여 권리 또는 이익의 침해를 받은 제3자는 자기에게 책임없는 사유로 소송에 참가하지 못함으로써 판결의 결과에 영향을 미칠 공격 또는 방어방법을 제출하지 못한 때에는 이를 이유로 확정된 종국판결에 대하여 재심의 청구를 할 수 있다. ② 제1항의 규정에 의한 청구는 확정판결이 있음을 안 날로부터 30일 이내, 판결이 확정된 날로부터 1년 이내에 제기하여야 한다.	**제41조 (제3자에 의한 재심청구)** ① 처분등을 취소하는 판결(명령등을 취소하는 판결은 제외한다)에 의하여 직접 권리 또는 이익의 침해를 받은 제3자는 자기에게 책임없는 사유로 소송에 참가하지 못함으로써 판결의 결과에 영향을 미칠 공격 또는 방어방법을 제출하지 못한 때에는 이를 이유로 확정된 종국판결에 대하여 재심의 청구를 할 수 있다. ② <현행과 같음>	**제35조 (제3자에 의한 재심청구)** <현행과 같음>	**제36조 (제3자에 의한 재심청구)** ① 처분등을 취소하는 판결에 의하여 권리 또는 이익의 침해를 받은 제3자는 자기에게 책임이 없는 사유로 소송에 참가하지 못함으로써 판결의 결과에 영향을 미치는 방어방법을 제출하지 못한 때에는 이를 이유로 확정된 종국판결에 대하여 재심을 청구할 수 있다. ② <현행과 같음>

1994년 개정 행정소송법	2006년 대법원안	2007년 법무부안	2012년 개정시안
③ 제2항의 규정에 의한 기간은 불변기간으로 한다.	<현행과 같음>		③ <현행과 같음>
제32조 (소송비용의 부담) 취소청구가 제28조의 규정에 의하여 기각되거나 행정청이 처분등을 취소 또는 변경함으로 인하여 청구가 각하 또는 기각된 경우에는 소송비용은 피고의 부담으로 한다.	**제42조 (소송비용의 부담)** 취소청구가 제32조의 규정에 의하여 기각되거나 행정청이 처분등을 취소 또는 변경함으로 인하여 청구가 각하 또는 기각된 경우에는 소송비용은 피고의 부담으로 한다.	**제36조 (소송비용의 부담)** 취소청구가 제32조의 규정에 의하여 기각되거나 행정청이 처분등을 취소 또는 변경함으로 인하여 청구가 각하 또는 기각된 경우에는 소송비용은 피고의 부담으로 한다.	**제37조 (소송비용의 부담)** 취소청구가 제32조의 규정에 의하여 기각되거나 행정청이 처분등을 취소 또는 변경함으로 인하여 청구가 각하 또는 기각된 경우에는 소송비용은 피고의 부담으로 한다.
제33조 (소송비용에 관한 재판의 효력) 소송비용에 관한 재판이 확정된 때에는 피고 또는 참가인이었던 행정청이 소속하는 국가 또는 공공단체에 그 효력을 미친다.	**제43조 (소송비용에 관한 재판의 효력)** <현행과 같음>	**제37조 (소송비용에 관한 재판의 효력)** <현행과 같음>	**제38조 (소송비용에 관한 재판의 효력)** <현행과 같음>
제34조 (거부처분취소판결의 간접강제) ① 행정청이 제30조 제2항의 규정에 의한 처분을 하지 아니하는 때에는 제1심 수소법원은 당사자의 신청에 의하여 결정으로써 상당한 기간을 정하고 행정청이 그 기간 내에 이행하지 아니하는 때에는 그 지연기간에 따라 일정한 배상을 할 것을 명하거나 즉시 손해배상을 할 것을 명할 수 있다. ② 제33조와 민사집행법 제262조의 규정은 제1항의 경우에 준용한다.	<조문 삭제>	**제38조 (거부처분취소판결의 간접강제)** ① 행정청이 제34조 제2항의 규정에 의한 처분을 하지 아니하는 때에는 제1심 수소법원은 당사자의 신청에 의하여 결정으로써 상당한 기간을 정하고 행정청이 그 기간 내에 이행하지 아니하는 때에는 그 지연기간에 따라 일정한 배상을 할 것을 명하거나 즉시 손해배상을 할 것을 명할 수 있다. <삭제> ② 법원은 사정의 변경이 있는 때에는 당사자의 신청에 따라 제1항의 규정에 의한 결정의 내용을 변경할 수 있다. <신설> ③ 제1항 또는 제2항의 규정에 따른 결정은 변론없이 할 수 있다. 다만, 결정하기 전에 신청의 상대방을 심문하여야 한다. <신설> ④ 제1항 또는 제2항의 신청에 관한 재판에 대하여는 즉시항고할 수 있다.<신설>	**제39조 (거부처분취소판결의 간접강제)** ① 행정청이 제34조 제2항의 규정에 의한 처분을 하지 아니하는 때에는 제1심 수소법원은 당사자의 신청에 의하여 결정으로써 상당한 기간을 정하고 행정청이 그 기간 내에 이행하지 아니하는 때에는 그 지연기간에 따라 일정한 배상을 할 것을 명하거나 즉시 배상을 할 것을 명할 수 있다. <삭제> ② 법원은 사정의 변경이 있는 때에는 당사자의 신청에 따라 제1항에 따른 결정 내용을 변경할 수 있다. <신설> ③ 제1항 또는 제2항에 따른 결정은 변론 없이 할 수 있다. 다만, 결정하기 전에 신청의 상대방을 심문하여야 한다. <신설> ④ 제1항 또는 제2항에 따른 결정에 대하여는 즉시항고를 할 수 있다. <신설>

1994년 개정 행정소송법	2006년 대법원안	2007년 법무부안	2012년 개정시안
		⑤ 간접강제의 결정 또는 그 변경결정이 확정된 때에는 피고이었던 행정청이 소속하는 국가 또는 공공단체에 그 효력을 미친다. <신설>	⑤ 제1항 또는 제2항에 따른 결정이 확정된 때에는 피고였던 행정청이 소속된 국가 또는 공공단체에 그 효력을 미친다. <신설>
제3장 취소소송외의 항고소송	제3장 취소소송외의 항고소송 제1절 무효등확인소송	제3장 취소소송외의 항고소송 제1절 무효등확인소송	제3장 취소소송외의 항고소송 제1절 무효등확인소송
제35조 (무효등 확인소송의 원고적격) 무효등확인소송은 처분등의 효력 유무 또는 존재 여부의 확인을 구할 법률상 이익이 있는 자가 제기할 수 있다.	**제44조 (원고적격)** 무효등확인소송은 처분등의 효력 유무 또는 존재 여부의 확인을 구할 법적으로 정당한 이익이 있는 자가 제기할 수 있다.	**제39조 (원고적격)** 무효등확인소송은 처분 등의 효력 유무 또는 존재 여부의 확인을 구할 법률상 이익이 있는 자가 제기할 수 있다.	**제40조 (원고적격)** 무효등확인소송은 처분등의 효력 유무 또는 존재 여부의 확인을 구할 법적 이익이 있는 자가 제기할 수 있다.
제36조 (부작위위법확인소송의 원고적격) 부작위위법확인소송은 처분의 신청을 한 자로서 부작위의 위법의 확인을 구할 법률상 이익이 있는 자만이 제기할 수 있다.	<삭제>	<삭제>	<삭제>
제37조 (소의 변경) 제21조의 규정은 무효등 확인소송이나 부작위위법확인소송을 취소소송 또는 당사자소송으로 변경하는 경우에 준용한다.	**제45조 (소의 변경)** 제22조의 규정은 무효등확인소송을 당사자소송이나 민사소송 또는 무효등확인소송외의 항고소송으로 변경하는 경우 및 민사소송을 무효등확인소송으로 변경하는 경우에 준용한다.	**제40조 (소의 변경)** 제22조의 규정은 무효등확인소송을 무효등확인소송외의 항고소송이나 당사자소송 또는 민사소송으로 변경하는 경우 및 민사소송을 무효등확인소송으로 변경하는 경우에 준용한다.	**제41조 (소의 변경)** 무효등확인소송을 무효등확인소송 외의 항고소송이나 당사자소송 또는 민사소송으로 변경하는 경우 및 민사소송을 무효등확인소송으로 변경하는 경우에는 제22조를 준용한다.
	제46조 (무효등확인판결) 법원은 처분등의 무효등확인청구가 이유있다고 인정하는 때에는 처분등의 효력 유무 또는 존재 여부를 확인한다. <조문 신설>	**제41조 (무효등확인판결)** 법원은 처분등의 무효등확인청구가 이유있다고 인정하는 경우에는 처분등의 효력 유무 또는 존재 여부를 확인한다. <조문신설>	
제38조 (준용규정) ① 제9조, 제10조, 제13조 내지 제17조, 제19조, 제22조 내지 제26조, 제29조 내지 제31조 및 제33조의 규정은 무효등 확인소송의 경우에 준용한다.	**제47조 (준용규정)** 제8조 내지 제10조, 제13조 내지 제18조, 제20조, 제23조 내지 제29조, 제37조, 제39조 내지 제41조 및 제43조의 규정은 무효확인소송의 경우에 준용한다.	**제42조 (준용규정)** 제8조 내지 제10조, 제13조 내지 제18조, 제20조, 제23조 내지 제29조, 제35조, 제37조의 규정은 무효등확인소송의 경우에 준용한다.	**제43조 (준용규정)** 무효등확인소송에 대하여는 제8조부터 제10조까지, 제13조부터 제18조까지, 제20조, 제23조부터 제29조까지, 제33조부터 제36조까지 및 제38조를 준용한다.

1994년 개정 행정소송법	2006년 대법원안	2007년 법무부안	2012년 개정시안
② 제9조, 제10조, 제13조 내지 제19조, 제20조, 제25조 내지 제27조, 제29조 내지 제31조, 제33조 및 제34조의 규정은 부작위위법확인소송의 경우에 준용한다.	<삭제>	<삭제>	<삭제>
	제2절 의무이행소송 <신설>	**제2절 의무이행소송** <신설>	**제2절 의무이행소송** <신설>
	제48조 (원고적격) 의무이행소송은 처분이나 명령 등을 신청한 자로서 행정청의 거부처분 등 또는 부작위에 대하여 처분이나 명령 등을 할 것을 구할 법적으로 정당한 이익이 있는 자가 제기할 수 있다.	**제43조 (원고적격 등)** ① 의무이행소송은 처분을 신청한 자로서 이에 대한 행정청의 거부처분 또는 부작위에 대하여 처분을 할 것을 구할 법률상이익이 있는 자가 제기할 수 있다. ② 행정청의 거부처분에 대하여 의무이행소송을 제기하는 경우에는 거부처분의 취소 또는 무효등확인을 구하는 소송을 병합하여 제기하여야 한다.	**제44조 (원고적격)** 의무이행소송은 처분을 신청한 자로서 행정청의 거부처분 또는 부작위에 대하여 처분을 할 것을 구할 법적 이익이 있는 자가 제기할 수 있다.
	제49조 (제소기간) ① 행정청의 거부처분등으로 인한 의무이행소송에 대하여는 제21조의 규정을 준용한다. ② 행정청의 부작위로 인한 의무이행소송은 법령에 처분이나 명령등의 기간이 정하여져 있는 경우에는 그 기간이 지나기 전에는 제기할 수 없고, 법령에 처분이나 명령등의 기간이 정하여져 있지 아니한 경우에는 특별한 사정이 없는 한 행정행위를 신청한 날부터 90일이 지나기 전에는 제기할 수 없다. ③ 법원은 행정청의 부작위에 정당한 이유가 있는 경우에는 당사자의 신청에 의하여 결정으로 상당한 기간을 정하고 그 기간이 지날 때까지 소송절차를 중지하도록 명할 수 있다. 이 기간	**제44조 (제소기간)** ① 행정청의 거부처분으로 인한 의무이행소송에 대하여는 제21조의 규정을 준용한다. ② 행정청의 부작위로 인한 의무이행소송은 법령에 처분의 기간이 정하여져 있는 경우에는 그 기간이 지나기 전에는 제기할 수 없고, 법령에 처분의 기간이 정하여져 있지 아니한 경우에는 특별한 사정이 없는 한 처분을 신청한 날부터 90일이 지나기 전에는 제기할 수 없다.	**제45조 (제소기간)** ① 행정청의 거부처분에 대한 의무이행소송에 대하여는 제21조의 규정을 준용한다. ② 행정청의 부작위에 대한 의무이행소송은 법령상 처분기간이 정해져 있는 경우에는 그 기간이 지나기 전에는 제기할 수 없고, 법령상 처분기간이 정해져 있지 아니한 경우에는 특별한 사정이 없는 한 처분을 신청한 날부터 90일이 지나기 전에는 제기할 수 없다.

1994년 개정 행정소송법	2006년 대법원안	2007년 법무부안	2012년 개정시안
	은 연장될 수 있다. ④ 제3항에 의한 소송절차 중지의 결정 및 기간연장의 결정 또는 기각의 결정에 대하여는 즉시항고할 수 있다. 이 경우 소송절차중지의 결정 및 기간연장의 결정에 대한 즉시항고에는 결정의 집행을 정지하는 효력이 없다.		
	제50조 (소의 변경) 제22조의 규정은 의무이행소송을 당사자소송이나 민사소송 또는 의무이행소송외의 항고소송으로 변경하는 경우 및 민사소송을 의무이행소송으로 변경하는 경우에 준용한다.	**제45조 (소의 변경)** 제22조의 규정은 의무이행소송을 의무이행소송외의 항고소송이나 당사자소송 또는 민사소송으로 변경하는 경우 및 민사소송을 의무이행소송으로 변경하는 경우에 준용한다.	**제46조 (소의 변경)** 의무이행소송을 의무이행소송 외의 항고소송이나 당사자소송 또는 민사소송으로 변경하는 경우 및 민사소송을 의무이행소송으로 변경하는 경우에는 제22조를 준용한다.
	제51조 (의무이행판결) 법원은 행정청의 거부처분등이나 부작위가 위법한 때에는 다음 각호의 구분에 따라 판결한다. 거부처분등의 경우에는 이를 함께 취소한다. 1. 당사자의 신청에 따른 처분이나 명령등을 할 의무가 있음이 명백하고 그 의무를 이행하도록 하는 것이 상당하다고 인정하는 경우에는 행정청이 그 처분이나 명령등을 하도록 선고한다. 2. 그 밖의 경우에는 행정청이 당사자의 신청에 대하여 판결의 취지에 따라 처분이나 명령등을 하도록 선고한다.	**제46조 (의무이행판결)** 법원은 제43조 제2항에 의하여 병합제기된 거부처분의 취소청구 또는 무효등확인청구가 이유가 있다고 인정되거나, 행정청의 부작위가 위법한 경우에는 다음 각호의 구분에 따라 판결한다. 1. 당사자의 신청에 따른 처분을 할 의무가 있음이 명백하고 그 의무를 이행하도록 하는 것이 상당하다고 인정하는 경우에는 행정청이 그 처분을 하도록 선고한다. 2. 그 밖의 경우에는 행정청이 당사자의 신청에 대하여 판결의 취지에 따라 처분을 하도록 선고한다.	**제47조 (의무이행판결)** 법원은 행정청의 거부처분이나 부작위가 위법한 때에는 다음 각 호의 구분에 따라 판결한다. 거부처분의 경우에는 이를 함께 취소한다. 1. 당사자의 신청에 따른 처분을 할 의무가 있음이 명백하고 그 의무를 이행하도록 하는 것이 상당하다고 인정하는 경우에는 행정청이 그 처분을 하도록 선고한다. 2. 그 밖의 경우에는 행정청이 당사자의 신청에 대하여 판결의 취지에 따라 처분을 하도록 선고한다.
	제52조 (의무이행판결의 기속력) 행정청에게 당사자의 신청에 따른 처분이나 명령등을 하도록 선고하거나, 또는 판결의 취지에 따라 처분이나 명령등을 하도록 선고한 확정판결은 그 사건에 관하여 당사자		**제48조 (의무이행판결의 기속력)** 행정청에게 당사자의 신청에 따른 처분을 하도록 선고하거나, 판결의 취지에 따라 처분을 하도록 선고한 확정판결은 그 사건에 관하여 당사자인 행정청과 그 밖의 관계행

1994년 개정 행정소송법	2006년 대법원안	2007년 법무부안	2012년 개정시안
	인 행정청과 그 밖의 관계 행정청을 기속한다.		정청을 기속한다.
	제53조 (의무이행판결의 간접강제) ① 행정청이 제51조의 확정판결에 의한 처분이나 명령등을 하지 아니하는 때에는 제1심 수소법원은 당사자의 신청에 따라 결정으로 간접강제를 명한다. 그 결정에는 상당한 이행기간을 정하고, 행정청이 그 기간 이내에 이행을 하지 아니하는 때에는 늦어진 기간에 따라 일정한 배상을 하도록 명하거나 즉시 손해배상을 하도록 명할 수 있다.		**제49조 (의무이행판결의 간접강제)** ① 행정청이 제47조의 확정판결에 의한 처분을 하지 아니하는 때에는 제1심 수소법원은 당사자의 신청에 의하여 결정으로써 상당한 기간을 정하고 행정청이 그 기간 내에 처분을 하지 아니하는 때에는 지연기간에 따라 일정한 배상을 하도록 명하거나 즉시 배상할 것을 명할 수 있다.
	② 법원은 사정의 변경이 있는 때에는 당사자의 신청에 따라 제1항의 규정에 한 결정의 내용을 변경할 수 있다.		② 법원은 사정의 변경이 있는 때에는 당사자의 신청에 따라 제1항의 규정에 의한 결정의 내용을 변경할 수 있다.
	③ 제1항 또는 제2항의 규정에 따라 결정을 하는 경우에는 신청의 상대방을 심문하여야 한다.		③ 제1항 또는 제2항에 따른 결정을 하는 경우에는 신청의 상대방을 심문하여야 한다.
	④ 제1항 또는 제2항의 신청에 관한 재판에 대하여는 즉시항고할 수 있다. 이 경우 간접강제의 결정 또는 그 변경결정에 대한 즉시항고에는 결정의 집행을 정지하는 효력이 없다.		④ 제1항 또는 제2항에 따른 결정에 대하여는 즉시항고를 할 수 있다. 이 경우 간접강제의 결정 또는 그 변경결정에 대한 즉시항고에는 결정의 집행을 정지하는 효력이 없다.
	⑤ 간접강제의 결정 또는 그 변경결정이 확정된 때에는 피고이었던 행정청이 소속하는 국가 또는 공공단체에 그 효력을 미친다.		⑤ 제1항 또는 제2항에 따른 결정이 확정된 때에는 피고였던 행정청이 소속하는 국가 또는 공공단체에 그 효력을 미친다.
	제54조 (준용규정) 제8조 내지 제10조, 제13조 내지 제19조, 제23조, 제26조 내지 제29조, 제31조 내지 제33조, 제35조, 제36조, 제39조 및 제41조 내지 제43조의 규정은 의무이행소송의 경우에 준용한다.	**제47조 (준용규정)** 제8조 내지 제10조, 제13조 내지 제19조, 제23조, 제26조 내지 제29조, 제31조 내지 제33조, 제34조 제1항, 제35조 내지 제38조의 규정은 의무이행소송의 경우에 준용한다.	**제50조 (준용규정)** 제8조부터 제10조까지, 제13조부터 제19조까지, 제23조, 제26조부터 제29조까지, 제31조부터 제38조까지의 규정은 의무이행소송의 경우에 준용한다.

1994년 개정 행정소송법	2006년 대법원안	2007년 법무부안	2012년 개정시안
	제3절 예방적 금지소송 <신설>	제3절 예방적금지소송 <신설>	제3절 예방적금지소송 <신설>
	제55조 (원고적격) 예방적 금지소송은 행정청이 장래에 일정한 처분이나 명령등을 할 것이 임박한 경우에 그 처분이나 명령등의 금지를 구할 법적으로 정당한 이익이 있는 자가 사후에 그 처분이나 명령등의 효력을 다투는 방법으로는 회복하기 어려운 손해를 입을 우려가 있는 때에 한하여 제기할 수 있다.	**제48조 (원고적격)** 예방적금지소송은 행정청이 장래에 일정한 처분을 할 것이 임박한 경우에 그 처분의 금지를 구할 법률상 이익이 있는 자가 사후에 그 처분의 효력을 다투는 방법으로는 회복하기 어려운 손해가 발생할 것이 명백한 경우에 한하여 제기할 수 있다.	**제51조 (원고적격)** 예방적 금지소송은 행정청이 장래에 위법한 처분을 할 것이 임박한 경우에 그 처분의 금지를 구할 법적 이익이 있는 자가 사후에 그 처분의 효력을 다투는 방법으로는 회복하기 어려운 중대한 손해가 발생할 것이 명백한 경우에 한하여 제기할 수 있다.
	제56조 (소의 변경) 제22조의 규정은 예방적 금지소송을 당사자소송이나 민사소송 또는 예방적 금지소송 외의 항고소송으로 변경하는 경우 및 민사소송을 예방적 금지소송으로 변경하는 경우에 준용한다.		**제52조 (소의 변경)** 예방적 금지소송을 예방적 금지소송 외의 항고소송 또는 당사자소송 또는 민사소송으로 변경하는 경우 및 민사소송을 예방적 금지소송으로 변경하는 경우에는 제22조를 준용한다.
	제57조 (금지판결) 법원은 행정청의 장래의 처분이나 명령등이 위법하고, 그 처분이나 명령등이 하지 않도록 하는 것이 상당하다고 인정하는 때에는 행정청에게 그 처분이나 명령등이 하지 않도록 선고한다.	**제49조 (금지판결)** 법원은 행정청이 장래에 행할 일정한 처분이 위법하고, 그 처분을 하지 않도록 하는 것이 상당하다고 인정하는 경우에는 행정청에게 그 처분을 하지 않도록 선고한다.	**제53조 (금지판결)** 법원은 행정청이 장래에 위법한 처분을 할 것이 임박하여 그 처분을 하지 아니하도록 하는 것이 상당하다고 인정하는 경우에는 행정청에 그 처분을 하지 아니하도록 선고한다.
	제58조 (준용규정) 제8조 내지 제10조, 제13조 내지 제19조, 제23조, 제26조 내지 제29조, 제33조, 제35조, 제36조, 제39조, 제41조, 제43조, 제52조 및 제53조의 규정은 예방적 금지소송의 경우에 준용한다.	**제50조 (준용규정)** 제8조 내지 제10조, 제13조 내지 제19조, 제23조, 제26조 내지 제29조, 제33조, 제34조 제1항, 제35조 및 제37조의 규정은 예방적금지소송의 경우에 준용한다.	**제54조 (준용규정)** 제8조부터 제10조까지, 제13조부터 제19조까지, 제23조, 제26조부터 제29조까지, 제33조, 제34조 제1항, 제35조부터 제38조까지의 규정은 예방적 금지소송의 경우에 준용한다.
제4장 당사자소송	제4장 당사자소송	제4장 당사자소송	제4장 당사자소송
제39조 (피고적격) 당사자소송은 국가·공공단체 그 밖의 권리주체를 피고로 한다.	**제59조 (피고적격)** <현행과 같음>	**제51조 (피고적격)** <현행과 같음>	**제55조 (피고적격)** 당사자소송은 국가 또는 공공단체 그 밖의 권리주체를 피고로 한다.
제40조 (재판관할) 제9조의 규정은 당사자소송의 경우에 준용한다. 다만, 국가	**제60조 (재판관할)** 제8조의 규정은 당사자소송의 경우에 준용한다. 다만, 국가	**제52조 (재판관할)** 제8조의 규정은 당사자소송의 경우에 준용한다. 다만, 국가	**제56조 (재판관할)** 당사자소송에 대하여는 다른 법률에 특별한 규정이 없는 한

1994년 개정 행정소송법	2006년 대법원안	2007년 법무부안	2012년 개정시안
또는 공공단체가 피고인 경우에는 관계행정청의 소재지를 피고의 소재지로 본다.	또는 공공단체가 피고인 경우에는 관계행정청의 소재지를 피고의 소재지로 본다.	또는 공공단체가 피고인 경우에는 관계행정청의 소재지를 피고의 소재지로 본다.	민사소송법 제2조부터 제25조까지를 준용하되 행정사건을 관할하는 법원으로 한다.
제41조 (제소기간) 당사자소송에 관하여 법령에 제소기간이 정하여져 있는 때에는 그 기간은 불변기간으로 한다.	**제61조 (제소기간)** <현행과 같음>	**제53조 (제소기간)** <현행과 같음>	**제57조 (제소기간)** <현행과 같음>
제42조 (소의 변경) 제21조의 규정은 당사자소송을 항고소송으로 변경하는 경우에 준용한다.	**제62조 (소의 변경)** 제22조의 규정은 당사자소송을 민사소송 또는 항고소송으로 변경하는 경우 및 민사소송을 당사자소송으로 변경하는 경우에 준용한다.	**제54조 (소의 변경)** 제22조의 규정은 당사자소송을 항고소송 또는 민사소송으로 변경하는 경우 및 민사소송을 당사자소송으로 변경하는 경우에 준용한다.	**제58조 (소의 변경)** 당사자소송을 항고소송 또는 민사소송으로 변경하는 경우 및 항고소송 또는 민사소송을 당사자소송으로 변경하는 경우에는 제22조를 준용한다.
제43조 (가집행선고의 제한) 국가를 상대로 하는 당사자소송의 경우에는 가집행선고를 할 수 없다.	<삭제>	**제55조 (가집행선고의 제한)** <현행과 같음>	<삭제>
제44조 (준용규정) ① 제14조 내지 제17조, 제22조, 제25조, 제26조, 제30조 제1항, 제32조 및 제33조의 규정은 당사자소송의 경우에 준용한다. ② 제10조의 규정은 당사자소송과 관련청구소송이 각각 다른 법원에 계속되고 있는 경우의 이송과 이들 소송의 병합의 경우에 준용한다.	**제63조 (준용규정)** ① 제14조 내지 제18조, 제23조, 제27조 내지 제29조, 제34조 제1항, 제42조 및 제43조의 규정은 당사자소송의 경우에 준용한다. ② <현행과 같음>	**제56조 (준용규정)** ① 제14조 내지 제18조, 제23조, 제27조 내지 제29조, 제34조 제1항, 제36조 및 제37조의 규정은 당사자소송의 경우에 준용한다. ② <현행과 같음>	**제59조 (준용규정)** 당사자소송에 대하여는 제9조, 제10조, 제14조부터 제18조까지, 제23조, 제27조부터 제29조까지, 제34조 제1항, 제37조, 제38조의 규정을 준용한다. <삭제>
제5장 민중소송 및 기관소송	**제5장 민중소송 및 기관소송**	**제5장 민중소송 및 기관소송**	**제5장 공익소송 및 기관소송**
제45조 (소의 제기) 민중소송 및 기관소송은 법률이 정한 경우에 법률에 정한 자에 한하여 제기할 수 있다.	**제64조 (민중소송의 제기)** 민중소송은 법률이 정한 경우에 법률에 정한 자에 한하여 제기할 수 있다.	**제57조 (소의 제기)** <현행과 같음>	**제60조 (공익소송의 제기)** 공익소송은 법률이 정한 경우에 법률에 정한 자에 한하여 제기할 수 있다.
	제65조 (기관소송의 제기) ① 기관소송은 다음 각호의 경우에 제기할 수 있다. 1. 동일한 공공단체의 기관 상호간에 있어서의 권한의 존부 또는 그 행사에 관한 다툼이 있는 경우		**제61조 (기관소송의 제기)** ① 기관소송은 다음 각 호의 경우에 제기할 수 있다. 1. 동일한 공공단체의 기관 상호간에 권한의 존부 또는 그 행사에 관한 다툼이 있는 경우

1994년 개정 행정소송법	2006년 대법원안	2007년 법무부안	2012년 개정시안
	2. 그 밖에 법률이 정하는 경우 ② 제1항 제1호의 규정에 의한 소송은 다른 법률에 특별한 규정이 있는 경우를 제외하고는 어느 기관의 처분등 또는 부작위가 다른 기관의 법령상의 독자적 권한을 침해하였거나 침해할 현저한 위험이 있는 때에 한하여 이를 제기할 수 있다. <조문신설>		2. 그 밖에 법률이 정하는 경우 ② 제1항 제1호의 규정에 의한 소송은 다른 법률에 특별한 규정이 있는 경우를 제외하고는 어느 기관의 처분등 또는 부작위가 다른 기관의 법령상의 독자적 권한을 침해하였거나 침해할 현저한 위험이 있는 때에 한하여 이를 제기할 수 있다. <조문신설>
	제66조 (기관소송의 재판관할) 기관소송의 제1심관할법원은 다른 법률에 특별한 규정이 있는 경우를 제외하고는 피고의 소재지를 관할하는 고등법원으로 한다. <조문신설>		**제62조 (기관소송의 재판관할)** 기관소송의 제1심 관할법원은 다른 법률에 특별한 규정이 있는 경우를 제외하고는 피고의 소재지를 관할하는 고등법원으로 한다. <조문신설>
제46조 (준용규정) ① 민중소송 또는 기관소송으로써 처분등의 취소를 구하는 소송은 그 성질에 반하지 아니하는 한 취소소송에 관한 규정을 준용한다.	**제67조 (준용규정)** ① 민중소송 또는 기관소송으로써 처분등의 취소를 구하거나 처분등의 효력 유무 또는 존재 여부의 확인을 구하는 소송에는 그 성질에 반하지 아니하는 한 각각 취소소송 또는 무효등확인소송에 관한 규정을 준용한다.	**제58조 (준용규정)** ① 민중소송 또는 기관소송으로써 처분등의 취소를 구하거나 처분등의 효력 유무 또는 존재 여부의 확인을 구하는 소송에는 그 성질에 반하지 아니하는 한 취소소송 또는 무효등확인소송에 관한 규정을 각각 준용한다.	**제63조 (준용규정)** ① 공익소송 또는 기관소송으로써 처분등의 취소를 구하는 소송에는 그 성질에 반하지 아니하는 한 취소소송에 관한 규정을 준용한다.
② 민중소송 또는 기관소송으로써 처분등의 효력 유무 또는 존재 여부나 부작위의 위법의 확인을 구하는 소송에는 그 성질에 반하지 아니하는 한 각각 무효등 확인소송 또는 부작위위법확인소송에 관한 규정을 준용한다.	② 민중소송 또는 기관소송으로서 거부처분 또는 부작위에 대하여 처분이나 명령등을 구하는 소송에는 그 성질에 반하지 아니하는 한 의무이행소송에 관한 규정을 준용한다.	② 민중소송 또는 기관소송으로서 거부처분 또는 부작위에 대하여 처분을 할 것을 구하는 소송에는 그 성질에 반하지 아니하는 한 의무이행소송에 관한 규정을 준용한다.	② 공익소송 또는 기관소송으로서 처분등의 효력 유무 또는 존재 여부의 확인을 구하는 소송에는 그 성질에 반하지 아니하는 한 무효등확인소송에 관한 규정을 준용한다.
		③ 민중소송 또는 기관소송으로서 행정청이 장래에 일정한 처분을 할 것이 임박한 경우에 그 처분의 금지를 구하는 소송에는 그 성질에 반하지 아니하는 한 예방적금지소송에 관한 규정을 준용한다. <신설>	③ 공익소송 또는 기관소송으로서 거부처분 또는 부작위에 대하여 처분을 할 것을 구하는 소송에는 그 성질에 반하지 아니하는 한 의무이행소송에 관한 규정을 준용한다. <신설>

1994년 개정 행정소송법	2006년 대법원안	2007년 법무부안	2012년 개정시안
③ 민중소송 또는 기관소송으로서 제1항 및 제2항에 규정된 소송외의 소송에는 그 성질에 반하지 아니하는 한 당사자소송에 관한 규정을 준용한다.	③ <현행과 같음>	④ 민중소송 또는 기관소송으로서 제1항 내지 제3항에 규정된 소송 외의 소송에는 그 성질에 반하지 아니하는 한 당사자소송에 관한 규정을 준용한다.	④ 공익소송 또는 기관소송으로서 제1항부터 제3항까지에 규정된 소송 외의 소송에는 그 성질에 반하지 아니하는 한 당사자소송에 관한 규정을 준용한다.

* 여기에서는 개정안들과 비교의 편의를 위하여 1994. 7. 27. 법률 제 4770호로 개정된 행정소송법을 사용하였다.

참고문헌

단행본

계희열, 「헌법학(중)」, 박영사, 2007.

고려대학교 박물관 편, 「현민 유진오 제헌헌법 관계자료집」, 고려대학교 출판부, 2009.

국회도서관, 「임시 약헌제정회의록(과도입법의원)」, 헌정사자료 제7집, 1968.

국회도서관, 「헌법제정회의록(제헌의회)」, 1967.

권영성, 「헌법학원론」, 법문사, 2002.

김남진·김연태, 「행정법 I」 제21판, 법문사, 2017.

김덕령, 「환원근대」, 도서출판 길, 2014.

김성돈·이정훈·다키이 가즈히로·류부곤·박성민, 「한국사법의 근대성과 근대화를 생각한다: 신화와 우상을 넘어선 성찰적 법의 역사를 위하여」, 세창출판사, 2013.

김수용, 「건국과 헌법-헌법논의를 통해 본 대한민국건국사-」, 경인문화사, 2008.

김철수, 「헌법개정, 과거와 미래-제10차 헌법개정을 생각한다-」, 진원사, 2008.

김철수, 「헌법학신론」 제20전정신판, 박영사, 2010.

대법원, 「사법제도개혁백서(상)」, 1994.

류지태·박종수, 「행정법신론」 제15판, 박영사, 2011.

방광석, 「근대일본의 국가체제 확립과정」, 혜안, 2008.

박정훈, 「행정소송의 구조와 기능」, 박영사, 2006.

법원행정처, 「법원실무제요 민사소송[1]」, 2005.

법원행정처, 「법원통계연보(1964)」, 1965.

법원행정처, 「행정소송법 개정자료집 I」, 2007.

법제처, 「행정심판 10년사」, 1995.

서희경, 「대한민국헌법의 탄생-한국헌정사, 만민공동회에서 제헌까지」, 창비, 2012.

유진오, 「신고 헌법해의」, 일조각, 1953.

유진오, 「헌법기초회의록」, 일조각, 1980.

유진오, 「헌법해의」, 명세당, 1949.

이승일, 「조선총독부 법제정책」, 역사비평사, 2008.

장영수, 「헌법학」 제10판, 홍문사, 2017.

정종섭, 「한국헌법사문류」, 박영사, 2002.

피에르 파나시(진광엽 역), 「프랑스 행정재판제도」, 한길사, 2001.

하명호, 「행정쟁송법」 제3판, 박영사, 2017.

E. H. Carr(김택현 옮김), 「역사란 무엇인가」, 까치, 2015.

高世三郎·西川知一郎, 「フランスにおける行政裁判制度の研究」, 法曹會, 1998.

高地茂世·納谷廣美·中村義幸·芳賀雅顯, 「戰後の司法制度改革」, 成文堂, 2007.

宮澤俊義, 「行政爭訟法」, 新法學全集 第3券, 日本評論社, 1936.

南博方·高橋滋, 「條解 行政事件訴訟法」 第3版補正版, 弘文堂, 2009.

美濃部達吉, 「日本行政法 上卷」, 有斐閣, 1936.

美濃部達吉, 「行政裁判法」, 千倉書房, 1929.

緖方眞澄, 「行政訴訟制度の歷史的硏究」, ミネルヴァ書房, 1953.

宇賀克也, 「アメリカ行政法」 第2版, 弘文堂, 1999.

車田篤, 「朝鮮行政法論 上卷」, 朝鮮法制硏究會, 1934.

淺野豊美, 「帝國日本の植民地法制-法域統合と帝國秩序」, 名古屋大學出版會, 2008.

最高裁判所 事務總局, 「明治以降 裁判統計要覽」, 1969.

行政裁判所, 「行政裁判所五十年史」, 1941.

Schenke, *Verwatungsprozessrecht*, 11.,Auflage, C.F.Müller, 2007.

논문

강봉수, "행정소송의 구조개편과 행정법원의 신설", 사법행정 제37권 제1호, 한국사법행정학회, 1996. 1.

강재규, "현행 행정소송제도의 재구성을 위한 시론적 연구", 공법연구 제39집 제1호, 한국공법학회, 2010. 10.

고재혁, "행정소송법의 개정방향", 대한변호사협회지 제72호, 대한변호사협회, 1981.

김광수, "행정소송법 개정안의 명암", 행정법연구 제37호, 행정법이론실무학회, 2013. 11.

김남진, "한국의 행정소송제도의 회고와 향방", 고시연구 제25권 제12호, 고시연구사, 1998. 12.

김남진, "행정소송법시안상의 문제점", 고시연구 제11권 제1호, 고시연구사, 1984. 1.

김연태, "의무이행소송·예방적 금지소송", 행정소송법 개정 공청회 자료집, 법무부, 2007. 5.

김용섭, "행정소송 전단계의 권리구제방법 및 절차", 저스티스 통권 제105호, 한국법학원, 2008. 8.

김원주, "1982년 행정법학계 회고", 공법연구 제11집, 한국공법학회, 1983.

김원주, "현행 행정소송제도의 개선방향", 현대공법의 이론: 김도창 박사 화갑 기념논문집, 학연사, 1982.

김이열, "행정쟁송", 고시계 제25권 제10호, 고시계사, 1981. 10.

김창록, "근대일본헌법사상의 형성", 법사학연구 제12호, 한국법사학회, 1991.

김창록, "제령에 관한 연구", 법사학연구 제26호, 한국법사학회, 2002. 10.

김창조, "일본에 있어서 취소소송과 행정심판과의 관계", 공법연구 제23집 제3호, 한국공법학회, 1995. 6.

김해룡, "행정소송법 개정에 있어서의 법적 쟁점", 고시계 제49권 제8호, 고시계사, 2004. 7.

박수헌, "미국행정법의 개관", 강원법학 제17권, 강원대학교 비교법학연구소, 2003. 12.

박수혁, "대륙법계 국가에 있어서의 행정쟁송법", 고시계 통권 제338호, 고시계사, 1985. 4.

박재현, "프랑스의 행정재판제도에 관한 연구", 법학연구 제19권 제1호, 경상대학교 법학연구원, 2011. 4.

박정훈, "세계 속의 우리나라 행정소송·행정심판·행정절차", 저스티스 통권 제92호, 한국법학원, 2006. 7.

박정훈, "원고적격·의무이행소송·화해권고결정", 행정소송법 개정 공청회 자료집, 법무부, 2012. 5.

박정훈, "행정소송법 개정의 주요쟁점", 공법연구 제31집 제3호, 한국공법학회, 2003.

박정훈, "행정소송법 개혁의 과제", 한국행정학회 학술발표논문집, 2002.

배병호, "행정소송법 개정 논의경과", 행정소송법 개정 공청회 자료집, 법무부, 2007. 5.

백윤기, "행정소송법 개정에 관한 소고-대법원과 법무부 개정안의 상호비교를 중심으로-", 행정법연구 제18호, 행정법이론실무학회, 2007. 8.

서보국, "행정소송법개정의 주요쟁점에 대한 비교법적 고찰", 공법학연구 제13
　　권 제2호, 한국비교공법학회, 2012. 5.

서원우, "행정소송법의 문제점과 개혁방향", 고시계 제39권 제10호, 고시계사,
　　1994. 10.

신용하, "'식민지근대화론' 재정립 시도에 대한 비판", 창작과 비평 통권 제98
　　호, 창비, 1997. 12.

오에스더·하명호, "의무이행소송의 도입과 그 방향", 안암법학 제38호, 안암법
　　학회, 2012. 5.

이경렬, "한국의 근대 사법제도 형성과 발전에 관한 탐구", 성균관법학 제28권
　　제4호, 성균관대학교 법학연구소, 2016. 12.

이상규, "신행정쟁송법의 특색과 문제점", 사법행정 제26권 제1호, 한국사법행
　　정학회, 1985. 1.

이상규, "행정구제법의 회고와 전망", 고려대학교 법학연구소 창립 30주년 기념
　　논문집: 한국법학의 회고와 전망, 1991.

이상규, "행정쟁송법 개정시안 관견", 사법행정 제24권 제12호, 한국사법행정학
　　회, 1983. 12.

이상규, "현행 행정소송제도의 문제점", 고시연구 제9권 제2호, 고시연구사,
　　1982. 2.

이상규, "현행 행정심판제도의 문제점과 개선방향", 공법연구 제10집, 한국공법
　　학회, 1982. 8.

이상덕, "항고소송과 헌법소원의 관계 재정립-실무의 상황과 나아갈 방향-", 공
　　법연구 제44집 제1호, 한국공법학회, 2015. 10.

이원우, "항고소송의 원고적격과 협의의 소의 이익 확대를 위한 행정소송법 개
　　정방안", 행정법연구 제8호, 행정법이론실무학회, 2002. 8.

이재승, "식민주의와 법학", 민주법학 제45호, 민주주의법학연구회, 2011. 3.

이철우, "법에 있어서 「근대」개념-얼마나 유용한가", 법과사회 제16권 제1호,
　　법과사회이론연구회, 1999.

이희정, "가처분제도·당사자소송 활성화·제소기간 연장 등", 행정소송법 개정
　　공청회 자료집, 법무부, 2007. 5.

윤세창, "행정심판제도의 이론과 실제", 법조 제19권 제10호, 법조협회, 1970. 10.

정남휘, "복지국가와 행정소송", 사법행정 제22권 제4호, 한국사법행정학회,
　　1981. 4.

정남휘, "우리나라 행정소송의 실태", 사법행정 제22권 제1호, 한국사법행정학

회, 1981. 1.

정하중, "행정소송법 개정 논의경과", 행정소송법 개정 공청회 자료집, 법무부, 2012. 5.

정하중, "행정소송법의 개정방향", 공법연구 제31집 제3호, 한국공법학회, 2003.

정호경, "2012년 행정소송법 개정안에 대한 평가와 전망", 법학논총 제29집 제4호, 한양대학교 법학연구소, 2012.

조재승, "행정쟁송(6)", 지방행정 통권 79호, 대한지방행정협회, 1960. 3.

최광률, "개정 행정소송법의 특색", 사법행정 제28권 제7호, 한국사법행정학회, 1987. 7.

최송화, "현행 행정소송법의 입법경위", 공법연구 제31집 제3호, 한국공법학회, 2003.

최영규, "2000년대의 행정소송제도 개혁 노력-대법원 및 법무부의 행정소송법 개정안의 내용과 향방-", 경남법학 제25집, 경남대학교 법학연구소, 2010.

최우용, "일본 개정 행정사건소송법의 주요 내용과 논점", 동아법학 제40호, 동아대학교 법학연구소, 2007. 8.

하명호, "목촌 김도창 박사의 복리행정법", 공법연구 제44집 제1호, 한국공법학회, 2015. 10.

함인선, "한국 행정소송제도와 일본 신행정소송제도의 비교 연구", 법학논총 제28집 제1호, 전남대학교 법학연구소, 2008. 6.

황환교, "행정소송의 구조개혁", 논문집 19권, 상지대학교, 1998.

홍준형, "행정법원의 출범의 의의와 행정법원의 과제", 행정판례연구Ⅳ, 서울대학교 출판부, 1999.

角松生史(유진식 역), "일본행정사건소송법 2004년 개정과 그 영향", 행정판례와 행정소송: 2016년 한국행정판례연구회 세미나 자료집, 2016. 6.

岡田正則, "行政訴訟制度の形成·確立過程と司法官僚制: 司法制度改革に關する歷史的視点からの一考察", 早稻田法學 第85卷 第3号, 早稻田大學法學會, 2010. 3.

高橋貞三, "行政事件訴訟法案の成立", 民商法雜誌 第46卷 第6号, 有斐閣, 1962. 9.

高柳信一, "戰後初期の行政訴訟法制改革論", 社會科學硏究 第31卷 第1号, 東京大學 社會科學硏究所, 1979.

高柳信一, "行政國家制より司法國家制へ", 公法の理論: 田中二郎先生古
　　稀記念 下 2, 有斐閣, 1977.
高柳信一, "行政訴訟法制の改革", 戰後改革4·司法改革, 東大社研編, 1975.
僑本博之, "原告適格論と仕組み解釋", 自治研究 第84卷 第6號, 第一法規,
　　2008. 6.
近藤昭三, "「行政訴訟の特質」を生かす道-行政事件の審理は專門裁判官に
　　ゆだねるべきである-", 法律時報 第34卷 第10号, 日本評論社,
　　1962. 10.
浜本一夫, "行政事件訴訟法立法の思い出", ジュリスト 通卷 第383号, 有
　　斐閣, 1967. 11.
石崎誠也, "司法制度改革と行政訴訟-最高裁の判例動向の檢討を踏まえ
　　て", 法の科學 41号, 日本評論社, 2010.
笹川紀勝, "北東アジアと日本: 植民地支配の過去と現在, 特に三一獨立
　　運動と朝鮮行政法 のかかわりに卽して", 法律時報 第75卷 第7號
　　(932號), 法律時報社, 2003. 6.
笹川紀勝, "植民地支配の正當化の問題: 立憲主義の二つ側面, そして今
　　日に續く課題", 憲法の歷史と比較, 比較憲法史研究會, 1998. 5.
小野博司, "東アジア近代法史のための小論", 神戶法學年報 第29号, 神戶
　　大學, 2015.
小野博司, "滿洲國の行政救濟法制の性格に 關する一試論-1937(康德4)年
　　所願節次法を中心に", 新戶法學雜誌 第64卷 第1号, 新戶大學,
　　2014. 6.
小野博司, "植民地台湾における行政救濟制度の成立―訴願法施行の経緯
　　を中心に―", 神戶法學雜誌 第63卷 第1号, 神戶大學, 2013. 6.
小野博司, "植民地朝鮮と行政救濟制度", 阪大法學 63卷 3·4号, 大阪大學,
　　2013. 11.
小野博司, "戰時期の行政裁判所", 四天王寺大學紀要 第52号, 四天王寺大
　　學, 2009. 9.
小野博司, "帝國日本の行政救濟法制", 法制史學會六〇周年記念若手論文
　　集『法の流通』, 慈學社出版, 2009.
水野泰孝, "行政訴訟制度-第2次改革の必要性-", 自由と正義 第65卷 第8
　　号, 日本弁護士連合會, 2014. 8.
阿部泰隆, "續·行政主體間の法的分爭は法律上の爭訟にならないのか(上)",

　　　自治研究　第83卷　第2號, 第一法規, 2007. 2.

雄川一郎, "行政事件訴訟法立法の回顧と反省", 公法研究　第45号, 日本公
　　　法學會, 1983. 10.

入江俊郎, "行政事件訴訟法立案の経過-法制審議會の論議を顧みて-", 法
　　　律時報　第34卷　第10号, 日本評論社, 1962. 10.

田中二郎, "行政爭訟制度の改正", 法律時報　第34卷　第10号, 日本評論社,
　　　1962. 10.

平峯隆, "行政事件訴訟法に對する二, 三の疑問", 法律時報　第34卷　第10
　　　号, 日本評論社, 1962. 10.

K. Neumann, Kolja Neumann, "Das subjektive Recht und seine prozessuale Gelten-
　　　dmachung in Deutschland und Europa", 사법　제22호, 사법발전재단,
　　　2012. 12.

찾아보기

지은이 하명호(河明鎬)

고려대학교 법과대학 법학과 졸업
고려대학교 대학원 법학과 졸업(법학석사)
독일 Bonn 대학 Visiting Scholar
제32회 사법시험 합격
사법연수원 수료(제22기)
육군 법무관
대전, 천안, 인천, 수원 지방법원 판사
헌법재판소 헌법연구관
대법원 재판연구관
고려대학교 법학전문대학원 교수(행정법)
일본 와세다대학 교환연구원
일본 나고야대학 외국인연구원

■ 주요 저서
행정쟁송법, 박영사
신체의 자유와 인신보호절차, 고려대학교 출판부
재판실무연구(4) 행정소송, 한국사법행정학회 (공저)
'제국일본의 행정재판법제와 식민지조선에의 시행 여부', 고려법학
'행정소송에서 가처분 규정의 준용', 행정판례연구
'위험사회에 대처하는 한국 행정소송제도의 문제점과 과제', 행정법연구
'헌법재판과 행정법이론', 공법연구
'韓國における憲法裁判所および行政法院の機能と役割', 早稻田大學 比較法學 등 논문 다수

유민총서 04

한국과 일본에서 행정소송법제의 형성과 발전

초판 1쇄 발행   2018년 08월 10일
초판 2쇄 발행   2019년 12월 02일

지 은 이   하명호
편   찬   홍진기법률연구재단
주   소   서울특별시 종로구 동숭3길 26-12 2층
전   화   02-747-8112 팩스 : 02-747-8110
홈 페 이 지   http://yuminlaw.or.kr

발 행 인   한정희
발 행 처   경인문화사
편 집 부   한명진 김지선 박지현 유지혜 한주연
마 케 팅   전병관 하재일 유인순
출판번호   제406-1973-000003호
주   소   경기도 파주시 회동길 445-1 경인빌딩 B동 4층
전   화   031-955-9300 팩 스   031-955-9310
홈 페 이 지   www.kyunginp.co.kr
이 메 일   kyungin@kyunginp.co.kr

ISBN   978-89-499-4764-8   93360
값 35,000원